实用版法规专辑

征收拆迁补偿

中国法治出版社
CHINA LEGAL PUBLISHING HOUSE

我国的立法体系[①]

机关	立法权限
全国人民代表大会	修改宪法，制定和修改刑事、民事、国家机构的和其他的基本法律。
全国人民代表大会常务委员会	制定和修改除应当由全国人民代表大会制定的法律以外的其他法律；在全国人民代表大会闭会期间，对全国人民代表大会制定的法律进行部分补充和修改；根据全国人民代表大会授权制定相关法律；解释法律。
国务院	根据宪法、法律和全国人民代表大会及其常务委员会的授权，制定行政法规。
省、自治区、直辖市的人民代表大会及其常务委员会	根据本行政区域的具体情况和实际需要，在不同宪法、法律、行政法规相抵触的前提下，制定地方性法规。
设区的市、自治州的人民代表大会及其常务委员会	在不同上位法相抵触的前提下，可对城乡建设与管理、生态文明建设、历史文化保护、基层治理等事项制定地方性法规。
经济特区所在地的省、市的人民代表大会及其常务委员会	根据全国人民代表大会的授权决定，制定法规，在经济特区范围内实施。
上海市人民代表大会及其常务委员会	根据全国人民代表大会常务委员会的授权决定，制定浦东新区法规，在浦东新区实施。
海南省人民代表大会及其常务委员会	根据法律规定，制定海南自由贸易港法规，在海南自由贸易港范围内实施。
民族自治地方的人民代表大会	依照当地民族的政治、经济和文化的特点，制定自治条例和单行条例。对法律和行政法规的规定作出变通的规定，但不得违背法律或者行政法规的基本原则，不得对宪法和民族区域自治法的规定以及其他有关法律、行政法规专门就民族自治地方所作的规定作出变通规定。
国务院各部、委员会、中国人民银行、审计署和具有行政管理职能的直属机构以及法律规定的机构	根据法律和国务院的行政法规、决定、命令，在本部门的权限范围内，制定规章。
省、自治区、直辖市和设区的市、自治州的人民政府	根据法律、行政法规和本省、自治区、直辖市的地方性法规，制定规章。设区的市、自治州人民政府制定的地方政府规章限于城乡建设与管理、生态文明建设、历史文化保护、基层治理等方面的事项。
中央军事委员会	根据宪法和法律制定军事法规，在武装力量内部实施。
中国人民解放军各战区、军兵种和中国人民武装警察部队	根据法律和中央军事委员会的军事法规、决定、命令，在其权限范围内制定军事规章，在武装力量内部实施。
国家监察委员会	根据宪法和法律、全国人民代表大会常务委员会的有关决定，制定监察法规。
最高人民法院、最高人民检察院	作出属于审判、检察工作中具体应用法律的解释。

[①] 本图表为编者根据《立法法》相关规定编辑整理，供参考。

■实用版法规专辑·新8版

编辑说明

运用法律维护权利和利益，是读者选购法律图书的主要目的。法律文本单行本提供最基本的法律依据，但单纯的法律文本中的有些概念、术语，读者不易理解；法律释义类图书有助于读者理解法律的本义，但又过于繁杂、冗长。

基于上述理念，我社自2006年7月率先出版了"实用版"系列法律图书；2008年2月，我们将与社会经济生活密切相关的领域所依托的法律制度以专辑形式汇编出版了"实用版法规专辑"，并在2012年、2014年、2016年、2018年、2020年、2022年全面更新升级再版。这些品种均深受广大读者的认同和喜爱。

2025年，本着"以读者为本"的宗旨，适应实践变化需要，我们第八次对"实用版法规专辑"增订再版，旨在为广大公民提供最新最高效的法律学习及法律纠纷解决方案。

鲜明特点，无可替代：

1. **出版权威**。中国法治出版社是中华人民共和国司法部所属的中央级法律类图书专业出版社，是国家法律、行政法规文本的权威出版机构。

2. **法律文本规范**。法律条文利用了我社法律单行本的资源，与国家法律、行政法规正式版本完全一致，确保条文准确、权威。

3. **条文注释专业、权威**。本书中的注释都是从全国人大常委会法制工作委员会、中华人民共和国司法部、最高人民法院等对条文的权威解读中精选、提炼而来，简单明了、通俗易懂，涵盖百姓日常生活中经常遇到的纠纷与难题。

4. **案例典型指引**。本书收录数件典型案例，均来自最高人民法院指导案例、公报案例、各地方高级人民法院判决书等，点出适用要点，展示解决法律问题的实例。

5. **附录实用**。书末收录经提炼的法律流程图、诉讼文书、办案常用数据（如损害赔偿金额标准）等内容，帮助您大大提高处理法律纠纷的效率。

6. **"实用版法规专辑"** 从某一社会经济生活领域出发，收录、解读该领域所涉重要法律制度，为解决该领域法律纠纷提供支持。

征收拆迁补偿法律制度理解与适用

我国《宪法》中就规定了国家为了公共利益的需要，可以对公民的私有财产实行征收或者征用并给予补偿。土地房屋的征收补偿同样要遵循这一基本准则。我国土地制度将土地分为国家所有和集体所有两种，对这两种不同性质的土地进行征收和征用也分别对应不同的补偿规定。

对于国有土地上房屋的征收补偿，最初由《城市房屋拆迁管理条例》加以规制，《物权法》公布后，强调了征收与征用的区别，并且确定只有为了公共利益的需要才可以征收土地和房屋，因此，国务院于2011年1月21日公布了《国有土地上房屋征收与补偿条例》，废止了旧的拆迁条例，此后对于国有土地上房屋的征收与补偿都要适用新条例的规定。而对于集体土地的征收程序与补偿标准，目前仍只能主要适用《土地管理法》以及《土地管理法实施条例》的规定。

（一）国有土地上房屋征收与补偿

2011年1月21日，国务院公布了最新的《国有土地上房屋征收与补偿条例》，同时废止了《城市房屋拆迁管理条例》，新条例明确取消了行政强制拆迁，被征收人超过规定期限不搬迁的，由政府依法申请人民法院强制执行。在补偿标准上，要求对于被征收人的补偿不得低于类似房地产的市场价格。在补偿范围上，对被征收人的补偿包括被征收房屋价值的补偿、搬迁与临时安置补偿、停产停业损失补偿和补助、奖励。对符合住房保障条件的被征收人除给予补偿外，政府还要优先给予住房保障。在征收程序上，扩大了公众参与的程度，对于补偿方案有异议的，还需要组织听证会并修改方案。

而在征收主体上,明确了政府是房屋征收与补偿的主体。禁止建设单位参与搬迁,承担房屋征收与补偿具体工作的单位不得以营利为目的。整体而言,新条例体现出了统筹兼顾、公平补偿、阳光征收的特点,有力地保障了被征收房屋所有权人的合法利益。

(二) 农村土地征收安置与补偿

《民法典》规定,征收集体所有的土地,应当依法及时足额支付土地补偿费、安置补助费以及农村村民住宅、其他地上附着物和青苗等的补偿费用,并安排被征地农民的社会保障费用,保障被征地农民的生活,维护被征地农民的合法权益。《土地管理法》规定,为了公共利益的需要,确需征收农民集体所有的土地的,可以依法实施征收,并明确了六种征地情形。征收土地应当给予公平、合理的补偿,保障被征地农民原有生活水平不降低、长远生计有保障。征收土地应当依法及时足额支付土地补偿费、安置补助费以及农村村民住宅、其他地上附着物和青苗等的补偿费用,并安排被征地农民的社会保障费用。

(三) 大型工程建设项目征地安置补偿

对于国家的大型工程建设项目,往往需要征收大量的土地,只有做好这些建设项目的征地补偿和移民安置工作,维护好移民的合法利益,才能保障工程建设的顺利进行。为此,我国特别针对这些工程项目建设,制定了《大中型水利水电工程建设征地补偿和移民安置条例》和《南水北调工程建设征地补偿和移民安置暂行办法》等规定,对于移民的安置规划、征地补偿、移民安置、后期扶持、监督管理等具体问题进行了详细的规定。

(四) 争议解决

根据《国有土地上房屋征收与补偿条例》的规定,被征收人对市、县级人民政府作出的房屋征收决定不服的,可以依法申请行政复议,也可以依法提起行政诉讼。被征收人对补偿决定不服的,可以依法申请行政复议,也可以依法提起行政诉讼。被征收人在法定期限内不申请行政复议或者不提起行政诉讼，在补偿决定规定的期限内又不搬迁的，作出房屋征收决定的市、县级人民政府可以依法申请人民法院强制执行。在签订拆迁补偿协议后，一方当事人不履行补偿协议约定的义务的，另一方当事人可以依法向人民法院提起诉讼。

而农村集体经济组织与其成员之间因收益分配产生的纠纷，属平等民事主体之间的纠纷。当事人就该纠纷起诉到人民法院，只要符合《民事诉讼法》的相关规定，人民法院应当受理。

征收拆迁补偿法律要点提示

法律要点	法条	页码
房屋征收单位	《国有土地上房屋征收与补偿条例》第 5 条	第 154 页
房屋征收决定	《国有土地上房屋征收与补偿条例》第 8 条	第 156 页
房屋征收补偿方案	《国有土地上房屋征收与补偿条例》第 10 条	第 158 页
房屋征收公告	《国有土地上房屋征收与补偿条例》第 13 条	第 159 页
房屋征收补偿范围	《国有土地上房屋征收与补偿条例》第 17 条	第 161 页
被征收房屋价值评估及补偿	《国有土地上房屋征收与补偿条例》第 19-20 条 《国有土地上房屋征收评估办法》第 6-17 条 《房地产估价规范》 《建筑工程建筑面积计算规范》	第 162-163 页 第 180-183 页 第 204 页 第 250 页
房屋产权调换	《国有土地上房屋征收与补偿条例》第 21 条	第 164 页
搬迁费及临时安置费	《国有土地上房屋征收与补偿条例》第 22 条	第 165 页
停产停业损失	《国有土地上房屋征收与补偿条例》第 23 条	第 165 页
临时建设	《国有土地上房屋征收与补偿条例》第 24 条 《城乡规划法》第 44 条	第 165 页 第 141 页

1

法律要点	法条	页码
房屋征收补偿协议	《国有土地上房屋征收与补偿条例》第25-26条	第166-167页
搬迁与强制执行	《国有土地上房屋征收与补偿条例》第27-28条	第168-169页
土地所有权归属	《土地管理法》第9条	第40页
耕地占用补偿	《土地管理法》第30条 《土地管理法实施条例》第8条	第49页 第87页
基本农田	《土地管理法》第33条	第50页
闲置土地	《土地管理法》第38条	第54页
征地补偿安置方案	《土地管理法实施条例》第26-29条	第91-92页
土地征收审批	《土地管理法》第46条 《土地管理法实施条例》第30-31条	第60页 第92-93页
土地征收补偿	《土地管理法》第48条 《土地管理法实施条例》第32条	第62页 第93页

目 录

综 合

中华人民共和国宪法（节录） …………………………… （1）
 （2018年3月11日）
中华人民共和国民法典（节录） …………………………… （2）
 （2020年5月28日）
中华人民共和国土地管理法 …………………………… （37）
 （2019年8月26日）
 中华人民共和国土地管理法实施条例 ………………… （85）
 （2021年7月2日）
中华人民共和国城市房地产管理法 …………………… （99）
 （2019年8月26日）
中华人民共和国城乡规划法 …………………………… （121）
 （2019年4月23日）

房屋征收与补偿

国有土地上房屋征收与补偿条例 ……………………… （152）
 （2011年1月21日）
 城市房地产开发经营管理条例 ………………………… （173）
 （2020年11月29日）
 国有土地上房屋征收评估办法 ………………………… （179）
 （2011年6月3日）

1

最高人民法院关于办理申请人民法院强制执行国有土
地上房屋征收补偿决定案件若干问题的规定 …………(186)
　　(2012年3月26日)
最高人民法院关于征收国有土地上房屋时是否应当对
被征收人未经登记的空地和院落予以补偿的答复 ………(188)
　　(2013年5月15日)
最高人民法院关于违法的建筑物、构筑物、设施等强制
拆除问题的批复 …………………………………………(189)
　　(2013年3月27日)
房地产估价机构管理办法 …………………………………(191)
　　(2015年5月4日)
房地产估价规范（GB/T 50291-2015） ……………………(204)
　　(2015年4月8日)
建筑工程建筑面积计算规范（GB/T 50353-2013）………(250)
　　(2013年12月19日)

土地征收安置与补偿

中华人民共和国农村土地承包法 ………………………(257)
　　(2018年12月29日)
中华人民共和国农村集体经济组织法 …………………(301)
　　(2024年6月28日)
土地征收成片开发标准 ……………………………………(317)
　　(2023年10月31日)
国土资源部办公厅关于加强省级征地信息公开平台建
设的通知 ……………………………………………(319)
　　(2016年12月12日)
最高人民法院关于审理涉及农村土地承包纠纷案件适
用法律问题的解释（节录） …………………………(322)
　　(2020年12月23日)

2

最高人民法院关于审理涉及农村集体土地行政案件若
　干问题的规定 …………………………………………（326）
　（2011年8月7日）

大型工程建设项目征地安置补偿

大中型水利水电工程建设征地补偿和移民安置条例 ………（329）
　（2017年4月14日）
南水北调工程建设征地补偿和移民安置暂行办法 …………（341）
　（2005年1月27日）
长江三峡工程建设移民条例 ……………………………………（346）
　（2011年1月8日）
国务院关于完善大中型水库移民后期扶持政策的意见 ……（356）
　（2006年5月17日）

实用附录

一、国有土地上房屋征收补偿标准及计算公式 ……………（363）
二、房屋征收补偿协议（参考文本） ………………………（365）
三、最高人民法院公布人民法院征收拆迁十大案例 ………（373）
四、最高人民法院发布8起人民法院征收拆迁典型案例
　（第二批） ……………………………………………（389）

综　合

中华人民共和国宪法（节录）

（1982年12月4日第五届全国人民代表大会第五次会议通过　1982年12月4日全国人民代表大会公告公布施行　根据1988年4月12日第七届全国人民代表大会第一次会议通过的《中华人民共和国宪法修正案》、1993年3月29日第八届全国人民代表大会第一次会议通过的《中华人民共和国宪法修正案》、1999年3月15日第九届全国人民代表大会第二次会议通过的《中华人民共和国宪法修正案》、2004年3月14日第十届全国人民代表大会第二次会议通过的《中华人民共和国宪法修正案》和2018年3月11日第十三届全国人民代表大会第一次会议通过的《中华人民共和国宪法修正案》修正）

……

第九条　**【自然资源】**矿藏、水流、森林、山岭、草原、荒地、滩涂等自然资源，都属于国家所有，即全民所有；由法律规定属于集体所有的森林和山岭、草原、荒地、滩涂除外。

国家保障自然资源的合理利用，保护珍贵的动物和植物。禁止任何组织或者个人用任何手段侵占或者破坏自然资源。

第十条　**【土地制度】**城市的土地属于国家所有。

农村和城市郊区的土地，除由法律规定属于国家所有的以外，属于集体所有；宅基地和自留地、自留山，也属于集体所有。

国家为了公共利益的需要，可以依照法律规定对土地实行征收或者征用并给予补偿。

任何组织或者个人不得侵占、买卖或者以其他形式非法转让土地。土地的使用权可以依照法律的规定转让。

一切使用土地的组织和个人必须合理地利用土地。

……

第十三条 【保护私有财产】公民的合法的私有财产不受侵犯。国家依照法律规定保护公民的私有财产权和继承权。

国家为了公共利益的需要，可以依照法律规定对公民的私有财产实行征收或者征用并给予补偿。

……

中华人民共和国民法典（节录）

（2020年5月28日第十三届全国人民代表大会第三次会议通过 2020年5月28日中华人民共和国主席令第45号公布 自2021年1月1日起施行）

……

第二编 物 权

第一分编 通 则

第一章 一般规定

第二百零五条 【物权编的调整范围】本编调整因物的归属和利用产生的民事关系。

注释 本条是对物权编调整范围的规定。物权法律关系，是因对物的归属和利用在民事主体之间产生的权利义务关系。物包括不动产和动产。法律规定权利作为物权客体的，依照其规定。物权是权利人依法对特定的物享有直接支配和排他的权利,包括所有权、用益物权和担保物权。

参见 《民法典》第2、114、115条

第二百零六条 【我国基本经济制度与社会主义市场经济原则】 国家坚持和完善公有制为主体、多种所有制经济共同发展,按劳分配为主体、多种分配方式并存,社会主义市场经济体制等社会主义基本经济制度。

国家巩固和发展公有制经济,鼓励、支持和引导非公有制经济的发展。

国家实行社会主义市场经济,保障一切市场主体的平等法律地位和发展权利。

参见 《宪法》第6、11、15条

第二百零七条 【平等保护原则】 国家、集体、私人的物权和其他权利人的物权受法律平等保护,任何组织或者个人不得侵犯。

注释 本条是对物权平等保护原则的规定。物权平等保护原则表现为:(1)物权的主体平等,不得歧视非公有物权的主体;(2)物权平等,无论是国家的、集体的、私人的还是其他权利人的物权,都是平等的物权,受法律规则的约束,不存在高低之分;(3)平等受到保护,当不同的所有权受到侵害时,在法律保护上一律平等,不得对私人的物权歧视对待。

参见 《宪法》第12、13条;《民法典》第3、113条

第二百零八条 【物权公示原则】 不动产物权的设立、变更、转让和消灭,应当依照法律规定登记。动产物权的设立和转让,应当依照法律规定交付。

注释 物权公示,是指在物权变动时,必须将物权变动的事实通过一定的公示方法向社会公开,使第三人知道物权变动的情况,以避免第三人遭受损害并保护交易安全。

参见 《城市房地产管理法》第60、61条;《不动产登记暂行条例》

第二章 物权的设立、变更、转让和消灭

第一节 不动产登记

第二百零九条 【不动产物权的登记生效原则及其例外】不动产物权的设立、变更、转让和消灭，经依法登记，发生效力；未经登记，不发生效力，但是法律另有规定的除外。

依法属于国家所有的自然资源，所有权可以不登记。

注释 不动产物权的设立、变更、转让和消灭，统称为不动产物权变动。不动产物权变动必须依照法律规定进行登记，只有经过登记，才能够发生物权变动的效果，才具有发生物权变动的外部特征，才能取得不动产物权变动的公信力。除法律另有规定外，不动产物权变动未经登记，不发生物权变动的法律效果，法律不承认其物权已经发生变动，也不予以保护。

"法律另有规定的除外"，主要包括三方面的内容：(1) 本条第2款所规定的，依法属于国家所有的自然资源，所有权可以不登记，至于在国家所有的土地、森林、海域等自然资源上设立用益物权、担保物权，则需要依法登记生效。(2) 本章第三节规定的物权设立、变更、转让或者消灭的一些特殊情况，即主要是非依法律行为而发生的物权变动的情形：第一，因人民法院、仲裁机构的法律文书或者人民政府的征收决定等，导致物权设立、变更、转让或者消灭的，自法律文书或者征收决定等生效时发生效力；第二，因继承取得物权的，自继承开始时发生效力；第三，因合法建造、拆除房屋等事实行为设立和消灭物权的，自事实行为成就时发生效力。(3) 考虑到现行法律的规定以及我国的实际情况尤其是农村的实际情况，本法并没有对不动产物权的设立、变更、转让和消灭，一概规定必须经依法登记才发生效力。例如，在土地承包经营权一章中规定，"土地承包经营权互换、转让的，当事人可以向登记机构申请登记；未经登记，不得对抗善意第三人"。这里规定的是"未经登记，不得对抗善意第三人"，而不是"不发生效力"。在宅基地使用权一章，对宅基地使用权的变动，

也并未规定必须登记，只是规定"已经登记的宅基地使用权转让或者消灭的，应当及时办理变更登记或者注销登记"。地役权一章规定，"地役权自地役权合同生效时设立。当事人要求登记的，可以向登记机构申请地役权登记；未经登记，不得对抗善意第三人"。

参见 《不动产登记暂行条例》；《不动产登记暂行条例实施细则》；《民法典》第374条；《森林法》第15条；《土地管理法》第12条；《草原法》第11条

案例 大连羽田钢管有限公司与大连保税区弘丰钢铁工贸有限公司、株式会社羽田钢管制造所、大连高新技术产业园区龙王塘街道办事处物权确认纠纷案（《最高人民法院公报》2012年第6期）

案件适用要点： 在物权确权纠纷案件中，根据物权变动的基本原则，对于当事人依据受让合同提出的确权请求应当视动产与不动产区别予以对待。人民法院对于已经交付的动产权属可以予以确认。对于权利人提出的登记于他人名下的不动产物权归其所有的确权请求，人民法院不宜直接判决确认其权属，而应当判决他人向权利人办理登记过户。

第二百一十条 【不动产登记机构和不动产统一登记】不动产登记，由不动产所在地的登记机构办理。

国家对不动产实行统一登记制度。统一登记的范围、登记机构和登记办法，由法律、行政法规规定。

注释 不动产登记实行属地原则，即不动产登记由不动产所在地的登记机构专属管辖，不得在异地进行不动产物权变动登记。

参见 《不动产登记暂行条例》；《不动产登记暂行条例实施细则》

......

第二节 动产交付

第二百二十四条 【动产物权变动生效时间】动产物权的设立和转让，自交付时发生效力，但是法律另有规定的除外。

注释 动产物权的设立和转让，主要是指当事人通过合同约定转让动产所有权和设立动产质权两种情况。交付，是指动产的直接占有的转移，即一方按照法律行为的要求，将动产转移给另一方直接占有。

法律另有规定的除外条款是指：(1) 关于动产观念交付的法律规定，即《民法典》第226-228条规定；(2) 本章关于依非法律行为而发生物权变动的第229-231条规定；(3) 本编担保物权分编对动产抵押权和留置权的规定。这些情形不适用本条的规定。

案例 中国某资产管理公司乌鲁木齐办事处与新疆某工贸有限责任公司、新疆某红雁池发电有限责任公司、新疆某苇湖梁发电有限责任公司等借款合同纠纷案（《最高人民法院公报》2009年第2期）。

案件适用要点：注册资本是公司最基本的资产，确定和维持公司一定数额的资本，对于奠定公司基本的债务清偿能力，保障债权人利益和交易安全具有重要价值。股东出资是公司资本确定、维持原则的基本要求，出资是股东最基本、最重要的义务，股东应当按期足额缴纳公司章程中规定的各自所认缴的出资额，以货币出资的，应当将货币出资足额存入公司在银行开设的账户；以非货币财产出资的，应当依法办理财产权的转移手续。

根据《物权法》第23条[①]的规定，动产物权的设立和转让自交付时发生效力，动产所有权的转移以实际交付为准。股东以动产实物出资的，应当将作为出资的动产按期实际交付给公司。未实际交付的，应当认定股东没有履行出资义务，其出资没有实际到位。

……

第三节 其他规定

第二百二十九条 【法律文书、征收决定导致物权变动效力发生时间】 因人民法院、仲裁机构的法律文书或者人民政府的征收决

[①] 对应于《民法典》第224条。

定等，导致物权设立、变更、转让或者消灭的，自法律文书或者征收决定等生效时发生效力。

注释 人民法院、仲裁机构在分割共有不动产或者动产等案件中作出并依法生效的改变原有物权关系的判决书、裁决书、调解书，以及人民法院在执行程序中作出的拍卖成交裁定书、以物抵债裁定书，应当认定为本条所称导致物权设立、变更、转让或者消灭的人民法院、仲裁机构的法律文书。

参见 《最高人民法院关于适用〈中华人民共和国民法典〉物权编的解释（一）》（以下简称《物权编解释（一）》）第7、8条

第二百三十条 【因继承取得物权的生效时间】 因继承取得物权的，自继承开始时发生效力。

注释 本条是对因继承取得的物权发生效力的时间的规定。本条与原《物权法》相比，删除了因受遗赠取得物权的，自受遗赠开始时发生效力的规定。这一修改主要是考虑到受遗赠取得物权存在受遗赠人是否接受遗赠的问题，且接受遗赠还有可能会与继承人之间发生争议。

发生继承的事实取得物权的，本条规定自继承开始时发生物权变动的效力。根据《民法典》第1121条第1款的规定，继承从被继承人死亡时开始。尽管在被继承人死亡时好像并未直接发生继承，还要办继承手续，有的还要进行诉讼通过裁判确定。无论在被继承人死亡之后多久才确定继承的结果，继承人取得被继承人的遗产物权都是在被继承人死亡之时，因为法律规定被继承人死亡的时间，就是继承开始的时间，该继承开始的时间，就是遗产的物权变动时间。

参见 《民法典》第1121条；《物权编解释（一）》第8条

第二百三十一条 【因事实行为设立或者消灭物权的生效时间】 因合法建造、拆除房屋等事实行为设立或者消灭物权的，自事实行为成就时发生效力。

注释 所谓事实行为是指不以意思表示为要素的能够产生民事法律后果的法律事实。如用钢筋、水泥、砖瓦、木石建造房屋或

者用布料缝制衣服，用木料制作家具，将缝制好的衣物抛弃或者将制作好的家具烧毁等能引起物权设立或消灭的行为。首先，事实行为是人的行为，是人的一种有意识的活动，与自然事实有别；其次，事实行为是一种法律事实，即能够在人与人之间产生、变更或终止民事法律关系；最后，事实行为不以意思表示为要素，即行为人是否表达了某种心理状态，法律不予考虑，只要有某种事实行为存在，法律便直接赋予其法律效果。本条即是对事实行为导致物权变动效力的规定。

第二百三十二条 【非依民事法律行为享有的不动产物权变动】处分依照本节规定享有的不动产物权，依照法律规定需要办理登记的，未经登记，不发生物权效力。

注释 物权变动须以法律规定的公示方法进行，如动产交付、不动产登记等。在本节规定的非以法律行为导致物权变动的情况下，不必遵循依照法律行为导致物权变动应当遵循的一般公示方法，这三种不动产物权的变动方式并不按照法律规定的物权变动公示方法进行。为维护交易秩序和交易安全，本条明确规定，因本节规定的三种非依法律行为导致物权变动的，尽管权利人享有该物权，但是在处分该不动产物权时，依照法律规定应当登记而未登记的，不发生物权效力，故在处分该物权之前，一定要办理不动产登记，否则无法取得转让物权的效力。

第三章 物权的保护

第二百三十三条 【物权保护争讼程序】物权受到侵害的，权利人可以通过和解、调解、仲裁、诉讼等途径解决。

注释 和解是当事人之间私了。调解是通过第三人调停解决纠纷。仲裁是当事人协议选择仲裁机构，由仲裁机构裁决解决争端。诉讼包括民事、行政、刑事三大诉讼，物权保护的诉讼主要指提起民事诉讼。

参见 《物权编解释（一）》第1条

第二百三十四条 【物权确认请求权】因物权的归属、内容发生争议的，利害关系人可以请求确认权利。

> **注释** 物权的确认是物权保护的前提，它包括对所有权归属的确认和对他物权的确认这两方面的内容。确认所有权归属，即确认产权，是一种独立的保护方法，不能以其他方法代替之；同时，确认产权又是采取其他保护方法的最初步骤。在物权归属问题未得到确定时，其他的保护方法也就无从适用。
>
> 确认物权的归属必须向有关行政机关或者人民法院提出请求，而不能实行自力救济，即不能单纯以自身的力量维护或者恢复物权的圆满状态。在很多情形中，确认物权往往是行使返还原物请求权的前提，物权的归属如果没有得到确认，根本就无法行使返还原物请求权。

第二百三十五条 【返还原物请求权】无权占有不动产或者动产的，权利人可以请求返还原物。

> **注释** 本条是对返还原物请求权的规定。返还原物请求权，是指物权人对于无权占有标的物之人的请求返还该物的权利。所有权人在其所有物被他人非法占有时，可以向非法占有人请求返还原物，或请求法院责令非法占有人返还原物。适用返还原物保护方法的前提，需原物仍然存在，如果原物已经灭失，只能请求赔偿损失。
>
> 财产所有权人只能向没有法律根据而侵占其所有物的人，即非法占有人请求返还。如果非所有权人对所有权人的财产的占有是合法占有，对合法占有人在合法占有期间，所有权人不能请求返还原物。由于返还原物的目的是追回脱离所有权人占有的财产，故要求返还的原物应当是特定物。如果被非法占有的是种类物，除非该种类物的原物仍存在，否则就不能要求返还原物，只能要求赔偿损失，或者要求返还同种类及同质量的物。所有权人要求返还财产时，对由原物所生的孳息可以同时要求返还。

第二百三十六条 【排除妨害、消除危险请求权】妨害物权或者可能妨害物权的，权利人可以请求排除妨害或者消除危险。

注释 排除妨害请求权，是指当物权的享有和行使受到占有以外的方式妨害时，物权人对妨害人享有请求排除妨害，使自己的权利恢复圆满状态的物权请求权。被排除的妨害需具有不法性，倘若物权人负有容忍义务，则无排除妨害请求权。排除妨害的费用应当由非法妨害人负担。

消除危险请求权，是指由于他人的非法行为足以使财产有遭受毁损、灭失的危险时，物权人有请求人民法院责令其消除危险，以免造成财产损失的物权请求权。采用消除危险这种保护方法时，应当查清事实，只有危险客观存在，且这种违法行为足以危及财产安全时，才能运用消除危险的方法来保护其所有权，其条件是根据社会一般观念确认危险有可能发生。危险的可能性主要是针对将来而言，只要将来有可能发生危险，所有人便可行使此项请求权。对消除危险的费用，由造成危险的行为人负担。

案例 黄某、沈某与无锡市某旅游客运有限公司、无锡某物业管理有限公司排除妨碍纠纷案（《人民法院案例选（月版）》2009年第2辑）

案件适用要点：楼宇外墙设立广告牌属于在区分所有权建筑物的共有部位设定地役权，应当取得建筑物全体业主或授权管理单位的许可，地役权的行使对特定业主的物权造成妨害的，地役权人应当承担排除妨害、赔偿损失等法律责任。

第二百三十七条 【修理、重作、更换或者恢复原状请求权】造成不动产或者动产毁损的，权利人可以依法请求修理、重作、更换或者恢复原状。

第二百三十八条 【物权损害赔偿请求权】侵害物权，造成权利人损害的，权利人可以依法请求损害赔偿，也可以依法请求承担其他民事责任。

第二百三十九条 【物权保护方式的单用和并用】本章规定的物权保护方式，可以单独适用，也可以根据权利被侵害的情形合并适用。

第二分编 所有权

第四章 一般规定

第二百四十条 【所有权的定义】所有权人对自己的不动产或者动产，依法享有占有、使用、收益和处分的权利。

> **注释** 占有，就是对于财产的实际管领或控制，拥有一个物的一般前提就是占有，这是财产所有者直接行使所有权的表现。使用，是权利主体对财产的运用，发挥财产的使用价值。收益，是通过财产的占有、使用等方式取得经济效益。处分，是指财产所有人对其财产在事实上和法律上的最终处置。

第二百四十一条 【所有权人设立他物权】所有权人有权在自己的不动产或者动产上设立用益物权和担保物权。用益物权人、担保物权人行使权利，不得损害所有权人的权益。

> **注释** 所有权人在自己的不动产或者动产上设立用益物权和担保物权，是所有权人行使其所有权的具体体现。由于用益物权与担保物权都是对他人的物享有的权利，因此统称为"他物权"，与此相对应，所有权称为"自物权"。
>
> 他物权分为用益物权和担保物权。用益物权包括土地承包经营权、建设用地使用权、宅基地使用权、地役权、居住权；担保物权包括抵押权、质权和留置权，还包括所有权保留、优先权、让与担保等非典型担保物权。由于用益物权和担保物权都是在他人所有之物上设置的物权，因此，在行使用益物权和担保物权的时候，权利人不得损害所有权人的权益。

第二百四十二条 【国家专有】法律规定专属于国家所有的不动产和动产，任何组织或者个人不能取得所有权。

> **注释** 国家专有是指只能为国家所有而不能为任何其他人所拥有。国家专有的财产由于不能为他人所拥有，因此不能通过交换

或者赠与等任何流通手段转移所有权。

国家专有的不动产和动产的范围主要是：(1) 国有土地；(2) 海域；(3) 水流；(4) 矿产资源；(5) 野生动物资源；(6) 无线电频谱资源。

第二百四十三条 【征收】为了公共利益的需要，依照法律规定的权限和程序可以征收集体所有的土地和组织、个人的房屋以及其他不动产。

征收集体所有的土地，应当依法及时足额支付土地补偿费、安置补助费以及农村村民住宅、其他地上附着物和青苗等的补偿费用，并安排被征地农民的社会保障费用，保障被征地农民的生活，维护被征地农民的合法权益。

征收组织、个人的房屋以及其他不动产，应当依法给予征收补偿，维护被征收人的合法权益；征收个人住宅的，还应当保障被征收人的居住条件。

任何组织或者个人不得贪污、挪用、私分、截留、拖欠征收补偿费等费用。

第二百四十四条 【保护耕地与禁止违法征地】国家对耕地实行特殊保护，严格限制农用地转为建设用地，控制建设用地总量。不得违反法律规定的权限和程序征收集体所有的土地。

第二百四十五条 【征用】因抢险救灾、疫情防控等紧急需要，依照法律规定的权限和程序可以征用组织、个人的不动产或者动产。被征用的不动产或者动产使用后，应当返还被征用人。组织、个人的不动产或者动产被征用或者征用后毁损、灭失的，应当给予补偿。

第五章　国家所有权和集体所有权、私人所有权

第二百四十六条 【国家所有权】法律规定属于国家所有的财产，属于国家所有即全民所有。

国有财产由国务院代表国家行使所有权。法律另有规定的，依照其规定。

第二百四十七条 【矿藏、水流和海域的国家所有权】矿藏、水流、海域属于国家所有。

第二百四十八条 【无居民海岛的国家所有权】无居民海岛属于国家所有，国务院代表国家行使无居民海岛所有权。

注释 无居民海岛，是指不属于居民户籍管理的住址登记地的海岛。2010年3月1日，我国《海岛保护法》通过施行，明确规定无居民海岛属国家所有，由国务院代表国家行使无居民海岛所有权，凡是开发利用无居民海岛的，都必须报经省级人民政府或者国务院批准并取得海岛使用权、缴纳海岛使用金。

参见 《海岛保护法》第4、5条

第二百四十九条 【国家所有土地的范围】城市的土地，属于国家所有。法律规定属于国家所有的农村和城市郊区的土地，属于国家所有。

第二百五十条 【国家所有的自然资源】森林、山岭、草原、荒地、滩涂等自然资源，属于国家所有，但是法律规定属于集体所有的除外。

第二百五十一条 【国家所有的野生动植物资源】法律规定属于国家所有的野生动植物资源，属于国家所有。

第二百五十二条 【无线电频谱资源的国家所有权】无线电频谱资源属于国家所有。

第二百五十三条 【国家所有的文物的范围】法律规定属于国家所有的文物，属于国家所有。

注释 中华人民共和国境内地下、内水和领海中遗存的一切文物，以及中国管辖的其他海域内遗存的起源于中国的和起源国不明的文物，属于国家所有。古文化遗址、古墓葬、石窟寺属于国家所有。国家指定保护的纪念建筑物、古建筑、古石刻、古壁画、近代现代代表性建筑等不可移动文物，除国家另有规定的以外，属于国家所有。国有不可移动文物的所有权不因其所依附的土地的所有权或者使用权的改变而改变。

13

下列可移动文物，属于国家所有：(1) 中国境内地下、内水和领海以及中国管辖的其他海域内出土、出水的文物，国家另有规定的除外；(2) 国有文物收藏单位以及其他国家机关、部队和国有企业、事业单位等收藏、保管的文物；(3) 国家征集、购买或者依法没收的文物；(4) 公民、组织捐赠给国家的文物；(5) 法律规定属于国家所有的其他文物。国有可移动文物的所有权不因其收藏、保管单位的终止或者变更而改变。

> 参见　《文物保护法》第5条

第二百五十四条　【国防资产、基础设施的国家所有权】国防资产属于国家所有。

铁路、公路、电力设施、电信设施和油气管道等基础设施，依照法律规定为国家所有的，属于国家所有。

第二百五十五条　【国家机关的物权】国家机关对其直接支配的不动产和动产，享有占有、使用以及依照法律和国务院的有关规定处分的权利。

第二百五十六条　【国家举办的事业单位的物权】国家举办的事业单位对其直接支配的不动产和动产，享有占有、使用以及依照法律和国务院的有关规定收益、处分的权利。

第二百五十七条　【国有企业出资人制度】国家出资的企业，由国务院、地方人民政府依照法律、行政法规规定分别代表国家履行出资人职责，享有出资人权益。

> 参见　《公司法》第七章；《企业国有资产法》；《企业国有资产监督管理暂行条例》

第二百五十八条　【国有财产的保护】国家所有的财产受法律保护，禁止任何组织或者个人侵占、哄抢、私分、截留、破坏。

第二百五十九条　【国有财产管理法律责任】履行国有财产管理、监督职责的机构及其工作人员，应当依法加强对国有财产的管理、监督，促进国有财产保值增值，防止国有财产损失；滥用职权，玩忽职守，造成国有财产损失的，应当依法承担法律责任。

违反国有财产管理规定，在企业改制、合并分立、关联交易等过程中，低价转让、合谋私分、擅自担保或者以其他方式造成国有财产损失的，应当依法承担法律责任。

第二百六十条　【集体财产范围】集体所有的不动产和动产包括：

（一）法律规定属于集体所有的土地和森林、山岭、草原、荒地、滩涂；

（二）集体所有的建筑物、生产设施、农田水利设施；

（三）集体所有的教育、科学、文化、卫生、体育等设施；

（四）集体所有的其他不动产和动产。

第二百六十一条　【农民集体所有财产归属及重大事项集体决定】农民集体所有的不动产和动产，属于本集体成员集体所有。

下列事项应当依照法定程序经本集体成员决定：

（一）土地承包方案以及将土地发包给本集体以外的组织或者个人承包；

（二）个别土地承包经营权人之间承包地的调整；

（三）土地补偿费等费用的使用、分配办法；

（四）集体出资的企业的所有权变动等事项；

（五）法律规定的其他事项。

> **参见**　《土地管理法》第9-10条；《农村土地承包法》第28、52条；《村民委员会组织法》第21-24条

第二百六十二条　【行使集体所有权的主体】对于集体所有的土地和森林、山岭、草原、荒地、滩涂等，依照下列规定行使所有权：

（一）属于村农民集体所有的，由村集体经济组织或者村民委员会依法代表集体行使所有权；

（二）分别属于村内两个以上农民集体所有的，由村内各该集体经济组织或者村民小组依法代表集体行使所有权；

（三）属于乡镇农民集体所有的，由乡镇集体经济组织代表集体行使所有权。

> **注释**　"村"是指行政村，即设立村民委员会的村，而非自

然村。"分别属于村内两个以上农民集体所有"主要是指该农民集体所有的土地和其他财产在改革开放以前就分别属于两个以上的生产队，现在其土地和其他集体财产仍然分别属于相当于原生产队的各该农村集体经济组织或者村民小组的农民集体所有。"村民小组"是指行政村内的由村民组成的自治组织。根据村民委员会组织法的规定，村民委员会可以根据居住地区划分若干个村民小组。如果村内有集体经济组织，就由村内的集体经济组织行使所有权；如果没有村内的集体经济组织，则由村民小组来行使所有权。

属于乡镇农民集体所有的，由乡镇集体经济组织代表集体行使所有权。这种情况包括：一是指改革开放以前，原来以人民公社为核算单位的土地，在公社改为乡镇以后仍然属于乡镇农民集体所有；二是在人民公社时期，公社一级掌握的集体所有的土地和其他财产仍然属于乡镇农民集体所有。上述两种情况下，由乡镇集体经济组织来行使所有权。

> **参见**　《土地管理法》第11条；《农村土地承包法》第13条；《农村集体经济组织法》第2、5条

第二百六十三条　【城镇集体财产权利】 城镇集体所有的不动产和动产，依照法律、行政法规的规定由本集体享有占有、使用、收益和处分的权利。

第二百六十四条　【集体财产状况的公布】 农村集体经济组织或者村民委员会、村民小组应当依照法律、行政法规以及章程、村规民约向本集体成员公布集体财产的状况。集体成员有权查阅、复制相关资料。

> **参见**　《农村集体经济组织法》第45条

第二百六十五条　【集体财产的保护】 集体所有的财产受法律保护，禁止任何组织或者个人侵占、哄抢、私分、破坏。

农村集体经济组织、村民委员会或者其负责人作出的决定侵害集体成员合法权益的，受侵害的集体成员可以请求人民法院予以撤销。

注释 集体所有的财产，不论是农村集体所有的财产，还是城镇集体所有的财产，都平等地受到法律保护，他人不得侵害。故本条规定禁止任何组织或者个人侵占、哄抢、私分、破坏集体所有的财产。

本条特别授予集体组织成员一项权利，即在农村集体经济组织、村民委员会或者其负责人作出的决定侵害集体成员合法权益的时候，受侵害的集体成员享有撤销权，可以请求人民法院对侵害集体成员合法权益的决定予以撤销。本条中集体成员享有的撤销权原则上应当适用《民法典》第152条有关除斥期间为1年的规定。

参见 《农村集体经济组织法》第57条

第二百六十六条 【私人所有权】私人对其合法的收入、房屋、生活用品、生产工具、原材料等不动产和动产享有所有权。

注释 私人是和国家、集体相对应的物权主体，不但包括我国的公民，也包括在我国合法取得财产的外国人和无国籍人。

（1）收入。是指人们从事各种劳动获得的货币收入或者有价物。主要包括：工资，指定期支付给员工的劳动报酬，包括计时工资、计件工资、职务工资、级别工资、基础工资、工龄工资、奖金、津贴和补贴、加班加点工资和特殊情况下支付的报酬等；从事智力创造和提供劳务所取得的物质权利，如稿费、专利转让费、讲课费、咨询费、演出费等；因拥有债权、股权而取得的利息、股息、红利所得；出租建筑物、土地使用权、机器设备、车船以及其他财产所得；转让有价证券、股权、建筑物、土地使用权、机器设备、车船以及其他财产所得；得奖、中奖、中彩以及其他偶然所得；从事个体经营的劳动收入、从事承包土地所获得的收益等。

（2）房屋。包括依法购买的城镇住宅，也包括在农村宅基地上依法建造的住宅，也包括商铺、厂房等建筑物。根据土地管理法、城市房地产管理法以及本法的规定，房屋仅指在土地上的建筑物部分，不包括其占有的土地。

（3）生活用品。是指用于生活方面的物品，如家用电器、私人汽车、家具等。

（4）生产工具和原材料。生产工具是指人们在进行生产活动时所使用的器具,如机器设备、车辆、船舶等运输工具。原材料是指生产产品所需的物质基础材料,如矿石、木材、钢铁等。生产工具和原材料是重要的生产资料,是生产所必需的基础物质。

除上述外,私人财产还包括其他的不动产和动产,如图书、个人收藏品、牲畜和家禽等。

参见 《宪法》第13条;《刑法》第92条

案例 汪秉诚等六人诉淮安市博物馆返还祖宅的埋藏文物纠纷案(《最高人民法院公报》2013年第5期)

案件适用要点:《民法通则》第79条①规定:所有人不明的埋藏物,归国家所有;《文物保护法》第5条也将中华人民共和国境内地下遗存的文物一般推定为"属于国家所有"。但对于埋藏或隐藏于公民祖宅且能够基本证明属于其祖产的埋藏物,在无法律明文规定禁止其拥有的情况下,应判定属于公民私人财产。

第二百六十七条 【私有财产的保护】私人的合法财产受法律保护,禁止任何组织或者个人侵占、哄抢、破坏。

第二百六十八条 【企业出资人的权利】国家、集体和私人依法可以出资设立有限责任公司、股份有限公司或者其他企业。国家、集体和私人所有的不动产或者动产投到企业的,由出资人按照约定或者出资比例享有资产收益、重大决策以及选择经营管理者等权利并履行义务。

第二百六十九条 【法人财产权】营利法人对其不动产和动产依照法律、行政法规以及章程享有占有、使用、收益和处分的权利。

营利法人以外的法人,对其不动产和动产的权利,适用有关法律、行政法规以及章程的规定。

参见 《民法典》第57、76条

第二百七十条 【社会团体法人、捐助法人合法财产的保护】社会团体法人、捐助法人依法所有的不动产和动产,受法律保护。

参见 《民法典》第87、90、92条

---

① 对应于《民法典》第319条。

第六章 业主的建筑物区分所有权

第二百七十一条 【建筑物区分所有权】业主对建筑物内的住宅、经营性用房等专有部分享有所有权，对专有部分以外的共有部分享有共有和共同管理的权利。

注释 建筑物区分所有权人，对建筑物内的住宅、商业用房等专有部分享有所有权，对专有部分以外的共有部分如电梯、过道、楼梯、水箱、外墙面、水电气的主管线等享有共有和共同管理的权利。业主可以自行管理建筑物及其附属设施，也可以委托物业服务企业或者其他管理人管理。业主可以设立业主大会，选举业主委员会，制定或者修改业主大会议事规则和建筑物及其附属设施的管理规约，选举业委员会和更换业主委员会成员，选聘和解聘物业服务企业或者其他管理人，筹集和使用建筑物及其附属设施的维修资金，改建和重建建筑物及其附属设施等。业主大会和业主委员会，对任意弃置垃圾、排放大气污染物或者噪声、违反规定饲养动物、违章搭建、侵占通道、拒付物业费等损害他人合法权益的行为，有权依照法律、法规以及管理规约，要求行为人停止侵害、消除危险、排除妨害、赔偿损失。

参见 《物业管理条例》第6条；《最高人民法院关于审理建筑物区分所有权纠纷案件具体应用法律若干问题的解释》第1条

案例 孙庆军诉南京市清江花苑小区业主委员会业主知情权纠纷案（《最高人民法院公报》2015年第12期）

案件适用要点：业主作为建筑物区分所有人，享有知情权，享有了解本小区建筑区划内涉及业主共有权及共同管理权等相关事项的权利，业主委员会应全面、合理公开其掌握的情况和资料。对于业主行使知情权亦应加以合理限制，防止滥用权利，其范围应限于涉及业主合法权益的信息，并遵循简便的原则。

第二百七十二条 【业主对专有部分的专有权】业主对其建筑物专有部分享有占有、使用、收益和处分的权利。业主行使权利不得危及建筑物的安全，不得损害其他业主的合法权益。

注释 建筑区划内符合下列条件的房屋,以及车位、摊位等特定空间,应当认定为专有部分:(1)具有构造上的独立性,能够明确区分;(2)具有利用上的独立性,可以排他使用;(3)能够登记成为特定业主所有权的客体。规划上专属于特定房屋,且建设单位销售时已经根据规划列入该特定房屋买卖合同中的露台等,应当认定为本章所称专有部分的组成部分。

对于建筑物区分所有权人对专有部分享有的权利,一方面,应明确其与一般所有权相同,具有绝对性、永久性、排他性。所有权人在法律限制范围内可以自由使用、收益、处分专有部分,并排除他人干涉。另一方面,也应注意到其与一般所有权的不同:业主的专有部分是建筑物的重要组成部分,与共有部分具有一体性、不可分离性,例如没有电梯、楼道、走廊,业主不可能出入自己的居室、经营性用房等专有部分;没有水箱、水、电等管线,业主无法使用自己的居室、经营性用房等专有部分。因此业主对专有部分行使所有权应受到一定限制。例如,业主对专有部分装修时,不得拆除房屋内的承重墙,不得在专有部分内储藏、存放易燃易爆的危险物品,危及整个建筑物的安全,损害其他业主的合法权益。

参见 《最高人民法院关于审理建筑物区分所有权纠纷案件具体应用法律若干问题的解释》第2条

案例 1.郑州二建公司诉王良础公有住房出售协议违约纠纷案(《最高人民法院公报》2006年第1期)

案件适用要点:建筑物区分所有权人只能在该建筑物中自己专有的部位行使所有权四项权能,未经该建筑物的其他区分所有权人和物业经营管理者、维修者许可,不得对该建筑物的共用部位行使权利。

公有住房售出单位对公有住房的共用部位承担着维修责任。售出单位在与公有住房买受人签订的售房协议中,为了不加重自己一方在住房售出后的维修负担,约定买受人不得实施有碍公有住房共用部位安全的行为,这样的约定没有限制买受人正当行使自己的权利,因此是合法有效的。

2.庄某某与赵某某建筑物专有权纠纷上诉案(广东省深圳市中级人民法院〔2011〕深中法民一终字第59号民事判决书)

案件适用要点:根据《最高人民法院关于审理建筑物区分所有

权纠纷案件具体应用法律若干问题的解释》的规定，认定为建筑区划内专有部分的空间，应当符合具有构造上的独立性，可以明确区分、具有利用上的独立性，可以排他使用、能够登记为特定业主所有权的客体，或者规划上属于特定房屋，且建设单位销售时已经根据规划列入该特定房屋买卖合同。

第二百七十三条　【业主对共有部分的共有权及义务】业主对建筑物专有部分以外的共有部分，享有权利，承担义务；不得以放弃权利为由不履行义务。

业主转让建筑物内的住宅、经营性用房，其对共有部分享有的共有和共同管理的权利一并转让。

注释　关于业主对共有部分的权利，主要应注意，业主对专有部分以外的共有部分既享有权利，又承担义务。并且，业主不得以放弃权利为由不履行义务。例如，业主不得以不使用电梯为由，不交纳电梯维修费用；在集中供暖的情况下，不得以冬季不在此住宅居住为由，不交纳暖气费用。关于如何行使该项共有权利、承担义务还要依据本法及相关法律、法规和建筑区划管理规约的规定。

对于本条，值得强调第2款的规定，即业主对其建筑物专有部分的所有权不能单独转让，而必须与其共用部分持分权和成员权一同转让。业主的建筑物区分所有权是一个集合权，包括对专有部分享有的所有权、对建筑区划内的共有部分享有的共有权和共同管理的权利，这三种权利具有不可分离性。在这三种权利中，业主对专有部分的所有权占主导地位，是业主对专有部分以外的共有部分享有共有权以及对共有部分享有共同管理权的前提与基础。而且，区分所有人所有的专有部分的大小，也决定了其对建筑物共有部分享有的共有和共同管理权利的份额大小。因此本条规定，业主转让建筑物内的住宅、经营性用房，其对共有部分享有的共有和共同管理的权利一并转让。

参见　《物业管理条例》第54条；《最高人民法院关于审理建筑物区分所有权纠纷案件具体应用法律若干问题的解释》第3、4条

案例 1. 无锡市春江花园业主委员会诉上海陆家嘴物业管理有限公司等物业管理纠纷案（《最高人民法院公报》2010年第5期）

案件适用要点：根据《物权法》第72条①的规定，业主对建筑物专有部分以外的共有部分，享有权利，承担义务。共有部分在物业服务企业物业管理（包括前期物业管理）期间所产生的收益，在没有特别约定的情况下，应属全体业主所有，并主要用于补充小区的专项维修资金。物业服务企业对共有部分进行经营管理的，可以享有一定比例的收益。

2. 徐州西苑艺君花园（一期）业主委员会诉徐州中川房地产开发有限公司物业管理用房所有权确认纠纷案（《最高人民法院公报》2014年第6期）

案件适用要点：业主委员会依照《物权法》第75条第1款②规定成立，具有一定目的、名称、组织机构与场所，管理相应财产，是《民事诉讼法》第48条第1款③规定的"其他组织"。业主委员会依据业主共同或业主大会决议，在授权范围内，以业主委员会名义从事法律行为，具备诉讼主体资格。

物业管理用房依规划定点建造，为区分所有权建筑物管理人进行管理维护业务必需的场所，依照《物权法》第72条第1款④的规定，为业主共有。在建筑物竣工验收交付后，物业管理用房的分割、转移、调整或重新配置，应当由业主共同或业主大会决定。

第二百七十四条 【建筑区划内的道路、绿地等场所和设施属于业主共有财产】 建筑区划内的道路，属于业主共有，但是属于城镇公共道路的除外。建筑区划内的绿地，属于业主共有，但是属于城镇公共绿地或者明示属于个人的除外。建筑区划内的其他公共场所、公用设施和物业服务用房，属于业主共有。

---

① 对应于《民法典》第273条。
② 对应于《民法典》第277条第1款。
③ 对应于现行《民事诉讼法》第51条第1款。
④ 对应于《民法典》第273条第1款。

注释 本条是对建筑区划内设施的归属的规定。需要强调的，一是本条规定的绿地、道路归业主所有，不是说绿地、道路的土地所有权归业主所有，而是说绿地、道路作为土地上的附着物归业主所有；二是业主对"建筑区划内的其他公共场所、公用设施和物业服务用房"的共有包括对这部分场所、公用设施和用房本身的所有权和对其地基的土地使用权。

参见 《物业管理条例》第37条；《最高人民法院关于审理建筑物区分所有权纠纷案件具体应用法律若干问题的解释》第3条

案例 1. 长城宽带网络服务有限公司江苏分公司诉中国铁通集团有限公司南京分公司恢复原状纠纷案（《最高人民法院公报》2019年第12期）

案件适用要点：小区内的通信管道在小区交付后属于全体业主共有。通信运营公司与小区房地产开发公司签订的小区内通信管线等通信设施由通信运营公司享有专有使用权的条款，侵犯了业主的共有权和选择电信服务的自由选择权，应属无效。

2. 宜兴市新街街道海德名园业主委员会诉宜兴市恒兴置业有限公司、南京紫竹物业管理股份有限公司宜兴分公司物权确认纠纷、财产损害赔偿纠纷案（《最高人民法院公报》2018年第11期）

案件适用要点：开发商与小区业主对开发商在小区内建造的房屋发生权属争议时，应由开发商承担举证责任。如开发商无充分证据证明该房屋系其所有，且其已将该房屋建设成本分摊到出售给业主的商品房中，则该房屋应当属于小区全体业主所有。开发商在没有明确取得业主同意的情况下，自行占有使用该房屋，不能视为业主默示同意由开发商无偿使用，应认定开发商构成侵权。业主参照自该房屋应当移交时起的使用费向开发商主张赔偿责任的，人民法院应予支持。

3. 青岛中南物业管理有限公司南京分公司诉徐献太、陆素侠物业管理合同纠纷案（《最高人民法院公报》2007年第9期）

案件适用要点：业主与所在小区的物业管理公司签订物业管理服务协议后，即与物业管理公司之间建立了物业管理服务合同关系。物业管理公司作为提供物业管理服务的合同一方当事人，有义务依约进行物业管理，要求业主遵守业主公约及小区物业管理规定，有权对于违反业主公约及物业管理规定的行为加以纠正,以维护小区正常的物业管理秩序,维护小区全体业主的共同利益。当业主不按照整改要求纠正违反业主公约和物业管理规定的行为时,物业管理公司作为合同一方当事人,有权依法提起诉讼。

对于与业主所购房屋毗邻庭院绿地的权属问题,不能仅仅依据房地产开发商的售楼人员曾向业主口头承诺"买一楼房屋送花园",以及该庭院绿地实际为业主占有、使用的事实,即认定业主对该庭院绿地享有独占使用权。该庭院绿地作为不动产,其使用权的归属必须根据房屋买卖双方正式签订的商品房买卖协议及物权登记情况加以确定。

业主不得违反业主公约及物业管理规定,基于个人利益擅自破坏、改造与其房屋毗邻的庭院绿地。即使业主对于该庭院绿地具有独占使用权,如果该庭院绿地属于小区绿地的组成部分,业主在使用该庭院绿地时亦应遵守业主公约、物业管理规定关于小区绿地的管理规定,不得擅自破坏该庭院绿地,损害小区其他业主的合法权益。

第二百七十五条 【车位、车库的归属规则】 建筑区划内,规划用于停放汽车的车位、车库的归属,由当事人通过出售、附赠或者出租等方式约定。

占用业主共有的道路或者其他场地用于停放汽车的车位,属于业主共有。

注释 建筑区划内,规划用于停放汽车的车位和车库的权属应当依据合同确定。通过出售和附赠取得车库车位的,所有权归属于业主;车库车位出租的,所有权归属于开发商,业主享有使用权。确定出售和附赠车位、车库的所有权属于业主的,车库车位的所有权和土地使用权也应当进行物权登记,在转移专有权时,车库车位的所有权和土地使用权并不必然跟随建筑物的权属一并转移,须单独进行转让或者不转让。

参见 《最高人民法院关于审理建筑物区分所有权纠纷案件具体应用法律若干问题的解释》第6条

……

第二百八十七条 【业主请求权】业主对建设单位、物业服务企业或者其他管理人以及其他业主侵害自己合法权益的行为，有权请求其承担民事责任。

> **注释** 本条赋予业主以请求权，业主对建设单位、物业服务企业或者其他管理人以及其他业主侵害自己合法权益的行为，有权请求其承担民事责任，维护自己的合法权益。业主行使该请求权，可以直接向建设单位、物业服务企业和其他管理人请求，可以向有关行政主管部门投诉，也可以向人民法院起诉，由人民法院判决。

第七章 相邻关系

第二百八十八条 【处理相邻关系的原则】不动产的相邻权利人应当按照有利生产、方便生活、团结互助、公平合理的原则，正确处理相邻关系。

> **注释** 相邻关系，是指相互毗邻的不动产权利人之间在行使所有权或者使用权时，因相互间给予便利或者接受限制所发生的权利义务关系。
> 相邻关系是法定的：不动产权利人对相邻不动产权利人有避免妨害的注意义务；不动产权利人在非使用邻地就不能对自己的不动产进行正常使用时，有权在对邻地损害最小的范围内使用邻地，邻地权利人不能阻拦。
> 本条规定的相邻权利人的范围，既包括相邻不动产的所有权人，也包括相邻不动产的用益物权人和占有人。

第二百八十九条 【处理相邻关系的依据】法律、法规对处理相邻关系有规定的，依照其规定；法律、法规没有规定的，可以按照当地习惯。

> **注释** 处理相邻关系，首先是依照法律、法规的规定。当没有法律和行政法规的规定时，可以适用习惯作为处理相邻关系的依据。习惯，是指在长期的社会实践中逐渐形成的、被人们公认的行为准则，具有普遍性和认同性，一经国家认可，就具有法律效力，

成为调整社会关系的行为规范。民间习惯虽然没有上升为法律，但它之所以存在，被人们普遍接受和遵从，有其社会根源、思想根源、文化根源和经济根源，只要不违反法律的规定和公序良俗，人民法院在规范民事裁判尺度时就应当遵从。

参见　《民法典》第10条

......

第八章　共　有

第二百九十七条　【共有及其形式】不动产或者动产可以由两个以上组织、个人共有。共有包括按份共有和共同共有。

注释　共有权，是指两个以上的民事主体对同一项财产共同享有的所有权。其特征是：(1) 共有权的主体具有非单一性，须由两个或两个以上的自然人、法人或非法人组织构成。(2) 共有物的所有权具有单一性，共有权的客体即共有物是同一项财产，共有权是一个所有权。(3) 共有权的内容具有双重性，包括所有权具有的与非所有权人构成的对世性的权利义务关系，以及内部共有人之间的权利义务关系。(4) 共有权具有意志或目的的共同性，基于共同的生活、生产和经营目的，或者基于共同的意志发生共有关系。

共有权包括的类型有：(1) 按份共有，即对同一项财产，数个所有人按照既定的份额，享有权利，负担义务。(2) 共同共有，即对同一项财产，数个所有人不分份额地享有权利、承担义务。(3) 准共有，即共有的权利不是所有权，而是所有权之外的他物权和知识产权。

第二百九十八条　【按份共有】按份共有人对共有的不动产或者动产按照其份额享有所有权。

注释　按份共有，又称分别共有，指数人按应有份额（部分）对共有物共同享有权利和分担义务的共有。

按份共有的法律特征有：第一，各个共有人对共有物按份额享有不同的权利。各个共有人的份额又称为应有份额，其数额一般由共有人事先约定，或按出资比例决定。如果各个共有人应有部分不明确，则应推定为均等。第二，各共有人对共有财产享有权利和承担义务是根据其不同的份额确定的。份额不同，各个共有人对共同财产的权利和义务各不相同。第三，各个共有人的权利不是局限于共有财产某一具体部分，或就某一具体部分单独享有所有权，而是及于财产的全部。

第二百九十九条 【共同共有】共同共有人对共有的不动产或者动产共同享有所有权。

注释 共同共有是指两个或两个以上的民事主体，根据某种共同关系而对某项财产不分份额地共同享有权利并承担义务。

共同共有的特征是：第一，共同共有根据共同关系而产生，以共同关系的存在为前提，例如夫妻关系、家庭关系。第二，在共同共有关系存续期间内，共有财产不分份额，这是共同共有与按份共有的主要区别。第三，在共同共有中，各共有人平等地对共有物享受权利和承担义务，共同共有人的权利及于整个共有财产，行使全部共有权。第四，共同共有人对共有物享有连带权利，承担连带义务。基于共有物而设定的权利，每个共同共有人都是权利人，该权利为连带权利；基于共有关系而发生的债务，亦为连带债务，每个共同共有人都是连带债务人；基于共有关系发生的民事责任，为连带民事责任，每个共有人都是连带责任人。

……

第三百零八条 【共有关系不明时对共有关系性质的推定】共有人对共有的不动产或者动产没有约定为按份共有或者共同共有，或者约定不明确的，除共有人具有家庭关系等外，视为按份共有。

注释 共有人对共有的不动产或者动产没有约定为按份共有或者共同共有，或者约定不明确的，就是共有关系性质不明。在共有关系性质不明的情况下，确定的规则是，除共有人具有婚姻、家庭关系或者合伙关系之外，都视为按份共有，按照按份共有确定共有人的权利义务和对外关系。本条使用的是"视为"，如果共有人之一能够推翻"视为"的推定，则应当按照证据认定共有的性质。

第三百零九条 【按份共有人份额不明时份额的确定】按份共有人对共有的不动产或者动产享有的份额，没有约定或者约定不明确的，按照出资额确定；不能确定出资额的，视为等额享有。

第三百一十条 【准共有】两个以上组织、个人共同享有用益物权、担保物权的，参照适用本章的有关规定。

……

第三分编　用　益　物　权

第十章　一　般　规　定

第三百二十三条 【用益物权的定义】用益物权人对他人所有的不动产或者动产，依法享有占有、使用和收益的权利。

> **注释**　作为物权体系的重要组成部分，用益物权具备物权的一般特征，如以对物的实际占有为前提、以使用收益为目的，此外还有以下几个方面的特征：（1）用益物权是一种他物权，是在他人所有之物上设立一个新的物权。（2）用益物权是以使用和收益为内容的定限物权，目的就是对他人所有的不动产的使用和收益。（3）用益物权为独立物权，一旦依当事人约定或法律直接规定设立，用益物权人便独立地享有对标的物的使用和收益权，除了能有效地对抗第三人以外，也能对抗所有权人。
> 　　用益物权的基本内容，是对用益物权的标的物享有占有、使用和收益的权利，是通过直接支配他人之物而占有、使用和收益。这是从所有权的权能中分离出来的权能，表现的是对财产的利用关系。用益物权人享有用益物权，就可以占有用益物、使用用益物，对用益物直接支配并进行收益。

第三百二十四条 【国家和集体所有的自然资源的使用规则】国家所有或者国家所有由集体使用以及法律规定属于集体所有的自然资源，组织、个人依法可以占有、使用和收益。

第三百二十五条 【自然资源有偿使用制度】国家实行自然资

源有偿使用制度，但是法律另有规定的除外。

第三百二十六条　【用益物权的行使规范】用益物权人行使权利，应当遵守法律有关保护和合理开发利用资源、保护生态环境的规定。所有权人不得干涉用益物权人行使权利。

第三百二十七条　【被征收、征用时用益物权人的补偿请求权】因不动产或者动产被征收、征用致使用益物权消灭或者影响用益物权行使的，用益物权人有权依据本法第二百四十三条、第二百四十五条的规定获得相应补偿。

……

第十一章　土地承包经营权

第三百三十条　【农村土地承包经营】农村集体经济组织实行家庭承包经营为基础、统分结合的双层经营体制。

农民集体所有和国家所有由农民集体使用的耕地、林地、草地以及其他用于农业的土地，依法实行土地承包经营制度。

> **参见**　《农村土地承包法》第1-3条；《农村集体经济组织法》第2条

第三百三十一条　【土地承包经营权内容】土地承包经营权人依法对其承包经营的耕地、林地、草地等享有占有、使用和收益的权利，有权从事种植业、林业、畜牧业等农业生产。

> **参见**　《土地管理法》第13条；《农村土地承包法》第8-11、17条

第三百三十二条　【土地的承包期限】耕地的承包期为三十年。草地的承包期为三十年至五十年。林地的承包期为三十年至七十年。

前款规定的承包期限届满，由土地承包经营权人依照农村土地承包的法律规定继续承包。

……

第三百三十七条　【承包地的收回】承包期内发包人不得收回

承包地。法律另有规定的,依照其规定。

参见 《农村土地承包法》第27条

第三百三十八条 【征收承包地的补偿规则】承包地被征收的,土地承包经营权人有权依据本法第二百四十三条的规定获得相应补偿。

参见 《土地管理法》第47、48条;《农村土地承包法》第17条

……

第十二章 建设用地使用权

第三百四十四条 【建设用地使用权的概念】建设用地使用权人依法对国家所有的土地享有占有、使用和收益的权利,有权利用该土地建造建筑物、构筑物及其附属设施。

注释 建设用地包括住宅用地、公共设施用地、工矿用地、交通水利设施用地、旅游用地、军事设施用地等。本条中的建筑物主要是指住宅、写字楼、厂房等;构筑物主要是指不具有居住或者生产经营功能的人工建造物,比如道路、桥梁、隧道、水池、水塔、纪念碑等;附属设施主要是指附属于建筑物、构筑物的一些设施。

参见 《城市房地产管理法》第二章

第三百四十五条 【建设用地使用权的分层设立】建设用地使用权可以在土地的地表、地上或者地下分别设立。

第三百四十六条 【建设用地使用权的设立原则】设立建设用地使用权,应当符合节约资源、保护生态环境的要求,遵守法律、行政法规关于土地用途的规定,不得损害已经设立的用益物权。

第三百四十七条 【建设用地使用权的出让方式】设立建设用地使用权,可以采取出让或者划拨等方式。

工业、商业、旅游、娱乐和商品住宅等经营性用地以及同一土地有两个以上意向用地者的,应当采取招标、拍卖等公开竞价的方

式出让。

严格限制以划拨方式设立建设用地使用权。

注释 建设用地使用权设立的方式主要有两种：有偿出让和无偿划拨。有偿出让是建设用地使用权设立的主要方式，是指出让人将一定期限的建设用地使用权出让给建设用地使用权人使用，建设用地使用权人向出让人支付一定的出让金。有偿出让的方式主要包括拍卖、招标和协议等。划拨是无偿取得建设用地使用权的一种方式，是指县级以上人民政府依法批准，在建设用地使用权人缴纳补偿、安置等费用后将该幅土地交付其使用，或者将建设用地使用权无偿交付给建设用地使用权人使用的行为。划拨土地没有期限的规定。

参见 《土地管理法》第54条；《城市房地产管理法》第8、13、23、24条

……

第三百五十八条 【建设用地使用权的提前收回及其补偿】建设用地使用权期限届满前，因公共利益需要提前收回该土地的，应当依据本法第二百四十三条的规定对该土地上的房屋以及其他不动产给予补偿，并退还相应的出让金。

第三百五十九条 【建设用地使用权期限届满的处理规则】住宅建设用地使用权期限届满的，自动续期。续期费用的缴纳或者减免，依照法律、行政法规的规定办理。

非住宅建设用地使用权期限届满后的续期，依照法律规定办理。该土地上的房屋以及其他不动产的归属，有约定的，按照约定；没有约定或者约定不明确的，依照法律、行政法规的规定办理。

注释 根据《城镇国有土地使用权出让和转让暂行条例》的规定，建设用地使用权出让的最高年限为：居住用地70年。本条对住宅建设用地使用权和非住宅建设用地使用权的续期分别作出了规定，明确规定住宅建设用地使用权期间届满的，自动续期。

第三百六十条 【建设用地使用权注销登记】建设用地使用权消灭的，出让人应当及时办理注销登记。登记机构应当收回权属证书。

第三百六十一条 【集体土地作为建设用地的法律适用】集体所有的土地作为建设用地的,应当依照土地管理的法律规定办理。

第十三章　宅基地使用权

第三百六十二条 【宅基地使用权内容】宅基地使用权人依法对集体所有的土地享有占有和使用的权利,有权依法利用该土地建造住宅及其附属设施。

第三百六十三条 【宅基地使用权的法律适用】宅基地使用权的取得、行使和转让,适用土地管理的法律和国家有关规定。

> **注释**　农村村民一户只能拥有一处宅基地,其宅基地的面积不得超过省、自治区、直辖市规定的标准。人均土地少、不能保障一户拥有一处宅基地的地区,县级人民政府在充分尊重农村村民意愿的基础上,可以采取措施,按照省、自治区、直辖市规定的标准保障农村村民实现户有所居。

第三百六十四条 【宅基地灭失后的重新分配】宅基地因自然灾害等原因灭失的,宅基地使用权消灭。对失去宅基地的村民,应当依法重新分配宅基地。

第三百六十五条 【宅基地使用权的变更登记与注销登记】已经登记的宅基地使用权转让或者消灭的,应当及时办理变更登记或者注销登记。

第十四章　居　住　权

第三百六十六条 【居住权的定义】居住权人有权按照合同约定,对他人的住宅享有占有、使用的用益物权,以满足生活居住的需要。

> **注释**　本章内容为民法典新增内容。本条是对居住权概念的规定。
>
> 居住权,是指自然人依照合同的约定,对他人所有的住宅享有占有、使用的用益物权。民法的居住权与公法的居住权不同。在公

法，国家保障人人有房屋居住的权利也叫居住权，或者叫住房权。民法的居住权是民事权利，是用益物权的一种，其特征是：（1）居住权的基本属性是他物权，具有用益性；（2）居住权是为特定自然人基于生活用房而设立的物权，具有人身性；（3）居住权是一种长期存在的物权，具有独立性；（4）居住权的设定是一种恩惠行为，具有不可转让性。

我国历史上没有规定过居住权，居住权存在的必要性表现在：（1）充分发挥房屋的效能。（2）充分尊重所有权人的意志和利益。（3）有利于发挥家庭职能，体现自然人之间的互帮互助。

居住权作为用益物权具有特殊性，即居住权人对于权利的客体即住宅只享有占有和使用的权利，不享有收益的权利，不能以此进行出租等营利活动。

……

第十五章 地 役 权

第三百七十二条 【地役权的定义】地役权人有权按照合同约定，利用他人的不动产，以提高自己的不动产的效益。

前款所称他人的不动产为供役地，自己的不动产为需役地。

注释 地役权是一种独立的物权，在性质上属于用益物权的范围，是按照合同约定利用他人的不动产，以提高自己不动产效益的权利。因使用他人不动产而获得便利的不动产为需役地，为他人不动产的便利而供使用的不动产为供役地。地役权的"役"，即"使用"的意思。

……

第四分编 担 保 物 权

第十六章 一 般 规 定

第三百八十六条 【担保物权的定义】担保物权人在债务人不

履行到期债务或者发生当事人约定的实现担保物权的情形,依法享有就担保财产优先受偿的权利,但是法律另有规定的除外。

注释 担保物权以确保债权人的债权得到完全清偿为目的。这是担保物权与其他物权的最大区别。

担保物权是在债务人或者第三人的财产上成立的权利。债务人既可以自己的财产,也可以第三人的财产为债权设立担保物权。

担保物权具有物上代位性。债权人设立担保物权并不以使用担保财产为目的,而是以取得该财产的交换价值为目的,因此,担保财产灭失、毁损,但代替该财产的交换价值还存在的,担保物权的效力仍存在,但此时担保物权的效力转移到了该代替物上。

案例 深圳市奕之帆贸易有限公司、侯庆宾与深圳兆邦基集团有限公司、深圳市康诺富信息咨询有限公司、深圳市鲤鱼门投资发展有限公司、第三人广东立兆电子科技有限公司合同纠纷案(《最高人民法院公报》2020年第2期)

案件适用要点:让与担保的设立应在债务履行期届满之前,但就让与担保的实现问题,参照《物权法》第170条[①]的规定则需要满足债务人不履行到期债务或者发生当事人约定的实现权利的情形等条件。双方当事人在设立让与担保的合同中约定,如担保物的价值不足以覆盖相关债务,即使债务履行期尚未届满,债权人亦有权主张行使让与担保权利。该约定不违反法律行政法规的强制性规定,应当认定合法有效。

为防止出现债权人取得标的物价值与债权额之间差额等类似于流质、流押之情形,让与担保权利的实现应对当事人课以清算义务。双方当事人就让与担保标的物价值达成的合意,可认定为确定标的物价值的有效方式。在让与担保标的物价值已经确定,但双方均预见债权数额有可能发生变化的情况下,当事人仍应在最终据实结算的债务数额基础上履行相应的清算义务。

……

[①] 对应于《民法典》第386条。

第五分编　占　有

第二十章　占　有

第四百五十八条　【有权占有法律适用】基于合同关系等产生的占有，有关不动产或者动产的使用、收益、违约责任等，按照合同约定；合同没有约定或者约定不明确的，依照有关法律规定。

> **注释**　占有是指占有人对物具有事实上的管领和控制的状态。导致占有发生的法律关系多种多样：一种是有权占有，主要指基于合同等债的关系而产生的占有，例如根据运输或者保管合同，承运人或者保管人对托运或者寄存货物发生的占有；一种是无权占有，主要发生在占有人对不动产或者动产的占有无正当法律关系，或者原法律关系被撤销或者无效时占有人对占有物的占有，包括误将他人之物认为己有或者借用他人之物到期不还等。

第四百五十九条　【恶意占有人的损害赔偿责任】占有人因使用占有的不动产或者动产，致使该不动产或者动产受到损害的，恶意占有人应当承担赔偿责任。

第四百六十条　【权利人的返还请求权和占有人的费用求偿权】不动产或者动产被占有人占有的，权利人可以请求返还原物及其孳息；但是，应当支付善意占有人因维护该不动产或者动产支出的必要费用。

> **注释**　无论是善意占有人还是恶意占有人，对于权利人都负有返还原物及其孳息的义务；返还原物及其孳息之后，善意占有人对于因维护该不动产或者动产而支出的必要费用，可以要求权利人返还，而恶意占有人无此项请求权。值得注意的是，善意占有人求偿权的范围限于必要费用。必要费用是指因保存、管理占有物所必需支出的费用。如占有物的维修费、饲养费等。

第四百六十一条　【占有物毁损或者灭失时占有人的责任】占有的不动产或者动产毁损、灭失，该不动产或者动产的权利人请求赔偿的，占有人应当将因毁损、灭失取得的保险金、赔偿金或者补偿金等返还给权利人；权利人的损害未得到足够弥补的，恶意占有人还应当赔偿损失。

注释 占有的不动产或者动产毁损、灭失，不论是不可抗力，还是被遗失或者盗窃，其责任规则是：(1) 如果该不动产或者动产即占有物的权利人请求赔偿的，占有人应当将因毁损、灭失取得的保险金、赔偿金或者补偿金等代位物如数返还给权利人，对此，不论是善意占有人还是恶意占有人，均负此责任。(2) 占有物因毁损、灭失取得的保险金、赔偿金或者补偿金全部返还权利人，权利人的损害未得到足够弥补的，恶意占有人应当承担赔偿损失的责任，善意占有人不负此责任。

第四百六十二条 【占有保护的方法】占有的不动产或者动产被侵占的，占有人有权请求返还原物；对妨害占有的行为，占有人有权请求排除妨害或者消除危险；因侵占或者妨害造成损害的，占有人有权依法请求损害赔偿。

占有人返还原物的请求权，自侵占发生之日起一年内未行使的，该请求权消灭。

注释 占有保护请求权以排除对占有的侵害为目的，因而属于一种物权的请求权。1. 占有物返还请求权。占有物返还请求权发生于占有物被侵夺的情形。此种侵夺占有而构成的侵占，是指非基于占有人的意思，采取违法的行为使其丧失对物的控制与支配。需要注意的是，非因他人的侵夺而丧失占有的，如因受欺诈或者胁迫而交付的，不享有占有物返还请求权。此外，还需说明一点，即本条所规定占有物返还请求权的要件之一为侵占人的行为必须是造成占有人丧失占有的直接原因，否则不发生依据本条规定而产生的占有物返还请求权。例如，遗失物之拾得人，虽然拾得人未将遗失物交送有关机关而据为己有，但此种侵占非本条所规定的情形。拾得人将遗失物据为己有的行为，并非失主丧失占有的直接原因（失主最初丧失对物的占有，可能是由于疏忽大意遗忘物品等），因此失主对于拾得人不得依占有物返还请求权为据提起诉讼，而应依其所有权人的地位提请行使返还原物请求权。2. 排除妨害请求权。排除妨害的费用应由妨害人负担。占有人自行除去妨害的，其费用可依无因管理的规定向相对人请求偿还。3. 消除危险请求权。消除危险请求权中的危险，应为具体的事实的危险；对于一般抽象的危险，法律不加以保护。具体的事实的危险，指其所用的方法，使外界感知对占有的妨害。例如违反建筑规则建设高危建筑、接近邻地开掘地窖等产生对邻地的危险。

……

中华人民共和国土地管理法

（1986年6月25日第六届全国人民代表大会常务委员会第十六次会议通过 根据1988年12月29日第七届全国人民代表大会常务委员会第五次会议《关于修改〈中华人民共和国土地管理法〉的决定》第一次修正 1998年8月29日第九届全国人民代表大会常务委员会第四次会议修订 根据2004年8月28日第十届全国人民代表大会常务委员会第十一次会议《关于修改〈中华人民共和国土地管理法〉的决定》第二次修正 根据2019年8月26日第十三届全国人民代表大会常务委员会第十二次会议《关于修改〈中华人民共和国土地管理法〉、〈中华人民共和国城市房地产管理法〉的决定》第三次修正）

第一章 总 则

第一条 【立法目的】为了加强土地管理，维护土地的社会主义公有制，保护、开发土地资源，合理利用土地，切实保护耕地，促进社会经济的可持续发展，根据宪法，制定本法。

注释 2019年8月26日，十三届全国人大常委会第十二次会议表决通过土地管理法修正案，自2020年1月1日起施行。新修改的土地管理法坚持土地公有制不动摇，坚持农民利益不受损，坚持最严格的耕地保护制度和最严格的节约集约用地制度，在充分总结农村土地制度改革试点成功经验的基础上，在土地征收制度、集体经营性建设用地入市、宅基地管理等方面做出多项重大突破，并将多年来土地制度改革成果上升为法律规定。

第二条 【基本土地制度】中华人民共和国实行土地的社会主义公有制，即全民所有制和劳动群众集体所有制。

全民所有，即国家所有土地的所有权由国务院代表国家行使。

任何单位和个人不得侵占、买卖或者以其他形式非法转让土地。土地使用权可以依法转让。

国家为了公共利益的需要，可以依法对土地实行征收或者征用并给予补偿。

国家依法实行国有土地有偿使用制度。但是，国家在法律规定的范围内划拨国有土地使用权的除外。

注释 本条规定共有5款，规定了我国土地的社会主义公有制，土地所有权和使用权分离的土地使用制度，国家征收、征用土地制度，国有土地有偿使用和划拨制度等内容。

参见 《宪法》第6条、第10条；《民法典》第207条、第242条、第243条、第245条、第246条、第249条、第327条、第347条；《城市房地产管理法》；《农村土地承包法》；《城镇国有土地使用权出让和转让暂行条例》；《国务院关于深化改革严格土地管理的决定》；《国务院关于促进节约集约用地的通知》

案例 马某与某村第十二村民组租赁合同纠纷上诉案（河南省郑州市中级人民法院民事判决书〔2010〕郑民四终字第479号）

案件适用要点：马某、某村十二组以签订土地租赁协议的形式，将马某某老宅所留的部分土地租赁给马某作为宅基地使用，协议中有关租赁期限为30年、租赁费为500元、一次性付清以及租赁期满后由马某无偿使用的约定，既违反了《合同法》第214条第1款[①]"租赁期限不超过二十年。超过二十年，超过部分无效"的规定，也违反了《土地管理法》第2条第3款的规定，构成实质非法转让

[①] 对应于《民法典》第705条第1款。

土地的行为。同时，协议涉及的土地使用还直接影响到某村十二组其他村民组成员宅基地的整体规划，因其内容违反法律、法规的强制性规定，损害社会公共利益而应属无效。

第三条　【土地基本国策】 十分珍惜、合理利用土地和切实保护耕地是我国的基本国策。各级人民政府应当采取措施，全面规划，严格管理，保护、开发土地资源，制止非法占用土地的行为。

第四条　【土地用途管制制度】 国家实行土地用途管制制度。

国家编制土地利用总体规划，规定土地用途，将土地分为农用地、建设用地和未利用地。严格限制农用地转为建设用地，控制建设用地总量，对耕地实行特殊保护。

前款所称农用地是指直接用于农业生产的土地，包括耕地、林地、草地、农田水利用地、养殖水面等；建设用地是指建造建筑物、构筑物的土地，包括城乡住宅和公共设施用地、工矿用地、交通水利设施用地、旅游用地、军事设施用地等；未利用地是指农用地和建设用地以外的土地。

使用土地的单位和个人必须严格按照土地利用总体规划确定的用途使用土地。

> **注释**　土地用途管制制度的主要内容：
>
> （1）通过国土空间规划划定每一块土地的用途，将土地分为农用地、建设用地和未利用地3大类，并具体划分为若干小类。将土地作出分类是国家实行土地用途管制制度的需要，主要目的是限制农用地转为建设用地，特别是要对耕地实行重点保护。
>
> （2）通过农用地转用审批，严格限制农用地转为建设用地。
>
> （3）通过土地利用年度计划，严格控制建设用地供应总量。
>
> （4）对耕地实行特殊保护，采取措施确保耕地总量不减少。包括占用耕地补偿制度，永久基本农田保护制度，未利用地开垦和土地整理、土地复垦，严格保护耕地等。
>
> （5）使用土地的单位和个人必须严格按照国土空间规划确定的用途使用土地，强化国土空间规划的作用。

第五条 【土地管理体制】国务院自然资源主管部门统一负责全国土地的管理和监督工作。

县级以上地方人民政府自然资源主管部门的设置及其职责，由省、自治区、直辖市人民政府根据国务院有关规定确定。

第六条 【国家土地督察制度】国务院授权的机构对省、自治区、直辖市人民政府以及国务院确定的城市人民政府土地利用和土地管理情况进行督察。

> **注释** 2019年修改土地管理法在总则中增加第6条，对土地督察制度作出明确规定。以此为标志，国家土地督察制度正式成为土地管理的法律制度。

第七条 【单位和个人的土地管理权利和义务】任何单位和个人都有遵守土地管理法律、法规的义务，并有权对违反土地管理法律、法规的行为提出检举和控告。

第八条 【奖励】在保护和开发土地资源、合理利用土地以及进行有关的科学研究等方面成绩显著的单位和个人，由人民政府给予奖励。

第二章 土地的所有权和使用权

第九条 【土地所有制】城市市区的土地属于国家所有。

农村和城市郊区的土地，除由法律规定属于国家所有的以外，属于农民集体所有；宅基地和自留地、自留山，属于农民集体所有。

> **参见** 《宪法》第9条、第10条；《民法典》第249、250条；《确定土地所有权和使用权的若干规定》第18条；《土地权属争议调查处理办法》

第十条 【土地使用权者的义务】国有土地和农民集体所有的土地，可以依法确定给单位或者个人使用。使用土地的单位和个人，有保护、管理和合理利用土地的义务。

注释 国有土地和农民集体所有的土地可以依法确定给单位或者个人使用，体现了土地所有权和土地使用权可以分离的基本原则。土地使用权是指使用土地的单位和个人在法律所允许的范围内对依法交由其使用的国有土地和农民集体所有土地的占有、使用、收益以及依法处分的权利。

参见 《民法典》第324条

案例 杨延虎等贪污案（最高人民法院指导案例11号）

案件适用要点：土地使用权具有财产性利益，属于刑法第三百八十二条第一款规定中的"公共财物"，可以成为贪污的对象。

第十一条 【农民集体所有土地的经营管理】农民集体所有的土地依法属于村农民集体所有的，由村集体经济组织或者村民委员会经营、管理；已经分别属于村内两个以上农村集体经济组织的农民集体所有的，由村内各该农村集体经济组织或者村民小组经营、管理；已经属于乡（镇）农民集体所有的，由乡（镇）农村集体经济组织经营、管理。

注释 这里的"村"是指行政村，即设立村民委员会的村，而非自然村。农民集体所有的土地依法属于村农民集体所有，就是指农民集体所有的土地依法属于行政村农民集体所有。这里的村集体经济组织应理解为农村中有土地所有权的农业集体经济组织。这里的村民委员会，是指村民委员会组织法中所规定的村民委员会。

参见 《民法典》第262条；《农村土地承包法》第13条

第十二条 【土地所有权和使用权登记】土地的所有权和使用权的登记，依照有关不动产登记的法律、行政法规执行。

依法登记的土地的所有权和使用权受法律保护，任何单位和个人不得侵犯。

注释 《民法典》第210条规定，"不动产登记，由不动产所在地的登记机构办理""国家对不动产实行统一登记制度。统一登记的范围、登记机构和登记办法，由法律、行政法规规定"。国家建立不动产统一登记制度后，对现行分散的登记制度进行改革，并出台了《不动产登记暂行条例》，进一步细化了不动产统一登记制度，明确了登记的内容、程序、登记簿等相关内容，将土地、林地、草地等不动产权利进行统一登记。

第十三条　【土地承包经营】农民集体所有和国家所有依法由农民集体使用的耕地、林地、草地，以及其他依法用于农业的土地，采取农村集体经济组织内部的家庭承包方式承包，不宜采取家庭承包方式的荒山、荒沟、荒丘、荒滩等，可以采取招标、拍卖、公开协商等方式承包，从事种植业、林业、畜牧业、渔业生产。家庭承包的耕地的承包期为三十年，草地的承包期为三十年至五十年，林地的承包期为三十年至七十年；耕地承包期届满后再延长三十年，草地、林地承包期届满后依法相应延长。

国家所有依法用于农业的土地可以由单位或者个人承包经营，从事种植业、林业、畜牧业、渔业生产。

发包方和承包方应当依法订立承包合同，约定双方的权利和义务。承包经营土地的单位和个人，有保护和按照承包合同约定的用途合理利用土地的义务。

注释　为与《农村土地承包法》的内容相衔接，本条第1款一是明确土地承包经营权的客体：农民集体所有的土地和国家所有依法由农民集体使用的耕地、林地、草地，以及其他依法用于农业的土地。二是明确土地承包经营权的主体：对一般农用地而言，以家庭承包方式设立的土地承包经营权，其主体必须是本集体经济组织成员所组成的农户，具有特定的身份性；"四荒地"（荒山、荒沟、荒丘和荒滩）土地承包人则无身份限制，除了本集体经济组织成员，其他集体经济组织成员以及城镇居民或组织也可作为承包人。三是明确土地承包经营的方式为采取农村集体经济组织内部的家庭承包方式承包为主，不宜采取家庭承包方式的"四荒地"等，可以采取招标、拍卖、公开协商等方式承包。四是明确土地承包经营合同的期限：家庭承包的耕地承包期为30年，草地的承包期为30年至50年，林地的承包期为30年至70年；耕地承包期届满后再延长30年，草地、林地承包期届满后依法相应延长。

第十四条 【土地所有权和使用权争议解决】 土地所有权和使用权争议，由当事人协商解决；协商不成的，由人民政府处理。

单位之间的争议，由县级以上人民政府处理；个人之间、个人与单位之间的争议，由乡级人民政府或者县级以上人民政府处理。

当事人对有关人民政府的处理决定不服的，可以自接到处理决定通知之日起三十日内，向人民法院起诉。

在土地所有权和使用权争议解决前，任何一方不得改变土地利用现状。

注释 土地所有权和使用权争议一般是指与土地所有权和使用权相关的争议，比如土地权属争议、侵犯土地所有权和使用权的争议、相邻关系争议等。由于权属界限不清、土地权属混乱和因政策、体制的变更造成的历史遗留问题等，产生土地所有权和使用权纠纷，在这种情况下就需要有法律处理的原则和程序。

案例 马某某与某村村民委员会等合同纠纷上诉案（北京市第一中级人民法院民事裁定书〔2009〕一中民终字第14703号）

案件适用要点：依照《土地管理法》第16条①之规定，因土地使用权产生争议，当事人协商不成的，由人民政府处理。因此，涉案村委会要求确认《林地、林权协议书》无效的诉讼请求不属于法院受理民事诉讼的范围。在村委会要求确认《林地、林权协议书》无效的诉讼请求不属于法院受理民事诉讼的范围的情况下，原告要求撤销《林地、林权协议书》同样不属于法院受理民事诉讼的范围。据此，本案纠纷不属于法院受理民事诉讼的范围。

第三章 土地利用总体规划

第十五条 【土地利用总体规划的编制依据和期限】 各级人民政府应当依据国民经济和社会发展规划、国土整治和资源环境保护的要求、土地供给能力以及各项建设对土地的需求，组织编制土地

---

① 新《土地管理法》第14条。

利用总体规划。

土地利用总体规划的规划期限由国务院规定。

注释 土地利用总体规划是在一定区域内，根据国家社会经济可持续发展的要求和当地自然、经济、社会条件，对土地的开发、利用、治理、保护在空间上、时间上所作的总体安排和布局。土地利用总体规划是国土空间规划体系的重要组成内容，是实施土地用途管制、保护土地资源，统筹各类土地利用活动的重要依据。

根据《土地管理法实施条例》第2条的规定：国家建立国土空间规划体系。土地开发、保护、建设活动应当坚持规划先行。经依法批准的国土空间规划是各类开发、保护、建设活动的基本依据。已经编制国土空间规划的，不再编制土地利用总体规划和城乡规划。在编制国土空间规划前，经依法批准的土地利用总体规划和城乡规划继续执行。

第十六条 【土地利用总体规划的编制要求】下级土地利用总体规划应当依据上一级土地利用总体规划编制。

地方各级人民政府编制的土地利用总体规划中的建设用地总量不得超过上一级土地利用总体规划确定的控制指标，耕地保有量不得低于上一级土地利用总体规划确定的控制指标。

省、自治区、直辖市人民政府编制的土地利用总体规划，应当确保本行政区域内耕地总量不减少。

注释 耕地保有量不得低于上一级国土空间规划确定的控制指标，也就是说，地方各级人民政府编制的国土空间规划中不得减少上一级国土空间规划所确定的耕地保有量，地方各级人民政府编制的国土空间规划中所确定的耕地保有量只能是等于或者高于上一级人民政府所确定的数量。

第十七条 【土地利用总体规划的编制原则】土地利用总体规划按照下列原则编制：

（一）落实国土空间开发保护要求，严格土地用途管制；

（二）严格保护永久基本农田，严格控制非农业建设占用农用地；

（三）提高土地节约集约利用水平；

（四）统筹安排城乡生产、生活、生态用地，满足乡村产业和基础设施用地合理需求，促进城乡融合发展；

（五）保护和改善生态环境，保障土地的可持续利用；

（六）占用耕地与开发复垦耕地数量平衡、质量相当。

注释 为保护耕地不减少，国家实行占用耕地补偿制度。而占用耕地补偿制度的实现的方式之一就是需要通过编制国土空间规划的形式来进行的。即通过规划规定可开垦的未利用地区域，并规划开垦的计划制度，使得占用耕地的建设者有计划地去开发复垦所占耕地。如果没有规划，则有可能使得占用耕地补偿制度落空。因此，本条将占用耕地与开发复垦耕地相平衡作为编制国土空间规划的一项原则。本次修改将占补平衡制度进一步细化，不仅要强调数量平衡，防止占多补少，还要强调开垦土地的质量，防止占优补劣、占水田补旱地。

第十八条 【国土空间规划】国家建立国土空间规划体系。编制国土空间规划应当坚持生态优先，绿色、可持续发展，科学有序统筹安排生态、农业、城镇等功能空间，优化国土空间结构和布局，提升国土空间开发、保护的质量和效率。

经依法批准的国土空间规划是各类开发、保护、建设活动的基本依据。已经编制国土空间规划的，不再编制土地利用总体规划和城乡规划。

注释 国土空间规划是对一定区域国土空间开发保护在空间和时间上作出的安排，包括总体规划、详细规划和相关专项规划。国家、省、市、县编制国土空间总体规划，各地结合实际编制乡镇国土空间规划。相关专项规划是指在特定区域（流域）、特定领域，为体现特定功能，对空间开发保护利用作出的专门安排，是涉及空间利用的专项规划。国土空间总体规划是详细规划的依据、相关专项规划的基础；相关专项规划要相互协同，并与详细规划做好衔接。

建立国土空间规划体系是党中央、国务院作出的重大决策部署。中央明确要求,要建立国土空间规划体系并监督实施,将主体功能区规划、土地利用总体规划、城乡规划等空间规划融合为统一的国土空间规划,实现"多规合一",强化国土空间规划对各专项规划的指导约束作用。

国土空间规划应当细化落实国家发展规划提出的国土空间开发保护要求,统筹布局农业、生态、城镇等功能空间,划定落实永久基本农田、生态保护红线和城镇开发边界。国土空间规划应当包括国土空间开发保护格局和规划用地布局、结构、用途管制要求等内容,明确耕地保有量、建设用地规模、禁止开垦的范围等要求,统筹基础设施和公共设施用地布局,综合利用地上地下空间,合理确定并严格控制新增建设用地规模,提高土地节约集约利用水平,保障土地的可持续利用。

土地开发、保护、建设活动应当坚持规划先行。经依法批准的国土空间规划是各类开发、保护、建设活动的基本依据。已经编制国土空间规划的,不再编制土地利用总体规划和城乡规划。在编制国土空间规划前,经依法批准的土地利用总体规划和城乡规划继续执行。

第十九条 【县乡级土地利用总体规划的编制要求】县级土地利用总体规划应当划分土地利用区,明确土地用途。

乡(镇)土地利用总体规划应当划分土地利用区,根据土地使用条件,确定每一块土地的用途,并予以公告。

第二十条 【土地利用总体规划的审批】土地利用总体规划实行分级审批。

省、自治区、直辖市的土地利用总体规划,报国务院批准。

省、自治区人民政府所在地的市、人口在一百万以上的城市以及国务院指定的城市的土地利用总体规划,经省、自治区人民政府审查同意后,报国务院批准。

本条第二款、第三款规定以外的土地利用总体规划,逐级上报省、自治区、直辖市人民政府批准;其中,乡(镇)土地利用总体规划可以由省级人民政府授权的设区的市、自治州人民政府批准。

土地利用总体规划一经批准，必须严格执行。

注释 我国的国土空间规划由国家、省、市、县和乡（镇）五级组成。国土空间规划的审批实行分级审批制，按照下级规划服从上级规划的原则，依法自上而下逐级审查报批。

第二十一条　【建设用地的要求】城市建设用地规模应当符合国家规定的标准，充分利用现有建设用地，不占或者尽量少占农用地。

城市总体规划、村庄和集镇规划，应当与土地利用总体规划相衔接，城市总体规划、村庄和集镇规划中建设用地规模不得超过土地利用总体规划确定的城市和村庄、集镇建设用地规模。

在城市规划区内、村庄和集镇规划区内，城市和村庄、集镇建设用地应当符合城市规划、村庄和集镇规划。

第二十二条　【相关规划与土地利用总体规划的衔接】江河、湖泊综合治理和开发利用规划，应当与土地利用总体规划相衔接。在江河、湖泊、水库的管理和保护范围以及蓄洪滞洪区内，土地利用应当符合江河、湖泊综合治理和开发利用规划，符合河道、湖泊行洪、蓄洪和输水的要求。

第二十三条　【土地利用年度计划】各级人民政府应当加强土地利用计划管理，实行建设用地总量控制。

土地利用年度计划，根据国民经济和社会发展计划、国家产业政策、土地利用总体规划以及建设用地和土地利用的实际状况编制。土地利用年度计划应当对本法第六十三条规定的集体经营性建设用地作出合理安排。土地利用年度计划的编制审批程序与土地利用总体规划的编制审批程序相同，一经审批下达，必须严格执行。

注释 2019年修改增加"土地利用年度计划应当对本法第六十三条规定的集体经营性建设用地作出合理安排"的规定，这标志着土地利用年度计划的内涵发生了重大转变。在新土地管理法出台前，由于能进入建设用地市场的只有国有建设用地，实际上土地利用年度计划指标体系中对新增建设用地指标的管控是限制在国有建设用地范围内的，主要从农用地转用计划指标、耕地保有量计划指标、土地开发整理计划指标等方面进行管控。农村集体经营性建设用地入市后，要将集体经营性建设用地纳入土地利用年度计划管理，与国有建设用地统筹安排，保障这项改革工作平稳有序进行。

第二十四条 【土地利用年度计划执行情况报告】省、自治区、直辖市人民政府应当将土地利用年度计划的执行情况列为国民经济和社会发展计划执行情况的内容，向同级人民代表大会报告。

第二十五条 【土地利用总体规划的修改】经批准的土地利用总体规划的修改，须经原批准机关批准；未经批准，不得改变土地利用总体规划确定的土地用途。

经国务院批准的大型能源、交通、水利等基础设施建设用地，需要改变土地利用总体规划的，根据国务院的批准文件修改土地利用总体规划。

经省、自治区、直辖市人民政府批准的能源、交通、水利等基础设施建设用地，需要改变土地利用总体规划的，属于省级人民政府土地利用总体规划批准权限内的，根据省级人民政府的批准文件修改土地利用总体规划。

第二十六条 【土地调查制度】国家建立土地调查制度。

县级以上人民政府自然资源主管部门会同同级有关部门进行土地调查。土地所有者或者使用者应当配合调查，并提供有关资料。

> **注释** 土地调查是县级以上人民政府自然资源主管部门会同同级有关部门，根据需要在一定时间和范围内，为查清土地的数量、质量、分布、利用和权属状况而采取的一项技术的、行政的和法律的措施。

第二十七条 【土地等级评定】县级以上人民政府自然资源主管部门会同同级有关部门根据土地调查成果、规划土地用途和国家制定的统一标准，评定土地等级。

注释 评定土地等级又称为土地的分等定级,是根据土地的自然属性和经济属性及其在社会经济活动中的地位、作用,进行调查、测算后确定土地质量和价值的评估活动。科学评定、划分土地等级为制定有关规划、计划和有偿使用土地提供了依据。国务院自然资源主管部门会同有关部门制定土地等级评定标准。县级以上人民政府自然资源主管部门应当会同有关部门根据土地等级评定标准,对土地等级进行评定。地方土地等级评定结果经本级人民政府审核,报上一级人民政府自然资源主管部门批准后向社会公布。根据国民经济和社会发展状况,土地等级每5年重新评定一次。

第二十八条 【土地统计制度】 国家建立土地统计制度。

县级以上人民政府统计机构和自然资源主管部门依法进行土地统计调查,定期发布土地统计资料。土地所有者或者使用者应当提供有关资料,不得拒报、迟报,不得提供不真实、不完整的资料。

统计机构和自然资源主管部门共同发布的土地面积统计资料是各级人民政府编制土地利用总体规划的依据。

注释 土地统计是指利用数字、图表和其他资料对土地的数量、质量、分布、利用状况和权属状况进行调查、汇总、分析,并定期发布的制度。土地统计的对象是土地,国家的土地统计对象是全国的土地,省、地(市)、县级的统计对象为管辖范围内的土地。

参见 《统计法》第8条、第44条

第二十九条 【土地利用状况动态监测】 国家建立全国土地管理信息系统,对土地利用状况进行动态监测。

第四章 耕地保护

第三十条 【占用耕地补偿制度】 国家保护耕地,严格控制耕地转为非耕地。

国家实行占用耕地补偿制度。非农业建设经批准占用耕地的,按照"占多少,垦多少"的原则,由占用耕地的单位负责开垦与所

占用耕地的数量和质量相当的耕地；没有条件开垦或者开垦的耕地不符合要求的，应当按照省、自治区、直辖市的规定缴纳耕地开垦费，专款用于开垦新的耕地。

省、自治区、直辖市人民政府应当制定开垦耕地计划，监督占用耕地的单位按照计划开垦耕地或者按照计划组织开垦耕地，并进行验收。

> **注释** 目前，耕地转为非耕地的方式是城市建设和村镇建设，以及能源、交通、水利等基础设施建设，需要占用耕地。为控制耕地转为非耕地，我国实行了最严格的用途管制制度，包括：一是通过制定国土空间规划，限定建设可以占用土地的区域；二是制定并分解下达土地利用年度计划，控制各类建设占用耕地规模；三是建立农用地转用审批制度，各项建设需要占用耕地的，要经过有批准权限的人民政府批准。通过这些手段，严格限制耕地转为非耕地。

第三十一条 【耕地耕作层土壤的保护】 县级以上地方人民政府可以要求占用耕地的单位将所占用耕地耕作层的土壤用于新开垦耕地、劣质地或者其他耕地的土壤改良。

第三十二条 【省级政府耕地保护责任】 省、自治区、直辖市人民政府应当严格执行土地利用总体规划和土地利用年度计划，采取措施，确保本行政区域内耕地总量不减少、质量不降低。耕地总量减少的，由国务院责令在规定期限内组织开垦与所减少耕地的数量与质量相当的耕地；耕地质量降低的，由国务院责令在规定期限内组织整治。新开垦和整治的耕地由国务院自然资源主管部门会同农业农村主管部门验收。

个别省、直辖市确因土地后备资源匮乏，新增建设用地后，新开垦耕地的数量不足以补偿所占用耕地的数量的，必须报经国务院批准减免本行政区域内开垦耕地的数量，易地开垦数量和质量相当的耕地。

第三十三条 【永久基本农田保护制度】 国家实行永久基本农田保护制度。下列耕地应当根据土地利用总体规划划为永久基本农田，实行严格保护：

（一）经国务院农业农村主管部门或者县级以上地方人民政府批准确定的粮、棉、油、糖等重要农产品生产基地内的耕地；

（二）有良好的水利与水土保持设施的耕地，正在实施改造计划以及可以改造的中、低产田和已建成的高标准农田；

（三）蔬菜生产基地；

（四）农业科研、教学试验田；

（五）国务院规定应当划为永久基本农田的其他耕地。

各省、自治区、直辖市划定的永久基本农田一般应当占本行政区域内耕地的百分之八十以上，具体比例由国务院根据各省、自治区、直辖市耕地实际情况规定。

注释 [永久基本农田]

永久基本农田，是指根据一定时期人口和社会经济发展对农产品的需求以及对建设用地的预测，依据国土空间规划确定的不得擅自占用或改变用途并实行特殊保护的耕地。本条规定，应当划为永久基本农田保护的耕地主要有以下几种：

（1）经国务院农业农村主管部门或者县级以上地方人民政府批准确定的粮、棉、油、糖等重要农产品生产基地内的耕地。主要是指国家和地方确定的商品粮基地、商品棉基地、商品油基地和糖生产基地。

（2）有良好的水利与水土保护设施的耕地，正在实施改造计划以及可以改造的中、低产田和已建成的高标准农田。对于正在实施改造计划以及可以改造的中、低产田，虽然目前产量不高或者生产率不高，但有一定的开发潜力，经过治理、改造可以发挥更大的作用。高标准农田是指集中连片、设施配套、高产稳产、生态良好、抗灾能力强、与现代农业生产和经营方式相适应的高标准基本农田。

（3）蔬菜生产基地。菜地一般是耕地的精华，具有良好的水利设施，生产条件好，产量高，而且根据蔬菜保鲜时间较短的属性，一般离城市较近，主要分布在城市近郊，往往成为占用的对象，而且形成新的蔬菜生产基地需要投入大量资金，并经过很长时间才能形成。

(4) 农业科研、教学试验田。农业科研、教学试验田是农业生产的高新技术生产基地,对农业的发展、提高农产品产量和质量意义重大。此外,农业科研、教学试验田对耕地的土壤、气候、水利等都有特殊的需求,占用之后要重新建设难度大、时间长,因此,必须划为永久基本农田予以特殊保护。

(5) 国务院规定应当划为永久基本农田的其他耕地。除了上述几种耕地必须划入永久基本农田以外,国务院可以根据粮食生产和经济发展的需要,确定其他应当划为永久基本农田的耕地类型。

[永久基本农田划定比例]

2019年修改对永久基本农田划定比例做了调整,规定各省、自治区、直辖市划定的永久基本农田一般应当占本行政区域内耕地的80%以上,具体比例由国务院根据各省、自治区、直辖市耕地实际情况规定。有些省、自治区耕地后备资源丰富,永久基本农田比例可能会高于80%,有些省、直辖市经济发展快速,耕地后备资源匮乏,永久基本农田比例可能会低于80%。但是,为了保障国家粮食安全,在国家层面将采取积极措施,保证耕地数量和质量动态平衡。这样的规定,更加符合实际情况。

第三十四条　【永久基本农田的划定】永久基本农田划定以乡(镇)为单位进行,由县级人民政府自然资源主管部门会同同级农业农村主管部门组织实施。永久基本农田应当落实到地块,纳入国家永久基本农田数据库严格管理。

乡(镇)人民政府应当将永久基本农田的位置、范围向社会公告,并设立保护标志。

第三十五条　【永久基本农田的保护措施】永久基本农田经依法划定后,任何单位和个人不得擅自占用或者改变其用途。国家能源、交通、水利、军事设施等重点建设项目选址确实难以避让永久基本农田,涉及农用地转用或者土地征收的,必须经国务院批准。

禁止通过擅自调整县级土地利用总体规划、乡(镇)土地利用总体规划等方式规避永久基本农田农用地转用或者土地征收的审批。

注释 这是2019年修改新增加的规定，进一步强化永久基本农田的管理和保护。

第三十六条 【耕地质量保护】各级人民政府应当采取措施，引导因地制宜轮作休耕，改良土壤，提高地力，维护排灌工程设施，防止土地荒漠化、盐渍化、水土流失和土壤污染。

注释 轮作休耕包含轮作和休耕两个意思，轮作是在同一块田地上，有顺序地在季节间或年间轮换种植不同的作物或以复种方式进行种植的方式，如一年一熟的"大豆—小麦—玉米"3年轮作。休耕就是在一段时间不耕种，使耕地得到休养和恢复。实行轮作休耕制度，有利于耕地休养生息和农业可持续发展。

第三十七条 【非农业建设用地原则及禁止破坏耕地】非农业建设必须节约使用土地，可以利用荒地的，不得占用耕地；可以利用劣地的，不得占用好地。

禁止占用耕地建窑、建坟或者擅自在耕地上建房、挖砂、采石、采矿、取土等。

禁止占用永久基本农田发展林果业和挖塘养鱼。

注释 由于非农业建设对地质的要求并不是很高，因此，非农业建设必须节约使用土地，可以利用荒地的，不得占用耕地；可以利用劣地的，不得占用好地。

对耕地，应做到物尽其用，对其用途的变更必须严格谨慎掌控，坚决禁止未经批准的非农业建设占地和建房、挖沙、采石等浪费和破坏耕地的行为，也不能允许为了片面追求经济效益，将耕地用作其他的农业用途，如发展林业渔业等。

案例 张某与某县国土资源局行政处罚纠纷上诉案（银川市中级人民法院行政判决书〔2010〕银行终字第1号）

案件适用要点： 张某未经县级以上土地行政管理部门的批准，擅自占用集体土地建砖窑，其行为违反了《土地管理法》第36条[①]

---

① 新《土地管理法》第37条。

第2款禁止占用耕地建窑、建坟或者擅自在耕地上建房、挖砂、采石、采矿、取土等的规定，其行为属于违法行为。张某虽向村民委员会提出建窑申请，但村民委员会对此行为无审批权；张某与国土资源局签订《砖窑生产用地资源补偿管理费缴纳协议》，国土资源局收取复垦保证金，符合《土地管理法》和《矿产资源法》的规定，但其收取费用的行为并不能证明对张某建窑的认可，县国土资源局对张某的处罚符合有关法律的规定，程序合法，适用法律正确。

第三十八条 【非农业建设闲置耕地的处理】禁止任何单位和个人闲置、荒芜耕地。已经办理审批手续的非农业建设占用耕地，一年内不用而又可以耕种并收获的，应当由原耕种该幅耕地的集体或者个人恢复耕种，也可以由用地单位组织耕种；一年以上未动工建设的，应当按照省、自治区、直辖市的规定缴纳闲置费；连续二年未使用的，经原批准机关批准，由县级以上人民政府无偿收回用地单位的土地使用权；该幅土地原为农民集体所有的，应当交由原农村集体经济组织恢复耕种。

在城市规划区范围内，以出让方式取得土地使用权进行房地产开发的闲置土地，依照《中华人民共和国城市房地产管理法》的有关规定办理。

注释 本条第2款是对城市规划区范围内以出让方式取得土地使用权进行房地产开发的闲置土地的处理，对此，《城市房地产管理法》第25条明确规定："超过出让合同约定的动工开发日期满1年未动工开发的，可以征收相当于土地使用权出让金20%以下的土地闲置费；满2年未动工开发的，可以无偿收回土地使用权；但是，因不可抗力或者政府、政府有关部门的行为或者动工开发必需的前期工作造成动工开发迟延的除外。"

参见 《农村土地承包法》第42条、第64条；《城市房地产管理法》第26条

第三十九条 【未利用地的开发】 国家鼓励单位和个人按照土地利用总体规划,在保护和改善生态环境、防止水土流失和土地荒漠化的前提下,开发未利用的土地;适宜开发为农用地的,应当优先开发成农用地。

国家依法保护开发者的合法权益。

第四十条 【未利用地开垦的要求】 开垦未利用的土地,必须经过科学论证和评估,在土地利用总体规划划定的可开垦的区域内,经依法批准后进行。禁止毁坏森林、草原开垦耕地,禁止围湖造田和侵占江河滩地。

根据土地利用总体规划,对破坏生态环境开垦、围垦的土地,有计划有步骤地退耕还林、还牧、还湖。

注释 开垦未利用的土地,必须具备以下三个条件:(1)必须经过科学论证和评估;(2)必须在国土空间规划划定的可开垦的区域内进行;(3)必须经依法批准。对耕地的开垦、拓展不得毁坏森林、草原,禁止围湖造田和侵占江河滩地。

参见 《退耕还林条例》;《水土保持法》第14条;《防洪法》第22-23条

案例 李某某与三亚市吉阳镇中廖村民委员会某小组承包地征收补偿费用分配纠纷上诉案(海南省三亚市中级人民法院民事判决书〔2011〕三亚民一终字第168号)

案件适用要点: 李某某应否享有涉案2亩开荒地的合法使用权问题。二审中,中廖村某小组一直未将涉案2亩土地发包,李某某于1998年自行开垦该地,客观上一直使用至此次征地为止。这十年间,中廖村某小组未对李某某使用该土地耕种提出异议,也未要求签订土地承包经营合同,可以推定中廖村某小组默认了李某某使用该地的事实。且根据《中廖村土地赔偿款清单表》记载,李某某"水田2.7",也证明中廖村某小组在纠纷发生前应已承认李某某享有全部涉案2.7亩水田的合法使用权。综上,原判认定李某某对涉案2亩开荒地不具有合法的使用权不妥,应予纠正。

第四十一条 【国有荒山荒地荒滩的开发】开发未确定使用权的国有荒山、荒地、荒滩从事种植业、林业、畜牧业、渔业生产的,经县级以上人民政府依法批准,可以确定给开发单位或者个人长期使用。

> **参见** 《土地管理实施条例》第9条

第四十二条 【土地整理】国家鼓励土地整理。县、乡(镇)人民政府应当组织农村集体经济组织,按照土地利用总体规划,对田、水、路、林、村综合整治,提高耕地质量,增加有效耕地面积,改善农业生产条件和生态环境。

地方各级人民政府应当采取措施,改造中、低产田,整治闲散地和废弃地。

> **注释** 土地整理,是指在一定的区域内,按照国土空间规划的要求,通过采取各种措施,对田、水、路、林、村综合整治,提高耕地质量,增加有效耕地面积,改善农业生态条件和生态环境的行为。

第四十三条 【土地复垦】因挖损、塌陷、压占等造成土地破坏,用地单位和个人应当按照国家有关规定负责复垦;没有条件复垦或者复垦不符合要求的,应当缴纳土地复垦费,专项用于土地复垦。复垦的土地应当优先用于农业。

> **注释** 采矿业是破坏土地最严重的行业,为此,相关法律对矿产资源开采活动的土地复垦也作出了规定,如《煤炭法》第25条规定,因开采煤炭压占土地或者造成地表土地塌陷、挖损,由采矿者负责进行复垦,恢复到可供利用的状态;造成他人损失的,应当依法给予补偿。

> **参见** 《循环经济促进法》第22条、第53条;《煤炭法》第25条;《防洪法》第45条;《矿产资源法》第44条;《土地复垦条例》;《国务院关于促进节约集约用地的通知》;《土地复垦条例实施办法》

第五章 建设用地

第四十四条 【农用地转用制度】建设占用土地，涉及农用地转为建设用地的，应当办理农用地转用审批手续。

永久基本农田转为建设用地的，由国务院批准。

在土地利用总体规划确定的城市和村庄、集镇建设用地规模范围内，为实施该规划而将永久基本农田以外的农用地转为建设用地的，按土地利用年度计划分批次按照国务院规定由原批准土地利用总体规划的机关或者其授权的机关批准。在已批准的农用地转用范围内，具体建设项目用地可以由市、县人民政府批准。

在土地利用总体规划确定的城市和村庄、集镇建设用地规模范围外，将永久基本农田以外的农用地转为建设用地的，由国务院或者国务院授权的省、自治区、直辖市人民政府批准。

注释 农用地转为建设用地，简称农用地转用，是指现状的农用地按照国土空间规划和国家规定的批准权限，经过审查批准后转为建设用地的行为。

在国土空间规划确定的城市和村庄、集镇建设用地范围内，为实施该规划而将农用地转为建设用地的，由市、县人民政府组织自然资源等部门拟订农用地转用方案，分批次报有批准权的人民政府批准。农用地转用方案应当重点对建设项目安排、是否符合国土空间规划和土地利用年度计划以及补充耕地情况作出说明。农用地转用方案经批准后，由市、县人民政府组织实施。

需要注意的是，本条对在国土空间规划确定的城市和村庄、集镇建设用地规模范围内的建设用地审批采用了农用地转用审批与具体建设项目用地审批相分离的制度，即农用地转用按土地利用年度计划分批次按照国务院规定由原批准国土空间规划的机关或者其授权的机关批准，而在已批准的农用地转用范围内，具体建设项目用地可以由市、县人民政府批准。

建设项目确需占用国土空间规划确定的城市和村庄、集镇建设用地范围外的农用地，涉及占用永久基本农田的，由国务院批准；

不涉及占用永久基本农田的，由国务院或者国务院授权的省、自治区、直辖市人民政府批准。具体按照下列规定办理：(1) 建设项目批准、核准前或者备案前后，由自然资源主管部门对建设项目用地事项进行审查，提出建设项目用地预审意见。建设项目需要申请核发选址意见书的，应当合并办理建设项目用地预审与选址意见书，核发建设项目用地预审与选址意见书。(2) 建设单位持建设项目的批准、核准或者备案文件，向市、县人民政府提出建设用地申请。市、县人民政府组织自然资源等部门拟订农用地转用方案，报有批准权的人民政府批准；依法应当由国务院批准的，由省、自治区、直辖市人民政府审核后上报。农用地转用方案应当重点对是否符合国土空间规划和土地利用年度计划以及补充耕地情况作出说明，涉及占用永久基本农田的，还应当对占用永久基本农田的必要性、合理性和补划可行性作出说明。(3) 农用地转用方案经批准后，由市、县人民政府组织实施。

建设项目需要使用土地的，建设单位原则上应当一次申请，办理建设用地审批手续，确需分期建设的项目，可以根据可行性研究报告确定的方案，分期申请建设用地，分期办理建设用地审批手续。建设过程中用地范围确需调整的，应当依法办理建设用地审批手续。农用地转用涉及征收土地的，还应当依法办理征收土地手续。

参见　《土地管理法实施条例》第23-25条；《国务院关于授权和委托用地审批权的决定》

案例　青岛市国土资源和房屋管理局崂山国土资源分局与青岛乾坤木业有限公司土地使用权出让合同纠纷案（《中华人民共和国最高人民法院公报》2008年第5期）

案件适用要点：依法成立的合同，自成立时生效。法律、行政法规规定应当办理批准、登记等手续生效的，依照其规定。《土地管理法》第44条规定："建设占用土地，涉及农用地转为建设用地的，应当办理农用地转用审批手续。"据此认定本案中未经政府批准农转用土地的部分合同无效。但，部分合同无效，不影响其他部分效力的，其他部分仍然有效。就本案情况看，认定部分合同无效，不会影响其他部分的效力。

第四十五条　【征地范围】为了公共利益的需要，有下列情形之一，确需征收农民集体所有的土地的，可以依法实施征收：

（一）军事和外交需要用地的；

（二）由政府组织实施的能源、交通、水利、通信、邮政等基础设施建设需要用地的；

（三）由政府组织实施的科技、教育、文化、卫生、体育、生态环境和资源保护、防灾减灾、文物保护、社区综合服务、社会福利、市政公用、优抚安置、英烈保护等公共事业需要用地的；

（四）由政府组织实施的扶贫搬迁、保障性安居工程建设需要用地的；

（五）在土地利用总体规划确定的城镇建设用地范围内，经省级以上人民政府批准由县级以上地方人民政府组织实施的成片开发建设需要用地的；

（六）法律规定为公共利益需要可以征收农民集体所有的土地的其他情形。

前款规定的建设活动，应当符合国民经济和社会发展规划、土地利用总体规划、城乡规划和专项规划；第（四）项、第（五）项规定的建设活动，还应当纳入国民经济和社会发展年度计划；第（五）项规定的成片开发并应当符合国务院自然资源主管部门规定的标准。

注释　为了明确公共利益的范围，该条在具体表述形式上了采用了列举式与概括式相结合的表述方式，列举了六种情形：

（1）军事、外交需要用地的。军事和外交是国家的基础性事务，属于典型公共利益。军事用地的范围应当严格限制在军事设施用地的范围内，外交用地主要应满足国家涉外工作需求，包括外国驻华使馆、领事馆、国际机构及其生活设施等用地。

（2）由政府组织实施的能源、交通、水利、通信、邮政等基础设施建设需要用地。一般而言，基础设施包括交通、邮电、供水供电、商业服务、科研与技术服务、园林绿化、环境保护、文化教育、卫生事业等市政公用工程设施和公共生活服务设施等，它们是国民经济各项事业发展的基础。需要说明的是，由政府组织实施的项目并不限于政府直接实施或者独立投资的项目，也包括了政府主导、市场化运作的项目。

（3）由政府组织实施的科技、教育、文化、卫生、体育、生态环境和资源保护、防灾减灾、文物保护、社区综合服务设施建设、社会福利、市政公用、优抚安置、英烈褒扬等公共事业需要用地的。公共事业是指面向社会，以社会发展和进步为前提，以满足社会公共需要为基本目标、直接或者间接提供公共服务和公共产品或者代表公共利益协调各个方面利益关系的社会活动。

（4）由政府组织实施的扶贫搬迁、保障性安居工程建设需要用地的。根据国务院和有关部门印发的文件，保障性安居工程大致包括三类：第一类是城市和国有工矿棚户区改造，以及林区、垦区棚户区改造；第二类是廉租住房；第三类是经济适用住房、限价商品住房、公共租赁住房等；第四类是农村危房改造。

（5）在国土空间规划确定的城镇建设用地范围内，经省级以上人民政府批准由县级以上地方人民政府组织实施的成片开发建设需要用地的。从"成片开发"的内涵来看，主要是政府统一实施规划、统一开发，主要包括对危房较为集中、基础设施落后等地段进行统一的旧城区改建，以及对开发区、新区实施规模化开发等。

（6）兜底条款，明确为法律规定的其他公共利益需要征收农民土地的，即只有法律才能规定公共利益的情形。

第四十六条　【征地审批权限】征收下列土地的，由国务院批准：
（一）永久基本农田；
（二）永久基本农田以外的耕地超过三十五公顷的；
（三）其他土地超过七十公顷的。
征收前款规定以外的土地的，由省、自治区、直辖市人民政府批准。
征收农用地的，应当依照本法第四十四条的规定先行办理农用地转用审批。其中，经国务院批准农用地转用的，同时办理征地审批手续，不再另行办理征地审批；经省、自治区、直辖市人民政府在征地批准权限内批准农用地转用的，同时办理征地审批手续，不再另行办理征地审批，超过征地批准权限的，应当依照本条第一款的规定另行办理征地审批。

注释 国务院审批事项包括：永久基本农田；永久基本农田以外的耕地超过35公顷的；其他土地超过70公顷的。其他的由省级政府审批。本次修法虽然并没有调整审批权限，但删去了原省级政府批准征地后向国务院备案的程序性规定。

第四十七条 【征地程序】国家征收土地的，依照法定程序批准后，由县级以上地方人民政府予以公告并组织实施。

县级以上地方人民政府拟申请征收土地的，应当开展拟征收土地现状调查和社会稳定风险评估，并将征收范围、土地现状、征收目的、补偿标准、安置方式和社会保障等在拟征收土地所在的乡（镇）和村、村民小组范围内公告至少三十日，听取被征地的农村集体经济组织及其成员、村民委员会和其他利害关系人的意见。

多数被征地的农村集体经济组织成员认为征地补偿安置方案不符合法律、法规规定的，县级以上地方人民政府应当组织召开听证会，并根据法律、法规的规定和听证会情况修改方案。

拟征收土地的所有权人、使用权人应当在公告规定期限内，持不动产权属证明材料办理补偿登记。县级以上地方人民政府应当组织有关部门测算并落实有关费用，保证足额到位，与拟征收土地的所有权人、使用权人就补偿、安置等签订协议；个别确实难以达成协议的，应当在申请征收土地时如实说明。

相关前期工作完成后，县级以上地方人民政府方可申请征收土地。

注释 2019年修法，增加了社会风险评估的内容，并将补偿安置协议的签订，作为上级批准征地决定的重要依据，按照新修订内容，征地批准前需要履行调查、评估、公告、听证、登记、协议六步程序。

[土地征收公告]

为保障被征地群众的合法知情权,征收范围、土地现状、征收目的、补偿标准、安置方式和社会保障等事关被征收土地群众的切身利益的事项必须在拟征收土地所在的乡(镇)和村、村民小组范围内进行公告。公告的时间不得少于30日。

其中,征收范围主要是精确的界址单位,土地现状主要是依土地现状调查获取的土地利用类型、面积、分布和利用状况,征收目的主要是本法第45条中规定的具体的公益性目的,补偿标准、安置方式和社会保障主要是一些事关被征地群众日后生活保障的基本信息。上述信息在公示过程中必须听取被征地的农村集体经济组织及其成员、村民委员会和其他利害关系人的意见。"其他利害关系人",实践中指土地承包经营权人、农业设施所有人等其他与被征地块有关的人员。

[补偿登记]

拟征收土地的所有权人、使用权人,如农村集体经济组织、土地的承包经营者、使用宅基地的农村村民等,应当在公告规定的期限内,持能证明其享有该土地法定权利的权属证书,如集体土地所有权证、集体土地使用权证、有偿使用合同或承包经营合同,办理征地补偿登记,获得补偿。补偿登记除对土地所有权、使用权进行登记外,还应当对被征用土地上的地上物进行清点,并依法进行登记,包括因征地而受到破坏的其他土地上的设施、青苗和其他附着物等,以便确定恢复或补偿的办法。

第四十八条 【征地补偿安置】征收土地应当给予公平、合理的补偿,保障被征地农民原有生活水平不降低、长远生计有保障。

征收土地应当依法及时足额支付土地补偿费、安置补助费以及农村村民住宅、其他地上附着物和青苗等的补偿费用,并安排被征地农民的社会保障费用。

征收农用地的土地补偿费、安置补助费标准由省、自治区、直辖市通过制定公布区片综合地价确定。制定区片综合地价应当综合考虑土地原用途、土地资源条件、土地产值、土地区位、土地供求关系、人口以及经济社会发展水平等因素,并至少每三年调整或者重新公布一次。

征收农用地以外的其他土地、地上附着物和青苗等的补偿标准,由省、自治区、直辖市制定。对其中的农村村民住宅,应当按照先补偿后搬迁、居住条件有改善的原则,尊重农村村民意愿,采取重新安排宅基地建房、提供安置房或者货币补偿等方式给予公平、合理的补偿,并对因征收造成的搬迁、临时安置等费用予以补偿,保障农村村民居住的权利和合法的住房财产权益。

县级以上地方人民政府应当将被征地农民纳入相应的养老等社会保障体系。被征地农民的社会保障费用主要用于符合条件的被征地农民的养老保险等社会保险缴费补贴。被征地农民社会保障费用的筹集、管理和使用办法,由省、自治区、直辖市制定。

注释 本条是关于土地征收补偿安置的规定,主要包括补偿原则、补偿内容、补偿标准、地上附着物和青苗补偿、农村村民居住权益和住房财产权保护、被征地农民的社会保障等内容。

与原土地管理法比较,新法第48条补偿内容明确农村村民住宅补偿,并在第4款有具体表述,土地补偿费和安置补助费由征地区片综合地价确定,这在本条第3款有具体规定;补偿内容增加社会保障费用,在本条第5款有规定。这次修法对补偿内容的调整,体现了对公平公正以及"原有生活水平不降低、长远生计有保障"补偿原则的具体落实。

[区片综合地价]

土地补偿费和安置补助费由征地区片综合地价确定,这是本次修法的一个重要突破,主要目的是使征地补偿标准符合社会主义市场经济发展形势,达到合理利用和保护土地资源,维护农民合法权益和社会安定的目的。

征收农用地的土地补偿费、安置补助费标准由省、自治区、直辖市通过制定公布区片综合地价确定。制定区片综合地价应当综合考虑土地原用途、土地资源条件、土地产值、土地区位、土地供求关系、人口以及经济社会发展水平等因素,并至少每三年调整或者重新公布一次。这一规定明确了区片综合地价的制定主体、制定依据以及调整周期。

与原法施行的年产值标准比较，区片综合地价的显著优点包括：一是征地区片综合地价是按照均值性区片确定的补偿标准，在一定区域内标准一致，体现"同地同价"；二是征地区片综合地价是针对土地确定的综合补偿标准，而不包括地上附着物和青苗补偿费，这种计算方式考虑了具体地块附着物的实际情况；三是征地区片综合地价是一种预设性标准，在征地没有发生时统一制订，刚性较强。新土地管理法规定区片综合地价应当至少每三年调整或者重新公布一次。

[农民住房安置保障]

对于农村村民住宅，应当坚持"先补偿后搬迁，居住条件有改善"原则，这与《国有土地上房屋征收与补偿条例》国有土地上房屋征收与补偿的原则一致，明确了搬迁必须以补偿到位为前提。对于住宅安置的标准、补偿方式方面，在充分尊重农民意愿的前提下，考虑到各地实际情况不同，预留了多种补偿方式。比如，建设用地指标比较充裕的地区，可以重新安排宅基地，土地资源紧张的地区，可以通过建设安置房进行集中安置，对于已经不需要提供住房的农民，可以通过货币化的方式进行补偿。同时，明确提出将"因征收造成的搬迁、临时安置等费用"列入补偿内容，周全考虑了农民经济利益的具体情况，体现了公平公正的原则。

[社会保障费用]

将被征地农民纳入社会保障体系，是确保"长远生计有保障"的重要措施手段。《社会保险法》第96条规定，征收农村集体所有的土地，应当足额安排被征地农民的社会保险费，按照国务院规定将被征地农民纳入相应的社会保险制度。实践中，各级政府已经逐渐将被征地农民纳入社保体系予以保障，但是各地保障方式不同，本法新增加的相关内容主要是原则性规定，关于社保费用筹集、管理、使用的具体办法，授权各省级人民政府自行制定。

参见　《土地管理法实施条例》第32条；《社会保险法》第96条；《国有土地上房屋征收与补偿条例》；《国务院关于深化改革严格土地管理的决定》

第四十九条 【征地补偿费使用】被征地的农村集体经济组织应当将征收土地的补偿费用的收支状况向本集体经济组织的成员公布,接受监督。

禁止侵占、挪用被征收土地单位的征地补偿费用和其他有关费用。

注释 征用土地的补偿费的使用情况必须向本集体经济组织的成员公开,定期公布征用土地补偿的数额、使用情况及收入和支出情况,本集体经济组织的成员有权了解和监督征地费的使用及收支状况。任何单位和个人侵占、挪用征地补偿费和其他费用都是违法行为,都是不允许的。任何人都可以向有关机关举报。

[征地补偿费用的管理和发放]

安置补助费必须专款专用,不得挪作他用。需要安置的人员由农村集体经济组织安置的,安置补助费支付给农村集体经济组织,由农村集体经济组织管理和使用;由其他单位安置的,安置补助费支付给安置单位;不需要统一安置的,安置补助费发放给被安置人员个人或者征得被安置人员同意后用于支付被安置人员的保险费用。

[集体经济组织成员的资格]

村民具有的集体经济组织成员的资格和享有的获得征地补偿费用的权利,不是村民会议民主议定的范围和问题,村委会不得以村民会议民主表决为由剥夺其成员的正当、合法权益;村民具有的集体经济组织成员的资格和待遇是特定的,不因出具放弃保证而取消。(参见"芦利霞与新乡市开发区东杨村村民委员会土地补偿款纠纷上诉案",河南省新乡市中级人民法院〔2008〕新中民一终字第545号)

第五十条 【支持被征地农民就业】地方各级人民政府应当支持被征地的农村集体经济组织和农民从事开发经营,兴办企业。

第五十一条 【大中型水利水电工程建设征地补偿安置】大中型水利、水电工程建设征收土地的补偿费标准和移民安置办法,由国务院另行规定。

注释 [补偿安置方法]

国家主要采用了以下方法来解决:(1)由地方政府统一组织、

制定移民安置规划并组织实施，根据工作的需要，一些地方政府还设立了专门的水利水电移民安置机构，负责水利水电工程的移民安置工作；（2）采用开发性移民，就地后靠和外迁结合的办法，主要通过开发荒地、滩涂和调剂土地，解决移民的生活和生产；（3）采取前期补偿和后期扶持相结合的办法。按照规定，大中型水利、水电工程的征地补偿标准较低，但是水利、水电工程取得效益后，将提出一部分收益建立库区发展基金，扶持被征地移民的生产和生活。同时，地方政府也对征地移民采取许多优惠政策，如减免税，给予各方面补贴等。

[补偿安置资金安排]

征地补偿和移民安置资金包括土地补偿费、安置补助费，农村居民点迁建、城（集）镇迁建、工矿企业迁建以及专项设施迁建或者复建补偿费（含有关地上附着物补偿费），移民个人财产补偿费（含地上附着物和青苗补偿费）和搬迁费，库底清理费，淹没区文物保护费和国家规定的其他费用。

大中型水利水电工程建设征收耕地的，土地补偿费和安置补助费之和为该耕地被征收前3年平均年产值的16倍。土地补偿费和安置补助费不能使需要安置的移民保持原有生活水平、需要提高标准的，由项目法人或者项目主管部门报项目审批或者核准部门批准。征收其他土地的土地补偿费和安置补助费标准，按照工程所在省、自治区、直辖市规定的标准执行。

第五十二条　【建设项目用地审查】 建设项目可行性研究论证时，自然资源主管部门可以根据土地利用总体规划、土地利用年度计划和建设用地标准，对建设用地有关事项进行审查，并提出意见。

注释　建设项目可行性研究论证时，由自然资源主管部门对建设项目用地有关事项进行审查，提出建设项目用地预审报告；可行性研究报告报批时，必须附具土地行政主管部门出具的建设项目用地预审报告。

第五十三条　【建设项目使用国有土地的审批】 经批准的建设项目需要使用国有建设用地的，建设单位应当持法律、行政法规规定的有关文件，向有批准权的县级以上人民政府自然资源主管部门提出建设用地申请，经自然资源主管部门审查，报本级人民政府批准。

注释 国有建设用地包括三种情况：一是已有的国有建设用地，包括城市市区内土地、城市规划区外现有铁路、公路、机场、水利设施、军事设施、工矿企业使用的国有土地；国营农场内的建设用地等。二是经本法规定的农转用、征地程序转为国有建设用地的土地，即依法征收、转用的原属于农民集体所有的建设用地、农民集体所有的农用地、未利用地以及国有农用地。三是国有未利用地。

土地管理法实施条例对具体项目建设用地审查以及与农转用、征收程序的衔接分别进行了规定。具体建设项目地均由建设单位提出，县级以上自然资源主管部门审查，报本级人民政府批准，其中涉及农转用、征收的，由县级以上自然资源主管部门在办理过程中按法定程序上报上级政府批准。上述程序完成后，由县级以上自然资源主管部门依法与用地人签订出让合同。"招拍挂"市场化出让取得国有土地的，不采取申请审批制，不适用本条规定。

第五十四条 【国有土地取得的方式】 建设单位使用国有土地，应当以出让等有偿使用方式取得；但是，下列建设用地，经县级以上人民政府依法批准，可以以划拨方式取得：

（一）国家机关用地和军事用地；
（二）城市基础设施用地和公益事业用地；
（三）国家重点扶持的能源、交通、水利等基础设施用地；
（四）法律、行政法规规定的其他用地。

注释 国有土地使用权取得的方式有划拨和有偿使用两种。其中，有偿出让是主要方式，只有特殊的情形下，才可以以划拨的方式取得。

国有土地有偿使用的方式主要有三种：一是国有土地出让，方式包括招标、拍卖（挂牌）和协议出让等形式，在土地使用期限内，土地使用者可以按国家规定和合同约定的用途使用土地，也可以依法转让、出租和抵押。土地使用者在土地使用期内需要改变土地用途的应当经原批准机关批准，并与自然资源主管部门重新签订土地使用权出让合同或土地使用权出让的补充合同。二是国有土地使用权租赁。即国家将一定时期内的土地使用权让与土地使用者使用，而土地使用者按年度向国家缴纳租金的行为。三是国有土地使用权作价出资入股，即将一定时期的国有土地使用权出让金作价，作为国家的投资计作国家的股份。

第五十五条 【国有土地有偿使用费】以出让等有偿使用方式取得国有土地使用权的建设单位，按照国务院规定的标准和办法，缴纳土地使用权出让金等土地有偿使用费和其他费用后，方可使用土地。

自本法施行之日起，新增建设用地的土地有偿使用费，百分之三十上缴中央财政，百分之七十留给有关地方人民政府。具体使用管理办法由国务院财政部门会同有关部门制定，并报国务院批准。

注释 土地出让金是指各级政府土地管理部门将土地使用权出让给土地使用者，按规定向受让人收取土地出让的全部价款。应当先支付土地出让金等有偿使用费，后使用土地。土地出让金具体的付款方式和付款办法，应当由国有土地使用权有偿使用合同来约定。采用出让方式的，应当先支付土地出让金及其他费用，方可为其核发不动产权属证书，建设单位方可取得土地并依法使用。采用国有土地租赁方式的，应当一次性支付按国有土地租赁合同约定的需要支付的国有土地有偿使用费和其他费用。采用国有土地入股的，应当先办理国有土地股权持有的有关手续，签订合同或章程后，方可办理土地登记，并使用土地。未按合同的约定支付国有土地有偿使用费的，政府将按合同的规定不予提供土地使用权，建设单位不得使用土地。

第五十六条 【国有土地的使用要求】建设单位使用国有土地的，应当按照土地使用权出让等有偿使用合同的约定或者土地使用权划拨批准文件的规定使用土地；确需改变该幅土地建设用途的，应当经有关人民政府自然资源主管部门同意，报原批准用地的人民政府批准。其中，在城市规划区内改变土地用途的，在报批前，应当先经有关城市规划行政主管部门同意。

注释 建设单位应当按照土地有偿使用合同或土地使用权划拨批准文件的规定使用土地，主要是指按照规定的用途使用土地，不得擅自改变。

案例 某国土局与某置业公司国有土地使用权出让合同纠纷案（《中华人民共和国最高人民法院公报》2007年第3期）

案件适用要点：涉案公司在与国土局签订《国有土地使用权出让合同》之前，委托土地评估鉴定机构对土地用途进行鉴定。该国土局委托评估时的土地用途为住宅用地，双方签订出让合同之前该公司委托评估的土地用途为综合用地。因此，在双方签订《国有土地使用权出让合同》之前该公司委托评估土地用途为综合用地，在签订《国有土地使用权出让合同》中将土地用途变成住宅，属于国土局与该公司通过签订合同的形式对部分条款内容的变更，与《土地管理法》第56条关于建设单位使用国有土地的，应当按照土地使用权出让等有偿使用合同的约定或者土地使用权规划批准文件的规定使用土地的内容不相冲突。双方签订的《国有土地使用权出让合同》与规划和评估报告中的土地用途不相同，如果可能导致土地使用权出让金低于订立合同时当地政府按照国家规定确定的最低价的，属于影响国有土地使用权出让合同价格条款效力的因素，但不导致国有土地使用权出让合同无效。

第五十七条 【建设项目临时使用土地】建设项目施工和地质勘查需要临时使用国有土地或者农民集体所有的土地的，由县级以上人民政府自然资源主管部门批准。其中，在城市规划区内的临时用地，在报批前，应当先经有关城市规划行政主管部门同意。土地使用者应当根据土地权属，与有关自然资源主管部门或者农村集体经济组织、村民委员会签订临时使用土地合同，并按照合同的约定支付临时使用土地补偿费。

临时使用土地的使用者应当按照临时使用土地合同约定的用途使用土地，并不得修建永久性建筑物。

临时使用土地期限一般不超过二年。

注释 临时使用土地者应当按照合同约定的用途使用土地，不得建永久性的建筑物及其他设施。使用结束后，将土地的临时建设的设施全部拆除，恢复土地的原貌，并交还给原土地所有权人或使用权人。即原土地的用途属建设用地的仍为建设用地，原来为农用地的仍为农用地。

第五十八条　【收回国有土地使用权】 有下列情形之一的，由有关人民政府自然资源主管部门报经原批准用地的人民政府或者有批准权的人民政府批准，可以收回国有土地使用权：

（一）为实施城市规划进行旧城区改建以及其他公共利益需要，确需使用土地的；

（二）土地出让等有偿使用合同约定的使用期限届满，土地使用者未申请续期或者申请续期未获批准的；

（三）因单位撤销、迁移等原因，停止使用原划拨的国有土地的；

（四）公路、铁路、机场、矿场等经核准报废的。

依照前款第（一）项的规定收回国有土地使用权的，对土地使用权人应当给予适当补偿。

第五十九条　【乡村建设使用土地的要求】 乡镇企业、乡（镇）村公共设施、公益事业、农村村民住宅等乡（镇）村建设，应当按照村庄和集镇规划，合理布局，综合开发，配套建设；建设用地，应当符合乡（镇）土地利用总体规划和土地利用年度计划，并依照本法第四十四条、第六十条、第六十一条、第六十二条的规定办理审批手续。

注释 乡镇企业、乡（镇）村公共设施、公益事业、农村村民住宅等乡（镇）村建设用地必须符合五项原则：一是应当符合乡（镇）国土空间规划确定的地块用途。二是符合土地利用年度计划，不能突破土地利用年度计划确定的控制指标。三是符合村庄和集镇规划，按照规划许可条件用地。四是坚持合理布局，综合开发，配套建设，节约集约利用土地，服务乡村振兴战略。五是涉及农用地的依法办理农用地转用和用地审批。

第六十条　【村集体兴办企业使用土地】农村集体经济组织使用乡（镇）土地利用总体规划确定的建设用地兴办企业或者与其他单位、个人以土地使用权入股、联营等形式共同举办企业的，应当持有关批准文件，向县级以上地方人民政府自然资源主管部门提出申请，按照省、自治区、直辖市规定的批准权限，由县级以上地方人民政府批准；其中，涉及占用农用地的，依照本法第四十四条的规定办理审批手续。

按照前款规定兴办企业的建设用地，必须严格控制。省、自治区、直辖市可以按照乡镇企业的不同行业和经营规模，分别规定用地标准。

> **注释**　使用本集体所有土地兴办企业的形式主要有两种：一是农村集体经济组织利用本集体所有的土地直接兴办企业，二是农村集体经济组织利用本集体所有的土地与其他单位、个人以土地使用权入股、联营等形式共同举办企业。

第六十一条　【乡村公共设施、公益事业建设用地】乡（镇）村公共设施、公益事业建设，需要使用土地的，经乡（镇）人民政府审核，向县级以上地方人民政府自然资源主管部门提出申请，按照省、自治区、直辖市规定的批准权限，由县级以上地方人民政府批准；其中，涉及占用农用地的，依照本法第四十四条的规定办理审批手续。

> **注释**　乡村公共设施、公益事业符合国土空间规划，经过批准可以使用农村集体的土地。乡（镇）村公共设施、公益事业建设需要用地，必须依法提出申请，并按规定的批准权限取得批准。乡村公共设施和公益事业主要指乡村行政办公、文化科学、医疗卫生、教育设施、生产服务和公用事业等用地。乡村公共设施、公益事业使用农民集体所有土地的批准权限由省、自治区、直辖市规定，并由县级以上地方人民政府负责审批。

第六十二条 【农村宅基地管理制度】农村村民一户只能拥有一处宅基地,其宅基地的面积不得超过省、自治区、直辖市规定的标准。

人均土地少、不能保障一户拥有一处宅基地的地区,县级人民政府在充分尊重农村村民意愿的基础上,可以采取措施,按照省、自治区、直辖市规定的标准保障农村村民实现户有所居。

农村村民建住宅,应当符合乡(镇)土地利用总体规划、村庄规划,不得占用永久基本农田,并尽量使用原有的宅基地和村内空闲地。编制乡(镇)土地利用总体规划、村庄规划应当统筹并合理安排宅基地用地,改善农村村民居住环境和条件。

农村村民住宅用地,由乡(镇)人民政府审核批准;其中,涉及占用农用地的,依照本法第四十四条的规定办理审批手续。

农村村民出卖、出租、赠与住宅后,再申请宅基地的,不予批准。

国家允许进城落户的农村村民依法自愿有偿退出宅基地,鼓励农村集体经济组织及其成员盘活利用闲置宅基地和闲置住宅。

国务院农业农村主管部门负责全国农村宅基地改革和管理有关工作。

注释 ["一户一宅"]

宅基地是农村村民用于建造住宅及其附属设施的集体建设用地,包括住房、附属用房和庭院等用地。农村村民一户只能拥有一处宅基地,面积不得超过本省、自治区、直辖市规定的标准。农村村民申请宅基地的,应当以户为单位向农村集体经济组织提出申请;没有设立农村集体经济组织的,应当向所在的村民小组或者村民委员会提出申请。宅基地申请依法经农村村民集体讨论通过并在本集体范围内公示后,报乡(镇)人民政府审核批准。涉及占用农用地的,应当依法办理农用地转用审批手续。农村村民应严格按照批准面积和建房标准建设住宅,禁止未批先建、超面积占用宅基地。经批准易地建造住宅的,应严格按照"建新拆旧"要求,将原宅基地交还村集体。对历史形成的宅基地面积超标和"一户多宅"等问题,要按照有关政策规定分类进行认定和处置。人均土地少、不能保障一户拥有一处宅基地的地区，县级人民政府在充分尊重农民意愿的基础上，可以采取措施，按照省、自治区、直辖市规定的标准保障农村村民实现户有所居。比如，在国土空间规划确定的城镇建设用地规模范围内，通过建设新型农村社区、农民公寓和新型住宅小区保障农民"一户一房"。这里"户"的组成人员中必须有集体经济组织成员。

[宅基地使用权的流转]

根据本条第5款规定，宅基地使用权的流转有出卖、出租、赠与三种方式。关于"出卖"，可以在集体经济组织内部进行，但是必须符合一定的条件：一是转让人与受让人必须是同一集体经济组织内部的成员。二是受让人没有住房和宅基地，且符合宅基地使用权申请分配的条件。三是转让行为需征得本集体经济组织的同意。"赠与"的法律效果和"出卖"基本相同。但是，农村村民出卖、出租、赠与住宅后，再申请宅基地的，不予批准。另外，需要说明的一点是，因房产继承等合法原因形成的多处住宅及宅基地，原则上不作处理，农村村民可以通过出卖等方式处理，也可以维护原状，但房屋不得翻建，房屋损坏后，多余的宅基地应当退出。

[宅基地的有偿使用和自愿有偿退出]

2015年1月，中共中央办公厅和国务院办公厅联合印发了《关于农村土地征收、集体经营性建设用地入市、宅基地制度改革试点工作的意见》，要求对因历史原因形成超标准占用宅基地和一户多宅的，以及非本集体经济组织成员通过继承房屋等占有的宅基地，由农村集体经济组织主导，探索有偿使用。允许进城落户农民在本集体经济组织内部自愿有偿退出或转让宅基地。2015年2月27日第十二届全国人民代表大会常务委员会第十三次会议通过《全国人民代表大会常务委员会关于授权国务院在北京市大兴区等三十三个试点县（市、区）行政区域暂时调整实施有关法律规定的决定》，开始进行农村土地改革试点。在改革试点过程中，各地对于自愿有偿退出宅基地、盘活利用闲置宅基地和闲置住宅的条件、方式、程序等进行了多种有益的探索。

2019年9月11日，中农办、农业农村部印发了《关于进一步加强农村宅基地管理的通知》，提出鼓励村集体和农民盘活利用闲置宅基地和闲置住宅，通过自主经营、合作经营、委托经营等方式，依法依规发展农家乐、民宿、乡村旅游等。城镇居民、工商资本等租赁农房居住或开展经营的，要严格遵守相关规定，租赁合同的期限不得超过20年。合同到期后，双方可以另行约定。在尊重农民意愿并符合规划的前提下，鼓励村集体积极稳妥开展闲置宅基地整治，整治出的土地优先用于满足农民新增宅基地需求、村庄建设和乡村产业发展。闲置宅基地盘活利用产生的土地增值收益要全部用于农业农村。在征得宅基地所有权人同意的前提下，鼓励农村村民在本集体经济组织内部向符合宅基地申请条件的农户转让宅基地。各地可探索通过制定宅基地转让示范合同等方式，引导规范转让行为。转让合同生效后，应及时办理宅基地使用权变更手续。国家允许进城落户的农村村民依法自愿有偿退出宅基地。乡（镇）人民政府和农村集体经济组织、村民委员会等应当将退出的宅基地优先用于保障该农村集体经济组织成员的宅基地需求。

依法取得的宅基地和宅基地上的农村村民住宅及其附属设施受法律保护。禁止违背农村村民意愿强制流转宅基地，禁止违法收回农村村民依法取得的宅基地，禁止以退出宅基地作为农村村民进城落户的条件，禁止强迫农村村民搬迁退出宅基地。

[宅基地管理的主管部门]

本条第7款明确由国务院农业农村主管部门负责全国农村宅基地改革和管理有关工作，并赋予了农业农村主管部门在宅基地监督管理和行政执法等方面的相应职责，即全国农村宅基地改革和管理的主管部门由自然资源主管部门变为农业农村主管部门。

参见　《民法典》第362-365条；《城乡规划法》；《土地管理法实施条例》第33-36条；《全国人民代表大会常务委员会关于授权国务院在北京市大兴区等三十三个试点县（市、区）行政区域暂时调整实施有关法律规定的决定》；《关于进一步加强农村宅基地管理的通知》

第六十三条　**【农村集体经营性建设用地入市】**土地利用总体规划、城乡规划确定为工业、商业等经营性用途，并经依法登记的集体经营性建设用地，土地所有权人可以通过出让、出租等方式交由单位或者个人使用，并应当签订书面合同，载明土地界址、面积、动工期限、使用期限、土地用途、规划条件和双方其他权利义务。

前款规定的集体经营性建设用地出让、出租等，应当经本集体经济组织成员的村民会议三分之二以上成员或者三分之二以上村民代表的同意。

通过出让等方式取得的集体经营性建设用地使用权可以转让、互换、出资、赠与或者抵押，但法律、行政法规另有规定或者土地所有权人、土地使用权人签订的书面合同另有约定的除外。

集体经营性建设用地的出租，集体建设用地使用权的出让及其最高年限、转让、互换、出资、赠与、抵押等，参照同类用途的国有建设用地执行。具体办法由国务院制定。

注释 集体经营性建设用地不是无条件入市，必须符合以下5个条件：一是符合国土空间规划和城乡规划。《土地管理法》第4条规定"国家实行土地用途管制制度"，确定了土地用途管制的总体原则。在这一总体原则下，本条规定集体经营性建设用地入市地块必须符合国土空间规划和城乡规划。二是符合规定的用途。入市的集体经营性建设用地用途十分明确，仅限于工业和商业等经营性用途，不属于经营用途的，不得入市流转。三是权属清晰。入市的集体经营性建设用地应当属于"经依法登记的"，必须是权属清晰、没有争议的，避免在流转过程中会出现产权纠纷，影响当事人权利的实现。四是经过集体依法决策。集体经营性建设用地入市必须经土地所有权人的集体决策程序，应当经本集体经济组织成员的村民会议三分之二以上成员或者三分之二以上村民代表的同意。土地管理法对村民会议或者代表会议召集形式、参与范围和必要到会人数未作单独规定，应适用《村民委员会组织法》规定。五是签订流转合同。集体经营性建设用地入市应当签订合同，载明土地界址、面积、动工期限、使用期限、土地用途、规划条件和双方其他权利义务。除前述法定要素外，一般还应当包括提前收回的条件及补偿方式、使用期限届满是否续期及地上建筑物、其他附着物所有权处理方式，使用权转让、出租、抵押的条件，违约责任等。集体经营性建设用地入市后，对合同执行产生争议的，由交易双方协商处理，协商不成的，依照合同约定申请仲裁或向人民法院提起诉讼。

集体经营性建设用地入市流转的方式，即出让或者出租等进入一级市场方式以及转让、互换、出资、赠与等进入二级市场的方式，均应当参照同类用途的国有建设用地执行，并由国务院制定具体办法。

参见　《城乡规划法》；《村民委员会组织法》；《城镇国有土地使用权出让和转让暂行条例》；《全国人民代表大会常务委员会关于授权国务院在北京市大兴区等三十三个试点县（市、区）行政区域暂时调整实施有关法律规定的决定》；《关于完善建设用地使用权转让、出租、抵押二级市场的指导意见》

第六十四条　**【集体建设用地的使用要求】**集体建设用地的使用者应当严格按照土地利用总体规划、城乡规划确定的用途使用土地。

第六十五条　**【不符合土地利用总体规划的建筑物的处理】**在土地利用总体规划制定前已建的不符合土地利用总体规划确定的用途的建筑物、构筑物，不得重建、扩建。

第六十六条　**【集体建设用地使用权收回】**有下列情形之一的，农村集体经济组织报经原批准用地的人民政府批准，可以收回土地使用权：

（一）为乡（镇）村公共设施和公益事业建设，需要使用土地的；
（二）不按照批准的用途使用土地的；
（三）因撤销、迁移等原因而停止使用土地的。

依照前款第（一）项规定收回农民集体所有的土地的，对土地使用权人应当给予适当补偿。

收回集体经营性建设用地使用权，依照双方签订的书面合同办理，法律、行政法规另有规定的除外。

注释　第3款是新增加的内容，主要是强调不得随意收回集体经营性建设用地使用权，必须依照合同和有关法律法规来进行。

第六章　监督检查

第六十七条　【监督检查职责】县级以上人民政府自然资源主管部门对违反土地管理法律、法规的行为进行监督检查。

县级以上人民政府农业农村主管部门对违反农村宅基地管理法律、法规的行为进行监督检查的，适用本法关于自然资源主管部门监督检查的规定。

土地管理监督检查人员应当熟悉土地管理法律、法规，忠于职守、秉公执法。

注释　根据本条规定，县级以上人民政府自然资源主管部门是土地管理监督检查的主体，包括自然资源部和省（自治区、直辖市）、设区的市、自治州、不设区的市、县级人民政府自然资源主管部门。非县级以上人民政府自然资源主管部门，如乡（镇）人民政府及基层土地管理所，都不是土地管理监督检查主体，不得行使本法赋予县级以上人民政府自然资源主管部门的监督检查权。乡（镇）人民政府及基层土地管理所，发现违反土地管理法律、法规的行为时，应当及时向县级以上人民政府自然资源主管部门报告，由县级以上人民政府自然资源主管部门依法核实并查处。

根据本条第2款的规定，县级以上人民政府农业农村主管部门对违反农村宅基地管理法律、法规的行为进行监督检查的，适用本法关于自然资源主管部门监督检查的规定。这是本次较为实质性的修改，是根据本届政府机构改革方案确定的农业农村主管部门负责全国农村宅基地改革和管理有关工作而新增加的规定。

第六十八条　【监督检查措施】县级以上人民政府自然资源主管部门履行监督检查职责时，有权采取下列措施：

（一）要求被检查的单位或者个人提供有关土地权利的文件和资料，进行查阅或者予以复制；

（二）要求被检查的单位或者个人就有关土地权利的问题作出说明；

(三) 进入被检查单位或者个人非法占用的土地现场进行勘测；

(四) 责令非法占用土地的单位或者个人停止违反土地管理法律、法规的行为。

第六十九条 【监督检查人员应当出示执法证件】土地管理监督检查人员履行职责，需要进入现场进行勘测、要求有关单位或者个人提供文件、资料和作出说明的，应当出示土地管理监督检查证件。

> **注释** 根据本条规定，在以下三种情况下，土地管理监督检查人员在履行监督检查职责时应当出示国土资源执法证件：
>
> (1) 需要进入现场进行勘测。土地管理监督检查人员为了调查土地违法行为的程度、规模、性质、范围等，需要进入被检查单位或者个人非法占用的土地现场进行勘测。(2) 要求有关单位或者个人提供文件、资料。土地管理监督检查人员在履行监督检查职权时，要求被检查单位或者个人提供有关土地权利的文件、资料及其他有关资料，以进行查阅或者复制。(3) 要求有关单位或者个人作出说明。土地管理监督检查人员履行监督检查职责时，要求被检查单位或者个人就有关土地权利的问题作出说明。

第七十条 【单位和个人配合监督检查的义务】有关单位和个人对县级以上人民政府自然资源主管部门就土地违法行为进行的监督检查应当支持与配合，并提供工作方便，不得拒绝与阻碍土地管理监督检查人员依法执行职务。

第七十一条 【国家工作人员违法行为的处理】县级以上人民政府自然资源主管部门在监督检查工作中发现国家工作人员的违法行为，依法应当给予处分的，应当依法予以处理；自己无权处理的，应当依法移送监察机关或者有关机关处理。

第七十二条 【土地违法行为责任追究】县级以上人民政府自然资源主管部门在监督检查工作中发现土地违法行为构成犯罪的，应当将案件移送有关机关，依法追究刑事责任；尚不构成犯罪的，应当依法给予行政处罚。

注释 土地违法行为经查不构成犯罪的，由县级以上人民政府自然资源主管部门依法给予行政处罚，主要的处罚有：(1) 罚款；(2) 没收违法所得；(3) 没收在非法转让或者占用的土地上新建的建筑物和其他设施；(4) 责令限期改正或者治理；(5) 责令缴纳复垦费；(6) 责令退还或者交还非法占用的土地；(7) 责令限期拆除在非法占用的土地上新建的建筑物和其他设施等。

第七十三条 【不履行法定职责的处理】 依照本法规定应当给予行政处罚，而有关自然资源主管部门不给予行政处罚的，上级人民政府自然资源主管部门有权责令有关自然资源主管部门作出行政处罚决定或者直接给予行政处罚，并给予有关自然资源主管部门的负责人处分。

第七章 法律责任

第七十四条 【非法转让土地的法律责任】 买卖或者以其他形式非法转让土地的，由县级以上人民政府自然资源主管部门没收违法所得；对违反土地利用总体规划擅自将农用地改为建设用地的，限期拆除在非法转让的土地上新建的建筑物和其他设施，恢复土地原状，对符合土地利用总体规划的，没收在非法转让的土地上新建的建筑物和其他设施；可以并处罚款；对直接负责的主管人员和其他直接责任人员，依法给予处分；构成犯罪的，依法追究刑事责任。

注释 本条规定的买卖或者以其他形式非法转让土地的违法行为，依据其非法转让的土地权利内容的不同，概括起来，主要表现为以下三种情况：

1. 买卖、非法转让国有土地、农民集体所有土地所有权的行为。根据本法第二章关于土地的所有权和使用权的规定，我国的土地所有权依法由国家或农民集体所有。因此，任何单位或者个人，只能依法取得土地的使用权，而不得对其使用的土地进行买卖或者以其他形式转让土地所有权。

2. 非法转让国有土地使用权的行为。城市房地产管理法对国有土地使用权的转让作出了具体的规定。转让土地使用权,是指土地使用者将土地使用权再转移的行为,包括出售、交换和赠与等。以出让方式取得的土地使用权不得转让的情况包括:(1)未按照出让合同的约定支付全部土地使用权出让金,并取得土地使用权证书的;(2)司法机关和行政机关依法裁定、决定查封或者以其他形式限制房地产权利的;(3)依法收回土地使用权的;(4)共有房地产,未经其他共有人书面同意的;(5)未按照土地使用权出让合同规定的期限和条件投资开发、利用土地的;(6)土地权属有争议的;(7)未依法登记,领取权属证书的;(8)有关法律、行政法规规定的禁止转让的其他情形。以划拨方式取得的土地使用权不得转让的情况包括:(1)转让房地产时,未按照国务院的规定报有批准权的人民政府批准的;(2)有批准权的人民政府根据国务院的规定,决定可以不办理土地使用权出让手续,但转让方未按照国务院规定将转让房地产所获得的收益中的土地收益上缴国家或者作其他处理的。

3. 非法转让农民集体所有土地使用权的行为,系指违反本法第63条的规定,转让农民集体所有土地的使用权用于非农业建设的行为。

依照本条规定处以罚款的,罚款额为违法所得的10%以上50%以下。

第七十五条 【违法破坏耕地的法律责任】违反本法规定,占用耕地建窑、建坟或者擅自在耕地上建房、挖砂、采石、采矿、取土等,破坏种植条件的,或者因开发土地造成土地荒漠化、盐渍化的,由县级以上人民政府自然资源主管部门、农业农村主管部门等按照职责责令限期改正或者治理,可以并处罚款;构成犯罪的,依法追究刑事责任。

注释 破坏耕地种植条件的行为主要分两种情况:一是违法占用耕地的行为,主要包括违法占用耕地建窑、建坟等;二是违法破坏耕地的行为,主要包括擅自在耕地上建房、挖砂、采石、采矿、取土等。前一种情形是完全禁止的,即只要实施了在耕地上建窑、建坟的行为,就构成了违法行为。后一种情形是以"擅自"为前提，即在耕地上建房、挖砂、采石、采矿、取土等行为，如果符合有关法律规定的条件，经过法定程序来实施，则不构成违法行为。违反本法规定，破坏耕地种植条件，或者因开发土地造成土地荒漠化、盐渍化的，由县级以上人民政府自然资源主管部门、农业农村主管部门等按照职责责令限期改正或者治理，可以并处耕地开垦费的5倍以上10倍以下罚款，破坏黑土地等优质耕地的，从重处罚。构成犯罪的，依法根据《刑法》第342条追究刑事责任。

第七十六条 【不履行土地复垦义务的法律责任】违反本法规定，拒不履行土地复垦义务的，由县级以上人民政府自然资源主管部门责令限期改正；逾期不改正的，责令缴纳复垦费，专项用于土地复垦，可以处以罚款。

第七十七条 【非法占用土地的法律责任】未经批准或者采取欺骗手段骗取批准，非法占用土地的，由县级以上人民政府自然资源主管部门责令退还非法占用的土地，对违反土地利用总体规划擅自将农用地改为建设用地的，限期拆除在非法占用的土地上新建的建筑物和其他设施，恢复土地原状，对符合土地利用总体规划的，没收在非法占用的土地上新建的建筑物和其他设施，可以并处罚款；对非法占用土地单位的直接负责的主管人员和其他直接责任人员，依法给予处分；构成犯罪的，依法追究刑事责任。

超过批准的数量占用土地，多占的土地以非法占用土地论处。

注释 未经批准或者采取欺骗手段骗取批准，非法占用土地的，即为本条规定的违法行为。具体来讲，主要包括两个方面：一是未经审批或者采取欺骗手段骗取用地审批而占用土地的。主要包括以下情形：（1）建设单位或者个人未经用地审批或者采取欺骗手段骗取批准而占用土地的；（2）举办乡镇企业未经批准使用农民集体所有的土地的；（3）乡（镇）、村公共设施和公益事业建设未经批准或者采取欺骗手段骗取批准，占用农民集体所有的土地进行建设的；（4）建设项目施工和地质勘查未经批准或者采取欺骗手段骗取批准，临时使用国有土地或者农民集体所有的土地的；（5）其他未经用地审批占用土地的行为。二是占用土地涉及农用地改为建设用地，未取得农用地转用审批或者采取欺骗手段骗取农用地转用审批的。具体来讲，永久基本农田转为建设用地的，由国务院批准。在国土空间规划确定的城市和村庄、集镇建设用地规模范围内，为实施该规划而将永久基本农田以外的农用地转为建设用地的，按土地利用年度计划分批次按照国务院规定由原批准国土空间规划的机关或者其授权的机关批准。在已批准的农用地转用范围内，具体建设项目用地可以由市、县人民政府批准。在国土空间规划确定的城市和村庄、集镇建设用地规模范围外，将永久基本农田以外的农用地转为建设用地的，由国务院或者国务院授权的省、自治区、直辖市人民政府批准。

第七十八条 【非法占用土地建住宅的法律责任】农村村民未经批准或者采取欺骗手段骗取批准，非法占用土地建住宅的，由县级以上人民政府农业农村主管部门责令退还非法占用的土地，限期拆除在非法占用的土地上新建的房屋。

超过省、自治区、直辖市规定的标准，多占的土地以非法占用土地论处。

第七十九条 【非法批准占用土地的法律责任】无权批准征收、使用土地的单位或者个人非法批准占用土地的，超越批准权限非法批准占用土地的，不按照土地利用总体规划确定的用途批准用地的，或者违反法律规定的程序批准占用、征收土地的，其批准文件无效，对非法批准征收、使用土地的直接负责的主管人员和其他直接责任人员，依法给予处分；构成犯罪的，依法追究刑事责任。非法批准、使用的土地应当收回，有关当事人拒不归还的，以非法占用土地论处。

非法批准征收、使用土地，对当事人造成损失的，依法应当承担赔偿责任。

第八十条 【侵占、挪用征地补偿费的法律责任】侵占、挪用被征收土地单位的征地补偿费用和其他有关费用，构成犯罪的，依法追究刑事责任；尚不构成犯罪的，依法给予处分。

注释 所谓侵占，是指侵吞、盗窃、骗取或者以其他非法手段将公共财物占为己有的行为。所谓挪用，是指将公共财物挪作他用的行为。本条所规定的侵占、挪用的对象为被征收土地单位的征地补偿费用和其他有关费用。征地补偿费用包括征收农用地的土地补偿费、安置补助费以及征收农用地以外的其他土地、地上附着物和青苗等的补偿费。其他有关费用是指与征收集体土地有关的其他费用，例如征收农村村民住宅，对征收造成的搬迁、临时安置等给予的补偿费用。侵占、挪用征地补偿费可能构成贪污罪、挪用公款罪、侵占罪以及挪用公司、企业或者其他单位资金罪。

第八十一条　【拒不交还土地、不按照批准用途使用土地的法律责任】 依法收回国有土地使用权当事人拒不交出土地的，临时使用土地期满拒不归还的，或者不按照批准的用途使用国有土地的，由县级以上人民政府自然资源主管部门责令交还土地，处以罚款。

第八十二条　【违法将集体土地用于非农业建设和集体经营性建设用地违法入市的法律责任】 擅自将农民集体所有的土地通过出让、转让使用权或者出租等方式用于非农业建设，或者违反本法规定，将集体经营性建设用地通过出让、出租等方式交由单位或者个人使用的，由县级以上人民政府自然资源主管部门责令限期改正，没收违法所得，并处罚款。

注释 本法2019年修改增加了农村集体经营性建设用地入市制度，但并非农村集体经营性建设用地都可以入市，而是需要符合一定的条件才能入市，如果违反这些条件入市则是违法的，应当承担本条规定的法律责任。

第八十三条　【责令限期拆除的执行】 依照本法规定，责令限期拆除在非法占用的土地上新建的建筑物和其他设施的，建设单位或者个人必须立即停止施工，自行拆除；对继续施工的，作出处罚决定的机关有权制止。建设单位或者个人对责令限期拆除的行政处罚决定不服的，可以在接到责令限期拆除决定之日起十五日内，向人民法院起诉；期满不起诉又不自行拆除的，由作出处罚决定的机关依法申请人民法院强制执行，费用由违法者承担。

注释 当事人在接到责令限期拆除的处罚决定后，应当立即停止施工，自行拆除建筑物和其他设施。如果当事人不服该行政处罚决定，在停止施工的同时，可以向作出处罚决定的机关说明情况，要求其撤销处罚决定，也可以依法向上一级行政机关申请行政复议，或者在规定的期限内向人民法院提起行政诉讼。

被处罚的建设单位或者个人对责令限期拆除的行政处罚决定不服的，可以在接到处罚决定之日起15日内，向人民法院提起行政诉讼。本条规定的提起行政诉讼的期间为接到责令限期拆除决定之日起15日内，是特殊的提起行政诉讼的期间，而不是行政诉讼法规定的从当事人知道行政机关作出具体行政行为之日起的6个月。超过上述期限提起行政诉讼的，人民法院可以不予受理。

本法未赋予行政机关强制执行的权力，如果当事人拒不执行其行政处罚决定，作出行政处罚的机关可以向人民法院提出申请，由人民法院强制执行。根据本条的规定，强制执行的费用由违法者承担。

第八十四条 【工作人员违法的法律责任】自然资源主管部门、农业农村主管部门的工作人员玩忽职守、滥用职权、徇私舞弊，构成犯罪的，依法追究刑事责任；尚不构成犯罪的，依法给予处分。

第八章 附 则

第八十五条 【外商投资企业使用土地的法律适用】外商投资企业使用土地的，适用本法；法律另有规定的，从其规定。

第八十六条 【过渡期间有关规划的适用】在根据本法第十八条的规定编制国土空间规划前，经依法批准的土地利用总体规划和城乡规划继续执行。

注释 本法第18条对国土空间规划编制要求作出规定，明确了国土空间规划的法律地位，并规定已经编制国土空间规划的，不再编制土地利用总体规划和城乡规划。这一规定为下一步开展国土空间规划编制和实施提供了法律保障。在国土空间规划编制和实施前，土地利用总体规划和城乡规划应当继续执行，依然是土地管理的重要依据，有关行政审批、监督检查等工作应当严格按照土地利用总体规划和城乡规划的要求进行。各地方和有关部门在土地管理工作中，要切实做好土地利用总体规划和城乡规划与国土空间规划在过渡期间的衔接，防止出现执法空白。

第八十七条　【本法的生效日期】本法自1999年1月1日起施行。

中华人民共和国土地管理法实施条例

（1998年12月27日中华人民共和国国务院令第256号发布　根据2011年1月8日《国务院关于废止和修改部分行政法规的决定》第一次修订　根据2014年7月29日《国务院关于修改部分行政法规的决定》第二次修订　2021年7月2日中华人民共和国国务院令第743号第三次修订）

第一章　总　　则

第一条　根据《中华人民共和国土地管理法》（以下简称《土地管理法》），制定本条例。

第二章　国土空间规划

第二条　国家建立国土空间规划体系。

土地开发、保护、建设活动应当坚持规划先行。经依法批准的国土空间规划是各类开发、保护、建设活动的基本依据。

已经编制国土空间规划的，不再编制土地利用总体规划和城乡规划。在编制国土空间规划前，经依法批准的土地利用总体规划和城乡规划继续执行。

第三条 国土空间规划应当细化落实国家发展规划提出的国土空间开发保护要求，统筹布局农业、生态、城镇等功能空间，划定落实永久基本农田、生态保护红线和城镇开发边界。

国土空间规划应当包括国土空间开发保护格局和规划用地布局、结构、用途管制要求等内容，明确耕地保有量、建设用地规模、禁止开垦的范围等要求，统筹基础设施和公共设施用地布局，综合利用地上地下空间，合理确定并严格控制新增建设用地规模，提高土地节约集约利用水平，保障土地的可持续利用。

第四条 土地调查应当包括下列内容：

（一）土地权属以及变化情况；

（二）土地利用现状以及变化情况；

（三）土地条件。

全国土地调查成果，报国务院批准后向社会公布。地方土地调查成果，经本级人民政府审核，报上一级人民政府批准后向社会公布。全国土地调查成果公布后，县级以上地方人民政府方可自上而下逐级依次公布本行政区域的土地调查成果。

土地调查成果是编制国土空间规划以及自然资源管理、保护和利用的重要依据。

土地调查技术规程由国务院自然资源主管部门会同有关部门制定。

第五条 国务院自然资源主管部门会同有关部门制定土地等级评定标准。

县级以上人民政府自然资源主管部门应当会同有关部门根据土地等级评定标准，对土地等级进行评定。地方土地等级评定结果经本级人民政府审核，报上一级人民政府自然资源主管部门批准后向社会公布。

根据国民经济和社会发展状况，土地等级每五年重新评定一次。

第六条 县级以上人民政府自然资源主管部门应当加强信息化建设，建立统一的国土空间基础信息平台，实行土地管理全流程信息化管理，对土地利用状况进行动态监测，与发展改革、住房和城乡建设等有关部门建立土地管理信息共享机制，依法公开土地管理信息。

第七条 县级以上人民政府自然资源主管部门应当加强地籍管理，建立健全地籍数据库。

第三章 耕地保护

第八条 国家实行占用耕地补偿制度。在国土空间规划确定的城市和村庄、集镇建设用地范围内经依法批准占用耕地，以及在国土空间规划确定的城市和村庄、集镇建设用地范围外的能源、交通、水利、矿山、军事设施等建设项目经依法批准占用耕地的，分别由县级人民政府、农村集体经济组织和建设单位负责开垦与所占用耕地的数量和质量相当的耕地；没有条件开垦或者开垦的耕地不符合要求的，应当按照省、自治区、直辖市的规定缴纳耕地开垦费，专款用于开垦新的耕地。

省、自治区、直辖市人民政府应当组织自然资源主管部门、农业农村主管部门对开垦的耕地进行验收，确保开垦的耕地落实到地块。划入永久基本农田的还应当纳入国家永久基本农田数据库严格管理。占用耕地补充情况应当按照国家有关规定向社会公布。

个别省、直辖市需要易地开垦耕地的，依照《土地管理法》第三十二条的规定执行。

第九条 禁止任何单位和个人在国土空间规划确定的禁止开垦的范围内从事土地开发活动。

按照国土空间规划，开发未确定土地使用权的国有荒山、荒地、荒滩从事种植业、林业、畜牧业、渔业生产的，应当向土地所在地的县级以上地方人民政府自然资源主管部门提出申请，按照省、自治区、直辖市规定的权限，由县级以上地方人民政府批准。

第十条 县级人民政府应当按照国土空间规划关于统筹布局农业、生态、城镇等功能空间的要求，制定土地整理方案，促进耕地保护和土地节约集约利用。

县、乡（镇）人民政府应当组织农村集体经济组织，实施土地整理方案，对闲散地和废弃地有计划地整治、改造。土地整理新增耕地，可以用作建设所占用耕地的补充。

鼓励社会主体依法参与土地整理。

第十一条 县级以上地方人民政府应当采取措施，预防和治理耕地土壤流失、污染，有计划地改造中低产田，建设高标准农田，提高耕地质量，保护黑土地等优质耕地，并依法对建设所占用耕地耕作层的土壤利用作出合理安排。

非农业建设依法占用永久基本农田的，建设单位应当按照省、自治区、直辖市的规定，将所占用耕地耕作层的土壤用于新开垦耕地、劣质地或者其他耕地的土壤改良。

县级以上地方人民政府应当加强对农业结构调整的引导和管理，防止破坏耕地耕作层；设施农业用地不再使用的，应当及时组织恢复种植条件。

第十二条 国家对耕地实行特殊保护，严守耕地保护红线，严格控制耕地转为林地、草地、园地等其他农用地，并建立耕地保护补偿制度，具体办法和耕地保护补偿实施步骤由国务院自然资源主管部门会同有关部门规定。

非农业建设必须节约使用土地，可以利用荒地的，不得占用耕地；可以利用劣地的，不得占用好地。禁止占用耕地建窑、建坟或者擅自在耕地上建房、挖砂、采石、采矿、取土等。禁止占用永久基本农田发展林果业和挖塘养鱼。

耕地应当优先用于粮食和棉、油、糖、蔬菜等农产品生产。按照国家有关规定需要将耕地转为林地、草地、园地等其他农用地的，应当优先使用难以长期稳定利用的耕地。

第十三条 省、自治区、直辖市人民政府对本行政区域耕地保护负总责，其主要负责人是本行政区域耕地保护的第一责任人。

省、自治区、直辖市人民政府应当将国务院确定的耕地保有量和永久基本农田保护任务分解下达，落实到具体地块。

国务院对省、自治区、直辖市人民政府耕地保护责任目标落实情况进行考核。

第四章 建设用地

第一节 一般规定

第十四条 建设项目需要使用土地的,应当符合国土空间规划、土地利用年度计划和用途管制以及节约资源、保护生态环境的要求,并严格执行建设用地标准,优先使用存量建设用地,提高建设用地使用效率。

从事土地开发利用活动,应当采取有效措施,防止、减少土壤污染,并确保建设用地符合土壤环境质量要求。

第十五条 各级人民政府应当依据国民经济和社会发展规划及年度计划、国土空间规划、国家产业政策以及城乡建设、土地利用的实际状况等,加强土地利用计划管理,实行建设用地总量控制,推动城乡存量建设用地开发利用,引导城镇低效用地再开发,落实建设用地标准控制制度,开展节约集约用地评价,推广应用节地技术和节地模式。

第十六条 县级以上地方人民政府自然资源主管部门应当将本级人民政府确定的年度建设用地供应总量、结构、时序、地块、用途等在政府网站上向社会公布,供社会公众查阅。

第十七条 建设单位使用国有土地,应当以有偿使用方式取得;但是,法律、行政法规规定可以以划拨方式取得的除外。

国有土地有偿使用的方式包括:

(一)国有土地使用权出让;

(二)国有土地租赁;

(三)国有土地使用权作价出资或者入股。

第十八条 国有土地使用权出让、国有土地租赁等应当依照国家有关规定通过公开的交易平台进行交易,并纳入统一的公共资源交易平台体系。除依法可以采取协议方式外,应当采取招标、拍卖、挂牌等竞争性方式确定土地使用者。

第十九条 《土地管理法》第五十五条规定的新增建设用地的土地有偿使用费,是指国家在新增建设用地中应取得的平均土地纯收益。

第二十条 建设项目施工、地质勘查需要临时使用土地的,应当尽量不占或者少占耕地。

临时用地由县级以上人民政府自然资源主管部门批准,期限一般不超过二年;建设周期较长的能源、交通、水利等基础设施建设使用的临时用地,期限不超过四年;法律、行政法规另有规定的除外。

土地使用者应当自临时用地期满之日起一年内完成土地复垦,使其达到可供利用状态,其中占用耕地的应当恢复种植条件。

第二十一条 抢险救灾、疫情防控等急需使用土地的,可以先行使用土地。其中,属于临时用地的,用后应当恢复原状并交还原土地使用者使用,不再办理用地审批手续;属于永久性建设用地的,建设单位应当在不晚于应急处置工作结束六个月内申请补办建设用地审批手续。

第二十二条 具有重要生态功能的未利用地应当依法划入生态保护红线,实施严格保护。

建设项目占用国土空间规划确定的未利用地的,按照省、自治区、直辖市的规定办理。

第二节 农用地转用

第二十三条 在国土空间规划确定的城市和村庄、集镇建设用地范围内,为实施该规划而将农用地转为建设用地的,由市、县人民政府组织自然资源等部门拟订农用地转用方案,分批次报有批准权的人民政府批准。

农用地转用方案应当重点对建设项目安排、是否符合国土空间规划和土地利用年度计划以及补充耕地情况作出说明。

农用地转用方案经批准后,由市、县人民政府组织实施。

第二十四条 建设项目确需占用国土空间规划确定的城市和村庄、集镇建设用地范围外的农用地,涉及占用永久基本农田的,由国务院批准；不涉及占用永久基本农田的，由国务院或者国务院授权的省、自治区、直辖市人民政府批准。具体按照下列规定办理：

（一）建设项目批准、核准前或者备案前后，由自然资源主管部门对建设项目用地事项进行审查，提出建设项目用地预审意见。建设项目需要申请核发选址意见书的，应当合并办理建设项目用地预审与选址意见书，核发建设项目用地预审与选址意见书。

（二）建设单位持建设项目的批准、核准或者备案文件，向市、县人民政府提出建设用地申请。市、县人民政府组织自然资源等部门拟订农用地转用方案，报有批准权的人民政府批准；依法应当由国务院批准的，由省、自治区、直辖市人民政府审核后上报。农用地转用方案应当重点对是否符合国土空间规划和土地利用年度计划以及补充耕地情况作出说明，涉及占用永久基本农田的，还应当对占用永久基本农田的必要性、合理性和补划可行性作出说明。

（三）农用地转用方案经批准后，由市、县人民政府组织实施。

第二十五条 建设项目需要使用土地的，建设单位原则上应当一次申请，办理建设用地审批手续，确需分期建设的项目，可以根据可行性研究报告确定的方案，分期申请建设用地，分期办理建设用地审批手续。建设过程中用地范围确需调整的，应当依法办理建设用地审批手续。

农用地转用涉及征收土地的，还应当依法办理征收土地手续。

第三节　土　地　征　收

第二十六条 需要征收土地，县级以上地方人民政府认为符合《土地管理法》第四十五条规定的，应当发布征收土地预公告，并开展拟征收土地现状调查和社会稳定风险评估。

征收土地预公告应当包括征收范围、征收目的、开展土地现状调查的安排等内容。征收土地预公告应当采用有利于社会公众知晓的方式，在拟征收土地所在的乡（镇）和村、村民小组范围内发布，预公告时间不少于十个工作日。自征收土地预公告发布之日起，任何单位和个人不得在拟征收范围内抢栽抢建；违反规定抢栽抢建的，对抢栽抢建部分不予补偿。

土地现状调查应当查明土地的位置、权属、地类、面积，以及农村村民住宅、其他地上附着物和青苗等的权属、种类、数量等情况。

社会稳定风险评估应当对征收土地的社会稳定风险状况进行综合研判，确定风险点，提出风险防范措施和处置预案。社会稳定风险评估应当有被征地的农村集体经济组织及其成员、村民委员会和其他利害关系人参加，评估结果是申请征收土地的重要依据。

第二十七条 县级以上地方人民政府应当依据社会稳定风险评估结果，结合土地现状调查情况，组织自然资源、财政、农业农村、人力资源和社会保障等有关部门拟定征地补偿安置方案。

征地补偿安置方案应当包括征收范围、土地现状、征收目的、补偿方式和标准、安置对象、安置方式、社会保障等内容。

第二十八条 征地补偿安置方案拟定后，县级以上地方人民政府应当在拟征收土地所在的乡（镇）和村、村民小组范围内公告，公告时间不少于三十日。

征地补偿安置公告应当同时载明办理补偿登记的方式和期限、异议反馈渠道等内容。

多数被征地的农村集体经济组织成员认为拟定的征地补偿安置方案不符合法律、法规规定的，县级以上地方人民政府应当组织听证。

第二十九条 县级以上地方人民政府根据法律、法规规定和听证会等情况确定征地补偿安置方案后，应当组织有关部门与拟征收土地的所有权人、使用权人签订征地补偿安置协议。征地补偿安置协议示范文本由省、自治区、直辖市人民政府制定。

对个别确实难以达成征地补偿安置协议的，县级以上地方人民政府应当在申请征收土地时如实说明。

第三十条 县级以上地方人民政府完成本条例规定的征地前期工作后，方可提出征收土地申请，依照《土地管理法》第四十六条的规定报有批准权的人民政府批准。

有批准权的人民政府应当对征收土地的必要性、合理性、是否符合《土地管理法》第四十五条规定的为了公共利益确需征收土地的情形以及是否符合法定程序进行审查。

第三十一条　征收土地申请经依法批准后，县级以上地方人民政府应当自收到批准文件之日起十五个工作日内在拟征收土地所在的乡（镇）和村、村民小组范围内发布征收土地公告，公布征收范围、征收时间等具体工作安排，对个别未达成征地补偿安置协议的应当作出征地补偿安置决定，并依法组织实施。

第三十二条　省、自治区、直辖市应当制定公布区片综合地价，确定征收农用地的土地补偿费、安置补助费标准，并制定土地补偿费、安置补助费分配办法。

地上附着物和青苗等的补偿费用，归其所有权人所有。

社会保障费用主要用于符合条件的被征地农民的养老保险等社会保险缴费补贴，按照省、自治区、直辖市的规定单独列支。

申请征收土地的县级以上地方人民政府应当及时落实土地补偿费、安置补助费、农村村民住宅以及其他地上附着物和青苗等的补偿费用、社会保障费用等，并保证足额到位，专款专用。有关费用未足额到位的，不得批准征收土地。

第四节　宅基地管理

第三十三条　农村居民点布局和建设用地规模应当遵循节约集约、因地制宜的原则合理规划。县级以上地方人民政府应当按照国家规定安排建设用地指标，合理保障本行政区域农村村民宅基地需求。

乡（镇）、县、市国土空间规划和村庄规划应当统筹考虑农村村民生产、生活需求，突出节约集约用地导向，科学划定宅基地范围。

第三十四条　农村村民申请宅基地的，应当以户为单位向农村集体经济组织提出申请；没有设立农村集体经济组织的，应当向所在的村民小组或者村民委员会提出申请。宅基地申请依法经农村村民集体讨论通过并在本集体范围内公示后，报乡（镇）人民政府审核批准。

涉及占用农用地的，应当依法办理农用地转用审批手续。

第三十五条 国家允许进城落户的农村村民依法自愿有偿退出宅基地。乡（镇）人民政府和农村集体经济组织、村民委员会等应当将退出的宅基地优先用于保障该农村集体经济组织成员的宅基地需求。

第三十六条 依法取得的宅基地和宅基地上的农村村民住宅及其附属设施受法律保护。

禁止违背农村村民意愿强制流转宅基地，禁止违法收回农村村民依法取得的宅基地，禁止以退出宅基地作为农村村民进城落户的条件，禁止强迫农村村民搬迁退出宅基地。

第五节 集体经营性建设用地管理

第三十七条 国土空间规划应当统筹并合理安排集体经营性建设用地布局和用途，依法控制集体经营性建设用地规模，促进集体经营性建设用地的节约集约利用。

鼓励乡村重点产业和项目使用集体经营性建设用地。

第三十八条 国土空间规划确定为工业、商业等经营性用途，且已依法办理土地所有权登记的集体经营性建设用地，土地所有权人可以通过出让、出租等方式交由单位或者个人在一定年限内有偿使用。

第三十九条 土地所有权人拟出让、出租集体经营性建设用地的，市、县人民政府自然资源主管部门应当依据国土空间规划提出拟出让、出租的集体经营性建设用地的规划条件，明确土地界址、面积、用途和开发建设强度等。

市、县人民政府自然资源主管部门应当会同有关部门提出产业准入和生态环境保护要求。

第四十条 土地所有权人应当依据规划条件、产业准入和生态环境保护要求等，编制集体经营性建设用地出让、出租等方案，并依照《土地管理法》第六十三条的规定，由本集体经济组织形成书面意见，在出让、出租前不少于十个工作日报市、县人民政府。市、县人民政府认为该方案不符合规划条件或者产业准入和生态环境保护要求等的，应当在收到方案后五个工作日内提出修改意见。土地所有权人应当按照市、县人民政府的意见进行修改。

集体经营性建设用地出让、出租等方案应当载明宗地的土地界址、面积、用途、规划条件、产业准入和生态环境保护要求、使用期限、交易方式、入市价格、集体收益分配安排等内容。

第四十一条 土地所有权人应当依据集体经营性建设用地出让、出租等方案，以招标、拍卖、挂牌或者协议等方式确定土地使用者，双方应当签订书面合同，载明土地界址、面积、用途、规划条件、使用期限、交易价款支付、交地时间和开工竣工期限、产业准入和生态环境保护要求，约定提前收回的条件、补偿方式、土地使用权届满续期和地上建筑物、构筑物等附着物处理方式，以及违约责任和解决争议的方法等，并报市、县人民政府自然资源主管部门备案。未依法将规划条件、产业准入和生态环境保护要求纳入合同的，合同无效；造成损失的，依法承担民事责任。合同示范文本由国务院自然资源主管部门制定。

第四十二条 集体经营性建设用地使用者应当按照约定及时支付集体经营性建设用地价款，并依法缴纳相关税费，对集体经营性建设用地使用权以及依法利用集体经营性建设用地建造的建筑物、构筑物及其附属设施的所有权，依法申请办理不动产登记。

第四十三条 通过出让等方式取得的集体经营性建设用地使用权依法转让、互换、出资、赠与或者抵押的，双方应当签订书面合同，并书面通知土地所有权人。

集体经营性建设用地的出租，集体建设用地使用权的出让及其最高年限、转让、互换、出资、赠与、抵押等，参照同类用途的国有建设用地执行，法律、行政法规另有规定的除外。

第五章 监督检查

第四十四条 国家自然资源督察机构根据授权对省、自治区、直辖市人民政府以及国务院确定的城市人民政府下列土地利用和土地管理情况进行督察：

（一）耕地保护情况；
（二）土地节约集约利用情况；
（三）国土空间规划编制和实施情况；
（四）国家有关土地管理重大决策落实情况；
（五）土地管理法律、行政法规执行情况；
（六）其他土地利用和土地管理情况。

第四十五条 国家自然资源督察机构进行督察时，有权向有关单位和个人了解督察事项有关情况，有关单位和个人应当支持、协助督察机构工作，如实反映情况，并提供有关材料。

第四十六条 被督察的地方人民政府违反土地管理法律、行政法规，或者落实国家有关土地管理重大决策不力的，国家自然资源督察机构可以向被督察的地方人民政府下达督察意见书，地方人民政府应当认真组织整改，并及时报告整改情况；国家自然资源督察机构可以约谈被督察的地方人民政府有关负责人，并可以依法向监察机关、任免机关等有关机关提出追究相关责任人责任的建议。

第四十七条 土地管理监督检查人员应当经过培训，经考核合格，取得行政执法证件后，方可从事土地管理监督检查工作。

第四十八条 自然资源主管部门、农业农村主管部门按照职责分工进行监督检查时，可以采取下列措施：
（一）询问违法案件涉及的单位或者个人；
（二）进入被检查单位或者个人涉嫌土地违法的现场进行拍照、摄像；
（三）责令当事人停止正在进行的土地违法行为；
（四）对涉嫌土地违法的单位或者个人，在调查期间暂停办理与该违法案件相关的土地审批、登记等手续；
（五）对可能被转移、销毁、隐匿或者篡改的文件、资料予以封存，责令涉嫌土地违法的单位或者个人在调查期间不得变卖、转移与案件有关的财物；
（六）《土地管理法》第六十八条规定的其他监督检查措施。

第四十九条 依照《土地管理法》第七十三条的规定给予处分

的，应当按照管理权限由责令作出行政处罚决定或者直接给予行政处罚的上级人民政府自然资源主管部门或者其他任免机关、单位作出。

第五十条 县级以上人民政府自然资源主管部门应当会同有关部门建立信用监管、动态巡查等机制，加强对建设用地供应交易和供后开发利用的监管，对建设用地市场重大失信行为依法实施惩戒，并依法公开相关信息。

第六章 法律责任

第五十一条 违反《土地管理法》第三十七条的规定，非法占用永久基本农田发展林果业或者挖塘养鱼的，由县级以上人民政府自然资源主管部门责令限期改正；逾期不改正的，按占用面积处耕地开垦费2倍以上5倍以下的罚款；破坏种植条件的，依照《土地管理法》第七十五条的规定处罚。

第五十二条 违反《土地管理法》第五十七条的规定，在临时使用的土地上修建永久性建筑物的，由县级以上人民政府自然资源主管部门责令限期拆除，按占用面积处土地复垦费5倍以上10倍以下的罚款；逾期不拆除的，由作出行政决定的机关依法申请人民法院强制执行。

第五十三条 违反《土地管理法》第六十五条的规定，对建筑物、构筑物进行重建、扩建的，由县级以上人民政府自然资源主管部门责令限期拆除；逾期不拆除的，由作出行政决定的机关依法申请人民法院强制执行。

第五十四条 依照《土地管理法》第七十四条的规定处以罚款的，罚款额为违法所得的10%以上50%以下。

第五十五条 依照《土地管理法》第七十五条的规定处以罚款的，罚款额为耕地开垦费的5倍以上10倍以下；破坏黑土地等优质耕地的，从重处罚。

第五十六条 依照《土地管理法》第七十六条的规定处以罚款

的，罚款额为土地复垦费的2倍以上5倍以下。

违反本条例规定，临时用地期满之日起一年内未完成复垦或者未恢复种植条件的，由县级以上人民政府自然资源主管部门责令限期改正，依照《土地管理法》第七十六条的规定处罚，并由县级以上人民政府自然资源主管部门会同农业农村主管部门代为完成复垦或者恢复种植条件。

第五十七条　依照《土地管理法》第七十七条的规定处以罚款的，罚款额为非法占用土地每平方米100元以上1000元以下。

违反本条例规定，在国土空间规划确定的禁止开垦的范围内从事土地开发活动的，由县级以上人民政府自然资源主管部门责令限期改正，并依照《土地管理法》第七十七条的规定处罚。

第五十八条　依照《土地管理法》第七十四条、第七十七条的规定，县级以上人民政府自然资源主管部门没收在非法转让或者非法占用的土地上新建的建筑物和其他设施的，应当于九十日内交由本级人民政府或者其指定的部门依法管理和处置。

第五十九条　依照《土地管理法》第八十一条的规定处以罚款的，罚款额为非法占用土地每平方米100元以上500元以下。

第六十条　依照《土地管理法》第八十二条的规定处以罚款的，罚款额为违法所得的10%以上30%以下。

第六十一条　阻碍自然资源主管部门、农业农村主管部门的工作人员依法执行职务，构成违反治安管理行为的，依法给予治安管理处罚。

第六十二条　违反土地管理法律、法规规定，阻挠国家建设征收土地的，由县级以上地方人民政府责令交出土地；拒不交出土地的，依法申请人民法院强制执行。

第六十三条　违反本条例规定，侵犯农村村民依法取得的宅基地权益的，责令限期改正，对有关责任单位通报批评、给予警告；造成损失的，依法承担赔偿责任；对直接负责的主管人员和其他直接责任人员，依法给予处分。

第六十四条　贪污、侵占、挪用、私分、截留、拖欠征地补偿安置费用和其他有关费用的，责令改正，追回有关款项，限期退还违法所得，对有关责任单位通报批评、给予警告；造成损失的，依法承担赔偿责任；对直接负责的主管人员和其他直接责任人员，依法给予处分。

第六十五条 各级人民政府及自然资源主管部门、农业农村主管部门工作人员玩忽职守、滥用职权、徇私舞弊的，依法给予处分。

第六十六条 违反本条例规定，构成犯罪的，依法追究刑事责任。

第七章 附　　则

第六十七条 本条例自 2021 年 9 月 1 日起施行。

中华人民共和国城市房地产管理法

（1994 年 7 月 5 日第八届全国人民代表大会常务委员会第八次会议通过　根据 2007 年 8 月 30 日第十届全国人民代表大会常务委员会第二十九次会议《关于修改〈中华人民共和国城市房地产管理法〉的决定》第一次修正　根据 2009 年 8 月 27 日第十一届全国人民代表大会常务委员会第十次会议《关于修改部分法律的决定》第二次修正　根据 2019 年 8 月 26 日第十三届全国人民代表大会常务委员会第十二次会议《关于修改〈中华人民共和国土地管理法〉、〈中华人民共和国城市房地产管理法〉的决定》第三次修正）

第一章 总　　则

第一条　【立法宗旨】为了加强对城市房地产的管理，维护房地产市场秩序，保障房地产权利人的合法权益，促进房地产业的健康发展，制定本法。

第二条　【适用范围】在中华人民共和国城市规划区国有土地

（以下简称国有土地）范围内取得房地产开发用地的土地使用权，从事房地产开发、房地产交易，实施房地产管理，应当遵守本法。

本法所称房屋，是指土地上的房屋等建筑物及构筑物。

本法所称房地产开发，是指在依据本法取得国有土地使用权的土地上进行基础设施、房屋建设的行为。

本法所称房地产交易，包括房地产转让、房地产抵押和房屋租赁。

第三条　【国有土地有偿、有限期使用制度】 国家依法实行国有土地有偿、有限期使用制度。但是，国家在本法规定的范围内划拨国有土地使用权的除外。

第四条　【国家扶持居民住宅建设】 国家根据社会、经济发展水平，扶持发展居民住宅建设，逐步改善居民的居住条件。

第五条　【房地产权利人的义务和权益】 房地产权利人应当遵守法律和行政法规，依法纳税。房地产权利人的合法权益受法律保护，任何单位和个人不得侵犯。

> **注释**　[房地产权利人可能涉及的税收]
>
> 在城市、县城、建制镇、工矿区范围内使用土地的单位和个人，为城镇土地使用税的纳税人，应当缴纳土地使用税。
>
> 转让国有土地使用权、地上建筑物及其附着物并取得收入的单位和个人，为土地增值税的纳税义务人，应当缴纳土地增值税。
>
> 在中华人民共和国境内转移土地、房屋权属，承受的单位和个人为契税的纳税人，应当缴纳契税。
>
> 房地产权利人领取房屋所有权证书、土地使用权证书，应当缴纳印花税。
>
> 在城市、县城、建制镇和工矿区内，产权所有人应当缴纳房产税。
>
> 个人租赁房屋、转让房地产，应当缴纳个人所得税。

第六条　【房屋征收】 为了公共利益的需要，国家可以征收国有土地上单位和个人的房屋，并依法给予拆迁补偿，维护被征收人的合法权益；征收个人住宅的，还应当保障被征收人的居住条件。具体办法由国务院规定。

注释 为了公共利益的需要,依照法律规定的权限和程序可以征收集体所有的土地和组织、个人的房屋以及其他不动产。征收集体所有的土地,应当依法及时足额支付土地补偿费、安置补助费以及农村村民住宅、其他地上附着物和青苗等的补偿费用,并安排被征地农民的社会保障费用,保障被征地农民的生活,维护被征地农民的合法权益。征收组织、个人的房屋以及其他不动产,应当依法给予征收补偿,维护被征收人的合法权益;征收个人住宅的,还应当保障被征收人的居住条件。任何组织或者个人不得贪污、挪用、私分、截留、拖欠征收补偿费等费用。

参见 《民法典》第243条;《国有土地上房屋征收与补偿条例》

第七条 【房地产管理机构设置】国务院建设行政主管部门、土地管理部门依照国务院规定的职权划分,各司其职,密切配合,管理全国房地产工作。

县级以上地方人民政府房产管理、土地管理部门的机构设置及其职权由省、自治区、直辖市人民政府确定。

第二章 房地产开发用地

第一节 土地使用权出让

第八条 【土地使用权出让的定义】土地使用权出让,是指国家将国有土地使用权(以下简称土地使用权)在一定年限内出让给土地使用者,由土地使用者向国家支付土地使用权出让金的行为。

注释 建设占用土地,涉及农用地转为建设用地的,应当办理农用地转用审批手续。省、自治区、直辖市人民政府批准的道路、管线工程和大型基础设施建设项目、国务院批准的建设项目占用土地,涉及农用地转为建设用地的,由国务院批准。在国土空间规划确定的城市和村庄、集镇建设用地规模范围内,为实施该规划而将农用地转为建设用地的,按土地利用年度计划分批次由原批准国土空间规划的机关批准。在已批准的农用地转用范围内，具体建设项目用地可以由市、县人民政府批准。前述规定以外的建设项目占用土地，涉及农用地转为建设用地的，由省、自治区、直辖市人民政府批准。

> **参见** 《土地管理法》第44-49条

第九条　【集体所有土地征收与出让】 城市规划区内的集体所有的土地，经依法征收转为国有土地后，该幅国有土地的使用权方可有偿出让，但法律另有规定的除外。

第十条　【土地使用权出让宏观管理】 土地使用权出让，必须符合土地利用总体规划、城市规划和年度建设用地计划。

> **注释**　在城市、镇规划区内以出让方式提供国有土地使用权的，在国有土地使用权出让前，城市、县人民政府城乡规划主管部门应当依据控制性详细规划，提出出让地块的位置、使用性质、开发强度等规划条件，作为国有土地使用权出让合同的组成部分。未确定规划条件的地块，不得出让国有土地使用权。
>
> 以出让方式取得国有土地使用权的建设项目，建设单位在取得建设项目的批准、核准、备案文件和签订国有土地使用权出让合同后，向城市、县人民政府城乡规划主管部门领取建设用地规划许可证。
>
> 城市、县人民政府城乡规划主管部门不得在建设用地规划许可证中，擅自改变作为国有土地使用权出让合同组成部分的规划条件。
>
> 规划条件未纳入国有土地使用权出让合同的，该国有土地使用权出让合同无效；对未取得建设用地规划许可证的建设单位批准用地的，由县级以上人民政府撤销有关批准文件；占用土地的，应当及时退回；给当事人造成损失的，应当依法给予赔偿。
>
> 土地使用权出让的地块、用途、年限和其他条件，由市、县人民政府土地管理部门会同城市规划和建设管理部门、房产管理部门共同拟定方案，按照国务院规定的批准权限报经批准后，由土地管理部门实施。

> **参见** 《城乡规划法》第38、39条

第十一条 【年度出让土地使用权总量控制】县级以上地方人民政府出让土地使用权用于房地产开发的，须根据省级以上人民政府下达的控制指标拟订年度出让土地使用权总面积方案，按照国务院规定，报国务院或者省级人民政府批准。

第十二条 【土地使用权出让主体】土地使用权出让，由市、县人民政府有计划、有步骤地进行。出让的每幅地块、用途、年限和其他条件，由市、县人民政府土地管理部门会同城市规划、建设、房产管理部门共同拟定方案，按照国务院规定，报经有批准权的人民政府批准后，由市、县人民政府土地管理部门实施。

直辖市的县人民政府及其有关部门行使前款规定的权限，由直辖市人民政府规定。

> **注释** [土地使用权出让]
>
> 土地使用权出让是指国家以土地所有者的身份将土地使用权在一定年限内让与土地使用者，并由土地使用者向国家支付土地使用权出让金的行为。
>
> [土地使用权出让规划]
>
> 在城市规划区内城市国有土地使用权出让、转让必须符合城市规划，有利于城市经济社会的发展。国务院城市规划行政主管部门负责全国城市国有土地使用权出让、转让规划管理的指导工作。省、自治区、直辖市人民政府城市规划行政主管部门负责本省、自治区、直辖市行政区域内城市国有土地使用权出让、转让规划管理的指导工作。直辖市、市和县人民政府城市规划行政主管部门负责城市规划区内城市国有土地使用权出让、转让的规划管理工作。城市国有土地使用权出让的投放量应当与城市土地资源、经济社会发展和市场需求相适应。土地使用权出让、转让应当与建设项目相结合。城市规划行政主管部门和有关部门要根据城市规划实施的步骤和要求，编制城市国有土地使用权出让规划和计划，包括地块数量、用地面积、地块位置、出让步骤等，保证城市国有土地使用权的出让有规划、有步骤、有计划地进行。

第十三条 【土地使用权出让方式】土地使用权出让,可以采取拍卖、招标或者双方协议的方式。

商业、旅游、娱乐和豪华住宅用地,有条件的,必须采取拍卖、招标方式;没有条件,不能采取拍卖、招标方式的,可以采取双方协议的方式。

采取双方协议方式出让土地使用权的出让金不得低于按国家规定所确定的最低价。

注释 [拍卖出让国有建设用地使用权]

拍卖出让国有建设用地使用权,是指出让人发布拍卖公告,由竞买人在指定时间、地点进行公开竞价,根据出价结果确定国有建设用地使用权人的行为。

[招标出让国有建设用地使用权]

招标出让国有建设用地使用权,是指市、县人民政府国土资源行政主管部门发布招标公告,邀请特定或者不特定的自然人、法人和其他组织参加国有建设用地使用权投标,根据投标结果确定国有建设用地使用权人的行为。

[挂牌出让国有建设用地使用权]

挂牌出让国有建设用地使用权,是指出让人发布挂牌公告,按公告规定的期限将拟出让宗地的交易条件在指定的土地交易场所挂牌公布,接受竞买人的报价申请并更新挂牌价格,根据挂牌期限截止时的出价结果或者现场竞价结果确定国有建设用地使用权人的行为。

第十四条 【土地使用权出让最高年限】土地使用权出让最高年限由国务院规定。

第十五条 【土地使用权出让合同】土地使用权出让,应当签订书面出让合同。

土地使用权出让合同由市、县人民政府土地管理部门与土地使用者签订。

参见 《民法典》第348条

第十六条 【支付出让金】土地使用者必须按照出让合同约定，支付土地使用权出让金；未按照出让合同约定支付土地使用权出让金的，土地管理部门有权解除合同，并可以请求违约赔偿。

注释 土地使用者应当在签订土地使用权出让合同后60日内，支付全部土地使用权出让金。逾期未全部支付的，出让方有权解除合同，并可请求违约赔偿。经市、县人民政府批准同意以协议方式出让的土地使用权，土地使用权出让金低于订立合同时当地政府按照国家规定确定的最低价的，应当认定土地使用权出让合同约定的价格条款无效。当事人请求按照订立合同时的市场评估价格交纳土地使用权出让金的，应予支持；受让方不同意按照市场评估价格补足，请求解除合同的，应予支持。因此造成的损失，由当事人按照过错承担责任。

第十七条 【提供出让土地】土地使用者按照出让合同约定支付土地使用权出让金的，市、县人民政府土地管理部门必须按照出让合同约定，提供出让的土地；未按照出让合同约定提供出让的土地的，土地使用者有权解除合同，由土地管理部门返还土地使用权出让金，土地使用者并可以请求违约赔偿。

注释 出让方应当按照合同规定，提供出让的土地使用权。未按合同规定提供土地使用权的，土地使用者有权解除合同，并可请求违约赔偿。土地使用权出让合同的出让方因未办理土地使用权出让批准手续而不能交付土地，受让方请求解除合同的，应予支持。

案例 未按约定提供土地的出让合同被解除案（中华人民共和国最高人民法院民事判决书〔2002〕民一终字第15号）

案件适用要点：S市房屋土地资源管理局代表国家以合同形式将讼争国有土地使用权出让给H公司，双方因土地使用权出让合同权利义务履行而发生的纠纷，属于平等主体间的民事纠纷，S市房屋土地资源管理局要求以行政合同定性，不予支持。S市房屋土地资源管理局出让给H公司的地块是有瑕疵的，对此，依法应由S市房屋土地资源管理局承担相应的民事责任，支持H公司诉求。

第十八条 【土地用途的变更】土地使用者需要改变土地使用权出让合同约定的土地用途的,必须取得出让方和市、县人民政府城市规划行政主管部门的同意,签订土地使用权出让合同变更协议或者重新签订土地使用权出让合同,相应调整土地使用权出让金。

> **注释** 建设单位使用国有土地的,应当按照土地使用权出让等有偿使用合同的约定或者土地使用权划拨批准文件的规定使用土地;确需改变该幅土地建设用途的,应当经有关人民政府自然资源主管部门同意,报原批准用地的人民政府批准。其中,在城市规划区内改变土地用途的,在报批前,应当先经有关城市规划行政主管部门同意。受让方经出让方和市、县人民政府城市规划行政主管部门同意,改变土地使用权出让合同约定的土地用途,当事人请求按照起诉时同种用途的土地出让金标准调整土地出让金的,应予支持。受让方擅自改变土地使用权出让合同约定的土地用途,出让方请求解除合同的,应予支持。

> **参见** 《土地管理法》第 56 条

第十九条 【土地使用权出让金的管理】土地使用权出让金应当全部上缴财政,列入预算,用于城市基础设施建设和土地开发。土地使用权出让金上缴和使用的具体办法由国务院规定。

> **注释** 以出让等有偿使用方式取得国有土地使用权的建设单位,按照国务院规定的标准和办法,缴纳土地使用权出让金等土地有偿使用费和其他费用后,方可使用土地。自《土地管理法》施行之日起,新增建设用地的土地有偿使用费,30%上缴中央财政,70%留给有关地方人民政府。具体使用管理办法由国务院财政部门会同有关部门制定,并报国务院批准。

> **参见** 《土地管理法》第 55 条

第二十条 【出让土地使用权的提前收回】国家对土地使用者依法取得的土地使用权,在出让合同约定的使用年限届满前不收回;在特殊情况下,根据社会公共利益的需要,可以依照法律程序提前收回，并根据土地使用者使用土地的实际年限和开发土地的实际情况给予相应的补偿。

注释 有下列情形之一的，由有关人民政府自然资源主管部门报经原批准用地的人民政府或者有批准权的人民政府批准，可以收回国有土地使用权：（1）为实施城市规划进行旧城区改建以及其他公共利益需要，确需使用土地的；（2）土地出让等有偿使用合同约定的使用期限届满，土地使用者未申请续期或者申请续期未获批准的；（3）因单位撤销、迁移等原因，停止使用原划拨的国有土地的；（4）公路、铁路、机场、矿场等经核准报废的。依照前款第（1）项的规定收回国有土地使用权的，对土地使用权人应当给予适当补偿。

参见 《土地管理法》第58条

第二十一条 【土地使用权终止】 土地使用权因土地灭失而终止。

注释 土地使用权因土地使用权出让合同规定的使用年限届满、提前收回及土地灭失等原因而终止。建设用地使用权消灭的，出让人应当及时办理注销登记。登记机构应当收回权属证书。

参见 《民法典》第360条

第二十二条 【土地使用权出让年限届满】 土地使用权出让合同约定的使用年限届满，土地使用者需要继续使用土地的，应当至迟于届满前一年申请续期，除根据社会公共利益需要收回该幅土地的，应当予以批准。经批准准予续期的，应当重新签订土地使用权出让合同，依照规定支付土地使用权出让金。

土地使用权出让合同约定的使用年限届满，土地使用者未申请续期或者虽申请续期但依照前款规定未获批准的，土地使用权由国家无偿收回。

注释 住宅建设用地使用权期限届满的，自动续期。续期费用的缴纳或者减免，依照法律、行政法规的规定办理。非住宅建设用地使用权期限届满后的续期，依照法律规定办理。该土地上的房屋以及其他不动产的归属，有约定的，按照约定；没有约定或者约定不明确的，依照法律、行政法规的规定办理。

参见 《民法典》第359条

第二节 土地使用权划拨

第二十三条 【土地使用权划拨的定义】 土地使用权划拨，是指县级以上人民政府依法批准，在土地使用者缴纳补偿、安置等费用后将该幅土地交付其使用，或者将土地使用权无偿交付给土地使用者使用的行为。

依照本法规定以划拨方式取得土地使用权的，除法律、行政法规另有规定外，没有使用期限的限制。

注释 设立建设用地使用权，可以采取出让或者划拨等方式。工业、商业、旅游、娱乐和商品住宅等经营性用地以及同一土地有两个以上意向用地者的，应当采取招标、拍卖等公开竞价的方式出让。严格限制以划拨方式设立建设用地使用权。

划拨土地使用权是指土地使用者通过各种方式依法无偿取得的土地使用权。划拨土地使用者应当依照《城镇土地使用税暂行条例》的规定缴纳土地使用税。

符合下列条件的，经市、县人民政府土地管理部门和房产管理部门批准，其划拨土地使用权和地上建筑物、其他附着物所有权可以转让、出租、抵押：(1) 土地使用者为公司、企业、其他经济组织和个人；(2) 领有国有土地使用证；(3) 具有地上建筑物、其他附着物合法的产权证明；(4) 依照规定签订土地使用权出让合同，向当地市、县人民政府补交土地使用权出让金或者以转让、出租、抵押所获收益抵交土地使用权出让金。转让、出租、抵押前款划拨土地使用权的，分别依照《城镇国有土地使用权出让和转让暂行条例》第三章、第四章和第五章的规定办理。

参见 《民法典》第347条

案例 Y市人民政府等与N公司土地行政争议纠纷上诉案（河南省高级人民法院行政判决书〔2008〕豫法行终字第00117号）

案件适用要点：本案中N公司虽存在"化整为零"报批土地的

违法行为，但Y市土地管理局、Y市人民政府已经在1997年对N公司骗取土地手续行为进行了处罚，并对未办土地手续的部分补办了征用手续，该处理符合国家土地管理局的规定，应确认其法律效力。此后，Y市人民政府于2008年再次作出撤销土地批复，收回涉案国有土地使用权的决定，该决定没有考虑N公司已对争议土地进行补偿、投资、使用且符合土地利用总体规划和城市建设规划的事实，违反国家土地管理局国土建字〔1997〕第124号文件对处理历史遗留土地问题的规定精神，也不符合人民政府依法、公正行政的原则。对N公司不属土地划拨对象的问题，可通过依法调整用地方式解决，不构成收回土地的理由。

第二十四条　【土地使用权划拨范围】下列建设用地的土地使用权，确属必需的，可以由县级以上人民政府依法批准划拨：
（一）国家机关用地和军事用地；
（二）城市基础设施用地和公益事业用地；
（三）国家重点扶持的能源、交通、水利等项目用地；
（四）法律、行政法规规定的其他用地。

第三章　房地产开发

第二十五条　【房地产开发基本原则】房地产开发必须严格执行城市规划，按照经济效益、社会效益、环境效益相统一的原则，实行全面规划、合理布局、综合开发、配套建设。

第二十六条　【开发土地期限】以出让方式取得土地使用权进行房地产开发的，必须按照土地使用权出让合同约定的土地用途、动工开发期限开发土地。超过出让合同约定的动工开发日期满一年未动工开发的，可以征收相当于土地使用权出让金百分之二十以下的土地闲置费；满二年未动工开发的，可以无偿收回土地使用权；但是，因不可抗力或者政府、政府有关部门的行为或者动工开发必需的前期工作造成动工开发迟延的除外。

第二十七条　【房地产开发项目设计、施工和竣工】房地产开发项目的设计、施工，必须符合国家的有关标准和规范。

房地产开发项目竣工，经验收合格后，方可交付使用。

注释 房地产开发企业开发建设的房地产项目，应当符合有关法律、法规的规定和建筑工程质量、安全标准、建筑工程勘察、设计、施工的技术规范以及合同的约定。房地产开发企业应当对其开发建设的房地产开发项目的质量承担责任。勘察、设计、施工、监理等单位应当依照有关法律、法规的规定或者合同的约定，承担相应的责任。房地产开发项目竣工，经验收合格后，方可交付使用；未经验收或者验收不合格的，不得交付使用。房地产开发项目竣工后，房地产开发企业应当向项目所在地的县级以上地方人民政府房地产开发主管部门提出竣工验收申请。房地产开发主管部门应当自收到竣工验收申请之日起30日内，对涉及公共安全的内容，组织工程质量监督、规划、消防、人防等有关部门或者单位进行验收。

参见 《城市房地产开发经营管理条例》第16、17条

第二十八条 【土地使用权作价】依法取得的土地使用权，可以依照本法和有关法律、行政法规的规定，作价入股，合资、合作开发经营房地产。

第二十九条 【开发居民住宅的鼓励和扶持】国家采取税收等方面的优惠措施鼓励和扶持房地产开发企业开发建设居民住宅。

第三十条 【房地产开发企业的设立】房地产开发企业是以营利为目的，从事房地产开发和经营的企业。设立房地产开发企业，应当具备下列条件：

（一）有自己的名称和组织机构；

（二）有固定的经营场所；

（三）有符合国务院规定的注册资本；

（四）有足够的专业技术人员；

（五）法律、行政法规规定的其他条件。

设立房地产开发企业，应当向工商行政管理部门申请设立登记。工商行政管理部门对符合本法规定条件的，应当予以登记，发给营

业执照；对不符合本法规定条件的，不予登记。

设立有限责任公司、股份有限公司，从事房地产开发经营的，还应当执行公司法的有关规定。

房地产开发企业在领取营业执照后的一个月内，应当到登记机关所在地的县级以上地方人民政府规定的部门备案。

第三十一条　【房地产开发企业注册资本与投资总额的比例】房地产开发企业的注册资本与投资总额的比例应当符合国家有关规定。

房地产开发企业分期开发房地产的，分期投资额应当与项目规模相适应，并按照土地使用权出让合同的约定，按期投入资金，用于项目建设。

第四章　房地产交易

第一节　一般规定

第三十二条　【房地产权利主体一致原则】房地产转让、抵押时，房屋的所有权和该房屋占用范围内的土地使用权同时转让、抵押。

> **注释**　建筑物、构筑物及其附属设施转让、互换、出资或者赠与的，该建筑物、构筑物及其附属设施占用范围内的建设用地使用权一并处分。
>
> **参见**　《民法典》第357条

第三十三条　【房地产价格管理】基准地价、标定地价和各类房屋的重置价格应当定期确定并公布。具体办法由国务院规定。

第三十四条　【房地产价格评估】国家实行房地产价格评估制度。

房地产价格评估，应当遵循公正、公平、公开的原则，按照国家规定的技术标准和评估程序，以基准地价、标定地价和各类房屋的重置价格为基础，参照当地的市场价格进行评估。

第三十五条　【房地产成交价格申报】国家实行房地产成交价格申报制度。

房地产权利人转让房地产,应当向县级以上地方人民政府规定的部门如实申报成交价,不得瞒报或者作不实的申报。

注释 房地产转让应当以申报的房地产成交价格作为缴纳税费的依据。成交价格明显低于正常市场价格的,以评估价格作为缴纳税费的依据。

房地产转让,房地产权利人应当在依法向县级以上人民政府土地管理部门申请变更土地登记时,如实申报成交价格。

第三十六条 【房地产权属登记】房地产转让、抵押,当事人应当依照本法第五章的规定办理权属登记。

第二节 房地产转让

第三十七条 【房地产转让的定义】房地产转让,是指房地产权利人通过买卖、赠与或者其他合法方式将其房地产转移给他人的行为。

注释 [其他合法方式]

其他合法方式,主要包括下列行为:(1)以房地产作价入股、与他人成立企业法人,房地产权属发生变更的;(2)一方提供土地使用权,另一方或者多方提供资金,合资、合作开发经营房地产,而使房地产权属发生变更的;(3)因企业被收购、兼并或合并,房地产权属随之转移的;(4)以房地产抵债的;(5)法律、法规规定的其他情形。

第三十八条 【房地产不得转让的情形】下列房地产,不得转让:

(一)以出让方式取得土地使用权的,不符合本法第三十九条规定的条件的;

(二)司法机关和行政机关依法裁定、决定查封或者以其他形式限制房地产权利的;

(三)依法收回土地使用权的;

(四)共有房地产,未经其他共有人书面同意的;

（五）权属有争议的；

（六）未依法登记领取权属证书的；

（七）法律、行政法规规定禁止转让的其他情形。

第三十九条　【以出让方式取得土地使用权的房地产转让】 以出让方式取得土地使用权的，转让房地产时，应当符合下列条件：

（一）按照出让合同约定已经支付全部土地使用权出让金，并取得土地使用权证书；

（二）按照出让合同约定进行投资开发，属于房屋建设工程的，完成开发投资总额的百分之二十五以上，属于成片开发土地的，形成工业用地或者其他建设用地条件。

转让房地产时房屋已经建成的，还应当持有房屋所有权证书。

注释　以出让方式取得土地使用权的，转让房地产时，属于成片开发土地的，应当依照规划对土地进行开发建设，完成供排水、供电、供热、道路交通、通信等市政基础设施、公用设施的建设，达到场地平整，形成工业用地或者其他建设用地条件。

案例　未交清土地出让金限制土地使用权转让案（宁夏回族自治区石嘴山市中级人民法院〔2008〕石民商终字第5号）

案件适用要点：当事人签订的合同违反法律、行政法规的强制性规定的，合同无效。乙公司未交清土地出让金，根据《城市房地产管理法》第39条规定，以出让方式取得土地使用权的，转让房地产时，应当符合的条件是：按照出让合同的约定已经支付全部土地使用权出让金，并取得土地使用权证书。因此，甲公司与乙公司签订的《土地使用权转让协议》违反了法律的强制性规定，属无效合同。因此，甲公司应当返还实际占用乙公司的土地。

第四十条　【以划拨方式取得土地使用权的房地产转让】 以划拨方式取得土地使用权的，转让房地产时，应当按照国务院规定，报有批准权的人民政府审批。有批准权的人民政府准予转让的，应当由受让方办理土地使用权出让手续，并依照国家有关规定缴纳土地使用权出让金。

以划拨方式取得土地使用权的，转让房地产报批时，有批准权的人民政府按照国务院规定决定可以不办理土地使用权出让手续的，转让方应当按照国务院规定将转让房地产所获收益中的土地收益上缴国家或者作其他处理。

注释 根据第1款的规定，当事人应当向市、县人民政府土地管理部门提出申请，由该部门审查并报经有批准权的人民政府批准。这是因为，此类房地产转让审批，实质是划拨土地使用权转让审批，房屋能否转让取决于该房屋所占用的划拨土地使用权转让能否得到批准。只有划拨土地使用权转让先行获得批准后，权利人才能按照其他有关规定转让房地产。以划拨方式取得土地使用权的，转让房地产时，属于下列情形之一的，经有批准权的人民政府批准，可以不办理土地使用权出让手续，但应当将转让房地产所获收益中的土地收益上缴国家或者作其他处理：(1) 经城市规划行政主管部门批准，转让的土地用于建设《城市房地产管理法》第24条规定的项目的；(2) 私有住宅转让后仍用于居住的；(3) 按照国务院住房制度改革有关规定出售公有住宅的；(4) 同一宗土地上部分房屋转让而土地使用权不可分割转让的；(5) 转让的房地产暂时难以确定土地使用权出让用途、年限和其他条件的；(6) 根据城市规划土地使用权不宜出让的；(7) 县级以上人民政府规定暂时无法或不需要采取土地使用权出让方式的其他情形。依照前述规定缴纳土地收益或作其他处理的，应当在房地产转让合同中注明。依照前述规定转让的房地产再转让，需要办理出让手续、补交土地使用权出让金的，应当扣除已经缴纳的土地收益。

土地收益与出让金都是国有土地所有权的经济体现，属地租性质，应当按照出让金的管理办法进行管理，其土地收益全部上缴财政，用于城市基础设施建设和土地开发。土地管理部门具体实施出让方案，负责代收出让金，同时负责划拨土地使用权转让的审查报批。因此，上述"土地收益"也应由土地管理部门负责征收管理。

第四十一条 【房地产转让合同】房地产转让，应当签订书面转让合同，合同中应当载明土地使用权取得的方式。

注释 房地产转让合同应当载明下列主要内容：（1）双方当事人的姓名或者名称、住所；（2）房地产权属证书名称和编号；（3）房地产坐落位置、面积、四至界限；（4）土地宗地号、土地使用权取得的方式及年限；（5）房地产的用途或使用性质；（6）成交价格及支付方式；（7）房地产交付使用的时间；（8）违约责任；（9）双方约定的其他事项。

第四十二条 【房地产转让合同与土地使用权出让合同的关系】房地产转让时，土地使用权出让合同载明的权利、义务随之转移。

第四十三条 【房地产转让后土地使用权的使用年限】以出让方式取得土地使用权的，转让房地产后，其土地使用权的使用年限为原土地使用权出让合同约定的使用年限减去原土地使用者已经使用年限后的剩余年限。

第四十四条 【房地产转让后土地使用权用途的变更】以出让方式取得土地使用权的，转让房地产后，受让人改变原土地使用权出让合同约定的土地用途的，必须取得原出让方和市、县人民政府城市规划行政主管部门的同意，签订土地使用权出让合同变更协议或者重新签订土地使用权出让合同，相应调整土地使用权出让金。

第四十五条 【商品房预售的条件】商品房预售，应当符合下列条件：

（一）已交付全部土地使用权出让金，取得土地使用权证书；

（二）持有建设工程规划许可证；

（三）按提供预售的商品房计算，投入开发建设的资金达到工程建设总投资的百分之二十五以上，并已经确定施工进度和竣工交付日期；

（四）向县级以上人民政府房产管理部门办理预售登记，取得商品房预售许可证明。

商品房预售人应当按照国家有关规定将预售合同报县级以上人民政府房产管理部门和土地管理部门登记备案。

商品房预售所得款项，必须用于有关的工程建设。

第四十六条 【商品房预售后的再行转让】商品房预售的，商品房预购人将购买的未竣工的预售商品房再行转让的问题，由国务院规定。

第三节 房地产抵押

第四十七条 【房地产抵押的定义】房地产抵押，是指抵押人以其合法的房地产以不转移占有的方式向抵押权人提供债务履行担保的行为。债务人不履行债务时，抵押权人有权依法以抵押的房地产拍卖所得的价款优先受偿。

第四十八条 【房地产抵押物的范围】依法取得的房屋所有权连同该房屋占用范围内的土地使用权，可以设定抵押权。

以出让方式取得的土地使用权，可以设定抵押权。

第四十九条 【抵押办理凭证】房地产抵押，应当凭土地使用权证书、房屋所有权证书办理。

第五十条 【房地产抵押合同】房地产抵押，抵押人和抵押权人应当签订书面抵押合同。

第五十一条 【以划拨土地使用权设定的房地产抵押权的实现】设定房地产抵押权的土地使用权是以划拨方式取得的，依法拍卖该房地产后，应当从拍卖所得的价款中缴纳相当于应缴纳的土地使用权出让金的款额后，抵押权人方可优先受偿。

第五十二条 【房地产抵押后土地上的新增房屋问题】房地产抵押合同签订后，土地上新增的房屋不属于抵押财产。需要拍卖该抵押的房地产时，可以依法将土地上新增的房屋与抵押财产一同拍卖，但对拍卖新增房屋所得，抵押权人无权优先受偿。

第四节 房屋租赁

第五十三条 【房屋租赁的定义】房屋租赁，是指房屋所有权人作为出租人将其房屋出租给承租人使用，由承租人向出租人支付租金的行为。

第五十四条 【房屋租赁合同的签订】房屋租赁，出租人和承租人应当签订书面租赁合同,约定租赁期限、租赁用途、租赁价格、修缮责任等条款,以及双方的其他权利和义务,并向房产管理部门登记备案。

第五十五条 **【住宅用房和非住宅用房的租赁】**住宅用房的租赁,应当执行国家和房屋所在城市人民政府规定的租赁政策。租用房屋从事生产、经营活动的,由租赁双方协商议定租金和其他租赁条款。

第五十六条 **【以划拨方式取得的国有土地上的房屋出租的特别规定】**以营利为目的,房屋所有权人将以划拨方式取得使用权的国有土地上建成的房屋出租的,应当将租金中所含土地收益上缴国家。具体办法由国务院规定。

第五节 中介服务机构

第五十七条 **【房地产中介服务机构】**房地产中介服务机构包括房地产咨询机构、房地产价格评估机构、房地产经纪机构等。

第五十八条 **【房地产中介服务机构的设立】**房地产中介服务机构应当具备下列条件:

(一)有自己的名称和组织机构;
(二)有固定的服务场所;
(三)有必要的财产和经费;
(四)有足够数量的专业人员;
(五)法律、行政法规规定的其他条件。

设立房地产中介服务机构,应当向工商行政管理部门申请设立登记,领取营业执照后,方可开业。

第五十九条 **【房地产估价人员资格认证】**国家实行房地产价格评估人员资格认证制度。

第五章 房地产权属登记管理

第六十条 **【房地产登记发证制度】**国家实行土地使用权和房

屋所有权登记发证制度。

第六十一条 【房地产权属登记】以出让或者划拨方式取得土地使用权,应当向县级以上地方人民政府土地管理部门申请登记,经县级以上地方人民政府土地管理部门核实,由同级人民政府颁发土地使用权证书。

在依法取得的房地产开发用地上建成房屋的,应当凭土地使用权证书向县级以上地方人民政府房产管理部门申请登记,由县级以上地方人民政府房产管理部门核实并颁发房屋所有权证书。

房地产转让或者变更时,应当向县级以上地方人民政府房产管理部门申请房产变更登记,并凭变更后的房屋所有权证书向同级人民政府土地管理部门申请土地使用权变更登记,经同级人民政府土地管理部门核实,由同级人民政府更换或者更改土地使用权证书。

法律另有规定的,依照有关法律的规定办理。

注释 不动产物权的设立、变更、转让和消灭,经依法登记,发生效力;未经登记,不发生效力。

转让房地产开发项目,转让人和受让人应当自土地使用权变更登记手续办理完毕之日起30日内,持房地产开发项目转让合同到房地产开发主管部门备案。

因合法建造房屋申请房屋所有权初始登记的,应当提交下列材料:(1)登记申请书;(2)申请人身份证明;(3)建设用地使用权证明;(4)建设工程符合规划的证明;(5)房屋已竣工的证明;(6)房屋测绘报告;(7)其他必要材料。房地产开发企业申请房屋所有权初始登记时,应当对建筑区划内依法属于全体业主共有的公共场所、公用设施和物业服务用房等房屋一并申请登记,由房屋登记机构在房屋登记簿上予以记载,不颁发房屋权属证书。

发生下列情形之一的,当事人应当在有关法律文件生效或者事实发生后申请房屋所有权转移登记:(1)买卖;(2)互换;(3)赠与;(4)继承、受遗赠;(5)房屋分割、合并,导致所有权发生转移的;(6)以房屋出资入股;(7)法人或者其他组织分立、合并,导致房屋所有权发生转移的;(8)法律、法规规定的其他情形。申请房屋所有权转移登记,应当提交下列材料:(1)登记申请书;(2)申请人身份证明;(3)房屋所有权证书或者房地产权证书;(4)证明房屋所有权发生转移的材料;(5)其他必要材料。前述第(4)项材料,可以是买卖合同、互换合同、赠与合同、受遗赠证明、继承证明、分割协议、合并协议、人民法院或者仲裁委员会生效的法律文书,或者其他证明房屋所有权发生转移的材料。

参见 《民法典》第209-223、349条;《城市房地产开发经营管理条例》第21条

第六十二条 【房地产抵押登记】房地产抵押时,应当向县级以上地方人民政府规定的部门办理抵押登记。

因处分抵押房地产而取得土地使用权和房屋所有权的,应当依照本章规定办理过户登记。

第六十三条 【房地产权属证书】经省、自治区、直辖市人民政府确定,县级以上地方人民政府由一个部门统一负责房产管理和土地管理工作的,可以制作、颁发统一的房地产权证书,依照本法第六十一条的规定,将房屋的所有权和该房屋占用范围内的土地使用权的确认和变更,分别载入房地产权证书。

第六章 法律责任

第六十四条 【擅自出让或擅自批准出让土地使用权用于房地产开发的法律责任】违反本法第十一条、第十二条的规定,擅自批准出让或者擅自出让土地使用权用于房地产开发的,由上级机关或者所在单位给予有关责任人员行政处分。

第六十五条 【擅自从事房地产开发的法律责任】违反本法第三十条的规定,未取得营业执照擅自从事房地产开发业务的,由县级以上人民政府工商行政管理部门责令停止房地产开发业务活动,没收违法所得,可以并处罚款。

第六十六条 【非法转让土地使用权的法律责任】违反本法第三十九条第一款的规定转让土地使用权的,由县级以上人民政府土

地管理部门没收违法所得,可以并处罚款。

第六十七条 【非法转让划拨土地使用权的房地产的法律责任】违反本法第四十条第一款的规定转让房地产的,由县级以上人民政府土地管理部门责令缴纳土地使用权出让金,没收违法所得,可以并处罚款。

第六十八条 【非法预售商品房的法律责任】违反本法第四十五条第一款的规定预售商品房的,由县级以上人民政府房产管理部门责令停止预售活动,没收违法所得,可以并处罚款。

第六十九条 【擅自从事房地产中介服务业务的法律责任】违反本法第五十八条的规定,未取得营业执照擅自从事房地产中介服务业务的,由县级以上人民政府工商行政管理部门责令停止房地产中介服务业务活动,没收违法所得,可以并处罚款。

第七十条 【向房地产开发企业非法收费的法律责任】没有法律、法规的依据,向房地产开发企业收费的,上级机关应当责令退回所收取的钱款;情节严重的,由上级机关或者所在单位给予直接责任人员行政处分。

第七十一条 【管理部门工作人员玩忽职守、滥用职权、索贿、受贿的法律责任】房产管理部门、土地管理部门工作人员玩忽职守、滥用职权,构成犯罪的,依法追究刑事责任;不构成犯罪的,给予行政处分。

房产管理部门、土地管理部门工作人员利用职务上的便利,索取他人财物,或者非法收受他人财物为他人谋取利益,构成犯罪的,依法追究刑事责任;不构成犯罪的,给予行政处分。

第七章 附 则

第七十二条 【参照本法适用的情形】在城市规划区外的国有土地范围内取得房地产开发用地的土地使用权,从事房地产开发、交易活动以及实施房地产管理,参照本法执行。

第七十三条 【施行时间】本法自 1995 年 1 月 1 日起施行。

中华人民共和国城乡规划法

(2007年10月28日第十届全国人民代表大会常务委员会第三十次会议通过 根据2015年4月24日第十二届全国人民代表大会常务委员会第十四次会议《关于修改〈中华人民共和国港口法〉等七部法律的决定》第一次修正 根据2019年4月23日第十三届全国人民代表大会常务委员会第十次会议《关于修改〈中华人民共和国建筑法〉等八部法律的决定》第二次修正)

第一章 总 则

第一条 【立法宗旨】为了加强城乡规划管理，协调城乡空间布局，改善人居环境，促进城乡经济社会全面协调可持续发展，制定本法。

第二条 【城乡规划的制定和实施】制定和实施城乡规划，在规划区内进行建设活动，必须遵守本法。

本法所称城乡规划，包括城镇体系规划、城市规划、镇规划、乡规划和村庄规划。城市规划、镇规划分为总体规划和详细规划。详细规划分为控制性详细规划和修建性详细规划。

本法所称规划区，是指城市、镇和村庄的建成区以及因城乡建设和发展需要，必须实行规划控制的区域。规划区的具体范围由有关人民政府在组织编制的城市总体规划、镇总体规划、乡规划和村庄规划中，根据城乡经济社会发展水平和统筹城乡发展的需要划定。

第三条 【城乡建设活动与制定城乡规划关系】城市和镇应当依照本法制定城市规划和镇规划。城市、镇规划区内的建设活动应当符合规划要求。

县级以上地方人民政府根据本地农村经济社会发展水平，按照因地制宜、切实可行的原则，确定应当制定乡规划、村庄规划的区域。在确定区域内的乡、村庄，应当依照本法制定规划，规划区内的乡、村庄建设应当符合规划要求。

县级以上地方人民政府鼓励、指导前款规定以外的区域的乡、村庄制定和实施乡规划、村庄规划。

第四条 【城乡规划制定、实施原则】制定和实施城乡规划，应当遵循城乡统筹、合理布局、节约土地、集约发展和先规划后建设的原则，改善生态环境，促进资源、能源节约和综合利用，保护耕地等自然资源和历史文化遗产，保持地方特色、民族特色和传统风貌，防止污染和其他公害，并符合区域人口发展、国防建设、防灾减灾和公共卫生、公共安全的需要。

在规划区内进行建设活动，应当遵守土地管理、自然资源和环境保护等法律、法规的规定。

县级以上地方人民政府应当根据当地经济社会发展的实际，在城市总体规划、镇总体规划中合理确定城市、镇的发展规模、步骤和建设标准。

注释 编制城市规划，要妥善处理城乡关系，引导城镇化健康发展，体现布局合理、资源节约、环境友好的原则，保护自然与文化资源、体现城市特色，考虑城市安全和国防建设需要。编制城市规划，对涉及城市发展长期保障的资源利用和环境保护、区域协调发展、风景名胜资源管理、自然与文化遗产保护、公共安全和公众利益等方面的内容，应当确定为必须严格执行的强制性内容。

编制城市总体规划，应当以全国城镇体系规划、省域城镇体系规划以及其他上层次法定规划为依据，从区域经济社会发展的角度研究城市定位和发展战略，按照人口与产业、就业岗位的协调发展要求，控制人口规模、提高人口素质，按照有效配置公共资源、改善人居环境的要求，充分发挥中心城市的区域辐射和带动作用，合理确定城乡空间布局，促进区域经济社会全面、协调和可持续发展。

参见 《城市规划编制办法》第18-21条

第五条　【城乡规划与国民经济和社会发展规划、土地利用总体规划衔接】城市总体规划、镇总体规划以及乡规划和村庄规划的编制，应当依据国民经济和社会发展规划，并与土地利用总体规划相衔接。

注释　城市建设用地规模应当符合国家规定的标准，充分利用现有建设用地，不占或者尽量少占农用地。城市总体规划、村庄和集镇规划，应当与国土空间规划相衔接，城市总体规划、村庄和集镇规划中建设用地规模不得超过国土空间规划确定的城市和村庄、集镇建设用地规模。在城市规划区内、村庄和集镇规划区内，城市和村庄、集镇建设用地应当符合城市规划、村庄和集镇规划。

参见　《土地管理法》第 21 条

第六条　【城乡规划经费保障】各级人民政府应当将城乡规划的编制和管理经费纳入本级财政预算。

第七条　【城乡规划修改】经依法批准的城乡规划，是城乡建设和规划管理的依据，未经法定程序不得修改。

第八条　【城乡规划公开公布】城乡规划组织编制机关应当及时公布经依法批准的城乡规划。但是，法律、行政法规规定不得公开的内容除外。

第九条　【单位和个人的权利义务】任何单位和个人都应当遵守经依法批准并公布的城乡规划，服从规划管理，并有权就涉及其利害关系的建设活动是否符合规划的要求向城乡规划主管部门查询。

任何单位和个人都有权向城乡规划主管部门或者其他有关部门举报或者控告违反城乡规划的行为。城乡规划主管部门或者其他有关部门对举报或者控告，应当及时受理并组织核查、处理。

第十条　【采用先进科学技术】国家鼓励采用先进的科学技术，增强城乡规划的科学性，提高城乡规划实施及监督管理的效能。

第十一条　【城乡规划管理体制】国务院城乡规划主管部门负责全国的城乡规划管理工作。

县级以上地方人民政府城乡规划主管部门负责本行政区域内的城乡规划管理工作。

第二章 城乡规划的制定

第十二条 【全国城镇体系规划制定】 国务院城乡规划主管部门会同国务院有关部门组织编制全国城镇体系规划，用于指导省域城镇体系规划、城市总体规划的编制。

全国城镇体系规划由国务院城乡规划主管部门报国务院审批。

注释 [城镇体系规划]

一定地域范围内，以区域生产力合理布局和城镇职能分工为依据，确定不同人口规模等级和职能分工的城镇的分布和发展规划。

第十三条 【省域城镇体系规划制定】 省、自治区人民政府组织编制省域城镇体系规划，报国务院审批。

省域城镇体系规划的内容应当包括：城镇空间布局和规模控制，重大基础设施的布局，为保护生态环境、资源等需要严格控制的区域。

注释 [省域城镇体系规划的审批]

省、自治区人民政府负责组织编制省域城镇体系规划。省、自治区人民政府城乡规划主管部门负责省域城镇体系规划组织编制的具体工作。省、自治区人民政府城乡规划主管部门应当委托具有城乡规划甲级资质证书的单位承担省域城镇体系规划的具体编制工作。国务院城乡规划主管部门应当加强对省域城镇体系规划编制工作的指导。在规划纲要编制和规划成果编制阶段，国务院城乡规划主管部门应当分别组织对规划纲要和规划成果进行审查，并出具审查意见。省域城镇体系规划报送审批前，省、自治区人民政府应当将规划成果予以公告，并征求专家和公众的意见。公告时间不得少于30日。上报国务院的规划成果应当附具省域城镇体系规划说明书、规划编制工作的说明、征求意见和意见采纳的情况、人大常委会组成人员的审议意见和根据审议意见修改规划的情况等。省域范围内的区域性专项规划和跨下一级行政单元的规划，报省、自治区人民政府审批。

[省域城镇体系规划的内容]

省域城镇体系规划编制工作一般分为编制省域城镇体系规划纲要（以下简称规划纲要）和编制省域城镇体系规划成果（以下简称规划成果）两个阶段。编制规划纲要的目的是综合评价省、自治区城镇化发展条件及对城乡空间布局的基本要求，分析研究省域相关规划和重大项目布局对城乡空间的影响，明确规划编制的原则和重点，研究提出城镇化目标和拟采取的对策和措施，为编制规划成果提供基础。编制规划纲要时，应当对影响本省、自治区城镇化和城镇发展的重大问题进行专题研究。省、自治区人民政府城乡规划主管部门应当对规划纲要和规划成果进行充分论证，并征求同级人民政府有关部门和下一级人民政府的意见。

参见　《省域城镇体系规划编制审批办法》第二、三章

第十四条　【城市总体规划编制】 城市人民政府组织编制城市总体规划。

直辖市的城市总体规划由直辖市人民政府报国务院审批。省、自治区人民政府所在地的城市以及国务院确定的城市的总体规划，由省、自治区人民政府审查同意后，报国务院审批。其他城市的总体规划，由城市人民政府报省、自治区人民政府审批。

第十五条　【镇总体规划编制】 县人民政府组织编制县人民政府所在地镇的总体规划，报上一级人民政府审批。其他镇的总体规划由镇人民政府组织编制，报上一级人民政府审批。

注释　在县级以上地方人民政府城市规划行政主管部门指导下，建制镇规划由建制镇人民政府负责组织编制。建制镇在设市城市规划区内的，其规划应服从设市城市的总体规划。建制镇的总体规划报县级人民政府审批，详细规划报建制镇人民政府审批。

参见　《建制镇规划建设管理办法》第9、10条

第十六条　【各级人大常委会参与规划制定】省、自治区人民政府组织编制的省域城镇体系规划，城市、县人民政府组织编制的总体规划，在报上一级人民政府审批前，应当先经本级人民代表大会常务委员会审议，常务委员会组成人员的审议意见交由本级人民政府研究处理。

镇人民政府组织编制的镇总体规划，在报上一级人民政府审批前，应当先经镇人民代表大会审议，代表的审议意见交由本级人民政府研究处理。

规划的组织编制机关报送审批省域城镇体系规划、城市总体规划或者镇总体规划，应当将本级人民代表大会常务委员会组成人员或者镇人民代表大会代表的审议意见和根据审议意见修改规划的情况一并报送。

第十七条　【城市、镇总体规划内容和期限】城市总体规划、镇总体规划的内容应当包括：城市、镇的发展布局，功能分区，用地布局，综合交通体系，禁止、限制和适宜建设的地域范围，各类专项规划等。

规划区范围、规划区内建设用地规模、基础设施和公共服务设施用地、水源地和水系、基本农田和绿化用地、环境保护、自然与历史文化遗产保护以及防灾减灾等内容，应当作为城市总体规划、镇总体规划的强制性内容。

城市总体规划、镇总体规划的规划期限一般为二十年。城市总体规划还应当对城市更长远的发展作出预测性安排。

注释　[城市总体规划的强制性内容]

城市总体规划的强制性内容包括：(1) 城市规划区范围。(2) 市域内应当控制开发的地域。包括：基本农田保护区，风景名胜区，湿地、水源保护区等生态敏感区，地下矿产资源分布地区。(3) 城市建设用地。包括：规划期限内城市建设用地的发展规模，土地使用强度管制区划和相应的控制指标（建设用地面积、容积率、人口容量等）；城市各类绿地的具体布局；城市地下空间开发布局。(4) 城市基础设施和公共服务设施。包括：城市干道系统网络、城市轨道交通网络、交通枢纽布局；城市水源地及其保护区范围和其他重大市政基础设施；文化、教育、卫生、体育等方面主要公共服务设施的布局。(5) 城市历史文化遗产保护。包括：历史文化保护的具体控制指标和规定；历史文化街区、历史建筑、重要地下文物埋藏区的具体位置和界线。(6) 生态环境保护与建设目标，污染控制与治理措施。(7) 城市防灾工程。包括：城市防洪标准、防洪堤走向；城市抗震与消防疏散通道；城市人防设施布局；地质灾害防护规定。

城市总体规划应当明确综合交通、环境保护、商业网点、医疗卫生、绿地系统、河湖水系、历史文化名城保护、地下空间、基础设施、综合防灾等专项规划的原则。

参见 《城市规划编制办法》第32、34条；《国务院关于加强城乡规划监督管理的通知》二

第十八条 【乡规划和村庄规划的内容】 乡规划、村庄规划应当从农村实际出发，尊重村民意愿，体现地方和农村特色。

乡规划、村庄规划的内容应当包括：规划区范围，住宅、道路、供水、排水、供电、垃圾收集、畜禽养殖场所等农村生产、生活服务设施、公益事业等各项建设的用地布局、建设要求，以及对耕地等自然资源和历史文化遗产保护、防灾减灾等的具体安排。乡规划还应当包括本行政区域内的村庄发展布局。

注释 村庄、集镇规划的编制，应当以县域规划、农业区划、国土空间规划为依据，并同有关部门的专业规划相协调。县级人民政府组织编制的县域规划，应当包括村庄、集镇建设体系规划。编制村庄、集镇规划，一般分为村庄、集镇总体规划和村庄、集镇建设规划两个阶段。

村庄、集镇建设规划，应当在村庄、集镇总体规划指导下，具体安排村庄、集镇的各项建设。集镇建设规划的主要内容包括：住宅、乡（镇）村企业、乡（镇）村公共设施、公益事业等各项建设的用地布局、用地规模，有关的技术经济指标，近期建设工程以及重点地段建设具体安排。村庄建设规划的主要内容，可以根据本地区经济发展水平，参照集镇建设规划的编制内容，主要对住宅和供

水、供电、道路、绿化、环境卫生以及生产配套设施作出具体安排。村庄、集镇总体规划和集镇建设规划，须经乡级人民代表大会审查同意，由乡级人民政府报县级人民政府批准。

前述所称村庄，是指农村村民居住和从事各种生产的聚居点。集镇，是指乡、民族乡人民政府所在地和经县级人民政府确认由集市发展而成的作为农村一定区域经济、文化和生活服务中心的非建制镇。村庄、集镇规划区，是指村庄、集镇建成区和因村庄、集镇建设及发展需要实行规划控制的区域。村庄、集镇规划区的具体范围，在村庄、集镇总体规划中划定。

参见　《村庄和集镇规划建设管理条例》第3、9-13条

第十九条　【城市控制性详细规划】城市人民政府城乡规划主管部门根据城市总体规划的要求，组织编制城市的控制性详细规划，经本级人民政府批准后，报本级人民代表大会常务委员会和上一级人民政府备案。

注释　[城市控制性详细规划的内容]

城市控制性详细规划主要是要确定建设地区的土地使用性质和使用强制的控制指标，道路和工程管线控制性位置以及空间环境控制的规划要求，它的具体内容应当包括：(1) 确定规划范围内不同使用性质用地的界限，确定各类用地内适建、不适建或者有条件地允许建设的建筑类型。(2) 确定各地块建筑高度、建筑密度、容积率、绿地率等控制指标；确定公共设施配套要求、交通出入口方位、停车泊位、建筑后退红线距离等要求。(3) 提出各地块的建筑体量、体型、色彩等城市设计指导原则。(4) 根据交通需求分析，确定地块出入口位置、停车泊位、公共交通场站用地范围和站点位置、步行交通以及其他交通设施。规定各级道路的红线、断面、交叉口形式及渠化措施、控制点坐标和标高。(5) 根据规划建设容量，确定市政工程管线位置、管径和工程设施的用地界线，进行管线综合。确定地下空间开发利用具体要求。(6) 制定相应的土地使用与建筑管理规定。控制性详细规划成果应当包括规划文本、图件和附件。图件由图纸和图则两部分组成，规划说明、基础资料和研究报告收入附件。

[城市控制性详细规划中的强制性内容]

控制性详细规划确定的各地块的主要用途、建筑密度、建筑高度、容积率、绿地率、基础设施和公共服务设施配套规定应当作为强制性内容。

参见 《城市规划编制办法》第24、41、44条;《国务院关于加强城乡规划监督管理的通知》二

第二十条 【镇控制性详细规划】镇人民政府根据镇总体规划的要求,组织编制镇的控制性详细规划,报上一级人民政府审批。县人民政府所在地镇的控制性详细规划,由县人民政府城乡规划主管部门根据镇总体规划的要求组织编制,经县人民政府批准后,报本级人民代表大会常务委员会和上一级人民政府备案。

注释 [镇控制性详细规划的编制依据]

编制镇控制性详细规划的依据是镇总体规划,不得在控制性详细规划中改变或变相改变镇总体规划的内容。

[镇控制性详细规划的编制主体]

不同情况下,镇控制性详细规划的编制主体不同。具体来说,县人民政府所在地镇的控制性详细规划由县城乡规划主管部门组织编制。如果涉及县人民政府所在地镇人民政府的事项,县人民政府所在地镇人民政府也应当参与。其他镇的镇控制性详细规划则由镇人民政府组织编制。

[镇控制性详细规划的审批机关]

无论编制主体是镇人民政府还是县城乡规划主管部门,镇控制性详细规划的审批机关都是县级人民政府。需要区别的是,镇人民政府组织编制镇控制性详细规划的,报上一级人民政府审批,上一级人民政府可能是县人民政府,也可能是不设区的市人民政府,还可能是区人民政府;县城乡规划主管部门组织编制镇控制性详细规划的,审批机关一定是县人民政府。

第二十一条 【修建性详细规划】城市、县人民政府城乡规划主管部门和镇人民政府可以组织编制重要地块的修建性详细规划。修建性详细规划应当符合控制性详细规划。

注释 修建性详细规划主要是用以指导各项建筑和工程设施和施工的规划设计，它一般针对的是某一具体地块，能够直接应用于指导建筑和工程施工，应当包括以下内容：(1) 建设条件分析及综合技术经济论证；(2) 建筑、道路和绿地等的空间布局和景观规划设计，布置总平面图；(3) 对住宅、医院、学校和托幼等建筑进行日照分析；(4) 根据交通影响分析，提出交通组织方案和设计；(5) 市政工程管线规划设计和管线综合；(6) 竖向规划设计；(7) 估算工程量、拆迁量和总造价，分析投资效益。编制城市修建性详细规划，应当依据已经依法批准的控制性详细规划，对所在地块的建设提出具体的安排和设计。修建性详细规划成果应当包括规划说明书、图纸。

参见 《城市规划编制办法》第24、43、44条

第二十二条 【乡、村庄规划编制】乡、镇人民政府组织编制乡规划、村庄规划，报上一级人民政府审批。村庄规划在报送审批前，应当经村民会议或者村民代表会议讨论同意。

第二十三条 【首都总体规划和详细规划】首都的总体规划、详细规划应当统筹考虑中央国家机关用地布局和空间安排的需要。

第二十四条 【城乡规划编制单位】城乡规划组织编制机关应当委托具有相应资质等级的单位承担城乡规划的具体编制工作。

从事城乡规划编制工作应当具备下列条件，并经国务院城乡规划主管部门或者省、自治区、直辖市人民政府城乡规划主管部门依法审查合格，取得相应等级的资质证书后，方可在资质等级许可的范围内从事城乡规划编制工作：

（一）有法人资格；

（二）有规定数量的经相关行业协会注册的规划师；

（三）有规定数量的相关专业技术人员；

（四）有相应的技术装备；

（五）有健全的技术、质量、财务管理制度。

编制城乡规划必须遵守国家有关标准。

注释 本条第2款第2项是新修订的内容。将注册规划师的权力由国务院城乡规划主管部门下放到相关的行业协会，将使行业协会的专业性得到充分发挥，弱化政府的行政职能。

城乡规划编制单位资质分为甲、乙、丙三级。

[甲级城乡规划编制单位]

甲级城乡规划编制单位资质标准：(1) 有法人资格；(2) 专业技术人员不少于40人，其中具有城乡规划专业高级技术职称的不少于4人，具有其他专业高级技术职称的不少于4人（建筑、道路交通、给排水专业各不少于1人）；具有城乡规划专业中级技术职称的不少于8人，具有其他专业中级技术职称的不少于15人；(3) 注册规划师不少于10人；(4) 具备符合业务要求的计算机图形输入输出设备及软件；(5) 有400平方米以上的固定工作场所，以及完善的技术、质量、财务管理制度。

甲级城乡规划编制单位承担城市规划编制任务的范围不受限制。

[乙级城乡规划编制单位]

乙级城乡规划编制单位资质标准：(1) 有法人资格；(2) 专业技术人员不少于25人，其中具有城乡规划专业高级技术职称的不少于2人，具有高级建筑师不少于1人、具有高级工程师不少于1人；具有城乡规划专业中级技术职称的不少于5人，具有其他专业中级技术职称的不少于10人；(3) 注册规划师不少于4人；(4) 具备符合业务要求的计算机图形输入输出设备；(5) 有200平方米以上的固定工作场所，以及完善的技术、质量、财务管理制度。

乙级城乡规划编制单位可以在全国承担下列任务：(1) 镇、20万现状人口以下城市总体规划的编制；(2) 镇、登记注册所在地城市和100万现状人口以下城市相关专项规划的编制；(3) 详细规划的编制；(4) 乡、村庄规划的编制；(5) 建设工程项目规划选址的可行性研究。

[丙级城乡规划编制单位]

丙级城乡规划编制单位资质标准：(1) 有法人资格；(2) 专业技术人员不少于15人，其中具有城乡规划专业中级技术职称的不少于2人，具有其他专业中级技术职称的不少于4人；(3) 注册规划师不少于1人;(4)专业技术人员配备计算机达80%;(5)有100平方米以上的固定工作场所,以及完善的技术、质量、财务管理制度。

丙级城乡规划编制单位可以在全国承担下列任务:(1)镇总体规划(县人民政府所在地镇除外)的编制;(2)镇、登记注册所在地城市和20万现状人口以下城市的相关专项规划及控制性详细规划的编制;(3)修建性详细规划的编制;(4)乡、村庄规划的编制;(5)中、小型建设工程项目规划选址的可行性研究。

参见 《城乡规划编制单位资质管理规定》第6—14条

第二十五条 【城乡规划基础资料】编制城乡规划,应当具备国家规定的勘察、测绘、气象、地震、水文、环境等基础资料。

县级以上地方人民政府有关主管部门应当根据编制城乡规划的需要,及时提供有关基础资料。

第二十六条 【公众参与城乡规划编制】城乡规划报送审批前,组织编制机关应当依法将城乡规划草案予以公告,并采取论证会、听证会或者其他方式征求专家和公众的意见。公告的时间不得少于三十日。

组织编制机关应当充分考虑专家和公众的意见,并在报送审批的材料中附具意见采纳情况及理由。

第二十七条 【专家和有关部门参与城镇规划审批】省域城镇体系规划、城市总体规划、镇总体规划批准前,审批机关应当组织专家和有关部门进行审查。

第三章 城乡规划的实施

第二十八条 【政府实施城乡规划】地方各级人民政府应当根据当地经济社会发展水平,量力而行,尊重群众意愿,有计划、分步骤地组织实施城乡规划。

第二十九条 【城市、镇和乡、村庄建设和发展实施城乡规划】城市的建设和发展,应当优先安排基础设施以及公共服务设施的建设,妥善处理新区开发与旧区改建的关系,统筹兼顾进城务工人员生活和周边农村经济社会发展、村民生产与生活的需要。

镇的建设和发展,应当结合农村经济社会发展和产业结构调整,优先安排供水、排水、供电、供气、道路、通信、广播电视等基础设施和学校、卫生院、文化站、幼儿园、福利院等公共服务设施的建设,为周边农村提供服务。

乡、村庄的建设和发展,应当因地制宜、节约用地,发挥村民自治组织的作用,引导村民合理进行建设,改善农村生产、生活条件。

注释　[城市基础设施]

城市基础设施,一般是指城市生存和发展所必须具备的工程性基础设施和社会性基础设施的总称。比如,城市的供水、排水、道路、交通、供热、供电、供气、园林、绿化、环卫、防洪等都属于城市基础设施。

[公共服务设施]

公共服务设施,是指与城市居住人口规模相对应配建的、为居民服务和使用的各类设施,包括托儿所、幼儿园、小学、中学、粮店、菜店、副食店、服务站、储蓄所、邮政所、居委会、派出所等。

[新区开发]

新区开发,即城市新区开发,是指按照城市总体规划的部署和要求,在城市建成区之外的一定区域,进行集中的成片的、综合配套的开发建设活动。

[旧区改建]

旧区改建,是对城市中旧区改善和更新基础设施、调整城市结构、优化城市用地布局、保护城市历史风貌等的建设活动。

第三十条　【城市新区开发和建设实施城乡规划】城市新区的开发和建设,应当合理确定建设规模和时序,充分利用现有市政基础设施和公共服务设施,严格保护自然资源和生态环境,体现地方特色。

在城市总体规划、镇总体规划确定的建设用地范围以外,不得设立各类开发区和城市新区。

第三十一条　【旧城区改造实施城乡规划】旧城区的改建,应当保护历史文化遗产和传统风貌,合理确定拆迁和建设规模,有计划地对危房集中、基础设施落后等地段进行改建。

历史文化名城、名镇、名村的保护以及受保护建筑物的维护和使用,应当遵守有关法律、行政法规和国务院的规定。

注释 [历史文化遗产保护]

各地要按照文化遗产保护优先的原则,切实做好城市文化遗产的保护工作。历史文化保护区保护规划一经批准,应当报同级人民代表大会常务委员会备案。在历史文化保护区内的建设活动,必须就其必要性进行论证;其中拆除旧建筑和建设新建筑的,应当进行公示,听取公众意见,按程序审批,批准后报历史文化名城批准机关备案。

[国有土地上房屋征收]

对危房集中、基础设施落后等地段进行旧城区改建而确需征收房屋的各项建设活动,应当符合国民经济和社会发展规划、国土空间规划,城乡规划和专项规划。

[历史文化名城保护]

历史文化名城保护规划,要在充分研究城市发展历史和传统风貌基础上,正确处理现代化建设与历史文化保护的关系,明确保护原则和工作重点,划定历史街区和文物古迹保护范围及建设控制地带,制定严格的保护措施和控制要求,并纳入城市总体规划。

参见 《国有土地上房屋征收与补偿条例》第8、9条

第三十二条 【城乡建设和发展实施城乡规划】城乡建设和发展,应当依法保护和合理利用风景名胜资源,统筹安排风景名胜区及周边乡、镇、村庄的建设。

风景名胜区的规划、建设和管理,应当遵守有关法律、行政法规和国务院的规定。

第三十三条 【城市地下空间的开发和利用遵循的原则】城市地下空间的开发和利用,应当与经济和技术发展水平相适应,遵循统筹安排、综合开发、合理利用的原则,充分考虑防灾减灾、人民防空和通信等需要,并符合城市规划,履行规划审批手续。

第三十四条 【城市、县、镇人民政府制定近期建设规划】城市、县、镇人民政府应当根据城市总体规划、镇总体规划、土地利

用总体规划和年度计划以及国民经济和社会发展规划,制定近期建设规划,报总体规划审批机关备案。

近期建设规划应当以重要基础设施、公共服务设施和中低收入居民住房建设以及生态环境保护为重点内容,明确近期建设的时序、发展方向和空间布局。近期建设规划的规划期限为五年。

注释 [城市近期建设规划]

近期建设规划的期限原则上应当与城市国民经济和社会发展规划的年限一致,并不得违背城市总体规划的强制性内容。近期建设规划到期时,应当依据城市总体规划组织编制新的近期建设规划。

近期建设规划的内容应当包括:(1)确定近期人口和建设用地规模,确定近期建设用地范围和布局;(2)确定近期交通发展策略,确定主要对外交通设施和主要道路交通设施布局;(3)确定各项基础设施、公共服务和公益设施的建设规模和选址;(4)确定近期居住用地安排和布局;(5)确定历史文化名城、历史文化街区、风景名胜区等的保护措施,城市河湖水系、绿化、环境等保护、整治和建设措施;(6)确定控制和引导城市近期发展的原则和措施。

近期建设规划的成果应当包括规划文本、图纸,以及包括相应说明的附件。在规划文本中应当明确表达规划的强制性内容。

参见 《城市规划编制办法》第35-37条

第三十五条 【禁止擅自改变城乡规划确定的重要用地用途】 城乡规划确定的铁路、公路、港口、机场、道路、绿地、输配电设施及输电线路走廊、通信设施、广播电视设施、管道设施、河道、水库、水源地、自然保护区、防汛通道、消防通道、核电站、垃圾填埋场及焚烧厂、污水处理厂和公共服务设施的用地以及其他需要依法保护的用地,禁止擅自改变用途。

第三十六条 【申请核发选址意见书】 按照国家规定需要有关部门批准或者核准的建设项目,以划拨方式提供国有土地使用权的,建设单位在报送有关部门批准或者核准前,应当向城乡规划主管部门申请核发选址意见书。

前款规定以外的建设项目不需要申请选址意见书。

注释 [建设项目选址意见书的内容]

建设项目选址意见书应当包括下列内容：(1) 建设项目的基本情况。主要是建设项目名称、性质，用地与建设规模，供水与能源的需求量，采取的运输方式与运输量，以及废水、废气、废渣的排放方式和排放量。(2) 建设项目规划选址的主要依据。①经批准的项目建议书；②建设项目与城市规划布局的协调；③建设项目与城市交通、通讯、能源、市政、防灾规划的衔接与协调；④建设项目配套的生活设施与城市生活居住及公共设施规划的衔接与协调；⑤建设项目对于城市环境可能造成的污染影响，以及与城市环境保护规划和风景名胜、文物古迹保护规划的协调。(3) 建设项目选址、用地范围和具体规划要求。

[建设项目选址意见书的管理]

建设项目选址意见书，按建设项目计划审批权限实行分级规划管理。县人民政府计划行政主管部门审批的建设项目，由县人民政府城市规划行政主管部门核发选址意见书；地级、县级市人民政府计划行政主管部门审批的建设项目，由该市人民政府城市规划行政主管部门核发选址意见书；直辖市、计划单列市人民政府计划行政主管部门审批的建设项目，由直辖市、计划单列市人民政府城市规划行政主管部门核发选址意见书；省、自治区人民政府计划行政主管部门审批的建设项目，由项目所在地县、市人民政府城市规划行政主管部门提出审查意见，报省、自治区人民政府城市规划行政主管部门核发选址意见书；中央各部门、公司审批的小型和限额以下的建设项目，由项目所在地县、市人民政府城市规划行政主管部门核发选址意见书；国家审批的大中型和限额以上的建设项目，由项目所在地县、市人民政府城市规划行政主管部门提出审查意见，报省、自治区、直辖市、计划单列市人民政府城市规划行政主管部门核发选址意见书，并报国务院城市规划行政主管部门备案。

参见 《建设项目选址规划管理办法》第6、7条

第三十七条 【划拨建设用地程序】在城市、镇规划区内以划拨方式提供国有土地使用权的建设项目，经有关部门批准、核准、

备案后,建设单位应当向城市、县人民政府城乡规划主管部门提出建设用地规划许可申请,由城市、县人民政府城乡规划主管部门依据控制性详细规划核定建设用地的位置、面积、允许建设的范围,核发建设用地规划许可证。

建设单位在取得建设用地规划许可证后,方可向县级以上地方人民政府土地主管部门申请用地,经县级以上人民政府审批后,由土地主管部门划拨土地。

注释 [划拨用地申请程序]

建设项目可行性研究论证时,土地行政主管部门可以根据国土空间规划、土地利用年度计划和建设用地标准,对建设用地有关事项进行审查,并提出意见。经批准的建设项目需要使用国有建设用地的,建设单位应当持法律、行政法规规定的有关文件,向有批准权的县级以上人民政府土地行政主管部门提出建设用地申请,经土地行政主管部门审查,报本级人民政府批准。

[划拨用地的范围]

下列建设用地,经县级以上人民政府依法批准,可以以划拨方式取得:(1)国家机关用地和军事用地;(2)城市基础设施用地和公益事业用地;(3)国家重点扶持的能源、交通、水利等基础设施用地;(4)法律、行政法规规定的其他用地。

参见 《城市房地产管理法》第23、24条;《土地管理法》第52-54条

第三十八条 【国有土地使用权出让合同】 在城市、镇规划区内以出让方式提供国有土地使用权的,在国有土地使用权出让前,城市、县人民政府城乡规划主管部门应当依据控制性详细规划,提出出让地块的位置、使用性质、开发强度等规划条件,作为国有土地使用权出让合同的组成部分。未确定规划条件的地块,不得出让国有土地使用权。

以出让方式取得国有土地使用权的建设项目,建设单位在取得建设项目的批准、核准、备案文件和签订国有土地使用权出让合同后,向城市、县人民政府城乡规划主管部门领取建设用地规划许可证。

城市、县人民政府城乡规划主管部门不得在建设用地规划许可证中,擅自改变作为国有土地使用权出让合同组成部分的规划条件。

第三十九条　【规划条件未纳入出让合同的法律后果】规划条件未纳入国有土地使用权出让合同的,该国有土地使用权出让合同无效;对未取得建设用地规划许可证的建设单位批准用地的,由县级以上人民政府撤销有关批准文件;占用土地的,应当及时退回;给当事人造成损失的,应当依法给予赔偿。

>**注释**　城市建设项目报计划部门审批前,必须首先由规划部门就项目选址提出审查意见;没有规划部门的"建设用地规划许可证",土地部门不得提供土地。对建设单位、个人未取得建设用地规划许可证进行用地和项目建设,以及擅自改变规划用地性质、建设项目或扩大建设规模的,城市规划行政主管部门要采取措施坚决制止,并依法给予处罚;触犯刑法的,依法移交司法机关查处。
>
>**案例**　某区国土局与某公司国有土地使用权出让合同纠纷案(中华人民共和国最高人民法院民事判决书〔2004〕民一终字第106号)
>
>**案件适用要点:**本案双方签订的《国有土地使用权出让合同》与规划和评估报告中的土地用途不相同,如果可能导致土地使用权出让金低于订立合同时当地政府按照国家规定确定的最低价的,属于影响合同价格条款效力的因素,但不导致合同无效。因本案讼争国有土地使用权需要以招标拍卖挂牌方式出让,这一政策方面的程序要求虽不导致本案所涉合同无效,但却影响该合同在客观上无法继续履行,某公司要求判令继续履行该合同的诉讼请求难以支持。本案所涉合同是否应当依法予以解除及其法律后果承担问题,当事人可依法另行解决。由于双方纠纷成讼以及某公司关于继续履行合同的诉讼请求不能得到支持的根本原因是某区国土局的行为造成的,其应当为诉讼成本付出代价,承担全部诉讼费用。

第四十条　【建设单位和个人领取建设工程规划许可证】在城市、镇规划区内进行建筑物、构筑物、道路、管线和其他工程建设的,建设单位或者个人应当向城市、县人民政府城乡规划主管部门或者省、自治区、直辖市人民政府确定的镇人民政府申请办理建设工程规划许可证。

申请办理建设工程规划许可证，应当提交使用土地的有关证明文件、建设工程设计方案等材料。需要建设单位编制修建性详细规划的建设项目，还应当提交修建性详细规划。对符合控制性详细规划和规划条件的，由城市、县人民政府城乡规划主管部门或者省、自治区、直辖市人民政府确定的镇人民政府核发建设工程规划许可证。

城市、县人民政府城乡规划主管部门或者省、自治区、直辖市人民政府确定的镇人民政府应当依法将经审定的修建性详细规划、建设工程设计方案的总平面图予以公布。

注释 [建设工程规划许可证]

申请建设工程规划许可证的一般程序：(1) 凡在城市规划区内新建、扩建和改建建筑物、构筑物、道路、管线和其他工程设施的单位与个人，必须持有关批准文件向城市规划行政主管部门提出建设申请；(2) 城市规划行政主管部门根据城市规划提出建设工程规划设计要求；(3) 城市规划行政主管部门征求并综合协调有关行政主管部门对建设工程设计方案的意见，审定建设工程初步设计方案；(4) 城市规划行政主管部门审核建设单位或个人提供的工程施工图后，核发建设工程规划许可证。

建设工程规划许可证所包括的附图和附件，按照建筑物、构筑物、道路、管线以及个人建房等不同要求，由发证单位根据法律、法规规定和实际情况制定。附图和附件是建设工程规划许可证的配套证件，具有同等法律效力。

城市建设项目必须由规划部门就项目选址提出审查意见；没有规划部门的"建设用地规划许可证"，土地部门不得提供土地；没有规划部门的"建设工程规划许可证"，有关商业银行不得提供建设资金贷款。对建设单位、个人未取得建设用地规划许可证进行用地和项目建设，以及擅自改变规划用地性质、建设项目或扩大建设规模的，城市规划行政主管部门要采取措施坚决制止，并依法给予处罚；触犯刑律的，依法移交司法机关查处。

参见 《国务院关于加强城乡规划监督管理的通知》三、五

第四十一条 【乡村建设规划许可证】在乡、村庄规划区内进行乡镇企业、乡村公共设施和公益事业建设的，建设单位或者个人应当向乡、镇人民政府提出申请，由乡、镇人民政府报城市、县人民政府城乡规划主管部门核发乡村建设规划许可证。

在乡、村庄规划区内使用原有宅基地进行农村村民住宅建设的规划管理办法，由省、自治区、直辖市制定。

在乡、村庄规划区内进行乡镇企业、乡村公共设施和公益事业建设以及农村村民住宅建设，不得占用农用地；确需占用农用地的，应当依照《中华人民共和国土地管理法》有关规定办理农用地转用审批手续后，由城市、县人民政府城乡规划主管部门核发乡村建设规划许可证。

建设单位或者个人在取得乡村建设规划许可证后，方可办理用地审批手续。

第四十二条 【不得超出范围作出规划许可】城乡规划主管部门不得在城乡规划确定的建设用地范围以外作出规划许可。

第四十三条 【建设单位按照规划条件建设】建设单位应当按照规划条件进行建设；确需变更的，必须向城市、县人民政府城乡规划主管部门提出申请。变更内容不符合控制性详细规划的，城乡规划主管部门不得批准。城市、县人民政府城乡规划主管部门应当及时将依法变更后的规划条件通报同级土地主管部门并公示。

建设单位应当及时将依法变更后的规划条件报有关人民政府土地主管部门备案。

> **注释** 建设单位使用国有土地的，应当按照土地使用权出让等有偿使用合同的约定或者土地使用权划拨批准文件的规定使用土地；确需改变该幅土地建设用途的，应当经有关人民政府土地行政主管部门同意，报原批准用地的人民政府批准。其中，在城市规划区内改变土地用途的，在报批前，应当先经有关城市规划行政主管部门同意。
>
> **参见** 《土地管理法》第56条

第四十四条 【临时建设】在城市、镇规划区内进行临时建设的,应当经城市、县人民政府城乡规划主管部门批准。临时建设影响近期建设规划或者控制性详细规划的实施以及交通、市容、安全等的,不得批准。

临时建设应当在批准的使用期限内自行拆除。

临时建设和临时用地规划管理的具体办法,由省、自治区、直辖市人民政府制定。

注释 [临时建设]

本条所称的临时建设,是指城市规划主管部门批准的在城市、镇规划区内建设的临时性使用并在限期内拆除的建筑物、构筑物及其他设施。

[临时用地]

本条所指的临时用地,是指在城市、镇规划区内进行临时建设时施工堆料、堆物或其他情况需要临时使用并按期收回的土地。在城市规划区内的临时用地,在报批前,应当先经有关城市规划行政主管部门同意。土地使用者应当根据土地权属,与有关土地行政主管部门或者农村集体经济组织、村民委员会签订临时使用土地合同,并按照合同的约定支付临时使用土地补偿费。临时使用土地的使用者应当按照临时使用土地合同约定的用途使用土地,并不得修建永久性建筑物。临时使用土地期限一般不超过2年。

参见 《土地管理法》第57条;《建制镇规划建设管理办法》第17条

第四十五条 【城乡规划主管部门核实符合规划条件情况】县级以上地方人民政府城乡规划主管部门按照国务院规定对建设工程是否符合规划条件予以核实。未经核实或者经核实不符合规划条件的,建设单位不得组织竣工验收。

建设单位应当在竣工验收后六个月内向城乡规划主管部门报送有关竣工验收资料。

第四章 城乡规划的修改

第四十六条 【规划实施情况评估】省域城镇体系规划、城市总体规划、镇总体规划的组织编制机关,应当组织有关部门和专家定期对规划实施情况进行评估,并采取论证会、听证会或者其他方式征求公众意见。组织编制机关应当向本级人民代表大会常务委员会、镇人民代表大会和原审批机关提出评估报告并附具征求意见的情况。

注释 城市人民政府提出编制城市总体规划前,应当对现行城市总体规划以及各专项规划的实施情况进行总结,对基础设施的支撑能力和建设条件做出评价;针对存在问题和出现的新情况,从土地、水、能源和环境等城市长期的发展保障出发,依据全国城镇体系规划和省域城镇体系规划,着眼区域统筹和城乡统筹,对城市的定位、发展目标、城市功能和空间布局等战略问题进行前瞻性研究,作为城市总体规划编制的工作基础。

参见 《城市规划编制办法》第12条

第四十七条 【规划修改条件和程序】有下列情形之一的,组织编制机关方可按照规定的权限和程序修改省域城镇体系规划、城市总体规划、镇总体规划:

(一)上级人民政府制定的城乡规划发生变更,提出修改规划要求的;

(二)行政区划调整确需修改规划的;

(三)因国务院批准重大建设工程确需修改规划的;

(四)经评估确需修改规划的;

(五)城乡规划的审批机关认为应当修改规划的其他情形。

修改省域城镇体系规划、城市总体规划、镇总体规划前,组织编制机关应当对原规划的实施情况进行总结,并向原审批机关报告;修改涉及城市总体规划、镇总体规划强制性内容的,应当先向原审批机关提出专题报告,经同意后,方可编制修改方案。

修改后的省域城镇体系规划、城市总体规划、镇总体规划,应当依照本法第十三条、第十四条、第十五条和第十六条规定的审批程序报批。

注释 1. 修改城市总体规划。城市总体规划调整,应当按规定向规划审批机关提出调整报告,经认定后依照法律规定组织调整。城市详细规划调整,应当取得规划批准机关的同意。规划调整方案,应当向社会公开,听取有关单位和公众的意见,并将有关意见的采纳结果公示。

2. 修改镇总体规划。任何组织和个人不得擅自改变已经批准的建制镇规划。确需修改时,由建制镇人民政府根据当地经济和社会发展需要进行调整,并报原审批机关审批。建设规划用地批准后,任何单位和个人不得随意改变土地使用性质和范围。如需改变土地使用性质和范围,必须重新履行规划审批手续。

参见 《城市规划编制办法》第17条;《建制镇规划建设管理办法》第11、15、16条

第四十八条 【修改程序性规划以及乡规划、村庄规划】修改控制性详细规划的,组织编制机关应当对修改的必要性进行论证,征求规划地段内利害关系人的意见,并向原审批机关提出专题报告,经原审批机关同意后,方可编制修改方案。修改后的控制性详细规划,应当依照本法第十九条、第二十条规定的审批程序报批。控制性详细规划修改涉及城市总体规划、镇总体规划的强制性内容的,应当先修改总体规划。

修改乡规划、村庄规划的,应当依照本法第二十二条规定的审批程序报批。

注释 根据社会经济发展需要,经乡级人民代表大会或者村民会议同意,乡级人民政府可以对村庄、集镇规划进行局部调整,并报县级人民政府备案。涉及村庄、集镇的性质、规模、发展方向和总体布局重大变更的,村庄、集镇总体规划和集镇建设规划,须经乡级人民代表大会审查同意,由乡级人民政府报县级人民政府批

准；村庄建设规划，须经村民会议讨论同意，由乡级人民政府报县级人民政府批准。

参见 《村庄和集镇规划建设管理条例》第14、15条

第四十九条 【修改近期建设规划报送备案】城市、县、镇人民政府修改近期建设规划的，应当将修改后的近期建设规划报总体规划审批机关备案。

第五十条 【修改规划或总平面图造成损失补偿】在选址意见书、建设用地规划许可证、建设工程规划许可证或者乡村建设规划许可证发放后，因依法修改城乡规划给被许可人合法权益造成损失的，应当依法给予补偿。

经依法审定的修建性详细规划、建设工程设计方案的总平面图不得随意修改；确需修改的，城乡规划主管部门应当采取听证会等形式，听取利害关系人的意见；因修改给利害关系人合法权益造成损失的，应当依法给予补偿。

参见 《行政许可法》第46-48条

第五章 监督检查

第五十一条 【政府及城乡规划主管部门加强监督检查】县级以上人民政府及其城乡规划主管部门应当加强对城乡规划编制、审批、实施、修改的监督检查。

第五十二条 【政府向人大报告城乡规划实施情况】地方各级人民政府应当向本级人民代表大会常务委员会或者乡、镇人民代表大会报告城乡规划的实施情况，并接受监督。

第五十三条 【城乡规划主管部门检查职权和行为规范】县级以上人民政府城乡规划主管部门对城乡规划的实施情况进行监督检查，有权采取以下措施：

（一）要求有关单位和人员提供与监督事项有关的文件、资料，并进行复制；

（二）要求有关单位和人员就监督事项涉及的问题作出解释和说

明，并根据需要进入现场进行勘测；

（三）责令有关单位和人员停止违反有关城乡规划的法律、法规的行为。

城乡规划主管部门的工作人员履行前款规定的监督检查职责，应当出示执法证件。被监督检查的单位和人员应当予以配合，不得妨碍和阻挠依法进行的监督检查活动。

第五十四条　【公开监督检查情况和处理结果】监督检查情况和处理结果应当依法公开，供公众查阅和监督。

> **参见**　有关政府及其主管部门应当重点公开下列政府信息：国民经济和社会发展规划、专项规划、区域规划及相关政策；行政许可的事项、依据、条件、数量、程序、期限以及申请行政许可需要提交的全部材料目录及办理情况；乡镇国土空间规划、宅基地使用的审核情况等。行政机关应当将主动公开的政府信息，通过政府公报、政府网站、新闻发布会以及报刊、广播、电视等便于公众知晓的方式公开。

第五十五条　【城乡规划主管部门提出处分建议】城乡规划主管部门在查处违反本法规定的行为时，发现国家机关工作人员依法应当给予行政处分的，应当向其任免机关或者监察机关提出处分建议。

第五十六条　【上级城乡规划主管部门的建议处罚权】依照本法规定应当给予行政处罚，而有关城乡规划主管部门不给予行政处罚的，上级人民政府城乡规划主管部门有权责令其作出行政处罚决定或者建议有关人民政府责令其给予行政处罚。

第五十七条　【上级城乡规划主管部门责令撤销许可、赔偿损失权】城乡规划主管部门违反本法规定作出行政许可的，上级人民政府城乡规划主管部门有权责令其撤销或者直接撤销该行政许可。因撤销行政许可给当事人合法权益造成损失的，应当依法给予赔偿。

> **注释**　[撤销行政许可的情形]
> 根据《行政许可法》第69条规定，有下列情形之一的，作出行政许可决定的行政机关或者其上级行政机关，根据利害关系人的

请求或者依据职权，可以撤销行政许可：（1）行政机关工作人员滥用职权、玩忽职守作出准予行政许可决定的；（2）超越法定职权作出准予行政许可决定的；（3）违反法定程序作出准予行政许可决定的；（4）对不具备申请资格或者不符合法定条件的申请人准予行政许可的；（5）依法可以撤销行政许可的其他情形。被许可人以欺骗、贿赂等不正当手段取得行政许可的，应当予以撤销。依照前述规定撤销行政许可，可能对公共利益造成重大损害的，不予撤销。

依照第 1 款的规定撤销行政许可，被许可人的合法权益受到损害的，行政机关应当依法给予赔偿。依照第 2 款的规定撤销行政许可的，被许可人基于行政许可取得的利益不受保护。

参见 《行政许可法》第 69、71、76 条

第六章 法律责任

第五十八条 【编制、审批、修改城乡规划玩忽职守的法律责任】对依法应当编制城乡规划而未组织编制，或者未按法定程序编制、审批、修改城乡规划的，由上级人民政府责令改正，通报批评；对有关人民政府负责人和其他直接责任人员依法给予处分。

第五十九条 【委托不合格单位编制城乡规划的法律责任】城乡规划组织编制机关委托不具有相应资质等级的单位编制城乡规划的，由上级人民政府责令改正，通报批评；对有关人民政府负责人和其他直接责任人员依法给予处分。

第六十条 【城乡规划主管部门违法行为的法律责任】镇人民政府或者县级以上人民政府城乡规划主管部门有下列行为之一的，由本级人民政府、上级人民政府城乡规划主管部门或者监察机关依据职权责令改正，通报批评；对直接负责的主管人员和其他直接责任人员依法给予处分：

（一）未依法组织编制城市的控制性详细规划、县人民政府所在地镇的控制性详细规划的；

（二）超越职权或者对不符合法定条件的申请人核发选址意见书、建设用地规划许可证、建设工程规划许可证、乡村建设规划许

可证的；

（三）对符合法定条件的申请人未在法定期限内核发选址意见书、建设用地规划许可证、建设工程规划许可证、乡村建设规划许可证的；

（四）未依法对经审定的修建性详细规划、建设工程设计方案的总平面图予以公布的；

（五）同意修改修建性详细规划、建设工程设计方案的总平面图前未采取听证会等形式听取利害关系人的意见的；

（六）发现未依法取得规划许可或者违反规划许可的规定在规划区内进行建设的行为，而不予查处或者接到举报后不依法处理的。

第六十一条 【县级以上人民政府有关部门的法律责任】 县级以上人民政府有关部门有下列行为之一的，由本级人民政府或者上级人民政府有关部门责令改正，通报批评；对直接负责的主管人员和其他直接责任人员依法给予处分：

（一）对未依法取得选址意见书的建设项目核发建设项目批准文件的；

（二）未依法在国有土地使用权出让合同中确定规划条件或者改变国有土地使用权出让合同中依法确定的规划条件的；

（三）对未依法取得建设用地规划许可证的建设单位划拨国有土地使用权的。

第六十二条 【城乡规划编制单位违法的法律责任】 城乡规划编制单位有下列行为之一的，由所在地城市、县人民政府城乡规划主管部门责令限期改正，处合同约定的规划编制费一倍以上二倍以下的罚款；情节严重的，责令停业整顿，由原发证机关降低资质等级或者吊销资质证书；造成损失的，依法承担赔偿责任：

（一）超越资质等级许可的范围承揽城乡规划编制工作的；

（二）违反国家有关标准编制城乡规划的。

未依法取得资质证书承揽城乡规划编制工作的，由县级以上地方人民政府城乡规划主管部门责令停止违法行为，依照前款规定处以罚款；造成损失的，依法承担赔偿责任。

以欺骗手段取得资质证书承揽城乡规划编制工作的，由原发证机关吊销资质证书，依照本条第一款规定处以罚款；造成损失的，依法承担赔偿责任。

第六十三条　【城乡规划编制单位不符合资质的处理】城乡规划编制单位取得资质证书后，不再符合相应的资质条件的，由原发证机关责令限期改正；逾期不改正的，降低资质等级或者吊销资质证书。

第六十四条　【违规建设的法律责任】未取得建设工程规划许可证或者未按照建设工程规划许可证的规定进行建设的，由县级以上地方人民政府城乡规划主管部门责令停止建设；尚可采取改正措施消除对规划实施的影响的，限期改正，处建设工程造价百分之五以上百分之十以下的罚款；无法采取改正措施消除影响的，限期拆除，不能拆除的，没收实物或者违法收入，可以并处建设工程造价百分之十以下的罚款。

注释　[违规建设]

所谓违规建设，是指建设单位或者个人未取得建设工程规划许可证或者未按照建设工程规划许可证的规定进行建设的行为。

案例　叶汉祥诉湖南省株洲市规划局、株洲市石峰区人民政府不履行拆除违法建筑法定职责案（2014年8月30日最高人民法院公布人民法院征收拆迁十大案例）

案件适用要点：针对各地违法建设数量庞大，局部地区有所蔓延的态势，虽然《城乡规划法》规定了县级以上人民政府对违反城市规划、乡镇人民政府对违反乡村规划的违法建设有权强制拆除，但实际情况不甚理想。违法建设侵犯相邻权人合法权益难以救济成为一种普遍现象和薄弱环节，本案判决在这一问题上表明法院应有态度：即使行政机关对违建采取过一定的查处措施，但如果履行不到位仍构成不完全履行法定职责，法院有权要求行政机关进一步履行到位。

第六十五条　【违规进行乡村建设的法律责任】在乡、村庄规划区内未依法取得乡村建设规划许可证或者未按照乡村建设规划许可证的规定进行建设的,由乡、镇人民政府责令停止建设、限期改正;逾期不改正的,可以拆除。

注释 乡村建设主要分为两大类:一是在乡、村规划区内进行乡镇企业、乡村公共设施和公益事业建设;二是乡村村民住宅建设。根据本法的规定,在乡、村规划区内进行乡镇企业、乡村公共设施和公益事业建设的,建设单位或者个人应当向乡、镇人民政府提出申请,由乡、镇人民政府报城市、县人民政府城乡规划主管部门核发乡村建设规划许可证。而村民住宅建设的规划管理,需要由各省、自治区、直辖市制定。如果建设单位或个人,在乡规划和村庄规划区内未依法取得乡村建设规划许可证或者未按照乡村建设规划许可证规定进行建设的,由乡、镇人民政府责令停止建设、限期改正;逾期不改正的,可以拆除。决定拆除的,如果当事人不停止建设或者逾期不拆除的,建设工程所在地县级以上人民政府可以责成有关部门采取查封施工现场、强制拆除等措施。

案例 某甲与某县规划和土地管理局要求履行法定职责纠纷上诉案(上海市第二中级人民法院行政判决书〔2009〕沪二中行终字第269号)

案件适用要点:根据《城乡规划法》第65条,对于在乡、村庄规划区内未依法取得乡村建设规划许可证或者未按照乡村建设规划许可证的规定进行建设的,是由乡、镇人民政府行使行政处罚权。本案中,某甲向某县规划和土地管理局申请处理的房屋系农村村民住宅建设,对此类房屋的违章建设行为,依法不属于被上诉人的职责范围。

第六十六条 【违规进行临时建设的法律责任】 建设单位或者个人有下列行为之一的,由所在地城市、县人民政府城乡规划主管部门责令限期拆除,可以并处临时建设工程造价一倍以下的罚款:

(一)未经批准进行临时建设的;
(二)未按照批准内容进行临时建设的;
(三)临时建筑物、构筑物超过批准期限不拆除的。

第六十七条 【建设单位竣工未报送验收材料的法律责任】建设单位未在建设工程竣工验收后六个月内向城乡规划主管部门报送有关竣工验收资料的，由所在地城市、县人民政府城乡规划主管部门责令限期补报；逾期不补报的，处一万元以上五万元以下的罚款。

第六十八条 【查封施工现场、强制拆除措施】城乡规划主管部门作出责令停止建设或者限期拆除的决定后，当事人不停止建设或者逾期不拆除的，建设工程所在地县级以上地方人民政府可以责成有关部门采取查封施工现场、强制拆除等措施。

注释 ［有关部门］

本条中的"有关部门"是指具有执法权的部门，如人民法院执法部门以及公安部门。

案例 彭某诉深圳市南山区规划土地监察大队行政不作为案（2015年1月15日最高人民法院发布人民法院关于行政不作为十大案例）

案件适用要点：根据《城乡规划法》第68条规定，城乡规划主管部门作出责令停止建设或者限期拆除的决定后，当事人不停止建设或者逾期不拆除的，建设工程所在地县级以上地方人民政府可以责成有关部门采取查封施工现场、强制拆除等措施。由此可知，城乡规划主管部门对做出责令停止建设或者限期拆除的具体行政行为后，对违法行为人不履行的情形，城乡规划主管部门还应负有向县级以上地方人民政府报告的职责，由县人民政府责成有关部门对违法行为采取强制措施。

当然，由于行政管理的多样性，法律法规一般不会规定作出处罚决定后行政机关强制拆除的期限，但仍需要在合理期限内履行。本案中，人民法院认定区监察大队在作出《行政处罚决定书》长达一年多的时间里一直未强制执行，已明显超过合理期限，属于怠于履行法定职责，在判决方式上责令其继续处理，既符合法律规定精神，也有利于尽可能通过教育说服而不是强制手段保证处罚决定的实施，具有一定示范意义。

第六十九条 【刑事责任】违反本法规定,构成犯罪的,依法追究刑事责任。

> 参见 《刑法》第三、九章

第七章 附 则

第七十条 【实施日期】本法自 2008 年 1 月 1 日起施行。《中华人民共和国城市规划法》同时废止。

房屋征收与补偿

国有土地上房屋征收与补偿条例

(2011年1月19日国务院第141次常务会议通过 2011年1月21日中华人民共和国国务院令第590号公布 自公布之日起施行)

第一章 总 则

第一条 【立法目的】为了规范国有土地上房屋征收与补偿活动,维护公共利益,保障被征收房屋所有权人的合法权益,制定本条例。

注释 房屋征收是政府行为,主体是政府。但房屋征收与补偿又不仅仅涉及政府,也涉及房屋被征收群众和各种社会组织,并且征收活动历时时间长、范围广、法律关系复杂,因此,有必要通过立法,对政府的征收行为,各方的权利义务等予以规范,从而保证房屋征收与补偿工作依法、有序地进行。

参见 《宪法》第10、13条

第二条 【适用范围】为了公共利益的需要,征收国有土地上单位、个人的房屋,应当对被征收房屋所有权人(以下称被征收人)给予公平补偿。

注释 [征收房屋的前提]

本条明确规定,征收国有土地上单位、个人的房屋只能是为了公共利益的需要。这就明确了实施房屋征收的前提。该规定的主要依据:一是《宪法》第13条第3款规定,国家为了公共利益的需要,可以依照法律规定对公民的私有财产实行征收或者征用并给予补偿。二是《民法典》第243条第1款规定，为了公共利益的需要，依照法律规定的权限和程序可以征收集体所有的土地和组织、个人的房屋以及其他不动产。三是《城市房地产管理法》第6条规定，为了公共利益的需要，国家可以征收国有土地上单位和个人的房屋，并依法给予拆迁补偿，维护被征收人的合法权益；征收个人住宅的，还应当保障被征收人的居住条件。具体办法由国务院规定。

[适用范围]

本条例只适用于征收国有土地上单位、个人的房屋，不适用于集体土地征收。

从法律上讲，本条例应当只适用于被征收房屋所有权人，但这并不意味着对因历史原因形成的公房承租人的合法权益有所忽视，而是要区分不同情况，既依法维护好其合法权益，又符合法律的基本精神。因此，本条例虽然没有对承租人的补偿作出规定，对公房承租人的补偿问题，各地可以自行制定办法，对私房承租人的问题，则应依据相关的法律规范来解决。

参见　《民法典》第243条；《城市房地产管理法》第6条

第三条　【基本原则】房屋征收与补偿应当遵循决策民主、程序正当、结果公开的原则。

第四条　【行政管辖】市、县级人民政府负责本行政区域的房屋征收与补偿工作。

市、县级人民政府确定的房屋征收部门（以下称房屋征收部门）组织实施本行政区域的房屋征收与补偿工作。

市、县级人民政府有关部门应当依照本条例的规定和本级人民政府规定的职责分工，互相配合，保障房屋征收与补偿工作的顺利进行。

注释　本条的规定包括三层含义：一是房屋征收与补偿的主体是市、县级人民政府；二是房屋征收与补偿工作由市、县级人民政府确定的房屋征收部门组织实施；三是市、县级人民政府有关部门应当按照职责分工，互相配合，保障房屋征收与补偿工作的顺利进行。

市、县级人民政府的职责主要有：组织有关部门论证和公布征收补偿方案，征求公众意见；对征收补偿方案的征求意见情况和修改情况进行公布，以及因旧城区改建需要征收房屋，多数人不同意情况下举行听证会；对房屋征收进行社会稳定风险评估；依法作出房屋征收决定并公布；制定房屋征收的补助和奖励办法；组织有关部门对征收范围内未经登记的建筑进行调查、认证和处理；依法作出房屋征收补偿决定等。

房屋征收部门的设置可以有以下两种形式：一是市、县级人民政府设立专门的房屋征收部门；二是在现有的部门（如房地产管理部门、建设主管部门）中，确定一个部门作为房屋征收部门。房屋征收部门的职责主要有：委托房屋征收实施单位承担房屋征收与补偿的具体工作，并对委托实施的房屋征收与补偿行为负责监督；拟定征收补偿方案，并报市、县级人民政府；组织对征收范围内房屋的权属、区位、用途、建筑面积等情况进行调查登记，并公布调查结果；书面通知有关部门暂停办理房屋征收范围内的新建、扩建、改建房屋和改变房屋用途等相关手续；与被征收人签订补偿协议；与被征收人在征收补偿方案确定的签约期限内达不成补偿协议或者被征收房屋所有权人不明确的，报请作出征收决定的市、县级人民政府作出补偿决定；依法建立房屋征收补偿档案，并将分户补偿情况在房屋征收范围内向被征收人公布等。

第五条 【**房屋征收实施单位**】房屋征收部门可以委托房屋征收实施单位，承担房屋征收与补偿的具体工作。房屋征收实施单位不得以营利为目的。

房屋征收部门对房屋征收实施单位在委托范围内实施的房屋征收与补偿行为负责监督，并对其行为后果承担法律责任。

注释 房屋征收部门可以委托房屋征收实施单位承担房屋征收与补偿的具体工作。委托的事项一般包括：协助进行调查、登记，协助编制征收补偿方案，协助进行房屋征收与补偿政策的宣传、解释，就征收补偿的具体问题与被征收人协商，协助组织征求意见、听证、论证、公示以及组织对被征收房屋的拆除等。

承担房屋征收与补偿工作的实施单位,应当是不以营利为目的的,其所需工作经费应当由政府财政予以保障。

第六条　【主管部门】上级人民政府应当加强对下级人民政府房屋征收与补偿工作的监督。

国务院住房城乡建设主管部门和省、自治区、直辖市人民政府住房城乡建设主管部门应当会同同级财政、国土资源、发展改革等有关部门,加强对房屋征收与补偿实施工作的指导。

第七条　【举报与监察】任何组织和个人对违反本条例规定的行为,都有权向有关人民政府、房屋征收部门和其他有关部门举报。接到举报的有关人民政府、房屋征收部门和其他有关部门对举报应当及时核实、处理。

监察机关应当加强对参与房屋征收与补偿工作的政府和有关部门或者单位及其工作人员的监察。

> **注释**　举报的主体既包括被征收人和利害关系人,例如,被征收人的亲属、被征收房屋的抵押权人、被征收人所负债务的债权人等,也包括与征收活动没有利害关系的任何组织和个人。举报的内容既包括人民政府、人民政府工作部门及其工作人员的行为,例如,违反规定作出房屋征收决定,违反规定给予补偿,政府工作人员不履行职责、滥用职权、玩忽职守、徇私舞弊,贪污、挪用、私分、截留、拖欠征收补偿费用等;也包括参与房屋征收与补偿活动的有关组织及其工作人员的行为,例如,采取非法方式迫使被征收人搬迁、出具虚假或者有重大差错的评估报告等,还包括被征收人的行为,例如,在房屋征收范围确定后在房屋征收范围内实施新建、扩建、改建房屋和改变房屋用途等不当增加补偿费用的行为等。负责接受举报的主体主要包括作出征收决定的市、县级人民政府及其房屋征收部门和财政、国土资源、发展改革等有关部门,上级人民政府及其房屋征收部门和财政、国土资源、发展改革等有关部门,以及作出征收决定的市、县级人民政府及上级人民政府监察、审计等部门。

第二章 征收决定

第八条 【征收情形】 为了保障国家安全、促进国民经济和社会发展等公共利益的需要,有下列情形之一,确需征收房屋的,由市、县级人民政府作出房屋征收决定:

(一) 国防和外交的需要;

(二) 由政府组织实施的能源、交通、水利等基础设施建设的需要;

(三) 由政府组织实施的科技、教育、文化、卫生、体育、环境和资源保护、防灾减灾、文物保护、社会福利、市政公用等公共事业的需要;

(四) 由政府组织实施的保障性安居工程建设的需要;

(五) 由政府依照城乡规划法有关规定组织实施的对危房集中、基础设施落后等地段进行旧城区改建的需要;

(六) 法律、行政法规规定的其他公共利益的需要。

注释 本条例明确将因国防和外交的需要,由政府组织实施的能源、交通、水利、教科文卫体、资源环保、防灾减灾、文物保护、社会福利、市政公用等公共事业以及保障性安居工程建设、旧城区改建等纳入公共利益范畴。

(1) 国防和外交的需要。根据《国防法》的有关规定,国防是指国家为防备和抵抗侵略,制止武装颠覆,保卫国家的主权、统一、领土完整和安全所进行的军事活动,以及与军事有关的政治、经济、外交、科技、教育等方面的活动,是国家生存与发展的安全保障。本条所称国防的需要主要是指国防设施建设的需要;外交是一个国家在国际关系方面的活动,本条所称外交的需要主要是指使领馆建设的需要。

(2) 由政府组织实施的能源、交通、水利等基础设施建设的需要。基础设施是指为社会生产和居民生活提供公共服务的工程设施,是用于保证国家或地区社会经济活动正常进行的公共服务系统。根据《划拨用地目录》,能源、交通、水利等基础设施包括石油天然气设施、煤炭设施、电力设施、水利设施、铁路交通设施、公路交通设施、水路交通设施、民用机场设施等。由政府组织实施的项目并不限于政府直接实施或者独立投资的项目，也包括了政府主导、市场化运作的项目。

（3）由政府组织实施的科技、教育、文化、卫生、体育、环境和资源保护、防灾减灾、文物保护、社会福利、市政公用等公共事业的需要。公共事业是指面向社会，以满足社会公共需要为基本目标、直接或者间接提供公共服务的社会活动。

（4）由政府组织实施的保障性安居工程建设的需要。依照《国务院办公厅关于促进房地产市场平稳健康发展的通知》的规定，保障性安居工程大致包括三类：第一类是城市和国有工矿棚户区改造，以及林区、垦区棚户区改造；第二类是廉租住房、经济适用住房、限价商品住房、公共租赁住房等；第三类是农村危房改造。国有土地上房屋征收一般只涉及前两类。

（5）由政府依照城乡规划法有关规定组织实施的对危房集中、基础设施落后等地段进行旧城区改建的需要。《城乡规划法》第31条规定，旧城区的改建，应当保护历史文化遗产和传统风貌，合理确定拆迁和建设规模，有计划地对危房集中、基础设施落后等地段进行改建。

（6）法律、行政法规规定的其他公共利益的需要。该项是兜底条款，有利于弥补前5项规定未尽的事宜。

参见 《宪法》第13条；《民法典》第243条；《城市房地产管理法》第6条

第九条 【征收相关建设的要求】依照本条例第八条规定，确需征收房屋的各项建设活动，应当符合国民经济和社会发展规划、土地利用总体规划、城乡规划和专项规划。保障性安居工程建设、旧城区改建，应当纳入市、县级国民经济和社会发展年度计划。

制定国民经济和社会发展规划、土地利用总体规划、城乡规划和专项规划，应当广泛征求社会公众意见，经过科学论证。

注释 本条规定保障性安居工程建设和旧城区改建还应当纳入市、县级国民经济和社会发展年度计划。根据《地方各级人民代表大会和地方各级人民政府组织法》的规定，市、县级国民经济和社会发展年度计划应当经市、县级人民代表大会审查和批准。也就是说，保障性安居工程建设和旧城区改建应当经市、县级人民代表大会审议通过，方可实施房屋征收。

参见　《城乡规划法》第9、31条

第十条　【征收补偿方案】房屋征收部门拟定征收补偿方案，报市、县级人民政府。

市、县级人民政府应当组织有关部门对征收补偿方案进行论证并予以公布，征求公众意见。征求意见期限不得少于30日。

注释　房屋征收部门拟定的征收补偿方案，应当满足以下条件：一是合法，即征收补偿方案的内容应当符合本条例规定，比如，补偿方式、征收评估、保障被征收人居住条件等。二是合理，即征收补偿方案的内容应当是大多数人都能够接受的，征收范围大小合适，补偿标准公正公平，设定的奖励应当科学。三是可行，征收补偿方案的内容，除符合法律法规规定外，还应当因地制宜，符合当地的实际情况，比如考虑当地的气候条件、风俗习惯、宗教信仰等因素。

征收补偿方案的内容，本条未作具体规定。一般情况下，应当包括房屋征收范围、实施时间、补偿方式、补偿金额、补助和奖励、安置用房面积和安置地点、搬迁期限、搬迁过渡方式和过渡期限等事项。

第十一条　【旧城区改建】市、县级人民政府应当将征求意见情况和根据公众意见修改的情况及时公布。

因旧城区改建需要征收房屋，多数被征收人认为征收补偿方案不符合本条例规定的，市、县级人民政府应当组织由被征收人和公众代表参加的听证会，并根据听证会情况修改方案。

注释　这里的"多数"应当理解为半数以上。旧城区改造既涉及被征收人的个人利益，又涉及城市发展的公共利益，参加听证会的代表应当包括被征收人代表和社会各界公众代表。市、县级人

民政府应当听取公众意见,就房屋征收补偿方案等群众关心的问题进行说明。

参见 《城乡规划法》第31条

第十二条 【社会稳定风险评估】市、县级人民政府作出房屋征收决定前,应当按照有关规定进行社会稳定风险评估;房屋征收决定涉及被征收人数量较多的,应当经政府常务会议讨论决定。

作出房屋征收决定前,征收补偿费用应当足额到位、专户存储、专款专用。

注释 社会稳定风险评估,是指在国家机关系统范围内与人民群众利益密切相关的重大决策、重要政策、重大改革措施、重大工程建设项目、与社会公共秩序相关的重大活动等重大事项在制定出台、组织实施或审批审核前,对可能影响社会稳定的因素开展系统的调查,科学的预测、分析和评估,制定风险应对策略和预案。

把社会稳定风险评估作为作出房屋征收决定的必经程序,通过风险评估及早发现征收项目中存在影响社会稳定的隐患,并采取有效措施予以化解,是从源头上预防和减少征收矛盾纠纷,把问题解决在基层、解决在萌芽状态的重要举措。征收补偿费用的足额到位,是保障房屋征收实施工作顺利进行的前提条件,也是保护被征收人利益的重要前提。专户存储、专款专用是保证补偿费用不被挤占、挪用的重要措施。

第十三条 【征收公告】市、县级人民政府作出房屋征收决定后应当及时公告。公告应当载明征收补偿方案和行政复议、行政诉讼权利等事项。

市、县级人民政府及房屋征收部门应当做好房屋征收与补偿的宣传、解释工作。

房屋被依法征收的,国有土地使用权同时收回。

注释 房屋征收决定公告由市、县级人民政府发布,一般张贴于征收范围内及其周围较为醒目、易于为公众查看的地点,也可通过报纸、电视等新闻媒体予以公布。公告的内容包括征收补偿方案和行政复议、行政诉讼等权利事项。若被征收人对市、县级人民政府作出的房屋征收决定不服，可以依法向作出房屋征收决定的市、县人民政府的上一级人民政府申请行政复议；或者依法向人民法院提起行政诉讼。

第十四条 【征收复议与诉讼】被征收人对市、县级人民政府作出的房屋征收决定不服的，可以依法申请行政复议，也可以依法提起行政诉讼。

第十五条 【征收调查登记】房屋征收部门应当对房屋征收范围内房屋的权属、区位、用途、建筑面积等情况组织调查登记，被征收人应当予以配合。调查结果应当在房屋征收范围内向被征收人公布。

第十六条 【房屋征收范围确定】房屋征收范围确定后，不得在房屋征收范围内实施新建、扩建、改建房屋和改变房屋用途等不当增加补偿费用的行为；违反规定实施的，不予补偿。

房屋征收部门应当将前款所列事项书面通知有关部门暂停办理相关手续。暂停办理相关手续的书面通知应当载明暂停期限。暂停期限最长不得超过1年。

注释 本条是关于征收范围确定后，在房屋征收范围内禁止活动的规定。

一是新建、扩建、改建房屋。本条例第17条、第19条规定，对被征收人给予的补偿包括被征收房屋价值的补偿，而且被征收房屋补偿是征收补偿的主要方面。征收补偿主要根据被征收房屋的建筑结构、新旧程度、建筑面积等因素以及装修和原有设备的拆装损失等确定，新建、扩建、改建房屋会直接影响征收房屋的评估结果，从而增加征收人即作出房屋征收决定的市、县级人民政府的补偿费用，提高实现公共利益需要的成本。二是改变房屋用途。被征收房屋的区位、用途、建筑面积等是影响房屋征收评估的重要因素，房屋的用途对补偿价格的确定有重要影响。按照本条例第17条、第23条规定，给予被征收人的补偿应当包括因征收房屋造成的停产停业损失的补偿，那么一套为经营性用房，另一套为住宅的被征收房屋，即使两者同区位、同面积，补偿金额也会有较大差异。如果在征收房屋确定后，允许被征收人临时改变房屋用途，将住宅改变为经营性用房，会大大增加征收补偿成本。三是不当增加补偿费用的其他行为。考虑到新建、扩建、改建房屋和改变房屋用途是不当增加补偿费用的主要形式，除此之外还有其他一些情形，如违反规定迁入户口或分户等也会造成征收成本的增加，影响公共利益的实现。

第三章 补　　偿

第十七条　【征收补偿范围】作出房屋征收决定的市、县级人民政府对被征收人给予的补偿包括：

（一）被征收房屋价值的补偿；

（二）因征收房屋造成的搬迁、临时安置的补偿；

（三）因征收房屋造成的停产停业损失的补偿。

市、县级人民政府应当制定补助和奖励办法，对被征收人给予补助和奖励。

注释　[征收补偿]

本条第1款规定的补偿包括三项：一是对被征收人房屋价值的补偿。包括被征收房屋及其占用范围内的土地使用权的补偿，以及房屋室内装饰装修价值的补偿。被征收人房屋包括被征收的房屋及其附属物。所谓"附属物"是指与房屋主体建筑有关的附属建筑或构筑物。被征收人对自己的房屋进行的装饰装修，在征收时也应当给予补偿。对被征收人房屋价值的补偿是房屋征收补偿中最主要的部分。二是因征收房屋造成的搬迁、临时安置的补偿。因征收房屋造成搬迁的，房屋征收部门应当向被征收人支付搬迁费；搬迁补偿是针对所有被征收人的。对于选择房屋产权调换的，产权调换房屋交付前，房屋征收部门应当向被征收人支付临时安置费或者提供周转用房；若房屋征收部门向被征收人提供了周转用房，则不必支付临时安置补偿。三是因征收房屋造成的停产停业损失的补偿。

[补助和奖励]

本条第 2 款规定的市、县级人民政府给予被征收人的补助和奖励,不是普惠的。比如,市、县级人民政府规定的奖励是针对按期搬迁的被征收人的;如果被征收人未按期搬迁,就不能够享受政府给予的奖励。市、县级人民政府规定的补助也是如此,一般是针对生活困难救助、重大疾病救助以及住房困难家庭的。

第十八条 【涉及住房保障情形的征收】 征收个人住宅,被征收人符合住房保障条件的,作出房屋征收决定的市、县级人民政府应当优先给予住房保障。具体办法由省、自治区、直辖市制定。

注释 本条是关于涉及征收个人住宅的情形,保障被征收人居住条件的规定。要获得优先住房保障,需要同时满足两个条件:(1) 个人住宅被征收。优先住房保障是为了满足被征收人基本的居住需求,因为被征收人基于公共利益的需要而遭受了特别牺牲,特别是其居住权被剥夺,如此,需要为其提供住房保障。相反,如果被征收人的居住权未受侵害,如征收的是非住宅项目,那么就不应为被征收人优先提供住房保障。(2) 被征收人符合住房保障条件。保障性住房是政府为中低收入住房困难家庭所提供的限定标准、限定价格或租金的住房,主要包括廉租住房、经济适用住房和政策性租赁住房。

第十九条 【被征收房屋价值的补偿】 对被征收房屋价值的补偿,不得低于房屋征收决定公告之日被征收房屋类似房地产的市场价格。被征收房屋的价值,由具有相应资质的房地产价格评估机构按照房屋征收评估办法评估确定。

对评估确定的被征收房屋价值有异议的,可以向房地产价格评估机构申请复核评估。对复核结果有异议的,可以向房地产价格评估专家委员会申请鉴定。

房屋征收评估办法由国务院住房城乡建设主管部门制定,制定过程中,应当向社会公开征求意见。

注释 [类似房地产]

类似房地产是指与被征收房屋的区位、用途、权利性质、档次、新旧程度、规模、建筑结构等相同或者相似的房地产；类似房地产的市场价格，是指在评估时点与被征收房屋类似的房地产的市场价格。评估时点为房屋征收决定公告之日。类似房地产的市场价格，既包括了被征收房屋的价值，也包括了房屋占用范围内土地使用权的价值。确定类似房地产的市场价格，可以通过搜集实际成交案例，剔除偶然的和不正常的因素后得到。

[房屋征收评估]

房屋征收评估涉及征收当事人的切身权益，应当尽量选用社会信誉好、综合实力强、资质等级高的房地产价格评估机构进行征收评估。

案例 1. 丰浩江等人诉广东省东莞市规划局房屋拆迁行政裁决纠纷案（《中华人民共和国最高人民法院公报》2004年第7期）

案件适用要点：行政机关作出行政裁决时所依据的房屋资产评估报告如果存在评估人不具备法定评估资格，或评估人未依法取证等程序上严重违法的问题，违反了法定程序，应认定行政机关的裁决主要证据不足，依法予以撤销。

2. 宋莉莉诉宿迁市建设局房屋拆迁补偿安置裁决案（《中华人民共和国最高人民法院公报》2004年第8期）

案件适用要点：行政机关在对房屋拆迁补偿纠纷作出裁决时，违反法规的规定，以拆迁人单方委托的评估公司的评估报告为依据，被拆迁人提出异议的，应认定行政裁决的主要证据不足。

3. 陆廷佐诉上海市闸北区房屋土地管理局房屋拆迁行政裁决纠纷案（《中华人民共和国最高人民法院公报》2007年第8期）

案件适用要点：房屋拆迁过程中，被拆迁人、房屋承租人对于被拆房屋评估报告有异议的，有权申请复估。因此，基于正当程序原理，为保护被拆迁人、房屋承租人对被拆房屋评估报告依法申请复估的权利，拆迁人应将被拆房屋评估报告及时送达被拆迁人、房屋承租人。

第二十条 【房地产价格评估机构】房地产价格评估机构由被征收人协商选定；协商不成的，通过多数决定、随机选定等方式确定，具体办法由省、自治区、直辖市制定。

房地产价格评估机构应当独立、客观、公正地开展房屋征收评估工作,任何单位和个人不得干预。

注释 本条是关于房地产价格评估机构的选择和房地产价格评估机构评估原则的规定。房地产价格评估机构由被征收人协商决定,若协商未果,可以通过投票、抽签、摇号、招投标等多数决定和随机选定的方式确定,具体办法由省、自治区、直辖市按照当地情况制定。房地产价格评估机构评估原则为独立、客观和公正,为了保证被征收房屋价值评估结果公平和客观,任何单位和个人不得干预房屋征收评估活动。

第二十一条 【产权调换】被征收人可以选择货币补偿,也可以选择房屋产权调换。

被征收人选择房屋产权调换的,市、县级人民政府应当提供用于产权调换的房屋,并与被征收人计算、结清被征收房屋价值与用于产权调换房屋价值的差价。

因旧城区改建征收个人住宅,被征收人选择在改建地段进行房屋产权调换的,作出房屋征收决定的市、县级人民政府应当提供改建地段或者就近地段的房屋。

注释 [补偿方式]

所谓"货币补偿"是指在房屋征收补偿中,以市场评估价为标准,对被征收房屋的所有权人进行货币形式的补偿。所谓"产权调换"是指房屋征收部门提供用于产权调换的房屋与被征收房屋进行调换,计算价格后,结清差价。

[旧城区改建征收个人住宅]

一是只适用于因旧城区改建需要,征收个人住宅的情况;二是只有被征收人选择在改建地段进行房屋产权调换的情况下才适用,若被征收人不选择在改建地段进行房屋产权调换,则不适用;三是在同时满足上述两个前提的情况下,作出房屋征收决定的市、县级人民政府应当提供改建地段或者就近地段的房屋。

这里的"改建地段"应当是指同一项目,分期建设的,在各期中安置均应符合本条规定。这里的"就近地段",由于城市规模、居民生活习惯不同,难以确定全国的统一标准,由各地在制定细则时确定。

第二十二条 【搬迁与临时安置】因征收房屋造成搬迁的,房屋征收部门应当向被征收人支付搬迁费;选择房屋产权调换的,产权调换房屋交付前,房屋征收部门应当向被征收人支付临时安置费或者提供周转用房。

注释 对于选择房屋产权调换的,在产权调换房屋交付前,房屋征收部门应当向被征收人支付临时安置费或者提供周转用房。被征收人自行过渡的,征收部门应对被征收人支付临时安置费。房屋征收部门向被征收人提供周转用房的,房屋征收部门已经履行了为被征收人承担临时安置的责任,不必付给被征收人临时安置费。考虑到各地经济水平和实际情况不同,搬迁费和临时安置费的具体标准由地方规定。

第二十三条 【停产停业损失的补偿】对因征收房屋造成停产停业损失的补偿,根据房屋被征收前的效益、停产停业期限等因素确定。具体办法由省、自治区、直辖市制定。

注释 停产停业损失,一般以实际发生的直接损失为主,根据房屋征收前被征收房屋的实际使用效益和实际停产、停业期限等确定。

停产停业损失补偿中涉及非住宅房屋的认定。认定为非住宅房屋,应当满足以下两个条件:第一,房屋为非住宅房屋,即是营业性用房;第二,经营行为合法,不能是违法经营;二者缺一不可。

第二十四条 【临时建筑】市、县级人民政府及其有关部门应当依法加强对建设活动的监督管理,对违反城乡规划进行建设的,依法予以处理。

市、县级人民政府作出房屋征收决定前,应当组织有关部门依法对征收范围内未经登记的建筑进行调查、认定和处理。对认定为合法建筑和未超过批准期限的临时建筑的,应当给予补偿;对认定为违法建筑和超过批准期限的临时建筑的,不予补偿。

注释 (1) 对于一般影响规划且补办相关手续和缴纳罚款的,可视为合法建筑补偿。

根据城乡规划管理法律法规的规定,所谓违法建筑,是指在城市规划区内,未取得建设工程规划许可证件或者违反建设工程规划许可证的规定建设,严重影响城市规划的建筑。一般包括四种情形:①未申请或申请未获得批准,未取得建设用地规划许可证和建设工程规划许可证而建成的建筑;②擅自改变建设工程规划许可证的规定建成的建筑;③擅自改变了使用性质建成的建筑;④擅自将临时建筑建设成为永久性的建筑。

对违法建筑的处理,根据城乡规划管理法律法规的规定,分为两种情况:第一种情况,对于严重影响城市规划的,限期拆除或者没收;第二种情况,对于一般影响城市规划,尚可采取改正措施的,责令限期改正并处罚款。对于后一种情况,如果已经按照城乡规划法律法规的规定补办了相关手续并缴纳了罚款的,在征收时可以视为合法建筑进行补偿。

(2) 对于未超过批准期限的临时建筑应当给予适当补偿。

根据城乡规划管理法律法规的规定,在城市规划区内进行临时建设,必须在批准的使用期限内拆除。因此,对于超过了批准期限的临时建筑,应当由建设者在限期内拆除,在征收时不予补偿。未超过批准期限的临时建筑,也是合法建筑,未到批准使用期限拆除,会给临时建筑所有人带来一定的经济损失。因此,拆除未超过批准期限的临时建筑,应当给予适当补偿。对未超过批准使用期限的临时建筑的补偿,应按已使用期限的剩余价值参考剩余使用期限确定。

(3) 房屋征收决定前,政府组织有关部门对未经登记的建筑进行调查、认定和处理。当事人对有关部门的认定和处理结果不服的,可以依法提起行政复议或者诉讼。

参见 《城乡规划法》第44条

第二十五条 【补偿协议】房屋征收部门与被征收人依照本条例的规定,就补偿方式、补偿金额和支付期限、用于产权调换房屋的地点和面积、搬迁费、临时安置费或者周转用房、停产停业损失、搬迁期限、过渡方式和过渡期限等事项，订立补偿协议。

补偿协议订立后，一方当事人不履行补偿协议约定的义务的，另一方当事人可以依法提起诉讼。

注释 本条是关于补偿协议的订立和当事人不履行补偿协议情形的规定。补偿协议的内容包括：补偿方式、补偿金额及支付期限、用于产权调换房屋的地点和面积、搬迁费、临时安置费或周转用房、停产停业损失、搬迁期限、过渡方式和过渡期限。在订立补偿协议后，一方不履行的，另一方当事人可以向人民法院提起诉讼，要求对方承担继续履行、采取补救措施或者赔偿损失等违约责任。

案例 1. 徐州市建筑资产经营公司与李川房屋拆迁安置纠纷上诉案（江苏省徐州市中级人民法院民事判决书〔2011〕徐民终字第158号）

案件适用要点：拆迁人根据协议负有协助被拆迁人办理拆迁置换房屋权属登记的合同义务。如果拆迁人被吊销营业执照，具备公司解散的法定事由进行清算，作为拆迁人的全额出资股东和清算主体，应当继续承担协助办理涉案房屋的权属登记的义务。

2. 窦玉东与徐州经济技术开发区管理委员会房屋拆迁安置补偿合同纠纷上诉案（江苏省徐州市中级人民法院民事判决书〔2011〕徐民终字第1223号）

案件适用要点：当事人所签订的拆迁协议是双方真实意思表示，亦不违反相关法律法规规定，系合法有效合同，自成立时生效，对当事人具有法律约束力。当事人应当按照约定全面履行自己的义务。一方履行完毕，另一方不得反悔拒绝履行义务。

第二十六条 【补偿决定】房屋征收部门与被征收人在征收补偿方案确定的签约期限内达不成补偿协议，或者被征收房屋所有权人不明确的，由房屋征收部门报请作出房屋征收决定的市、县级人民政府依照本条例的规定，按照征收补偿方案作出补偿决定，并在房屋征收范围内予以公告。

补偿决定应当公平，包括本条例第二十五条第一款规定的有关补偿协议的事项。

被征收人对补偿决定不服的,可以依法申请行政复议,也可以依法提起行政诉讼。

注释 市、县级人民政府作出补偿决定的情形有两种:

(1) 在征收补偿方案确定的签约期限内达不成补偿协议。房屋征收中,当事人可能由于对补偿方式和补偿金额、安置用房面积和安置地点、搬迁期限、搬迁过渡方式和过渡期限等事项持有不同看法,从而导致补偿协议一时无法达成。为避免房屋征收当事人各执己见、相互扯皮,久拖不决,本条规定在征收补偿方案确定的签约期限内达不成补偿协议,由房屋征收部门报请作出房屋征收决定的市、县级人民政府作出补偿决定。房屋征收部门报请作出补偿决定的时间,应当是在征收补偿方案确定的签约期限之后。在征收补偿方案确定的签约期限内达不成协议,还有一层潜在的含义,就是政府认为有关补偿方式与金额、安置用房面积和地区、搬迁期限、搬迁过渡方式与过渡期限等事项合乎法律规定,有关当事人的合法权益得到了补偿,超过签约期限仍不签订协议,这时才可以作出补偿决定。

(2) 房屋所有权人不明确。被征收房屋所有权人不明确是指无产权关系证明、产权人下落不明、暂时无法考证产权的合法所有人或因产权关系正在诉讼等情形。由于房屋所有权人不明确,补偿的对象也就不确定,往往难以进行补偿。在此情况下,不能因此就降低补偿或不对此类房屋进行补偿,也不能因此久拖不决影响整个征收补偿工作。

第二十七条 【先补偿后搬迁】实施房屋征收应当先补偿、后搬迁。

作出房屋征收决定的市、县级人民政府对被征收人给予补偿后,被征收人应当在补偿协议约定或者补偿决定确定的搬迁期限内完成搬迁。

任何单位和个人不得采取暴力、威胁或者违反规定中断供水、供热、供气、供电和道路通行等非法方式迫使被征收人搬迁。禁止建设单位参与搬迁活动。

注释 [先补偿后搬迁]

包含两种情况：一是房屋征收当事人就房屋征收补偿达成一致，签订协议，双方已按协议履行了相关的给付义务；二是征收当事人未达成补偿协议，市、县级人民政府已经依法作出补偿决定，货币补偿已经专户存储、产权调换房屋和周转用房的地点和面积已经明确。符合这两种情况都属于先行予以补偿。补偿方式不同，具体情况也会有所不同。如实行货币补偿的，货币补偿已经专户存储、被征收人可以随时支取即可视为对被征收人进行了补偿；实行现房产权调换的，征收人可以确定安置房源，待被征收人搬迁完毕后再实际办理交付手续；实行期房产权调换的，征收人则可以在协议确定安置房源后要求被征收人搬迁，待安置房竣工后再按约定交付房屋。

[暴力等非法行为的禁止]

这里需要强调的是禁止的是违反规定中断供水、供热、供气、供电和道路通行等非法行为。市、县级人民政府规范管理征收搬迁时，既要严格遵守国家有关规定，又要从采取措施的目的、是否符合程序、安全需要以及是否对未搬迁住户产生实际影响等方面出发去具体考量。至于本条规定的暴力、威胁方式，不论何种目的和具体行为方式，都属于非法行为，为法规所禁止，要坚决予以严厉打击。

第二十八条 【依法申请法院强制执行】 被征收人在法定期限内不申请行政复议或者不提起行政诉讼，在补偿决定规定的期限内又不搬迁的，由作出房屋征收决定的市、县级人民政府依法申请人民法院强制执行。

强制执行申请书应当附具补偿金额和专户存储账号、产权调换房屋和周转用房的地点和面积等材料。

注释 关于本条规定的强制执行措施，注意：

（1）强制执行以补偿决定为前提。在实际操作中，被征收人不搬迁主要存在两种情况，第一，达成了补偿协议，又反悔不搬迁的；第二，作了补偿决定，在决定规定的搬迁期限内未搬迁的。第一种情况，可以由房屋征收部门按照违约之诉向法院提起诉讼并申请执行。第二种情况，则可以根据本条的规定申请法院强制执行。

(2) 对申请法院强制执行的条件予以了严格规定。规定强制执行申请必须以被征收人在法定期间内不申请行政复议或者不提起行政诉讼,又不在补偿决定规定的期限内搬迁为前提。补偿决定一经作出,即具有拘束力和执行力。被征收人对补偿决定不服的,可以依法申请行政复议,也可以依法向人民法院提起行政诉讼。

(3) 申请法院强制执行的主体是作出房屋征收决定的市、县级人民政府。由于征收决定的主体、征收补偿的主体以及补偿决定的主体都是市、县级人民政府,是一系列行政行为的主体,依据《行政诉讼法》第97条规定,当被征收人在法定期限内不提起诉讼又不履行行政行为的,只能由作出行政行为的行政机关申请人民法院强制执行。因此申请法院强制执行的主体是作出征收决定的市、县级人民政府。申请的法院根据《行政诉讼法》的规定,一般为不动产所在地的基层人民法院。

案例 施桂英诉福建省厦门市思明区人民政府行政强制措施案(《中国行政审判案例》第2卷,中国法制出版社2011年版)

案件适用要点:实施强制搬迁时,执行人应当通知被执行人到场,否则构成程序违法。

第二十九条 【征收补偿档案与审计监督】房屋征收部门应当依法建立房屋征收补偿档案,并将分户补偿情况在房屋征收范围内向被征收人公布。

审计机关应当加强对征收补偿费用管理和使用情况的监督,并公布审计结果。

注释 房屋征收补偿档案资料包括:征收决定发布前的相关会议纪要;征收决定发布所依据的相关规划、立项资料;征收决定发布前的群众听证和征求意见等资料;征收补偿方案;征收决定及公告;委托征收实施单位的合同;委托价格评估机构的合同;整体评估报告和分户评估报告;通知有关部门停止办理相关手续的书面通知;分户补偿资料;补偿协议;达不成补偿协议的,由市、县级人民政府作出的补偿决定及有关资料;申请人民法院强制执行的材料;监察、审计部门对征收工作进行监督检查、审计的材料;其他与征收有关的档案资料。

第四章 法律责任

第三十条 【玩忽职守等法律责任】 市、县级人民政府及房屋征收部门的工作人员在房屋征收与补偿工作中不履行本条例规定的职责,或者滥用职权、玩忽职守、徇私舞弊的,由上级人民政府或者本级人民政府责令改正,通报批评;造成损失的,依法承担赔偿责任;对直接负责的主管人员和其他直接责任人员,依法给予处分;构成犯罪的,依法追究刑事责任。

注释 本条针对有关工作人员不履行本条例规定的职责以及滥用职权、玩忽职守、徇私舞弊的行为规定了相应的法律责任。本条规定的违法行为主体是市、县级人民政府及房屋征收部门的工作人员。

参见 《刑法》第397条

第三十一条 【暴力等非法搬迁法律责任】 采取暴力、威胁或者违反规定中断供水、供热、供气、供电和道路通行等非法方式迫使被征收人搬迁,造成损失的,依法承担赔偿责任;对直接负责的主管人员和其他直接责任人员,构成犯罪的,依法追究刑事责任;尚不构成犯罪的,依法给予处分;构成违反治安管理行为的,依法给予治安管理处罚。

注释 本条是关于采取暴力、威胁或者违反规定中断供水、供热、供气、供电和道路通行等非法方式迫使被征收人搬迁的法律责任的规定。本条对部分禁止性行为进行了列举,但是并不局限于所列举的这些行为,如果实施征收搬迁工作的单位或者个人采用其他非法方式强迫被征收人搬迁的,也同样应当给予相应的处罚。

第三十二条 【非法阻碍征收与补偿工作法律责任】 采取暴力、威胁等方法阻碍依法进行的房屋征收与补偿工作,构成犯罪的,依法追究刑事责任;构成违反治安管理行为的,依法给予治安管理处罚。

注释 本条规定了若采取暴力、威胁等方法阻碍国家机关工作人员依法进行房屋征收和补偿工作,构成犯罪的,应当依照《刑法》的规定予以处罚；若被征收人或者其他有关人员的违法行为尚不构成犯罪，而是违反了治安管理行为的，应当依据《治安管理处罚法》的规定给予治安管理处罚。尽管对被征收人或者其他有关人员采取暴力、威胁等方法阻碍依法进行的房屋征收与补偿工作的行为应当予以处罚，但仍然应当依照条例的规定支付房屋征收补偿费用、提供用于产权调换的房屋和周转用房等，不能因此不支付、少支付或者拖延支付对被征收人的征收补偿。

第三十三条　【贪污、挪用等法律责任】贪污、挪用、私分、截留、拖欠征收补偿费用的，责令改正，追回有关款项，限期退还违法所得，对有关责任单位通报批评、给予警告；造成损失的，依法承担赔偿责任；对直接负责的主管人员和其他直接责任人员，构成犯罪的，依法追究刑事责任；尚不构成犯罪的，依法给予处分。

参见　《刑法》第 382-384、386 条

第三十四条　【违法评估法律责任】房地产价格评估机构或者房地产估价师出具虚假或者有重大差错的评估报告的，由发证机关责令限期改正，给予警告，对房地产价格评估机构并处 5 万元以上 20 万元以下罚款，对房地产估价师并处 1 万元以上 3 万元以下罚款，并记入信用档案；情节严重的，吊销资质证书、注册证书；造成损失的，依法承担赔偿责任；构成犯罪的，依法追究刑事责任。

注释　本条是关于房地产价格评估机构或者房地产估价师出具虚假或者有重大差错的评估报告的法律责任的规定。本条区分单位和个人这两类主体分别设定了不同的罚款额度，这主要是出于不同主体经济实力不同的考虑。对房地产价格评估机构并处 5 万元以上 20 万元以下罚款，对房地产估价师并处 1 万元以上 3 万元以下罚款，应当根据违法行为情节轻重，在法定的幅度内给予罚款。

参见　《刑法》第 229 条

第五章 附　　则

第三十五条　【施行日期】本条例自公布之日起施行。2001年6月13日国务院公布的《城市房屋拆迁管理条例》同时废止。本条例施行前已依法取得房屋拆迁许可证的项目，继续沿用原有的规定办理，但政府不得责成有关部门强制拆迁。

城市房地产开发经营管理条例

（1998年7月20日中华人民共和国国务院令第248号发布　根据2011年1月8日《国务院关于废止和修改部分行政法规的决定》第一次修订　根据2018年3月19日《国务院关于修改和废止部分行政法规的决定》第二次修订　根据2019年3月24日《国务院关于修改部分行政法规的决定》第三次修订　根据2020年3月27日《国务院关于修改和废止部分行政法规的决定》第四次修订　根据2020年11月29日《国务院关于修改和废止部分行政法规的决定》第五次修订）

第一章 总　　则

第一条　为了规范房地产开发经营行为，加强对城市房地产开发经营活动的监督管理，促进和保障房地产业的健康发展，根据《中华人民共和国城市房地产管理法》的有关规定，制定本条例。

第二条　本条例所称房地产开发经营，是指房地产开发企业在城市规划区内国有土地上进行基础设施建设、房屋建设，并转让房地产开发项目或者销售、出租商品房的行为。

第三条　房地产开发经营应当按照经济效益、社会效益、环境效益相统一的原则，实行全面规划、合理布局、综合开发、配套建设。

第四条 国务院建设行政主管部门负责全国房地产开发经营活动的监督管理工作。

县级以上地方人民政府房地产开发主管部门负责本行政区域内房地产开发经营活动的监督管理工作。

县级以上人民政府负责土地管理工作的部门依照有关法律、行政法规的规定，负责与房地产开发经营有关的土地管理工作。

第二章　房地产开发企业

第五条 设立房地产开发企业，除应当符合有关法律、行政法规规定的企业设立条件外，还应当具备下列条件：

（一）有 100 万元以上的注册资本；

（二）有 4 名以上持有资格证书的房地产专业、建筑工程专业的专职技术人员，2 名以上持有资格证书的专职会计人员。

省、自治区、直辖市人民政府可以根据本地方的实际情况，对设立房地产开发企业的注册资本和专业技术人员的条件作出高于前款的规定。

第六条 外商投资设立房地产开发企业的，除应当符合本条例第五条的规定外，还应当符合外商投资法律、行政法规的规定。

第七条 设立房地产开发企业，应当向县级以上人民政府工商行政管理部门申请登记。工商行政管理部门对符合本条例第五条规定条件的，应当自收到申请之日起 30 日内予以登记；对不符合条件不予登记的，应当说明理由。

工商行政管理部门在对设立房地产开发企业申请登记进行审查时，应当听取同级房地产开发主管部门的意见。

第八条 房地产开发企业应当自领取营业执照之日起 30 日内，提交下列纸质或者电子材料，向登记机关所在地的房地产开发主管部门备案：

（一）营业执照复印件；

（二）企业章程；

（三）专业技术人员的资格证书和聘用合同。

第九条 房地产开发主管部门应当根据房地产开发企业的资产、专业技术人员和开发经营业绩等，对备案的房地产开发企业核定资质等级。房地产开发企业应当按照核定的资质等级，承担相应的房地产开发项目。具体办法由国务院建设行政主管部门制定。

第三章 房地产开发建设

第十条 确定房地产开发项目，应当符合土地利用总体规划、年度建设用地计划和城市规划、房地产开发年度计划的要求；按照国家有关规定需要经计划主管部门批准的，还应当报计划主管部门批准，并纳入年度固定资产投资计划。

第十一条 确定房地产开发项目，应当坚持旧区改建和新区建设相结合的原则，注重开发基础设施薄弱、交通拥挤、环境污染严重以及危旧房屋集中的区域，保护和改善城市生态环境，保护历史文化遗产。

第十二条 房地产开发用地应当以出让方式取得；但是，法律和国务院规定可以采用划拨方式的除外。

土地使用权出让或者划拨前，县级以上地方人民政府城市规划行政主管部门和房地产开发主管部门应当对下列事项提出书面意见，作为土地使用权出让或者划拨的依据之一：

（一）房地产开发项目的性质、规模和开发期限；
（二）城市规划设计条件；
（三）基础设施和公共设施的建设要求；
（四）基础设施建成后的产权界定；
（五）项目拆迁补偿、安置要求。

第十三条 房地产开发项目应当建立资本金制度，资本金占项目总投资的比例不得低于20％。

第十四条 房地产开发项目的开发建设应当统筹安排配套基础设施，并根据先地下、后地上的原则实施。

第十五条　房地产开发企业应当按照土地使用权出让合同约定的土地用途、动工开发期限进行项目开发建设。出让合同约定的动工开发期限满1年未动工开发的，可以征收相当于土地使用权出让金20%以下的土地闲置费；满2年未动工开发的，可以无偿收回土地使用权。但是，因不可抗力或者政府、政府有关部门的行为或者动工开发必需的前期工作造成动工迟延的除外。

第十六条　房地产开发企业开发建设的房地产项目，应当符合有关法律、法规的规定和建筑工程质量、安全标准、建筑工程勘察、设计、施工的技术规范以及合同的约定。

房地产开发企业应当对其开发建设的房地产开发项目的质量承担责任。

勘察、设计、施工、监理等单位应当依照有关法律、法规的规定或者合同的约定，承担相应的责任。

第十七条　房地产开发项目竣工，依照《建设工程质量管理条例》的规定验收合格后，方可交付使用。

第十八条　房地产开发企业应当将房地产开发项目建设过程中的主要事项记录在房地产开发项目手册中，并定期送房地产开发主管部门备案。

第四章　房地产经营

第十九条　转让房地产开发项目，应当符合《中华人民共和国城市房地产管理法》第三十九条、第四十条规定的条件。

第二十条　转让房地产开发项目，转让人和受让人应当自土地使用权变更登记手续办理完毕之日起30日内，持房地产开发项目转让合同到房地产开发主管部门备案。

第二十一条　房地产开发企业转让房地产开发项目时，尚未完成拆迁补偿安置的，原拆迁补偿安置合同中有关的权利、义务随之转移给受让人。项目转让人应当书面通知被拆迁人。

第二十二条　房地产开发企业预售商品房，应当符合下列条件：

（一）已交付全部土地使用权出让金，取得土地使用权证书；

（二）持有建设工程规划许可证和施工许可证；

（三）按提供的预售商品房计算，投入开发建设的资金达到工程建设总投资的25%以上，并已确定施工进度和竣工交付日期；

（四）已办理预售登记，取得商品房预售许可证明。

第二十三条 房地产开发企业申请办理商品房预售登记，应当提交下列文件：

（一）本条例第二十二条第（一）项至第（三）项规定的证明材料；

（二）营业执照和资质等级证书；

（三）工程施工合同；

（四）预售商品房分层平面图；

（五）商品房预售方案。

第二十四条 房地产开发主管部门应当自收到商品房预售申请之日起10日内，作出同意预售或者不同意预售的答复。同意预售的，应当核发商品房预售许可证明；不同意预售的，应当说明理由。

第二十五条 房地产开发企业不得进行虚假广告宣传，商品房预售广告中应当载明商品房预售许可证明的文号。

第二十六条 房地产开发企业预售商品房时，应当向预购人出示商品房预售许可证明。

房地产开发企业应当自商品房预售合同签订之日起30日内，到商品房所在地的县级以上人民政府房地产开发主管部门和负责土地管理工作的部门备案。

第二十七条 商品房销售，当事人双方应当签订书面合同。合同应当载明商品房的建筑面积和使用面积、价格、交付日期、质量要求、物业管理方式以及双方的违约责任。

第二十八条 房地产开发企业委托中介机构代理销售商品房的，应当向中介机构出具委托书。中介机构销售商品房时，应当向商品房购买人出示商品房的有关证明文件和商品房销售委托书。

第二十九条 房地产开发项目转让和商品房销售价格，由当事人协商议定；但是，享受国家优惠政策的居民住宅价格，应当实行政府指导价或者政府定价。

第三十条 房地产开发企业应当在商品房交付使用时，向购买人提供住宅质量保证书和住宅使用说明书。

住宅质量保证书应当列明工程质量监督单位核验的质量等级、保修范围、保修期和保修单位等内容。房地产开发企业应当按照住宅质量保证书的约定，承担商品房保修责任。

保修期内，因房地产开发企业对商品房进行维修，致使房屋原使用功能受到影响，给购买人造成损失的，应当依法承担赔偿责任。

第三十一条 商品房交付使用后，购买人认为主体结构质量不合格的，可以向工程质量监督单位申请重新核验。经核验，确属主体结构质量不合格的，购买人有权退房；给购买人造成损失的，房地产开发企业应当依法承担赔偿责任。

第三十二条 预售商品房的购买人应当自商品房交付使用之日起90日内，办理土地使用权变更和房屋所有权登记手续；现售商品房的购买人应当自销售合同签订之日起90日内，办理土地使用权变更和房屋所有权登记手续。房地产开发企业应当协助商品房购买人办理土地使用权变更和房屋所有权登记手续，并提供必要的证明文件。

第五章 法律责任

第三十三条 违反本条例规定，未取得营业执照，擅自从事房地产开发经营的，由县级以上人民政府工商行政管理部门责令停止房地产开发经营活动，没收违法所得，可以并处违法所得5倍以下的罚款。

第三十四条 违反本条例规定，未取得资质等级证书或者超越资质等级从事房地产开发经营的，由县级以上人民政府房地产开发主管部门责令限期改正，处5万元以上10万元以下的罚款；逾期不改正的，由工商行政管理部门吊销营业执照。

第三十五条 违反本条例规定，擅自转让房地产开发项目的，由县级以上人民政府负责土地管理工作的部门责令停止违法行为，没收违法所得，可以并处违法所得5倍以下的罚款。

第三十六条 违反本条例规定，擅自预售商品房的，由县级以上人民政府房地产开发主管部门责令停止违法行为，没收违法所得，可以并处已收取的预付款1%以下的罚款。

第三十七条 国家机关工作人员在房地产开发经营监督管理工作中玩忽职守、徇私舞弊、滥用职权，构成犯罪的，依法追究刑事责任；尚不构成犯罪的，依法给予行政处分。

第六章 附 则

第三十八条 在城市规划区外国有土地上从事房地产开发经营，实施房地产开发经营监督管理，参照本条例执行。

第三十九条 城市规划区内集体所有的土地，经依法征收转为国有土地后，方可用于房地产开发经营。

第四十条 本条例自发布之日起施行。

国有土地上房屋征收评估办法

（2011年6月3日 建房〔2011〕77号）

第一条 为规范国有土地上房屋征收评估活动，保证房屋征收评估结果客观公平，根据《国有土地上房屋征收与补偿条例》，制定本办法。

第二条 评估国有土地上被征收房屋和用于产权调换房屋的价值，测算被征收房屋类似房地产的市场价格，以及对相关评估结果进行复核评估和鉴定，适用本办法。

第三条 房地产价格评估机构、房地产估价师、房地产价格评估专家委员会（以下称评估专家委员会）成员应当独立、客观、公正地开展房屋征收评估、鉴定工作，并对出具的评估、鉴定意见负责。

任何单位和个人不得干预房屋征收评估、鉴定活动。与房屋征收当事人有利害关系的，应当回避。

第四条 房地产价格评估机构由被征收人在规定时间内协商选定；在规定时间内协商不成的，由房屋征收部门通过组织被征收人按照少数服从多数的原则投票决定，或者采取摇号、抽签等随机方式确定。具体办法由省、自治区、直辖市制定。

房地产价格评估机构不得采取迎合征收当事人不当要求、虚假宣传、恶意低收费等不正当手段承揽房屋征收评估业务。

第五条 同一征收项目的房屋征收评估工作，原则上由一家房地产价格评估机构承担。房屋征收范围较大的，可以由两家以上房地产价格评估机构共同承担。

两家以上房地产价格评估机构承担的，应当共同协商确定一家房地产价格评估机构为牵头单位；牵头单位应当组织相关房地产价格评估机构就评估对象、评估时点、价值内涵、评估依据、评估假设、评估原则、评估技术路线、评估方法、重要参数选取、评估结果确定方式等进行沟通，统一标准。

第六条 房地产价格评估机构选定或者确定后，一般由房屋征收部门作为委托人，向房地产价格评估机构出具房屋征收评估委托书，并与其签订房屋征收评估委托合同。

房屋征收评估委托书应当载明委托人的名称、委托的房地产价格评估机构的名称、评估目的、评估对象范围、评估要求以及委托日期等内容。

房屋征收评估委托合同应当载明下列事项：

（一）委托人和房地产价格评估机构的基本情况；

（二）负责本评估项目的注册房地产估价师；

（三）评估目的、评估对象、评估时点等评估基本事项；

（四）委托人应提供的评估所需资料；

（五）评估过程中双方的权利和义务；

（六）评估费用及收取方式；
（七）评估报告交付时间、方式；
（八）违约责任；
（九）解决争议的方法；
（十）其他需要载明的事项。

第七条 房地产价格评估机构应当指派与房屋征收评估项目工作量相适应的足够数量的注册房地产估价师开展评估工作。

房地产价格评估机构不得转让或者变相转让受托的房屋征收评估业务。

第八条 被征收房屋价值评估目的应当表述为"为房屋征收部门与被征收人确定被征收房屋价值的补偿提供依据，评估被征收房屋的价值"。

用于产权调换房屋价值评估目的应当表述为"为房屋征收部门与被征收人计算被征收房屋价值与用于产权调换房屋价值的差价提供依据，评估用于产权调换房屋的价值"。

第九条 房屋征收评估前，房屋征收部门应当组织有关单位对被征收房屋情况进行调查，明确评估对象。评估对象应当全面、客观，不得遗漏、虚构。

房屋征收部门应当向受托的房地产价格评估机构提供征收范围内房屋情况，包括已经登记的房屋情况和未经登记建筑的认定、处理结果情况。调查结果应当在房屋征收范围内向被征收人公布。

对于已经登记的房屋，其性质、用途和建筑面积，一般以房屋权属证书和房屋登记簿的记载为准；房屋权属证书与房屋登记簿的记载不一致的，除有证据证明房屋登记簿确有错误外，以房屋登记簿为准。对于未经登记的建筑，应当按照市、县级人民政府的认定、处理结果进行评估。

第十条 被征收房屋价值评估时点为房屋征收决定公告之日。

用于产权调换房屋价值评估时点应当与被征收房屋价值评估时点一致。

第十一条 被征收房屋价值是指被征收房屋及其占用范围内的

土地使用权在正常交易情况下，由熟悉情况的交易双方以公平交易方式在评估时点自愿进行交易的金额，但不考虑被征收房屋租赁、抵押、查封等因素的影响。

前款所述不考虑租赁因素的影响，是指评估被征收房屋无租约限制的价值；不考虑抵押、查封因素的影响，是指评估价值中不扣除被征收房屋已抵押担保的债权数额、拖欠的建设工程价款和其他法定优先受偿款。

第十二条 房地产价格评估机构应当安排注册房地产估价师对被征收房屋进行实地查勘，调查被征收房屋状况，拍摄反映被征收房屋内外部状况的照片等影像资料，做好实地查勘记录，并妥善保管。

被征收人应当协助注册房地产估价师对被征收房屋进行实地查勘，提供或者协助搜集被征收房屋价值评估所必需的情况和资料。

房屋征收部门、被征收人和注册房地产估价师应当在实地查勘记录上签字或者盖章确认。被征收人拒绝在实地查勘记录上签字或者盖章的，应当由房屋征收部门、注册房地产估价师和无利害关系的第三人见证，有关情况应当在评估报告中说明。

第十三条 注册房地产估价师应当根据评估对象和当地房地产市场状况，对市场法、收益法、成本法、假设开发法等评估方法进行适用性分析后，选用其中一种或者多种方法对被征收房屋价值进行评估。

被征收房屋的类似房地产有交易的，应当选用市场法评估；被征收房屋或者其类似房地产有经济收益的，应当选用收益法评估；被征收房屋是在建工程的，应当选用假设开发法评估。

可以同时选用两种以上评估方法评估的，应当选用两种以上评估方法评估，并对各种评估方法的测算结果进行校核和比较分析后，合理确定评估结果。

第十四条 被征收房屋价值评估应当考虑被征收房屋的区位、用途、建筑结构、新旧程度、建筑面积以及占地面积、土地使用权等影响被征收房屋价值的因素。

被征收房屋室内装饰装修价值，机器设备、物资等搬迁费用，以及停产停业损失等补偿，由征收当事人协商确定；协商不成的，可以委托房地产价格评估机构通过评估确定。

第十五条　房屋征收评估价值应当以人民币为计价的货币单位，精确到元。

第十六条　房地产价格评估机构应当按照房屋征收评估委托书或者委托合同的约定，向房屋征收部门提供分户的初步评估结果。分户的初步评估结果应当包括评估对象的构成及其基本情况和评估价值。房屋征收部门应当将分户的初步评估结果在征收范围内向被征收人公示。

公示期间，房地产价格评估机构应当安排注册房地产估价师对分户的初步评估结果进行现场说明解释。存在错误的，房地产价格评估机构应当修正。

第十七条　分户初步评估结果公示期满后，房地产价格评估机构应当向房屋征收部门提供委托评估范围内被征收房屋的整体评估报告和分户评估报告。房屋征收部门应当向被征收人转交分户评估报告。

整体评估报告和分户评估报告应当由负责房屋征收评估项目的两名以上注册房地产估价师签字，并加盖房地产价格评估机构公章。不得以印章代替签字。

第十八条　房屋征收评估业务完成后，房地产价格评估机构应当将评估报告及相关资料立卷、归档保管。

第十九条　被征收人或者房屋征收部门对评估报告有疑问的，出具评估报告的房地产价格评估机构应当向其作出解释和说明。

第二十条　被征收人或者房屋征收部门对评估结果有异议的，应当自收到评估报告之日起10日内，向房地产价格评估机构申请复核评估。

申请复核评估的，应当向原房地产价格评估机构提出书面复核评估申请，并指出评估报告存在的问题。

第二十一条　原房地产价格评估机构应当自收到书面复核评估

申请之日起 10 日内对评估结果进行复核。复核后，改变原评估结果的，应当重新出具评估报告；评估结果没有改变的，应当书面告知复核评估申请人。

第二十二条　被征收人或者房屋征收部门对原房地产价格评估机构的复核结果有异议的，应当自收到复核结果之日起 10 日内，向被征收房屋所在地评估专家委员会申请鉴定。被征收人对补偿仍有异议的，按照《国有土地上房屋征收与补偿条例》第二十六条规定处理。

第二十三条　各省、自治区住房城乡建设主管部门和设区城市的房地产管理部门应当组织成立评估专家委员会，对房地产价格评估机构做出的复核结果进行鉴定。

评估专家委员会由房地产估价师以及价格、房地产、土地、城市规划、法律等方面的专家组成。

第二十四条　评估专家委员会应当选派成员组成专家组，对复核结果进行鉴定。专家组成员为 3 人以上单数，其中房地产估价师不得少于二分之一。

第二十五条　评估专家委员会应当自收到鉴定申请之日起 10 日内，对申请鉴定评估报告的评估程序、评估依据、评估假设、评估技术路线、评估方法选用、参数选取、评估结果确定方式等评估技术问题进行审核，出具书面鉴定意见。

经评估专家委员会鉴定，评估报告不存在技术问题的，应当维持评估报告；评估报告存在技术问题的，出具评估报告的房地产价格评估机构应当改正错误，重新出具评估报告。

第二十六条　房屋征收评估鉴定过程中，房地产价格评估机构应当按照评估专家委员会要求，就鉴定涉及的评估相关事宜进行说明。需要对被征收房屋进行实地查勘和调查的，有关单位和个人应当协助。

第二十七条　因房屋征收评估、复核评估、鉴定工作需要查询被征收房屋和用于产权调换房屋权属以及相关房地产交易信息的，房地产管理部门及其他相关部门应当提供便利。

第二十八条 在房屋征收评估过程中，房屋征收部门或者被征收人不配合、不提供相关资料的，房地产价格评估机构应当在评估报告中说明有关情况。

第二十九条 除政府对用于产权调换房屋价格有特别规定外，应当以评估方式确定用于产权调换房屋的市场价值。

第三十条 被征收房屋的类似房地产是指与被征收房屋的区位、用途、权利性质、档次、新旧程度、规模、建筑结构等相同或者相似的房地产。

被征收房屋类似房地产的市场价格是指被征收房屋的类似房地产在评估时点的平均交易价格。确定被征收房屋类似房地产的市场价格，应当剔除偶然的和不正常的因素。

第三十一条 房屋征收评估、鉴定费用由委托人承担。但鉴定改变原评估结果的，鉴定费用由原房地产价格评估机构承担。复核评估费用由原房地产价格评估机构承担。房屋征收评估、鉴定费用按照政府价格主管部门规定的收费标准执行。

第三十二条 在房屋征收评估活动中，房地产价格评估机构和房地产估价师的违法违规行为，按照《国有土地上房屋征收与补偿条例》、《房地产估价机构管理办法》、《注册房地产估价师管理办法》等规定处罚。违反规定收费的，由政府价格主管部门依照《中华人民共和国价格法》规定处罚。

第三十三条 本办法自公布之日起施行。2003年12月1日原建设部发布的《城市房屋拆迁估价指导意见》同时废止。但《国有土地上房屋征收与补偿条例》施行前已依法取得房屋拆迁许可证的项目，继续沿用原有规定。

最高人民法院关于办理申请人民法院强制执行国有土地上房屋征收补偿决定案件若干问题的规定

(2012年2月27日最高人民法院审判委员会第1543次会议通过 2012年3月26日最高人民法院公告公布 自2012年4月10日起施行 法释〔2012〕4号)

为依法正确办理市、县级人民政府申请人民法院强制执行国有土地上房屋征收补偿决定(以下简称征收补偿决定)案件,维护公共利益,保障被征收房屋所有权人的合法权益,根据《中华人民共和国行政诉讼法》、《中华人民共和国行政强制法》、《国有土地上房屋征收与补偿条例》(以下简称《条例》)等有关法律、行政法规规定,结合审判实际,制定本规定。

第一条 申请人民法院强制执行征收补偿决定案件,由房屋所在地基层人民法院管辖,高级人民法院可以根据本地实际情况决定管辖法院。

第二条 申请机关向人民法院申请强制执行,除提供《条例》第二十八条规定的强制执行申请书及附具材料外,还应当提供下列材料:

(一)征收补偿决定及相关证据和所依据的规范性文件;

(二)征收补偿决定送达凭证、催告情况及房屋被征收人、直接利害关系人的意见;

(三)社会稳定风险评估材料;

(四)申请强制执行的房屋状况;

(五)被执行人的姓名或者名称、住址及与强制执行相关的财产状况等具体情况;

（六）法律、行政法规规定应当提交的其他材料。

强制执行申请书应当由申请机关负责人签名，加盖申请机关印章，并注明日期。

强制执行的申请应当自被执行人的法定起诉期限届满之日起三个月内提出；逾期申请的，除有正当理由外，人民法院不予受理。

第三条 人民法院认为强制执行的申请符合形式要件且材料齐全的，应当在接到申请后五日内立案受理，并通知申请机关；不符合形式要件或者材料不全的应当限期补正，并在最终补正的材料提供后五日内立案受理；不符合形式要件或者逾期无正当理由不补正材料的，裁定不予受理。

申请机关对不予受理的裁定有异议的，可以自收到裁定之日起十五日内向上一级人民法院申请复议，上一级人民法院应当自收到复议申请之日起十五日内作出裁定。

第四条 人民法院应当自立案之日起三十日内作出是否准予执行的裁定；有特殊情况需要延长审查期限的，由高级人民法院批准。

第五条 人民法院在审查期间，可以根据需要调取相关证据、询问当事人、组织听证或者进行现场调查。

第六条 征收补偿决定存在下列情形之一的，人民法院应当裁定不准予执行：

（一）明显缺乏事实根据；

（二）明显缺乏法律、法规依据；

（三）明显不符合公平补偿原则，严重损害被执行人合法权益，或者使被执行人基本生活、生产经营条件没有保障；

（四）明显违反行政目的，严重损害公共利益；

（五）严重违反法定程序或者正当程序；

（六）超越职权；

（七）法律、法规、规章等规定的其他不宜强制执行的情形。

人民法院裁定不准予执行的，应当说明理由，并在五日内将裁定送达申请机关。

第七条 申请机关对不准予执行的裁定有异议的，可以自收到裁定之日起十五日内向上一级人民法院申请复议，上一级人民法院应当自收到复议申请之日起三十日内作出裁定。

第八条　人民法院裁定准予执行的，应当在五日内将裁定送达申请机关和被执行人，并可以根据实际情况建议申请机关依法采取必要措施，保障征收与补偿活动顺利实施。

第九条　人民法院裁定准予执行的，一般由作出征收补偿决定的市、县级人民政府组织实施，也可以由人民法院执行。

第十条　《条例》施行前已依法取得房屋拆迁许可证的项目，人民法院裁定准予执行房屋拆迁裁决的，参照本规定第九条精神办理。

第十一条　最高人民法院以前所作的司法解释与本规定不一致的，按本规定执行。

最高人民法院关于征收国有土地上房屋时是否应当对被征收人未经登记的空地和院落予以补偿的答复

（2013年5月15日　〔2012〕行他字第16号）

山东省高级人民法院：

你院《关于征收国有土地上房屋时是否应当对被征收人未确权登记的空地和院落单独予以补偿的请示》收悉，经研究，答复如下：

对土地公有制之前，通过购买房屋方式使用私有的土地，土地转为国有后迄今仍继续使用的，未经确权登记，亦应确定现使用者的国有土地使用权。

国有土地上房屋征收补偿中，应将当事人合法享有国有土地使用权的院落、空地面积纳入评估范围，按照征收时的房地产市场价格，一并予以征收补偿。

此复。

最高人民法院关于违法的建筑物、构筑物、设施等强制拆除问题的批复

(2013年3月25日最高人民法院审判委员会第1572次会议通过 2013年3月27日最高人民法院公告公布 自2013年4月3日起施行 法释〔2013〕5号)

北京市高级人民法院：

根据行政强制法和城乡规划法有关规定精神，对涉及违反城乡规划法的违法建筑物、构筑物、设施等的强制拆除，法律已经授予行政机关强制执行权，人民法院不受理行政机关提出的非诉行政执行申请。

> **注释** 所谓"非诉行政执行申请"，是指当事人在法定期限内不申请行政复议或者提起行政诉讼，又不履行行政决定，没有行政强制执行权的行政机关可以自期限届满之日起3个月内，依法向人民法院提出的强制执行申请。其直接依据来自《行政强制法》第53条、《行政诉讼法》第97条以及最高人民法院有关司法解释的规定。申请主体是行政机关，申请执行的依据是其作出的生效的行政决定。本批复重在强调人民法院不受理行政机关提出的有关限期拆除决定等的非诉行政执行申请。
>
> 值得注意的是，只有无行政强制执行权的行政机关才可以向法院提出非诉行政执行申请。《城乡规划法》第68条规定，城乡规划主管部门作出责令停止建设或者限期拆除的决定后，当事人不停止建设或者逾期不拆除的，建设工程所在地县级以上地方人民政府可以责成有关部门采取查封施工现场、强制拆除等措施。即法律已经授权县级以上人民政府可以责成有关部门强制拆除，这就意味着"强制拆除"要按照行政程序执行，启动非诉执行的司法程序的理由不足。
>
> 人民法院对拆除违法建筑物、构筑物及设施涉及的行政侵权可

以在三个环节发挥司法保护作用：(1) 行政机关以当事人违反城乡规划法为由作出责令停止建设、限期改正、限期拆除等决定后，当事人有权向人民法院提起行政诉讼。被告通常是作出上述决定的市、县人民政府城乡规划主管部门或乡、镇人民政府。人民法院对上述决定进行合法性审查，对违法情形可以作出撤销上述决定或确认违法、要求限期重作等判决。(2) 在限期改正、限期拆除等决定后作出后，强制拆除活动进行前，行政机关如果依照行政强制法作出强制执行决定，当事人有权提起行政诉讼。拆违领域的行政强制执行存在《城乡规划法》第68条规定的县级以上人民政府"责成"等程序以及《行政强制法》第25条、第37规定的催告、作出强制执行决定等程序，如果县级以上人民政府以自己名义作出的"责成"行为直接产生外化效果（如作出"责成决定书"、"强制执行决定书"等直接通知当事人），当事人可以县级以上人民政府为被告提起行政诉讼；如果强制执行决定是由被责成的部门作出的，则当事人可以该部门以及作出责成行为的县级以上政府为共同被告。(3) 当事人针对行政机关实施的强制拆除行为本身也可以依法提起诉讼。《行政强制法》第8条规定："公民、法人或者其他组织对行政机关实施行政强制，享有陈述权、申辩权；有权依法申请行政复议或者提起行政诉讼；因行政机关违法实施行政强制受到损害的，有权依法要求赔偿。"强制拆除行为作为一种行政行为具有可诉性，即使对违法建筑物、设施、构筑物等的行政处罚决定和强制执行决定本身合法有效，也可能存在实施主体不适格，执行对象错误，擅自扩大执行范围，没有采取适当的动产登记、封存、保管等措施，造成被执行人或其他人合法财产损失，以及违反《行政强制法》第43条规定在夜间或法定节假日实施，或者对居民生活采取停止供水、供电、供热、供燃气等方式实施等情形，当事人对此可依法提起行政诉讼或行政赔偿诉讼。需加说明的是，这一环节中当事人原则上只能针对行政强制执行行为本身的合法性提起诉讼，人民法院一般不对原行政行为的合法性进行审查。通常，直接实施的行政机关或者以自身名义委托他人实施的行政机关是被告，人民法院对违法的行政行为可以作出确认违法判决或者行政赔偿判决等。

房地产估价机构管理办法

(2005年10月12日建设部令第142号发布 根据2013年10月16日住房城乡建设部令第14号第一次修订 根据2015年5月4日住房城乡建设部令第24号第二次修订)

第一章 总 则

第一条 为了规范房地产估价机构行为,维护房地产估价市场秩序,保障房地产估价活动当事人合法权益,根据《中华人民共和国城市房地产管理法》、《中华人民共和国行政许可法》和《国务院对确需保留的行政审批项目设定行政许可的决定》等法律、行政法规,制定本办法。

第二条 在中华人民共和国境内申请房地产估价机构资质,从事房地产估价活动,对房地产估价机构实施监督管理,适用本办法。

第三条 本办法所称房地产估价机构,是指依法设立并取得房地产估价机构资质,从事房地产估价活动的中介服务机构。

本办法所称房地产估价活动,包括土地、建筑物、构筑物、在建工程、以房地产为主的企业整体资产、企业整体资产中的房地产等各类房地产评估,以及因转让、抵押、房屋征收、司法鉴定、课税、公司上市、企业改制、企业清算、资产重组、资产处置等需要进行的房地产评估。

第四条 房地产估价机构从事房地产估价活动,应当坚持独立、客观、公正的原则,执行房地产估价规范和标准。

房地产估价机构依法从事房地产估价活动,不受行政区域、行业限制。任何组织或者个人不得非法干预房地产估价活动和估价结果。

第五条 国务院住房城乡建设主管部门负责全国房地产估价机构的监督管理工作。

省、自治区人民政府住房城乡建设主管部门、直辖市人民政府房地产主管部门负责本行政区域内房地产估价机构的监督管理工作。

市、县人民政府房地产主管部门负责本行政区域内房地产估价机构的监督管理工作。

第六条 房地产估价行业组织应当加强房地产估价行业自律管理。鼓励房地产估价机构加入房地产估价行业组织。

第七条 国家建立全国统一的房地产估价行业管理信息平台，实现房地产估价机构资质核准、人员注册、信用档案管理等信息关联共享。

第二章 估价机构资质核准

第八条 房地产估价机构资质等级分为一、二、三级。

省、自治区人民政府住房城乡建设主管部门、直辖市人民政府房地产主管部门负责房地产估价机构资质许可。

省、自治区人民政府住房城乡建设主管部门、直辖市人民政府房地产主管部门应当执行国家统一的资质许可条件，加强房地产估价机构资质许可管理，营造公平竞争的市场环境。

国务院住房城乡建设主管部门应当加强对省、自治区人民政府住房城乡建设主管部门、直辖市人民政府房地产主管部门资质许可工作的指导和监督检查，及时纠正资质许可中的违法行为。

第九条 房地产估价机构应当由自然人出资，以有限责任公司或者合伙企业形式设立。

第十条 各资质等级房地产估价机构的条件如下：

（一）一级资质

1. 机构名称有房地产估价或者房地产评估字样；
2. 从事房地产估价活动连续6年以上，且取得二级房地产估价机构资质3年以上；
3. 有15名以上专职注册房地产估价师；
4. 在申请核定资质等级之日前3年平均每年完成估价标的物建

筑面积50万平方米以上或者土地面积25万平方米以上；

5. 法定代表人或者执行合伙人是注册后从事房地产估价工作3年以上的专职注册房地产估价师；

6. 有限责任公司的股东中有3名以上、合伙企业的合伙人中有2名以上专职注册房地产估价师，股东或者合伙人中有一半以上是注册后从事房地产估价工作3年以上的专职注册房地产估价师；

7. 有限责任公司的股份或者合伙企业的出资额中专职注册房地产估价师的股份或者出资额合计不低于60%；

8. 有固定的经营服务场所；

9. 估价质量管理、估价档案管理、财务管理等各项企业内部管理制度健全；

10. 随机抽查的1份房地产估价报告符合《房地产估价规范》的要求；

11. 在申请核定资质等级之日前3年内无本办法第三十三条禁止的行为。

(二) 二级资质

1. 机构名称有房地产估价或者房地产评估字样；

2. 取得三级房地产估价机构资质后从事房地产估价活动连续4年以上；

3. 有8名以上专职注册房地产估价师；

4. 在申请核定资质等级之日前3年平均每年完成估价标的物建筑面积30万平方米以上或者土地面积15万平方米以上；

5. 法定代表人或者执行合伙人是注册后从事房地产估价工作3年以上的专职注册房地产估价师；

6. 有限责任公司的股东中有3名以上、合伙企业的合伙人中有2名以上专职注册房地产估价师，股东或者合伙人中有一半以上是注册后从事房地产估价工作3年以上的专职注册房地产估价师；

7. 有限责任公司的股份或者合伙企业的出资额中专职注册房地产估价师的股份或者出资额合计不低于60%；

8. 有固定的经营服务场所；

9. 估价质量管理、估价档案管理、财务管理等各项企业内部管理制度健全;

10. 随机抽查的 1 份房地产估价报告符合《房地产估价规范》的要求;

11. 在申请核定资质等级之日前 3 年内无本办法第三十三条禁止的行为。

(三) 三级资质

1. 机构名称有房地产估价或者房地产评估字样;

2. 有 3 名以上专职注册房地产估价师;

3. 在暂定期内完成估价标的物建筑面积 8 万平方米以上或者土地面积 3 万平方米以上;

4. 法定代表人或者执行合伙人是注册后从事房地产估价工作 3 年以上的专职注册房地产估价师;

5. 有限责任公司的股东中有 2 名以上、合伙企业的合伙人中有 2 名以上专职注册房地产估价师,股东或者合伙人中有一半以上是注册后从事房地产估价工作 3 年以上的专职注册房地产估价师;

6. 有限责任公司的股份或者合伙企业的出资额中专职注册房地产估价师的股份或者出资额合计不低于 60%;

7. 有固定的经营服务场所;

8. 估价质量管理、估价档案管理、财务管理等各项企业内部管理制度健全;

9. 随机抽查的 1 份房地产估价报告符合《房地产估价规范》的要求;

10. 在申请核定资质等级之日前 3 年内无本办法第三十三条禁止的行为。

第十一条 申请核定房地产估价机构资质等级,应当如实向资质许可机关提交下列材料:

(一) 房地产估价机构资质等级申请表(一式二份,加盖申报机构公章);

(二) 房地产估价机构原资质证书正本复印件、副本原件;

（三）营业执照正、副本复印件（加盖申报机构公章）；

（四）法定代表人或者执行合伙人的任职文件复印件（加盖申报机构公章）；

（五）专职注册房地产估价师证明；

（六）固定经营服务场所的证明；

（七）经工商行政管理部门备案的公司章程或者合伙协议复印件（加盖申报机构公章）及有关估价质量管理、估价档案管理、财务管理等企业内部管理制度的文件、申报机构信用档案信息；

（八）随机抽查的在申请核定资质等级之日前3年内申报机构所完成的1份房地产估价报告复印件（一式二份，加盖申报机构公章）。

申请人应当对其提交的申请材料实质内容的真实性负责。

第十二条 新设立的中介服务机构申请房地产估价机构资质的，应当提供第十一条第（一）项、第（三）项至第（八）项材料。

新设立中介服务机构的房地产估价机构资质等级应当核定为三级资质，设1年的暂定期。

第十三条 房地产估价机构资质核准中的房地产估价报告抽查，应当执行全国统一的标准。

第十四条 申请核定房地产估价机构资质的，应当向设区的市人民政府房地产主管部门提出申请，并提交本办法第十一条规定的材料。

设区的市人民政府房地产主管部门应当自受理申请之日起20日内审查完毕，并将初审意见和全部申请材料报省、自治区人民政府住房城乡建设主管部门、直辖市人民政府房地产主管部门。

省、自治区人民政府住房城乡建设主管部门、直辖市人民政府房地产主管部门应当自受理申请材料之日起20日内作出决定。

省、自治区人民政府住房城乡建设主管部门、直辖市人民政府房地产主管部门应当在作出资质许可决定之日起10日内，将准予资质许可的决定报国务院住房城乡建设主管部门备案。

第十五条 房地产估价机构资质证书分为正本和副本，由国务院住房城乡建设主管部门统一印制，正、副本具有同等法律效力。

房地产估价机构遗失资质证书的，应当在公众媒体上声明作废后，申请补办。

第十六条　房地产估价机构资质有效期为3年。

资质有效期届满，房地产估价机构需要继续从事房地产估价活动的，应当在资质有效期届满30日前向资质许可机关提出资质延续申请。资质许可机关应当根据申请作出是否准予延续的决定。准予延续的，有效期延续3年。

在资质有效期内遵守有关房地产估价的法律、法规、规章、技术标准和职业道德的房地产估价机构，经原资质许可机关同意，不再审查，有效期延续3年。

第十七条　房地产估价机构的名称、法定代表人或者执行合伙人、组织形式、住所等事项发生变更的，应当在工商行政管理部门办理变更手续后30日内，到资质许可机关办理资质证书变更手续。

第十八条　房地产估价机构合并的，合并后存续或者新设立的房地产估价机构可以承继合并前各方中较高的资质等级，但应当符合相应的资质等级条件。

房地产估价机构分立的，只能由分立后的一方房地产估价机构承继原房地产估价机构资质，但应当符合原房地产估价机构资质等级条件。承继原房地产估价机构资质的一方由各方协商确定；其他各方按照新设立的中介服务机构申请房地产估价机构资质。

第十九条　房地产估价机构的工商登记注销后，其资质证书失效。

第三章　分支机构的设立

第二十条　一级资质房地产估价机构可以按照本办法第二十一条的规定设立分支机构。二、三级资质房地产估价机构不得设立分支机构。

分支机构应当以设立该分支机构的房地产估价机构的名义出具估价报告，并加盖该房地产估价机构公章。

第二十一条　分支机构应当具备下列条件：

（一）名称采用"房地产估价机构名称+分支机构所在地行政区划名+分公司（分所）"的形式；

（二）分支机构负责人应当是注册后从事房地产估价工作3年以上并无不良执业记录的专职注册房地产估价师；

（三）在分支机构所在地有3名以上专职注册房地产估价师；

（四）有固定的经营服务场所；

（五）估价质量管理、估价档案管理、财务管理等各项内部管理制度健全。

注册于分支机构的专职注册房地产估价师，不计入设立分支机构的房地产估价机构的专职注册房地产估价师人数。

第二十二条 新设立的分支机构，应当自领取分支机构营业执照之日起30日内，到分支机构工商注册所在地的省、自治区人民政府住房城乡建设主管部门、直辖市人民政府房地产主管部门备案。

省、自治区人民政府住房城乡建设主管部门、直辖市人民政府房地产主管部门应当在接受备案后10日内，告知分支机构工商注册所在地的市、县人民政府房地产主管部门，并报国务院住房城乡建设主管部门备案。

第二十三条 分支机构备案，应当提交下列材料：

（一）分支机构的营业执照复印件；

（二）房地产估价机构资质证书正本复印件；

（三）分支机构及设立该分支机构的房地产估价机构负责人的身份证明；

（四）拟在分支机构执业的专职注册房地产估价师注册证书复印件。

第二十四条 分支机构变更名称、负责人、住所等事项或房地产估价机构撤销分支机构，应当在工商行政管理部门办理变更或者注销登记手续后30日内，报原备案机关备案。

第四章 估价管理

第二十五条 从事房地产估价活动的机构，应当依法取得房地产估价机构资质，并在其资质等级许可范围内从事估价业务。

一级资质房地产估价机构可以从事各类房地产估价业务。

二级资质房地产估价机构可以从事除公司上市、企业清算以外的房地产估价业务。

三级资质房地产估价机构可以从事除公司上市、企业清算、司法鉴定以外的房地产估价业务。

暂定期内的三级资质房地产估价机构可以从事除公司上市、企业清算、司法鉴定、房屋征收、在建工程抵押以外的房地产估价业务。

第二十六条　房地产估价业务应当由房地产估价机构统一接受委托，统一收取费用。

房地产估价师不得以个人名义承揽估价业务，分支机构应当以设立该分支机构的房地产估价机构名义承揽估价业务。

第二十七条　房地产估价机构及执行房地产估价业务的估价人员与委托人或者估价业务相对人有利害关系的，应当回避。

第二十八条　房地产估价机构承揽房地产估价业务，应当与委托人签订书面估价委托合同。

估价委托合同应当包括下列内容：

（一）委托人的名称或者姓名和住所；
（二）估价机构的名称和住所；
（三）估价对象；
（四）估价目的；
（五）价值时点；
（六）委托人的协助义务；
（七）估价服务费及其支付方式；
（八）估价报告交付的日期和方式；
（九）违约责任；
（十）解决争议的方法。

第二十九条　房地产估价机构未经委托人书面同意，不得转让受托的估价业务。

经委托人书面同意，房地产估价机构可以与其他房地产估价机构合作完成估价业务，以合作双方的名义共同出具估价报告。

第三十条 委托人及相关当事人应当协助房地产估价机构进行实地查勘，如实向房地产估价机构提供估价所必需的资料，并对其所提供资料的真实性负责。

第三十一条 房地产估价机构和注册房地产估价师因估价需要向房地产主管部门查询房地产交易、登记信息时，房地产主管部门应当提供查询服务，但涉及国家秘密、商业秘密和个人隐私的内容除外。

第三十二条 房地产估价报告应当由房地产估价机构出具，加盖房地产估价机构公章，并有至少 2 名专职注册房地产估价师签字。

第三十三条 房地产估价机构不得有下列行为：

（一）涂改、倒卖、出租、出借或者以其他形式非法转让资质证书；

（二）超越资质等级业务范围承接房地产估价业务；

（三）以迎合高估或者低估要求、给予回扣、恶意压低收费等方式进行不正当竞争；

（四）违反房地产估价规范和标准；

（五）出具有虚假记载、误导性陈述或者重大遗漏的估价报告；

（六）擅自设立分支机构；

（七）未经委托人书面同意，擅自转让受托的估价业务；

（八）法律、法规禁止的其他行为。

第三十四条 房地产估价机构应当妥善保管房地产估价报告及相关资料。

房地产估价报告及相关资料的保管期限自估价报告出具之日起不得少于 10 年。保管期限届满而估价服务的行为尚未结束的，应当保管到估价服务的行为结束为止。

第三十五条 除法律、法规另有规定外，未经委托人书面同意，房地产估价机构不得对外提供估价过程中获知的当事人的商业秘密和业务资料。

第三十六条 房地产估价机构应当加强对执业人员的职业道德教育和业务培训，为本机构的房地产估价师参加继续教育提供必要的条件。

第三十七条 县级以上人民政府房地产主管部门应当依照有关法律、法规和本办法的规定,对房地产估价机构和分支机构的设立、估价业务及执行房地产估价规范和标准的情况实施监督检查。

第三十八条 县级以上人民政府房地产主管部门履行监督检查职责时,有权采取下列措施:

(一)要求被检查单位提供房地产估价机构资质证书、房地产估价师注册证书,有关房地产估价业务的文档,有关估价质量管理、估价档案管理、财务管理等企业内部管理制度的文件;

(二)进入被检查单位进行检查,查阅房地产估价报告以及估价委托合同、实地查勘记录等估价相关资料;

(三)纠正违反有关法律、法规和本办法及房地产估价规范和标准的行为。

县级以上人民政府房地产主管部门应当将监督检查的处理结果向社会公布。

第三十九条 县级以上人民政府房地产主管部门进行监督检查时,应当有两名以上监督检查人员参加,并出示执法证件,不得妨碍被检查单位的正常经营活动,不得索取或者收受财物、谋取其他利益。

有关单位和个人对依法进行的监督检查应当协助与配合,不得拒绝或者阻挠。

第四十条 房地产估价机构违法从事房地产估价活动的,违法行为发生地的县级以上地方人民政府房地产主管部门应当依法查处,并将违法事实、处理结果及处理建议及时报告该估价机构资质的许可机关。

第四十一条 有下列情形之一的,资质许可机关或者其上级机关,根据利害关系人的请求或者依据职权,可以撤销房地产估价机构资质:

(一)资质许可机关工作人员滥用职权、玩忽职守作出准予房地产估价机构资质许可的;

(二)超越法定职权作出准予房地产估价机构资质许可的;

（三）违反法定程序作出准予房地产估价机构资质许可的；

（四）对不符合许可条件的申请人作出准予房地产估价机构资质许可的；

（五）依法可以撤销房地产估价机构资质的其他情形。

房地产估价机构以欺骗、贿赂等不正当手段取得房地产估价机构资质的，应当予以撤销。

第四十二条 房地产估价机构取得房地产估价机构资质后，不再符合相应资质条件的，资质许可机关根据利害关系人的请求或者依据职权，可以责令其限期改正；逾期不改的，可以撤回其资质。

第四十三条 有下列情形之一的，资质许可机关应当依法注销房地产估价机构资质：

（一）房地产估价机构资质有效期届满未延续的；

（二）房地产估价机构依法终止的；

（三）房地产估价机构资质被撤销、撤回，或者房地产估价资质证书依法被吊销的；

（四）法律、法规规定的应当注销房地产估价机构资质的其他情形。

第四十四条 资质许可机关或者房地产估价行业组织应当建立房地产估价机构信用档案。

房地产估价机构应当按照要求提供真实、准确、完整的房地产估价信用档案信息。

房地产估价机构信用档案应当包括房地产估价机构的基本情况、业绩、良好行为、不良行为等内容。违法行为、被投诉举报处理、行政处罚等情况应当作为房地产估价机构的不良记录记入其信用档案。

房地产估价机构的不良行为应当作为该机构法定代表人或者执行合伙人的不良行为记入其信用档案。

任何单位和个人有权查阅信用档案。

第五章 法律责任

第四十五条 申请人隐瞒有关情况或者提供虚假材料申请房地

产估价机构资质的，资质许可机关不予受理或者不予行政许可，并给予警告，申请人在1年内不得再次申请房地产估价机构资质。

第四十六条 以欺骗、贿赂等不正当手段取得房地产估价机构资质的，由资质许可机关给予警告，并处1万元以上3万元以下的罚款，申请人3年内不得再次申请房地产估价机构资质。

第四十七条 未取得房地产估价机构资质从事房地产估价活动或者超越资质等级承揽估价业务的，出具的估价报告无效，由县级以上地方人民政府房地产主管部门给予警告，责令限期改正，并处1万元以上3万元以下的罚款；造成当事人损失的，依法承担赔偿责任。

第四十八条 违反本办法第十七条规定，房地产估价机构不及时办理资质证书变更手续的，由资质许可机关责令限期办理；逾期不办理的，可处1万元以下的罚款。

第四十九条 有下列行为之一的，由县级以上地方人民政府房地产主管部门给予警告，责令限期改正，并可处1万元以上2万元以下的罚款：

（一）违反本办法第二十条第一款规定设立分支机构的；

（二）违反本办法第二十一条规定设立分支机构的；

（三）违反本办法第二十二条第一款规定，新设立的分支机构不备案的。

第五十条 有下列行为之一的，由县级以上地方人民政府房地产主管部门给予警告，责令限期改正；逾期未改正的，可处5千元以上2万元以下的罚款；给当事人造成损失的，依法承担赔偿责任。

（一）违反本办法第二十六条规定承揽业务的；

（二）违反本办法第二十九条第一款规定，擅自转让受托的估价业务的；

（三）违反本办法第二十条第二款、第二十九条第二款、第三十二条规定出具估价报告的。

第五十一条 违反本办法第二十七条规定，房地产估价机构及其估价人员应当回避未回避的，由县级以上地方人民政府房地产主管部门给予警告，责令限期改正，并可处1万元以下的罚款；给当事人造成损失的，依法承担赔偿责任。

第五十二条 违反本办法第三十一条规定，房地产主管部门拒绝提供房地产交易、登记信息查询服务的，由其上级房地产主管部门责令改正。

第五十三条 房地产估价机构有本办法第三十三条行为之一的，由县级以上地方人民政府房地产主管部门给予警告，责令限期改正，并处1万元以上3万元以下的罚款；给当事人造成损失的，依法承担赔偿责任；构成犯罪的，依法追究刑事责任。

第五十四条 违反本办法第三十五条规定，房地产估价机构擅自对外提供估价过程中获知的当事人的商业秘密和业务资料，给当事人造成损失的，依法承担赔偿责任；构成犯罪的，依法追究刑事责任。

第五十五条 资质许可机关有下列情形之一的，由其上级主管部门或者监察机关责令改正，对直接负责的主管人员和其他直接责任人员依法给予处分；构成犯罪的，依法追究刑事责任：

（一）对不符合法定条件的申请人准予房地产估价机构资质许可或者超越职权作出准予房地产估价机构资质许可决定的；

（二）对符合法定条件的申请人不予房地产估价机构资质许可或者不在法定期限内作出准予房地产估价机构资质许可决定的；

（三）利用职务上的便利，收受他人财物或者其他利益的；

（四）不履行监督管理职责，或者发现违法行为不予查处的。

第六章 附 则

第五十六条 本办法自2005年12月1日起施行。1997年1月9日建设部颁布的《关于房地产价格评估机构资格等级管理的若干规定》（建房〔1997〕12号）同时废止。

本办法施行前建设部发布的规章的规定与本办法的规定不一致的，以本办法为准。

房地产估价规范

（GB/T 50291-2015）

（2015年4月8日中华人民共和国住房和城乡建设部公告第797号公布 自2015年12月1日起施行）

1 总 则

1.0.1 为规范房地产估价活动，统一房地产估价程序和方法，保证房地产估价质量，制定本规范。

1.0.2 本规范适用于房地产估价活动。

1.0.3 房地产估价除应符合本规范外，尚应符合国家现行有关标准的规定。

2 估价原则

2.0.1 房地产的市场价值评估，应遵循下列原则：
1 独立、客观、公正原则；
2 合法原则；
3 价值时点原则；
4 替代原则；
5 最高最佳利用原则。

2.0.2 房地产的抵押价值和抵押净值评估，除应遵循市场价值评估的原则外，还应遵循谨慎原则。

2.0.3 房地产的投资价值、现状价值等其他价值和价格评估，应根据估价目的和价值类型，从市场价值评估的原则中选择适用的原则，并可增加其他适用的原则。

2.0.4 遵循不同估价原则的评估价值，应符合下列规定：
1 遵循独立、客观、公正原则，评估价值应为对各方估价利害关系人均是公平合理的价值或价格；

 2 遵循合法原则，评估价值应为在依法判定的估价对象状况下的价值或价格；

 3 遵循价值时点原则，评估价值应为在根据估价目的确定的某一特定时间的价值或价格；

 4 遵循替代原则，评估价值与估价对象的类似房地产在同等条件下的价值或价格偏差应在合理范围内；

 5 遵循最高最佳利用原则，评估价值应为在估价对象最高最佳利用状况下的价值或价格；

 6 遵循谨慎原则，评估价值应为在充分考虑导致估价对象价值或价格偏低的因素，慎重考虑导致估价对象价值或价格偏高的因素下的价值或价格。

2.0.5 估价对象的最高最佳利用状况包括最佳的用途、规模和档次，应按法律上允许、技术上可能、财务上可行、价值最大化的次序进行分析、筛选或判断确定，并应符合下列规定：

 1 当估价对象的权利人和意向取得者对估价对象依法享有的开发利用权利不相同时，应先根据估价目的确定从估价对象的权利人角度或意向取得者角度进行估价，再根据其对估价对象依法享有的开发利用权利，确定估价对象的最高最佳利用状况；

 2 当估价对象已为某种利用时，应在调查及分析其利用现状的基础上，对其最高最佳利用和相应的估价前提作出下列判断和选择，并应在估价报告中说明：

1) 维持现状、继续利用最为合理的，应选择维持现状前提进行估价；
2) 更新改造再予以利用最为合理的，应选择更新改造前提进行估价；
3) 改变用途再予以利用最为合理的，应选择改变用途前提进行估价；
4) 改变规模再予以利用最为合理的，应选择改变规模前提进行估价；

5) 重新开发再予以利用最为合理的,应选择重新开发前提进行估价;
6) 上述前提的某种组合或其他特殊利用最为合理的,应选择上述前提的某种组合或其他特殊利用前提进行估价。

2.0.6 当估价对象的实际用途、登记用途、规划用途之间不一致时,应按下列规定确定估价所依据的用途,并应作为估价假设中的不相一致假设在估价报告中说明及对估价报告和估价结果的使用作出相应限制:

1 政府或其有关部门对估价对象的用途有认定或处理的,应按其认定或处理结果进行估价;

2 政府或其有关部门对估价对象的用途没有认定或处理的,应按下列规定执行:

1) 登记用途、规划用途之间不一致的,可根据估价目的或最高最佳利用原则选择其中一种用途;
2) 实际用途与登记用途、规划用途均不一致的,应根据估价目的确定估价所依据的用途。

3 估价程序

3.0.1 房地产估价工作应按下列程序进行:

1 受理估价委托;
2 确定估价基本事项;
3 编制估价作业方案;
4 搜集估价所需资料;
5 实地查勘估价对象;
6 选用估价方法进行测算;
7 确定估价结果;
8 撰写估价报告;
9 审核估价报告;
10 交付估价报告;

11 保存估价资料。

3.0.2 估价委托应由房地产估价机构统一受理，并应符合下列规定：

1 在接受估价委托时，应要求估价委托人出具估价委托书；

2 决定受理估价委托的，应与估价委托人订立书面估价委托合同；

3 受理估价委托后，应根据估价项目的规模、难度和完成时间确定参加估价的注册房地产估价师数量，并至少选派两名能胜任该估价工作的注册房地产估价师共同进行估价，且应明确其中一人为项目负责人；

4 除应采用批量估价的项目外，每个估价项目应至少有一名注册房地产估价师全程参与受理估价委托、实地查勘估价对象、撰写估价报告等估价工作。

3.0.3 估价基本事项包括估价目的、价值时点、估价对象和价值类型，应在与估价委托人进行沟通及调查有关情况和规定的基础上确定，并应符合下列规定：

1 估价目的应根据估价委托人真实、具体的估价需要及估价报告的预期用途或预期使用者确定，对其表述应具体、准确、简洁。

2 价值时点应根据估价目的确定，采用公历表示，宜具体到日。回顾性估价和预测性估价的价值时点在难以具体到日且能满足估价目的需要的情况下，可到周或旬、月、季、半年、年等。

3 估价对象应在估价委托人指定及提供有关情况和资料的基础上，根据估价目的依法确定，并应明确界定其财产范围和空间范围，不得遗漏或虚构。法律、行政法规规定不得买卖、租赁、抵押、作为出资或进行其他活动的房地产，或征收不予补偿的房地产，不应作为相应估价目的的估价对象。对作为估价对象的，应在估价报告中根据估价目的分析、说明其进行相应买卖或租赁、抵押、作为出资等活动的合法性。

4 价值类型应根据估价目的确定，并应包括价值或价格的名称、定义或内涵。

3.0.4 估价作业方案应在对估价项目进行分析的基础上编制，

并应包括下列内容：

1 估价工作的主要内容及质量要求，应包括拟采用的估价方法和估价技术路线，拟搜集的估价所需资料及其来源渠道等；

2 估价工作的具体步骤及时间进度；

3 估价工作的人员安排等。

3.0.5 估价所需资料应针对估价项目进行搜集，并应包括下列资料：

1 反映估价对象区位、实物和权益状况的资料；

2 估价对象及其同类房地产的交易、收益、成本等资料；

3 对估价对象所在地区的房地产价值和价格有影响的资料；

4 对房地产价值和价格有普遍影响的资料。

3.0.6 对搜集的估价所需资料应进行检查。当估价委托人是估价对象权利人时，应查看估价对象的权属证明原件，并应将复印件与原件核对，不得仅凭复印件判断或假定估价对象的权属状况。

3.0.7 估价对象的实地查勘应符合下列规定：

1 应观察、询问、检查、核对估价对象的区位状况、实物状况和权益状况；

2 应拍摄反映估价对象内部状况、外部状况和周围环境状况的照片等影像资料，并应补充搜集估价所需的关于估价对象的其他资料；

3 应制作实地查勘记录，并应记载实地查勘的对象、内容、结果、时间和人员及其签名，记载的内容应真实、客观、准确、完整、清晰。

3.0.8 当无法进入估价对象内部进行实地查勘时，应对估价对象的外部状况和区位状况进行实地查勘，并应在估价报告中说明未进入估价对象内部进行实地查勘及其具体原因。对未进行实地查勘的估价对象内部状况，应作为估价假设中的依据不足假设在估价报告中说明。

3.0.9 在估价中遇有难以解决的复杂、疑难、特殊的估价技术问题时，应寻求相关估价专家或单位提供专业帮助，并应在估价报告中说明。

3.0.10 对估价对象的房屋安全、质量缺陷、环境污染、建筑面积、财务状况等估价专业以外的专业问题，经实地查勘、查阅现有资料或向相关专业领域的专家咨询后，仍难以作出常规判断和相应假设的，应建议估价委托人聘请具有相应资质资格的专业机构或专家先行鉴定或检测、测量、审计等，再以专业机构或专家出具的专业意见为依据进行估价，并应在估价报告中说明。

3.0.11 估价报告在交付估价委托人前，应对其内容和形式等进行审查核定，并应形成审核记录，记载审核的意见、结论、日期和人员及其签名。

3.0.12 估价报告经审核合格后，应由不少于两名参加估价的注册房地产估价师签名及加盖房地产估价机构公章，并应按有关规定和估价委托合同约定交付估价委托人。

3.0.13 估价报告交付估价委托人后，不得擅自改动、更换、删除或销毁下列估价资料：

1 估价报告；
2 估价委托书和估价委托合同；
3 估价所依据的估价委托人提供的资料；
4 估价项目来源和沟通情况记录；
5 估价对象实地查勘记录；
6 估价报告内部审核记录；
7 估价中的不同意见记录；
8 外部专业帮助的专业意见。

3.0.14 房地产估价机构应及时整理和保存估价资料，并应保存到估价服务的行为结束且不得少于10年。保存期限应自估价报告出具之日起计算。

4 估价方法

4.1 估价方法选用

4.1.1 选用估价方法时，应根据估价对象及其所在地的房地产市场状况等客观条件，对比较法、收益法、成本法、假设开发法等估价方法进行适用性分析。

4.1.2 估价方法的选用，应符合下列规定：

1 估价对象的同类房地产有较多交易的，应选用比较法。

2 估价对象或其同类房地产通常有租金等经济收入的，应选用收益法。

3 估价对象可假定为独立的开发建设项目进行重新开发建设的，宜选用成本法；当估价对象的同类房地产没有交易或交易很少，且估价对象或其同类房地产没有租金等经济收入时，应选用成本法。

4 估价对象具有开发或再开发潜力且开发完成后的价值可采用除成本法以外的方法测算的，应选用假设开发法。

4.1.3 当估价对象仅适用一种估价方法进行估价时，可只选用一种估价方法进行估价。当估价对象适用两种或两种以上估价方法进行估价时，宜同时选用所有适用的估价方法进行估价，不得随意取舍；当必须取舍时，应在估价报告中说明并陈述理由。

4.2 比 较 法

4.2.1 运用比较法进行房地产估价时，应按下列步骤进行：

1 搜集交易实例；

2 选取可比实例；

3 建立比较基础；

4 进行交易情况修正；

5 进行市场状况调整；

6 进行房地产状况调整；

7 计算比较价值。

4.2.2 搜集的交易实例信息应满足比较法运用的需要，宜包括下列内容：

1 交易对象基本状况；

2 交易双方基本情况；

3 交易方式；

4 成交日期；

5 成交价格、付款方式、融资条件、交易税费负担情况；

6 交易目的等。

4.2.3 可比实例的选取应符合下列规定：

1 可比实例应从交易实例中选取且不得少于三个；

2 可比实例的交易方式应适合估价目的；

3 可比实例房地产应与估价对象房地产相似；

4 可比实例的成交日期应接近价值时点，与价值时点相差不宜超过一年，且不得超过两年；

5 可比实例的成交价格应为正常价格或可修正为正常价格。

6 在同等条件下，应将位置与估价对象较近、成交日期与价值时点较近的交易实例选为可比实例。

4.2.4 下列特殊交易情况下的交易实例，不宜选为可比实例：

1 利害关系人之间的交易；

2 对交易对象或市场行情缺乏了解的交易；

3 被迫出售或被迫购买的交易；

4 人为哄抬价格的交易；

5 对交易对象有特殊偏好的交易；

6 相邻房地产合并的交易；

7 受迷信影响的交易。

4.2.5 可比实例及其有关信息应真实、可靠，不得虚构。应对可比实例的外部状况和区位状况进行实地查勘，并应在估价报告中说明可比实例的名称、位置及附位置图和外观照片。

4.2.6 选取可比实例后，应建立比较基础，对可比实例的成交价格进行标准化处理。标准化处理应包括统一财产范围、统一付款方式、统一融资条件、统一税费负担和统一计价单位，并应符合下列规定：

1 统一财产范围应对可比实例与估价对象的财产范围进行对比，并应消除因财产范围不同造成的价格差异；

2 统一付款方式应将可比实例不是成交日期或一次性付清的价

格，调整为成交日期且一次性付清的价格；

3 统一融资条件应将可比实例在非常规融资条件下的价格，调整为在常规融资条件下的价格；

4 统一税费负担应将可比实例在交易税费非正常负担下的价格，调整为在交易税费正常负担下的价格；

5 统一计价单位应包括统一为总价或单价、楼面地价，统一币种和货币单位，统一面积或体积内涵及计量单位等。不同币种之间的换算宜按国务院金融主管部门公布的成交日期的市场汇率中间价计算。

4.2.7 当满足本规范第4.2.3条要求的交易实例少于三个时，在掌握特殊交易情况且能量化其对成交价格影响的情况下，可将特殊交易情况下的交易实例选为可比实例，但应对其进行交易情况修正。修正时，应消除特殊交易情况造成的可比实例成交价格偏差，将可比实例的非正常成交价格修正为正常价格。

4.2.8 进行市场状况调整时，应消除成交日期的市场状况与价值时点的市场状况不同造成的价格差异，将可比实例在其成交日期的价格调整为在价值时点的价格，并应在调查及分析可比实例所在地同类房地产价格变动情况的基础上，采用可比实例所在地同类房地产的价格变动率或价格指数进行调整，且价格变动率或价格指数的来源应真实、可靠。

4.2.9 房地产状况调整应消除可比实例状况与估价对象状况不同造成的价格差异，包括区位状况调整、实物状况调整和权益状况调整。

4.2.10 进行区位状况调整时，应将可比实例在自身区位状况下的价格调整为在估价对象区位状况下的价格，且调整的内容应包括位置、交通、外部配套设施、周围环境等，单套住宅的调整内容还应包括所处楼幢、楼层和朝向。

4.2.11 进行实物状况调整时，应将可比实例在自身实物状况下的价格调整为在估价对象实物状况下的价格。土地实物状况调整的内容应包括土地的面积、形状、地形、地势、地质、土壤、开发程度等；建筑物实物状况调整的内容应包括建筑规模、建筑结构、设施设备、装饰装修、空间布局、建筑功能、外观、新旧程度等。

4.2.12 进行权益状况调整时，应将可比实例在自身权益状况下的价格调整为在估价对象权益状况下的价格，且调整的内容应包括规划条件、土地使用期限、共有情况、用益物权设立情况、担保物权设立情况、租赁或占用情况、拖欠税费情况、查封等形式限制权利情况、权属清晰情况等。

4.2.13 进行区位、实物和权益状况调整时，应将可比实例与估价对象的区位、实物和权益状况因素逐项进行比较，找出它们之间的差异，量化状况差异造成的价格差异，对可比实例的价格进行相应调整。调整的具体内容和比较因素，应根据估价对象的用途等情况确定。

4.2.14 交易情况修正、市场状况调整和房地产状况调整，可根据具体情况，基于总价或单价，采用金额、百分比或回归分析法，通过直接比较或间接比较，对可比实例成交价格进行处理。

4.2.15 进行交易情况修正、市场状况调整、区位状况调整、实物状况调整、权益状况调整时，应符合下列规定：

1 分别对可比实例成交价格的修正或调整幅度不宜超过20%，共同对可比实例成交价格的修正和调整幅度不宜超过30%；

2 经修正和调整后的各个可比实例价格中，最高价与最低价的比值不宜大于1.2；

3 当幅度或比值超出本条规定时，宜更换可比实例；

4 当因估价对象或市场状况特殊，无更合适的可比实例替换时，应在估价报告中说明并陈述理由。

4.2.16 对经修正和调整后的各个可比实例价格，应根据它们之间的差异程度、可比实例房地产与估价对象房地产的相似程度、可比实例资料的可靠程度等情况，选用简单算术平均、加权算术平均等方法计算出比较价值。

4.2.17 比较法的原理和技术，可用于其他的估价方法中有关估价数据的求得。

4.3 收益法

4.3.1 运用收益法进行房地产估价时，应按下列步骤进行：
1 选择具体估价方法；
2 测算收益期或持有期；
3 测算未来收益；
4 确定报酬率或资本化率、收益乘数；
5 计算收益价值。

4.3.2 收益法估价时，应区分报酬资本化法和直接资本化法，并应优先选用报酬资本化法。报酬资本化法估价时，应区分全剩余寿命模式和持有加转售模式。当收益期较长、难以预测该期限内各年净收益时，宜选用持有加转售模式。

4.3.3 选用全剩余寿命模式进行估价时，收益价值应按下式计算：

$$V = \sum_{i=1}^{n} \frac{A_i}{(1+Y_i)^i} \qquad (4.3.3)$$

式中：V——收益价值（元或元/m²）；
A_i——未来第 i 年的净收益（元或元/m²）；
Y_i——未来第 i 年的报酬率（%）；
n——收益期（年）。

4.3.4 选用持有加转售模式进行估价时，收益价值应按下式计算：

$$V = \sum_{i=1}^{t} \frac{A_i}{(1+Y_i)^i} + \frac{V_t}{(1+Y_t)^t} \qquad (4.3.4)$$

式中：V——收益价值（元或元/m²）；
A_i——期间收益（元或元/m²）；
V_t——期末转售收益（元或元/m²）；
Y_i——未来第 i 年的报酬率（%）；
Y_t——期末报酬率（%）；
t——持有期（年）。

4.3.5 选用直接资本化法进行估价时，收益价值应按下式计算：

$$V = \frac{NOI}{R} \qquad (4.3.5)$$

式中：V——收益价值（元或元/m²）；

NOI——未来第一年的净收益（元或元/m²）；

R——资本化率（%）。

4.3.6 收益期应根据土地使用权剩余期限和建筑物剩余经济寿命进行测算，并应符合下列规定：

1 土地使用权剩余期限和建筑物剩余经济寿命同时结束的，收益期应为土地使用权剩余期限或建筑物剩余经济寿命；

2 土地使用权剩余期限和建筑物剩余经济寿命不同时结束的，应选取其中较短者为收益期，并应对超出收益期的土地使用权或建筑物按本规范第4.3.16条的规定处理；

3 评估承租人权益价值的，收益期应为剩余租赁期限。

4.3.7 持有期应根据市场上投资者对同类房地产的典型持有时间及能预测期间收益的一般期限来确定，并宜为5年~10年。

4.3.8 净收益可通过租赁收入测算的，应优先通过租赁收入测算，并应符合下列规定：

1 应根据租赁合同和租赁市场资料测算净收益，且净收益应为有效毛收入减去由出租人负担的运营费用；

2 有效毛收入应为潜在毛租金收入减去空置和收租损失，再加租赁保证金或押金的利息等各种其他收入，或为租金收入加其他收入；

3 运营费用应包括房地产税、房屋保险费、物业服务费、管理费用、维修费、水电费等维持房地产正常使用或营业的必要支出，并应根据合同租金的内涵决定取舍，其中由承租人负担的部分不应计入；

4 评估承租人权益价值的，净收益应为市场租金减去合同租金。

4.3.9 净收益不可直接通过租赁收入测算的，应根据估价对象的用途等情况，选择下列方式之一测算：

1 商服经营型房地产，应根据经营资料测算净收益，且净收益应为经营收入减去经营成本、经营费用、经营税金及附加、管理费用、财务费用及应归属于商服经营者的利润；

2 生产型房地产，应根据产品市场价格和原材料、人工费用等资料测算净收益，且净收益应为产品销售收入减去生产成本、销售费用、销售税金及附加、管理费用、财务费用及应归属于生产者的利润；

3 自用或尚未使用的房地产，可比照有收益的类似房地产的有关资料按相应方式测算净收益，或通过直接比较调整得出净收益。

4.3.10 收益法估价中收入、费用或净收益的取值，应符合下列规定：

1 除有租约限制且评估出租人权益价值或承租人权益价值中的租金收入外，都应采用正常客观的数据；

2 有租约限制且评估出租人权益价值的，已出租部分在租赁期间应按合同租金确定租金收入，未出租部分和已出租部分在租赁期间届满后应按市场租金确定租金收入；

3 评估出租人权益价值或承租人权益价值时，合同租金明显高于或明显低于市场租金的，应调查租赁合同的真实性，分析解除租赁合同的可能性及其对收益价值的影响。

4.3.11 测算净收益时，价值时点为现在的，应调查估价对象至少最近三年的各年实际收入、费用或净收益等情况。利用估价对象的资料得出的收入、费用或净收益等数据，应与类似房地产在正常情况下的收入、费用或净收益等数据进行比较。当与正常客观的数据有差异时，应进行分析并予以修正。

4.3.12 期末转售收益应为持有期末的房地产转售价格减去转售成本。持有期末的房地产转售价格可采用直接资本化法、比较法等方法来测算。持有期末的转售成本应为转让人负担的销售费用、销售税费等费用和税金。

4.3.13 测算净收益时，应根据净收益过去、现在和未来的变动情况，判断确定未来净收益流量及其类型和对应的收益法公式，并应在估价报告中说明判断确定的结果及理由。

4.3.14 报酬率宜选用下列方法确定：

1 市场提取法：选取不少于三个可比实例，利用其价格、净收益等数据，选用相应的收益法公式，测算报酬率。

2 累加法：以安全利率加风险调整值作为报酬率。安全利率可选用国务院金融主管部门公布的同一时期一年定期存款年利率或一年期国债年利率；风险调整值应为承担额外风险所要求的补偿，并应根据估价对象及其所在地区、行业、市场等存在的风险来确定。

3 投资收益率排序插入法：找出有关不同类型的投资及其收益率、风险程度，按风险大小排序，将估价对象与这些投资的风险程度进行比较，判断、确定报酬率。

4.3.15 资本化率宜采用市场提取法确定。其中的综合资本化率还可根据具体情况，选用下列方法确定：

1 根据房地产的购买资金构成，将抵押贷款资本化率与权益资金资本化率的加权平均数作为综合资本化率，按下式计算：

$$R_0 = M \cdot R_M + (1 - M) \cdot R_E \quad (4.3.15-1)$$

式中：R_0——综合资本化率（%）；

M——贷款价值比（%）；

R_M——抵押贷款资本率（%）；

R_E——权益资金资本化率（%）。

2 根据房地产中土地和建筑物的价值构成，将土地资本化率与建筑物资本化率的加权平均数作为综合资本化率，按下式计算：

$$R_0 = L \cdot R_L + B \cdot R_B \quad (4.3.15-2)$$

式中：R_0——综合资本化率（%）；

L——土地价值占房地价值的比率（%）；

R_L——土地资本化率（%）；

B——建筑物价值占房地价值的比率（%）；

R_B——建筑物资本化率（%）。

4.3.16 收益价值的计算，应符合下列规定：

1 对土地使用权剩余期限超过建筑物剩余经济寿命的房地产，收益价值应为按收益期计算的价值，加自收益期结束时起计算的剩余期限土地使用权在价值时点的价值。

2 对建筑物剩余经济寿命超过土地使用权剩余期限，且出让合同等约定土地使用权期间届满后无偿收回土地使用权及地上建筑物的非住宅房地产，收益价值应为按收益期计算的价值。

3 对建筑物剩余经济寿命超过土地使用权剩余期限，且出让合同等未约定土地使用权期间届满后无偿收回土地使用权及地上建筑物的房地产，收益价值应为按收益期计算的价值，加建筑物在收益期结束时的价值折现到价值时点的价值。

4 利用土地和建筑物共同产生的净收益计算土地价值时，可按下式计算：

$$V_L = \frac{A_0 - V_B \cdot R_B}{R_L} \quad (4.3.16-1)$$

式中：V_L——土地价值（元或元/m²）；
A_0——土地和建筑物共同产生的净收益（元或元/m²）；
V_B——建筑物价值（元或元/m²）。

5 利用土地和建筑物共同产生的净收益计算建筑物价值时，可按下式计算：

$$V_B = \frac{A_0 - V_L \cdot R_L}{R_B} \quad (4.3.16-2)$$

4.3.17 自收益期结束时起计算的剩余期限土地使用权在价值时点的价值，可根据具体情况，选用下列方法计算：

1 先分别测算自价值时点起计算的剩余期限土地使用权和以收益期为使用期限的土地使用权在价值时点的价值，再将两者相减；

2 先预测自收益期结束时起计算的剩余期限土地使用权在收益期结束时的价值，再将其折现到价值时点。

4.4 成 本 法

4.4.1 运用成本法进行房地产估价时，应按下列步骤进行：
1 选择具体估价路径；
2 测算重置成本或重建成本；
3 测算折旧；
4 计算成本价值。

4.4.2 成本法估价时，对包含土地和建筑物的估价对象，应选择具体估价路径，并应符合下列规定：

1 应根据估价对象状况和土地市场状况，选择房地合估路径或房地分估路径，并应优先选择房地合估路径；

2 当选择房地合估路径时，应把土地当作原材料，模拟房地产开发建设过程，测算房地产重置成本或重建成本；

3 当选择房地分估路径时，应把土地和建筑物当作各自独立的物，分别测算土地重置成本、建筑物重置成本或重建成本。

4.4.3 测算房地产重置成本或重建成本，应符合下列规定：

1 重置成本和重建成本应为在价值时点重新开发建设全新状况的房地产的必要支出及应得利润；

2 房地产的必要支出及应得利润应包括土地成本、建设成本、管理费用、销售费用、投资利息、销售税费和开发利润。

4.4.4 测算土地成本和土地重置成本，可采用比较法、成本法、基准地价修正法等方法，并应符合下列规定：

1 土地成本和土地重置成本应为在价值时点重新购置土地的必要支出，或重新开发土地的必要支出及应得利润；

2 重新购置土地的必要支出应包括土地购置价款和相关税费，重新开发土地的必要支出及应得利润应包括待开发土地成本、土地开发成本、管理费用、销售费用、投资利息、销售税费和开发利润；

3 除估价对象状况相对于价值时点应为历史状况或未来状况外，土地状况应为土地在价值时点的状况，土地使用期限应为自价值时点起计算的土地使用权剩余期限。

4.4.5 测算建筑物重置成本或重建成本，可采用单位比较法、分部分项法、工料测量法等方法，或利用政府或其有关部门公布的房屋重置价格扣除其中包含的土地价值且进行适当调整，并应符合下列规定：

1 对一般的建筑物，或因年代久远、已缺少与旧建筑物相同的建筑材料、建筑构配件和设备，或因建筑技术、工艺改变等使得旧建筑物复原建造有困难的建筑物，宜测算重置成本；

 2 对具有历史、艺术、科学价值或代表性的建筑物，宜测算重建成本；

 3 建筑物重置成本和重建成本应为在价值时点重新建造全新建筑物的必要支出及应得利润；

 4 建筑物的必要支出及应得利润应包括建筑物建设成本、管理费用、销售费用、投资利息、销售税费和开发利润；

 5 利用政府或其有关部门公布的房屋重置价格扣除其中包含的土地价值且进行适当调整测算建筑物重置成本或重建成本的，应了解该房屋重置价格的内涵。

4.4.6 各项必要支出及应得利润的测算，应符合下列规定：

 1 各项必要支出及应得利润应为正常客观的支出和利润；

 2 销售税费和开发利润不应作为投资利息的计算基数；

 3 作为投资利息计算基数的各项必要支出的计息期，应分别自其发生时起至建设期结束时止；

 4 开发利润应在明确其计算基数和相应开发利润率的基础上，为其计算基数乘以开发建设类似房地产的相应开发利润率。

4.4.7 建筑物折旧应为各种原因造成的建筑物价值减损，并应等于建筑物在价值时点的重置成本或重建成本减去建筑物在价值时点的市场价值，包括物质折旧、功能折旧和外部折旧。

4.4.8 测算建筑物折旧，可选用年龄-寿命法、市场提取法、分解法。

4.4.9 采用年龄-寿命法测算建筑物折旧后价值时，可选用下列方法：

 1 直线法：

$$V = C - (C - S) \cdot \frac{t}{N} \quad (4.4.9-1)$$

 2 成新折扣法：

$$V = C \cdot q \quad (4.4.9-2)$$

式中：V——建筑物折旧后价值（元或元/m²）；
C——建筑物重置成本或重建成本（元或元/m²）；
S——建筑物预计净残值（元或元/m²）；
t——建筑物有效年龄（年）；
N——建筑物经济寿命（年）；
q——建筑物成新率（%）。

4.4.10 建筑物有效年龄应根据建筑物的施工、使用、维护和更新改造等状况，在建筑物实际年龄的基础上进行适当加减调整得出。

4.4.11 建筑物经济寿命应自建筑物竣工时起计算，可在建筑物设计使用年限的基础上，根据建筑物的施工、使用、维护、更新改造等状况及周围环境、房地产市场状况等进行综合分析判断后确定。非住宅建筑物经济寿命晚于土地使用期限结束，且出让合同等约定土地使用权期间届满后无偿收回土地使用权及地上建筑物的，测算建筑物折旧时，应将建筑物经济寿命替换为自建筑物竣工时起至土地使用权期间届满之日止的时间。

4.4.12 采用市场提取法测算建筑物折旧时，应先从交易实例中选取不少于三个含有与估价对象中的建筑物具有类似折旧状况的建筑物作为可比实例，再通过这些可比实例的成交价格减去土地重置成本得到建筑物折旧后价值，然后将建筑物重置成本或重建成本减去建筑物折旧后价值得到建筑物折旧。

4.4.13 采用分解法测算建筑物折旧时，应先把建筑物折旧分成物质折旧、功能折旧、外部折旧等各个组成部分，并应分为可修复折旧和不可修复折旧两类，再分别测算出各个组成部分，然后相加得到建筑物折旧。修复成本小于或等于修复所能带来的房地产价值增加额的，应作为可修复折旧；否则，应作为不可修复折旧。对可修复折旧，应测算修复成本并将其作为折旧额。

4.4.14 测算建筑物折旧时，应到估价对象现场，观察、判断建筑物的实际新旧程度，并应根据建筑物的建成时间和使用、维护、更新改造等情况确定折旧额或成新率。

221

4.4.15 成本价值的计算，应符合下列规定：

1 对估价对象为包含土地和建筑物的房地产的，房地合估路径的成本价值应为房地产重置成本或重建成本减去建筑物折旧，房地分估路径的成本价值应为土地重置成本加建筑物重置成本或重建成本减去建筑物折旧；

2 对估价对象为土地的，成本价值应为重新开发土地的必要支出及应得利润；

3 对估价对象为建筑物的，成本价值应为建筑物重置成本或重建成本减去建筑物折旧。

4.4.16 在建工程和新近开发完成的房地产，采用成本法估价时可不扣除折旧，但对存在减价因素的，应予以相应的减价调整。

4.4.17 成本法测算出的价值，宜为房屋所有权和土地使用权且不存在租赁、抵押、查封等情况下的价值。当估价对象的权益状况与此不相同时，应对成本法测算出的价值进行相应调整。

4.5 假设开发法

4.5.1 运用假设开发法进行房地产估价时，应按下列步骤进行：
1 选择具体估价方法；
2 选择估价前提；
3 选择最佳开发经营方式；
4 测算后续开发经营期；
5 测算后续开发的必要支出；
6 测算开发完成后的价值；
7 确定折现率或测算后续开发的应得利润；
8 计算开发价值。

4.5.2 假设开发法估价时，应选择具体估价方法，并应符合下列规定：

1 应根据估价对象所处开发建设阶段等情况，选择动态分析法或静态分析法，并应优先选用动态分析法；

2 动态分析法应对后续开发的必要支出和开发完成后的价值进行

折现现金流量分析，且不另外测算后续开发的投资利息和应得利润；

3 静态分析法应另外测算后续开发的投资利息和应得利润。

4.5.3 假设开发法的估价前提应根据估价目的、估价对象所处开发建设状态等情况，并应经过分析，选择下列前提之一：

1 业主自行开发前提；

2 自愿转让开发前提；

3 被迫转让开发前提。

4.5.4 选择最佳开发经营方式时，应先调查估价对象状况、估价对象所在地的房地产市场状况等情况，再据此确定未来开发完成后的房地产状况及其经营方式。

4.5.5 后续开发经营期应根据估价对象状况、未来开发完成后的房地产状况、未来开发完成后的房地产经营方式、类似房地产开发项目相应的一般期限、估价前提、估价对象所处开发建设状态、未来房地产市场状况等进行测算。

4.5.6 后续开发的必要支出应根据估价对象状况、未来开发完成后的房地产状况、未来开发完成后的房地产经营方式、估价前提、估价对象所处开发建设状态等来确定，并应符合下列规定：

1 后续开发的必要支出应为将估价对象开发成未来开发完成后的房地产所必须付出的各项成本、费用和税金，动态分析法的构成项目包括后续开发的建设成本、管理费用、销售费用、销售税费等，静态分析法的构成项目还包括后续开发的投资利息。当估价前提为自愿转让开发和被迫转让开发时，构成项目还应包括估价对象取得税费。

2 动态分析法中折现前后续开发的必要支出应为预计其在未来发生时的金额，静态分析法中后续开发的必要支出可为假设其在价值时点发生时的金额。

4.5.7 开发完成后的价值测算，应符合下列规定：

1 不应采用成本法测算；

2 当采用比较法测算时，应先测算开发完成后的房地产单价，再将该单价乘以未来开发完成后的房地产面积或体积等得出开发完成后的房地产总价值；当未来开发完成后的房地产中有不同用途或档次等较大差别时，应分别测算不同部分的单价，再将它们乘以相应的面积或体积等后相加得出开发完成后的房地产总价值。

4.5.8 动态分析法中折现前开发完成后的价值测算，应符合下列规定：

1 应为未来开发完成后的房地产在其开发完成时的价值，但当能预计未来开发完成后的房地产预售或延迟销售时，应为在预售或延迟销售时的价值；

2 应根据类似房地产未来市场价格变动趋势进行预测。

4.5.9 静态分析法中开发完成后的价值，可为假设未来开发完成后的房地产在价值时点的价值。

4.5.10 动态分析法中的折现率，应为类似房地产开发项目所要求的收益率。

4.5.11 静态分析法中后续开发的投资利息的计算基数，应包括估价对象价值或价格和后续开发的建设成本、管理费用、销售费用。当估价前提为自愿转让开发和被迫转让开发时，计算基数还应包括估价对象取得税费。各项计算基数的计息期，应分别自其发生时起至建设期结束时止。

4.5.12 静态分析法中后续开发的应得利润，应在明确其计算基数和相应开发利润率的基础上，为其计算基数乘以类似房地产开发项目的相应开发利润率。

4.5.13 动态分析法的开发价值，应为开发完成后的价值和后续开发的必要支出分别折现到价值时点后相减；静态分析法的开发价值，应为开发完成后的价值减去后续开发的必要支出及应得利润。

4.6 其他估价方法

4.6.1 房地产估价除可选用比较法、收益法、成本法、假设开发法外，还可根据估价目的和估价对象等情况，选用表 4.6.1 中的其他估价方法。

表 4.6.1 其他估价方法

序号	估价方法	适用范围
1	基准地价修正法	政府或其有关部门已公布基准地价地区的土地估价
2	路线价法	城镇临街商业用地批量估价
3	标准价调整法	大量相似的房地产批量估价
4	多元回归分析法	大量相似的房地产批量估价
5	修复成本法	可修复的房地产价值减损评估
6	损失资本化法	不可修复的房地产价值减损评估
7	价差法	不可修复的房地产价值减损评估，房地产价值增加评估

4.6.2 运用基准地价修正法进行宗地估价时，应按下列步骤进行：

1 搜集有关基准地价的资料；
2 查找估价对象宗地所在位置的基准地价；
3 对基准地价进行市场状况调整；
4 对基准地价进行土地状况调整；
5 计算估价对象宗地价值或价格。

4.6.3 基准地价修正法估价时，应符合下列规定：

1 在将基准地价调整为宗地价值或价格前，应了解基准地价的内涵；

2 对基准地价进行市场状况调整时，应将基准地价在其基准日期的值调整为在价值时点的值，调整的方法与比较法中市场状况调整的方法相同；

3 对基准地价进行土地状况调整时，应将估价对象宗地状况与基准地价对应的土地状况进行比较，根据它们之间的差异对基准地价进行相应调整；

4 运用基准地价修正法评估宗地价值或价格，宜按估价对象所在地对基准地价的有关规定执行。

4.6.4 运用路线价法进行土地估价时，应先在城镇街道上划分路线价区段并设定标准临街深度，再在每个路线价区段内选取一定数量的标准临街宗地并测算其平均单价或楼面地价，然后利用有关调整系数将该平均单价或楼面地价调整为各宗临街土地的价值或价格。

4.6.5 运用标准价调整法进行房地产估价时，应先确定估价范围，对估价范围内的所有被估价房地产进行分组，使同一组内的房地产具有相似性，再在每组内设定标准房地产并测算其价值或价格，然后利用楼幢、楼层、朝向等调整系数，将标准房地产价值或价格调整为各宗被估价房地产的价值或价格。

4.6.6 运用多元回归分析法进行房地产估价时，应先确定估价范围，对估价范围内的所有被估价房地产进行分组，使同一组内的房地产具有相似性，再在每组内把房地产价值或价格作为因变量，把影响房地产价值或价格的若干因素作为自变量，设定多元回归模型，搜集大量房地产成交价格及其影响因素数据，经过试算优化和分析检验，确定多元回归模型，然后利用该模型计算出各宗被估价房地产的价值或价格。

4.6.7 运用修复成本法进行房地产价值减损评估时，应测算修复的必要支出及应得利润，将其作为房地产的价值减损额。

4.6.8 运用损失资本化法进行房地产价值减损评估时，应先预测未来各年的净收益减少额或收入减少额、运营费用增加额，再计算其现值之和作为房地产的价值减损额。

4.6.9 运用价差法进行房地产价值减损或价值增加评估时，应先分别评估房地产在改变之前状况下的价值和在改变之后状况下的价值，再将两者之差作为房地产的价值减损额或价值增加额。

5 不同估价目的下的估价

5.1 房地产抵押估价

5.1.1 房地产抵押估价，应区分抵押贷款前估价和抵押贷款后重估。

5.1.2 房地产抵押贷款前估价，应包括下列内容：

1 评估抵押房地产假定未设立法定优先受偿权下的价值；

2 调查抵押房地产法定优先受偿权设立情况及相应的法定优先受偿款；

3 计算抵押房地产的抵押价值或抵押净值；

4 分析抵押房地产的变现能力并作出风险提示。

5.1.3 抵押价值和抵押净值评估应遵循谨慎原则，不得高估假定未设立法定优先受偿权下的价值，不得低估法定优先受偿款及预期实现抵押权的费用和税金。

5.1.4 评估待开发房地产假定未设立法定优先受偿权下的价值采用假设开发法的，应选择被迫转让开发前提进行估价。

5.1.5 抵押房地产已出租的，其假定未设立法定优先受偿权下的价值应符合下列规定：

1 合同租金低于市场租金的，应为出租人权益价值；

2 合同租金高于市场租金的，应为无租约限制价值。

5.1.6 抵押房地产的建设用地使用权为划拨方式取得的，应选择下列方式之一评估其假定未设立法定优先受偿权下的价值：

1 直接评估在划拨建设用地使用权下的假定未设立法定优先受偿权下的价值；

2 先评估在出让建设用地使用权下的假定未设立法定优先受偿权下的价值，且该出让建设用地使用权的使用期限应设定为自价值时点起计算的相应用途法定出让最高年限，再减去由划拨建设用地使用权转变为出让建设用地使用权需要缴纳的出让金等费用。

5.1.7 由划拨建设用地使用权转变为出让建设用地使用权需要缴纳的出让金等费用，应按估价对象所在地规定的标准进行测算；估价对象所在地没有规定的，可按同类房地产已缴纳的标准进行估算。

5.1.8 抵押房地产为按份共有的，抵押价值或抵押净值应为抵押人在共有房地产中享有的份额的抵押价值或抵押净值；为共同共有的，抵押价值或抵押净值应为共有房地产的抵押价值或抵押净值。

227

5.1.9 抵押房地产为享受国家优惠政策购买的，抵押价值或抵押净值应为房地产权利人可处分和收益的份额的抵押价值或抵押净值。

5.1.10 房地产抵押估价用于设立最高额抵押权，且最高额抵押权设立前已存在的债权经当事人同意转入最高额抵押担保的债权范围的，抵押价值或抵押净值可不减去相应的已抵押担保的债权数额，但应在估价报告中说明并对估价报告和估价结果的使用作出相应限制。

5.1.11 在进行续贷房地产抵押估价时，应调查及在估价报告中说明抵押房地产状况和房地产市场状况发生的变化，并应根据已发生的变化情况进行估价。对同一抵押权人的续贷房地产抵押估价，抵押价值、抵押净值可不减去续贷对应的已抵押担保的债权数额，但应在估价报告中说明并对估价报告和估价结果的使用作出相应限制。

5.1.12 房地产抵押贷款后重估，应根据监测抵押房地产市场价格变化、掌握抵押价值或抵押净值变化情况及有关信息披露等的需要，定期或在房地产市场价格变化较快、抵押房地产状况发生较大改变时，对抵押房地产的市场价格或市场价值、抵押价值、抵押净值等进行重新评估，并应为抵押权人提供相关风险提示。

5.1.13 重新评估大量相似的抵押房地产在同一价值时点的市场价格或市场价值、抵押价值、抵押净值，可采用批量估价的方法。

5.2 房地产税收估价

5.2.1 房地产税收估价，应区分房地产持有环节税收估价、房地产交易环节税收估价和房地产开发环节税收估价，并应按相应税种为核定其计税依据进行估价。

5.2.2 房地产税收估价，应兼顾公平、精准、效率和成本。对同类房地产数量较多、相互间具有可比性的房地产，宜优先选用批量估价的方法进行估价。对同类房地产数量较少、相互间可比性差、难以采用批量估价的方法进行估价的房地产，应采用个案估价的方法进行估价。

5.2.3 房地产持有环节税收估价，各宗房地产的价值时点应相同。房地产交易环节税收估价，各宗房地产的价值时点应为各自的成交日期。

5.3 房地产征收、征用估价

5.3.1 房地产征收估价，应区分国有土地上房屋征收评估和集体土地征收评估。

5.3.2 国有土地上房屋征收评估，应区分被征收房屋价值评估、被征收房屋室内装饰装修价值评估、被征收房屋类似房地产市场价格测算、用于产权调换房屋价值评估、因征收房屋造成的搬迁费用评估、因征收房屋造成的临时安置费用评估、因征收房屋造成的停产停业损失评估等。

5.3.3 被征收房屋价值评估，应符合下列规定：

1 被征收房屋价值应包括被征收房屋及其占用范围内的土地使用权和属于被征收人的其他不动产的价值；

2 当被征收房屋室内装饰装修价值由征收当事人协商确定或房地产估价机构另行评估确定时，所评估的被征收房屋价值不应包括被征收房屋室内装饰装修价值，并应在被征收房屋价值评估报告中作出特别说明；

3 被征收房屋价值应为在正常交易情况下，由熟悉情况的交易双方以公平交易方式在房屋征收决定公告之日自愿进行交易的金额，且假定被征收房屋没有租赁、抵押、查封等情况；

4 当被征收房地产为正常开发建设的待开发房地产或因征收已停建、缓建的未完工程且采用假设开发法估价时，应选择业主自行开发前提进行估价；

5 当被征收房地产为非征收原因已停建、缓建的未完工程且采用假设开发法估价时，应选择自愿转让开发前提进行估价。

5.3.4 用于产权调换房屋价值评估，应符合下列规定：

1 用于产权调换房屋价值应包括用于产权调换房屋及其占用范

围内的土地使用权和用于产权调换的其他不动产的价值；

  2 用于产权调换房屋价值应是在房屋征收决定公告之日的市场价值，当政府或其有关部门对用于产权调换房屋价格有规定的，应按其规定执行。

  5.3.5 房地产征用估价，应评估被征用房地产的市场租金，为给予使用上的补偿提供参考依据。并可评估因征用造成的搬迁费用、临时安置费用、停产停业损失；当房地产被征用或征用后毁损的，还可评估被征用房地产的价值减损额；当房地产被征用或征用后灭失的，还可评估被征用房地产的市场价值，为相关补偿提供参考依据。

<h3 style="text-align:center">5.4 房地产拍卖、变卖估价</h3>

  5.4.1 房地产拍卖估价，应区分司法拍卖估价和普通拍卖估价。
  5.4.2 房地产司法拍卖估价，应符合下列规定：
  1 应根据最高人民法院的有关规定和人民法院的委托要求，评估拍卖房地产的市场价值或市场价格、其他特定价值或价格；
  2 评估价值的影响因素应包括拍卖房地产的瑕疵，但不应包括拍卖房地产被查封及拍卖房地产上原有的担保物权和其他优先受偿权；
  3 人民法院书面说明依法将拍卖房地产上原有的租赁权和用益物权除去后进行拍卖的，评估价值的影响因素不应包括拍卖房地产上原有的租赁权和用益物权，并应在估价报告中作出特别说明；
  4 当拍卖房地产为待开发房地产且采用假设开发法估价时，应选择被迫转让开发前提进行估价。

  5.4.3 房地产普通拍卖估价，可根据估价委托人的需要，评估市场价值或市场价格、快速变现价值，为确定拍卖标的的保留价提供参考依据。快速变现价值可根据变现时限短于正常销售期的时间长短，在市场价值或市场价格的基础上进行适当减价确定。

  5.4.4 房地产变卖估价，宜评估市场价值。

<h3 style="text-align:center">5.5 房地产分割、合并估价</h3>

  5.5.1 房地产分割、合并估价，应分别以房地产的实物分割、

合并为前提，并应分析实物分割、合并对房地产价值或价格的影响。

5.5.2 房地产分割估价，不应简单地将分割前的整体房地产价值或价格按建筑面积或土地面积、体积等进行分摊得出分割后的各部分房地产价值或价格，应对分割后的各部分房地产分别进行估价，并应分析因分割造成的房地产价值或价格增减。

5.5.3 房地产合并估价，不应简单地将合并前的各部分房地产价值或价格相加作为合并后的整体房地产价值或价格，应对合并后的整体房地产进行估价，并应分析因合并造成的房地产价值或价格增减。

5.6 房地产损害赔偿估价

5.6.1 房地产损害赔偿估价，应区分被损害房地产价值减损评估、因房地产损害造成的其他财产损失评估、因房地产损害造成的搬迁费用评估、因房地产损害造成的临时安置费用评估、因房地产损害造成的停产停业损失评估等。

5.6.2 被损害房地产价值减损评估，应符合下列规定：

1 应调查并在估价报告中说明被损害房地产在损害发生前后的状况；

2 应区分并分析、测算、判断可修复和不可修复的被损害房地产价值减损及房地产损害中可修复和不可修复的部分；

3 对可修复的被损害房地产价值减损和房地产损害中可修复的部分，宜采用修复成本法测算其修复成本作为价值减损额；

4 对不可修复的被损害房地产价值减损，应根据估价对象及其所在地的房地产市场状况，分析损失资本化法、价差法等方法的适用性，从中选用适用的方法进行评估。

5.7 房地产保险估价

5.7.1 房地产保险估价，应区分房地产投保时的保险价值评估和保险事故发生后的财产损失评估。

5.7.2 房地产投保时的保险价值评估，宜评估假定在价值时点因保险事故发生而可能遭受损失的房地产的重置成本或重建成本，可选用成本法、比较法。

5.7.3 保险事故发生后的财产损失评估，应调查保险标的在投保时和保险事故发生后的状况，评估因保险事故发生造成的财产损失，可选用修复成本法、价差法、损失资本化法等方法。对其中可修复的部分，宜采用修复成本法测算其修复成本作为财产损失额。

5.8 房地产转让估价

5.8.1 房地产转让估价，应区分转让人需要的估价和受让人需要的估价，并应根据估价委托人的具体需要，评估市场价值或投资价值、卖方要价、买方出价、买卖双方协议价等。

5.8.2 房地产转让估价应调查转让人、受让人对转让对象状况、转让价款支付方式、转让税费负担等转让条件的设定或约定，并应符合下列规定：

1 当转让人、受让人对转让条件有书面设定或约定时，宜评估在其书面设定或约定的转让条件下的价值或价格；

2 当转让人、受让人对转让条件无书面设定、约定或书面设定、约定不明确时，应评估转让对象在价值时点的状况、转让价款在价值时点一次性付清、转让税费正常负担下的价值或价格。

5.8.3 已出租的房地产转让估价，应评估出租人权益价值；转让人书面设定或转让人与受让人书面约定依法将原有的租赁关系解除后进行转让的，可另行评估无租约限制价值，并应在估价报告中同时说明出租人权益价值和无租约限制价值及其使用条件。

5.8.4 以划拨方式取得建设用地使用权的房地产转让估价，估价对象应符合法律、法规规定的转让条件，并应根据国家和估价对象所在地的土地收益处理规定，给出需要缴纳的出让金等费用或转让价格中所含的土地收益。

5.8.5 保障性住房销售价格评估，应根据分享产权、独享产权等产权享有方式，评估市场价值或其他特定价值、价格。对采取分享产权的，宜评估市场价值；对采取独享产权的，宜根据类似商品住房的市场价格、保障性住房的成本价格、保障性住房供应对象的支付能力、政府补贴水平及每套住房所处楼幢、楼层、朝向等保障性住房价格影响因素，测算公平合理的销售价格水平。但国家和保障性住房所在地对保障性住房销售价格确定有特别规定的，应按其规定执行。

5.9 房地产租赁估价

5.9.1 房地产租赁估价，应区分出租人需要的估价和承租人需要的估价，并应根据估价委托人的具体需要，评估市场租金或其他特定租金、承租人权益价值等。

5.9.2 以营利为目的出租划拨建设用地使用权上的房屋租赁估价，应根据国家和估价对象所在地的土地收益处理规定，给出租金中所含的土地收益。

5.9.3 保障性住房租赁价格评估，应根据货币补贴、实物补贴等租金补贴方式，评估市场租金或其他特定租金。对采取货币补贴的，宜评估市场租金；对采取实物补贴的，宜根据类似商品住房的市场租金、保障性住房的成本租金、保障性住房供应对象的支付能力、政府补贴水平及每套住房所处楼幢、楼层、朝向等保障性住房租金影响因素，测算公平合理的租金水平。但国家和保障性住房所在地对保障性住房租赁价格确定有特别规定的，应按其规定执行。

5.10 建设用地使用权出让估价

5.10.1 建设用地使用权出让估价，应区分出让人需要的估价和意向用地者需要的估价。

5.10.2 出让人需要的建设用地使用权出让估价，应根据招标、拍卖、挂牌、协议等出让方式和出让人的具体需要，评估市场价值或相应出让方式的底价。

5.10.3 意向用地者需要的建设用地使用权出让估价，应根据招标、拍卖、挂牌、协议等出让方式和意向用地者的具体需要，评估市场价值或投资价值、相应出让方式的最高报价、最高出价、竞争对手的可能出价等。

5.10.4 建设用地使用权出让估价应调查出让人对交付的土地状况、出让金等费用的支付方式等出让条件的规定，并应符合下列规定：

1 当出让人对出让条件有明文规定时，应评估在其明文规定的出让条件下的价值或价格；

2 当出让人对出让条件无明文规定或规定不明确时，宜评估在价值时点的土地状况、出让金等费用在价值时点一次性付清等条件下的价值或价格。

5.10.5 当出让人需要的建设用地使用权出让估价采用假设开发法时，宜选择自愿转让开发前提进行估价。

5.10.6 当意向用地者需要的建设用地使用权出让估价采用假设开发法时，应符合下列规定：

1 当土地未被任何意向用地者占有时，应选择自愿转让开发前提进行估价；

2 当土地已被该意向用地者占有时，应选择介于业主自行开发与自愿转让开发之间的某种前提进行估价；

3 当土地已被其他意向用地者占有时，应选择介于自愿转让开发与被迫转让开发之间的某种前提进行估价。

5.11 房地产投资基金物业估价

5.11.1 房地产投资基金物业估价，应区分房地产投资信托基金物业评估、其他房地产投资基金物业估价。

5.11.2 房地产投资信托基金物业评估，根据房地产投资信托基金发行上市、运营管理、退出市场及相关信息披露等的需要，可包括下列全部或部分内容：

1 信托物业状况评价；

2 信托物业市场调研；

3 信托物业价值评估。

5.11.3 信托物业价值评估，应符合下列规定：

1 应对信托物业的市场价值或其他价值、价格进行分析、测算和判断，并提供相关专业意见；

  2　宜采用报酬资本化法中的持有加转售模式；

  3　应遵循一致性原则，当为同一估价目的对同一房地产投资信托基金的同类物业在同一价值时点的价值或价格进行评估时，应采用相同的估价方法；

  4　应遵循一贯性原则，当为同一估价目的对同一房地产投资信托基金的同一物业在不同价值时点的价值或价格进行评估时，应采用相同的估价方法；

  5　当未遵循一致性原则或一贯性原则而采用不同的估价方法时，应在估价报告中说明并陈述理由。

5.11.4　已出租的信托物业价值评估，应进行租赁状况调查和分析，查看估价对象的租赁合同原件，并应与执行财务、法律尽职调查的专业人员进行沟通，从不同的信息来源交叉检查估价委托人提供的租赁信息的真实性和客观性。

5.11.5　信托物业状况评价，应对信托物业的实物状况、权益状况和区位状况进行调查、描述、分析和评定，并提供相关专业意见。

5.11.6　信托物业市场调研，应对信托物业所在地区的经济社会发展状况、房地产市场状况及信托物业自身有关市场状况进行调查、描述、分析和预测，并提供相关专业意见。

5.11.7　其他房地产投资基金物业估价，应根据具体情况，按相应估价目的的房地产估价进行。

5.12　为财务报告服务的房地产估价

5.12.1　为财务报告服务的房地产估价，应区分投资性房地产公允价值评估，作为存货的房地产可变现净值评估，存在减值迹象的房地产可回收金额评估，受赠、合并对价分摊等涉及的房地产入账价值评估，境外上市公司的固定资产重估等。

5.12.2　从事为财务报告服务的房地产估价业务时，应与估价委托人及执行审计业务的注册会计师进行沟通，熟悉相关会计准则、会计制度，了解相关会计确认、计量和报告的要求，理解公允价值、现值、可变现净值、重置成本、历史成本等会计计量属性及其与房地产估价相关价值、价格的联系和区别。

5.12.3 为财务报告服务的房地产估价，应根据相关要求，选择相应的资产负债表日、减值测试日、购买日、转换当日、首次执行日等某一特定日期为价值时点。

5.12.4 为财务报告服务的房地产估价，应根据相应的公允价值、现值、可变现净值、重置成本、历史成本等会计计量属性，选用比较法、收益法、假设开发法、成本法等方法评估相应的价值或价格。对采用公允价值计量的，应评估市场价值。

5.13 企业各种经济活动涉及的房地产估价

5.13.1 企业各种经济活动涉及的房地产估价，应区分用房地产作价出资设立企业，企业改制、上市、资产重组、资产置换、收购资产、出售资产、产权转让、对外投资、合资、合作、租赁、合并、分立、清算、抵债等经济活动涉及的房地产估价。

5.13.2 企业各种经济活动涉及的房地产估价，应在界定房地产和其他资产范围的基础上，明确估价对象的财产范围。

5.13.3 企业各种经济活动涉及的房地产估价，应根据企业经济活动的类型，按相应估价目的的房地产估价进行。对房地产权属发生转移的，应按相应的房地产转让行为进行估价。

5.13.4 企业各种经济活动涉及的房地产估价，应调查估价对象合法改变用途的可能性，并应分析、判断以"维持现状前提"或"改变用途前提"进行估价。

5.13.5 企业破产清算等强制处分涉及的房地产估价，评估价值的影响因素应包括估价对象的通用性、可分割转让性、改变用途、更新改造等的合法性和可能性及变现时限、对潜在购买者范围的限制等。

5.14 房地产纠纷估价

5.14.1 房地产纠纷估价，应对有争议的房地产评估价值、赔偿金额、补偿金额、交易价格、市场价格、租金、成本、费用分摊、价值分配等进行鉴别和判断，提出客观、公平、合理的鉴定意见，为和解、调解、仲裁、行政裁决、行政复议、诉讼等方式解决纠纷提供参考依据或证据。

5.14.2 房地产纠纷估价，应根据纠纷的类型，按相应估价目的的房地产估价进行。

5.14.3 房地产纠纷估价，应了解纠纷双方的利益诉求，估价结果应平衡纠纷双方的利益，有利于化解纠纷。

5.15 其他目的的房地产估价

5.15.1 其他目的的房地产估价，应区分分家析产估价，为出境提供财产证明的估价，为行政机关处理、纪律检查部门查处、检察机关立案等服务的估价，改变土地使用条件补地价评估，国有土地上房屋征收预评估等。

5.15.2 分家析产估价，应符合下列规定：
1 应区分财产分割的分家析产估价和财产不分割的分家析产估价；
2 财产分割的分家析产估价，应按本规范对房地产分割估价的规定执行；
3 财产不分割的分家析产估价，宜评估财产的市场价值。

5.15.3 为出境提供财产证明的估价，应评估财产的市场价值。

5.15.4 为行政机关处理、纪律检查部门查处、检察机关立案等服务的估价，应慎重确定价值时点等估价基本事项。

5.15.5 改变土地使用条件补地价评估，应调查变更土地用途、调整容积率、延长土地使用期限等改变土地使用条件需要补缴地价的原因，明确需要补缴的地价的内涵，以相关部门同意补缴地价的日期为价值时点，评估新土地使用条件下的总地价和原土地使用条件下的总地价，以该两者的差额作为评估出的需要补缴的地价。但国家和需要补缴地价的建设用地使用权所在地对需要补缴的地价确定有特别规定的，应按其规定执行。

5.15.6 国有土地上房屋征收预评估，应为编制征收补偿方案、确定征收补偿费用或政府作出房屋征收决定等服务，可按本规范对国有土地上房屋征收评估的规定进行，但不得替代国有土地上房屋征收评估。

6 估价结果

6.0.1 估价结果应包括评估价值和相关专业意见。

6.0.2 在确定评估价值前，应对所选用的估价方法的测算结果进行校核。同时选用两种或两种以上估价方法进行估价的，还应对不同估价方法的测算结果进行比较分析。

6.0.3 在对测算结果进行校核和比较分析时，应做下列检查，找出测算结果存在的差错和造成各个测算结果之间差异的原因，并应改正错误，消除不合理的差异：

1 估价计算的正确性；

2 估价基础数据的正确性；

3 估价参数的合理性；

4 估价计算公式的恰当性；

5 不同估价方法的估价对象财产范围的一致性；

6 不同估价方法的估价前提的一致性；

7 估价方法的适用性；

8 估价假设的合理性；

9 估价依据的正确性；

10 估价原则的正确性；

11 房地产市场状况的特殊性。

6.0.4 估价基础数据和估价参数的来源或确定的依据或方法应在估价报告中说明。估价参数应优先选用房地产估价行业组织公布的估价参数；不选用的，应在估价报告中陈述理由。

6.0.5 综合测算结果的确定，应符合下列规定：

1 对同时选用两种或两种以上估价方法进行估价的，应在确认各个测算结果无差错及其之间差异的合理性后，根据估价目的及不同估价方法的适用程度、数据可靠程度、测算结果之间差异程度等情况，选用简单算术平均、加权算术平均等方法得出综合测算结果，并应在估价报告中说明得出综合测算结果的方法和理由；

2 对选用一种估价方法进行估价的，应在确认测算结果无差错后，将其作为综合测算结果。

6.0.6 最终评估价值的确定，应符合下列规定：

1 应根据未能在综合测算结果中反映的价值或价格影响因素，对综合测算结果进行适当调整后确定最终评估价值，并应在估价报告中陈述调整的理由；

2 当确认不存在未能在综合测算结果中反映的价值或价格影响因素时，可直接将综合测算结果确定为最终评估价值；

3 最终评估价值的精度应满足估价目的需要的精度，并应将其误差控制在合理范围内。

7 估 价 报 告

7.0.1 估价报告应采取书面形式，并应真实、客观、准确、完整、清晰、规范。

7.0.2 叙述式估价报告应包括下列部分：

1 封面；

2 致估价委托人函；

3 目录；

4 估价师声明；

5 估价假设和限制条件；

6 估价结果报告；

7 估价技术报告；

8 附件。

7.0.3 房地产抵押贷款前估价报告，应包括估价对象变现能力分析与风险提示。

7.0.4 根据估价委托人的需要或有关要求，可在完整的估价报告的基础上形成估价报告摘要。

7.0.5 估价技术报告可按估价委托合同约定不向估价委托人提供。

7.0.6 封面应包括下列内容：

1 估价报告名称，宜为房地产估价报告，也可结合估价对象和估价目的给估价报告命名；

2 估价报告编号，应反映估价机构简称、估价报告出具年份，并应按顺序编号数，不得重复、遗漏、跳号；

3 估价项目名称，应根据估价对象的名称或位置和估价目的，提炼出简洁的名称；

4 估价委托人，当为单位时，应写明其名称；当为个人时，应写明其姓名；

5 房地产估价机构，应写明其名称；

6 注册房地产估价师，应写明所有参加估价的注册房地产估价师的姓名和注册号；

7 估价报告出具日期，应与致估价委托人函中的致函日期一致。

7.0.7 致估价委托人函应包括下列内容：

1 致函对象，应写明估价委托人的名称或姓名；

2 估价目的，应写明估价委托人对估价报告的预期用途，或估价是为了满足估价委托人的何种需要；

3 估价对象，应写明估价对象的财产范围及名称、坐落、规模、用途、权属等基本状况；

4 价值时点，应写明所评估的估价对象价值或价格对应的时间；

5 价值类型，应写明所评估的估价对象价值或价格的名称。当所评估的估价对象价值或价格无规范的名称时，应写明其定义或内涵；

6 估价方法，应写明所采用的估价方法的名称；

7 估价结果，应写明最终评估价值的总价，并应注明其大写金额；除估价对象无法用单价表示外，还应写明最终评估价值的单价；

8 特别提示，应写明与评估价值和使用估价报告、估价结果有关的引起估价委托人和估价报告使用者注意的事项；

9 致函日期，应注明致函的年、月、日。

7.0.8 致估价委托人函应加盖房地产估价机构公章，不得以其他印章代替；法定代表人或执行事务合伙人宜在其上签名或盖章。

7.0.9 目录应按前后次序列出下列估价报告各个组成部分的名称及对应的页码：

1 估价师声明；
2 估价假设和限制条件；
3 估价结果报告；
4 估价技术报告；
5 附件。

7.0.10 估价结果报告、估价技术报告和附件的各个组成部分，应在估价报告的目录中按前后次序列出其名称及对应的页码。

7.0.11 当按估价委托合同约定不向估价委托人提供估价技术报告时，估价报告的目录中可不列出估价技术报告及其各个组成部分，但在估价技术报告中应有单独的目录，且该目录中应按前后次序列出估价技术报告各个组成部分的名称及对应的页码。

7.0.12 估价师声明应写明所有参加估价的注册房地产估价师对其估价职业道德、专业胜任能力和勤勉尽责估价的承诺和保证。不得将估价师声明的内容与估价假设和限制条件的内容相混淆，或把估价师声明变成注册房地产估价师和房地产估价机构的免责声明。

7.0.13 鉴证性估价报告的估价师声明应包括下列内容：

1 注册房地产估价师在估价报告中对事实的说明是真实和准确的，没有虚假记载、误导性陈述和重大遗漏；

2 估价报告中的分析、意见和结论是注册房地产估价师独立、客观、公正的专业分析、意见和结论，但受到估价报告中已说明的估价假设和限制条件的限制；

3 注册房地产估价师与估价报告中的估价对象没有现实或潜在的利益，与估价委托人及估价利害关系人没有利害关系，也对估价对象、估价委托人及估价利害关系人没有偏见；

4 注册房地产估价师是按照有关房地产估价标准的规定进行估价工作，撰写估价报告。

7.0.14 非鉴证性估价报告的估价师声明的内容，可根据实际情况对鉴证性估价报告的估价师声明的内容进行适当增减。

7.0.15 估价假设应针对估价对象状况等估价前提，作出必要、合理且有依据的假定，不得为了规避应尽的检查资料、调查情况等勤勉尽责估价义务或为了高估、低估估价对象的价值或价格而滥用估价假设。

7.0.16 估价假设和限制条件应说明下列内容：

1 一般假设，应说明对估价所依据的估价对象的权属、面积、用途等资料进行了检查，在无理由怀疑其合法性、真实性、准确性和完整性且未予以核实的情况下，对其合法、真实、准确和完整的合理假定；对房屋安全、环境污染等影响估价对象价值或价格的重大因素给予了关注，在无理由怀疑估价对象存在安全隐患且无相应的专业机构进行鉴定、检测的情况下，对其安全的合理假定等。

2 未定事项假设，应说明对估价所必需的尚未明确或不够明确的土地用途、容积率等事项所做的合理的、最可能的假定。当估价对象无未定事项时，应无未定事项假设。

3 背离事实假设，应说明因估价目的的特殊需要、交易条件设定或约定，对估价对象状况所做的与估价对象的实际状况不一致的合理假定。当估价设定的估价对象状况与估价对象的实际状况无不一致时，应无背离事实假设。

4 不相一致假设，应说明在估价对象的实际用途、登记用途、规划用途等用途之间不一致，或不同权属证明上的权利人之间不一致，估价对象的名称或地址不一致等情况下，对估价所依据的用途或权利人、名称、地址等的合理假定。当估价对象状况之间无不一致时，应无不相一致假设。

5 依据不足假设，应说明在估价委托人无法提供估价所必需的反映估价对象状况的资料及注册房地产估价师进行了尽职调查仍然难以取得该资料的情况下，缺少该资料及对相应的估价对象状况的合理假定。当无依据不足时，应无依据不足假设。

6 估价报告使用限制，应说明估价报告和估价结果的用途、使用者、使用期限等使用范围及在使用估价报告和估价结果时需要注意的其他事项。其中的估价报告使用期限应自估价报告出具之日起计算，根据估价目的和预计估价对象的市场价格变化程度确定，不宜超过一年。

7.0.17 估价结果报告应包括下列内容：

1 估价委托人，当为单位时，应写明其名称、住所和法定代表人姓名；当为个人时，应写明其姓名和住址。

2 房地产估价机构，应写明房地产估价机构的名称、住所、法定代表人或执行事务合伙人姓名、资质等级和资质证书编号。

3 估价目的，应说明估价委托人对估价报告的预期用途，或估价是为了满足估价委托人的何种需要。

4 估价对象，应概要说明估价对象的财产范围及名称、坐落、规模、用途、权属等基本状况；对土地基本状况的说明，还应包括四至、形状、开发程度、土地使用期限；对建筑物基本状况的说明，还应包括建筑结构、设施设备、装饰装修、新旧程度。

5 价值时点，应说明所评估的估价对象价值或价格对应的时间及其确定的简要理由。

6 价值类型，应说明所评估的估价对象价值或价格的名称、定义或内涵。

7 估价原则，应说明所遵循的估价原则的名称、定义或内涵。

8 估价依据，应说明估价所依据的有关法律、法规和政策，有关估价标准，估价委托书、估价委托合同、估价委托人提供的估价所需资料，房地产估价机构、注册房地产估价师掌握和搜集的估价所需资料。

9 估价方法，应说明所采用的估价方法的名称和定义。当按估价委托合同约定不向估价委托人提供估价技术报告时，还应说明估价测算的简要内容。

10 估价结果，应符合下列要求：

 1）除房地产抵押估价外，当估价对象为单宗房地产时，可按表7.0.17-1说明不同估价方法的测算结果和最终评估价值；

表 7.0.17-1 估价结果汇总表

币种：

相关结果 \ 估价方法				
测算结果	总价（元或万元）			
	单价（元/m²）			
评估价值	总价（元或万元）			
	单价（元/m²）			

2) 除房地产抵押估价外，当估价对象为多宗房地产时，可按表 7.0.17-2 说明不同估价方法的测算结果和最终评估价值；

表 7.0.17-2 估价结果汇总表

币种：

估价对象及结果 \ 估价方法及结果		测算结果	估价结果
估价对象 1	总价（元或万元）		
	单价（元/m²）		
估价对象 2	总价（元或万元）		
	单价（元/m²）		
估价对象 3	总价（元或万元）		
	平均单价（元/m²）		
……	总价（元或万元）		
	单价（元/m²）		
汇总评估价值	总价（元或万元）		
	平均单价（元/m²）		

3) 房地产抵押估价中假定未设立法定优先受偿权下的价值，可按表 7.0.17-1 或表 7.0.17-2 说明不同估价方法的测算结果和最终评估价值；

4) 房地产抵押价值评估结果，可按表 7.0.17-3 说明最终评估价值；

表7.0.17-3 房地产抵押价值评估结果汇总表

币种：

项目及结果 \ 评估对象		估价对象1	估价对象2	估价对象3	……
1. 假定未设立法定优先受偿权下的价值	总价（元或万元）				
	单价（元/m²）				
2. 估价师知悉的法定优先受偿款	总额（元或万元）				
2.1 已抵押担保的债权数额	总额（元或万元）				
2.2 拖欠的建设工程价款	总额（元或万元）				
2.3 其他法定优先受偿款	总额（元或万元）				
3. 抵押价值	总价（元或万元）				
	单价（元/m²）				

5）当估价对象无法用单价表示时，最终评估价值可不注明单价，除此之外的最终评估价值均应注明单价和总价，且总价应注明大写金额；

6）当最终评估价值的币种为外币时，应说明国务院金融主管部门公布的价值时点的人民币市场汇率中间价，并应注明最终评估价值的单价和总价所折合的人民币价值。

11 注册房地产估价师，应按表7.0.17-4写明所有参加估价的注册房地产估价师的姓名和注册号，并应由本人签名及注明签名日期，不得以个人印章代替签名。

表7.0.17-4 参加估价的注册房地产估价师

姓 名	注册号	签 名	签名日期
			年 月 日
			年 月 日
			年 月 日

12 实地查勘期，应说明实地查勘估价对象的起止日期，具体为自进入估价对象现场之日起至完成实地查勘之日止。

13 估价作业期，应说明估价工作的起止日期，具体为自受理估价委托之日起至估价报告出具之日止。

7.0.18 估价技术报告应包括下列内容：

1 估价对象描述与分析，应有针对性地较详细说明、分析估价对象的区位、实物和权益状况。区位状况应包括位置、交通、外部配套设施、周围环境等状况，单套住宅的区位状况还应包括所处楼幢、楼层和朝向。土地实物状况应包括土地的面积、形状、地形、地势、地质、土壤、开发程度等；建筑物实物状况应包括建筑规模、建筑结构、设施设备、装饰装修、空间布局、建筑功能、外观、新旧程度等。权益状况应包括用途、规划条件、所有权、土地使用权、共有情况、用益物权设立情况、担保物权设立情况、租赁或占用情况、拖欠税费情况、查封等形式限制权利情况、权属清晰情况等。

2 市场背景描述与分析，应简要说明估价对象所在地区的经济社会发展状况和房地产市场总体状况，并应有针对性地较详细说明、分析过去、现在和可预见的未来同类房地产的市场状况。

3 估价对象最高最佳利用分析，应说明以估价对象的最高最佳利用状况为估价前提，并应有针对性地较详细分析、说明估价对象的最高最佳利用状况。当估价对象已为某种利用时，应从维持现状、更新改造、改变用途、改变规模、重新开发及它们的某种组合或其他特殊利用中分析、判断何种利用为最高最佳利用。当根据估价目的不以最高最佳利用状况为估价前提时，可不进行估价对象最高最佳利用分析。

4 估价方法适用性分析，应逐一分析比较法、收益法、成本法、假设开发法等估价方法对估价对象的适用性。对理论上不适用而不选用的，应简述不选用的理由；对理论上适用但客观条件不具备而不选用的，应充分陈述不选用的理由；对选用的估价方法，应简述选用的理由并说明其估价技术路线。

5 估价测算过程，应详细说明所选用的估价方法的测算步骤、计算公式和计算过程及其中的估价基础数据和估价参数的来源或确定依据等。

6 估价结果确定，应说明不同估价方法的测算结果和最终评估价值，并应详细说明最终评估价值确定的方法和理由。

7.0.19 附件应包括下列内容：

1 估价委托书复印件。

2 估价对象位置图。

3 估价对象实地查勘情况和相关照片，应说明对估价对象进行了实地查勘及进行实地查勘的注册房地产估价师。因本规范第3.0.8条规定的情形未能进入估价对象内部进行实地查勘的，应说明未进入估价对象内部进行实地查勘及其具体原因。相关照片应包括估价对象的内部状况、外部状况和周围环境状况的照片。因本规范第3.0.8条规定的情形未能进入估价对象内部进行实地查勘的，可不包括估价对象的内部状况照片。

4 估价对象权属证明复印件。当估价委托人不是估价对象权利人且估价报告为非鉴证性估价报告时，可不包括估价对象权属证明复印件，但应说明无估价对象权属证明复印件的具体原因，并将估价对象权属状况作为估价假设中的依据不足假设在估价报告中说明。

5 估价对象法定优先受偿款调查情况，应说明对估价对象法定优先受偿权设立情况及相应的法定优先受偿款进行了调查，并应提供反映估价对象法定优先受偿款的资料。当不是房地产抵押估价报告时，可不包括该情况。

6 可比实例位置图和外观照片。当未采用比较法进行估价时，可不包括该图和照片。

7 专业帮助情况和相关专业意见，应符合下列规定：

　　1）当有本规范第3.0.9条规定的情形时，应说明有专业帮助，并应说明专业帮助的内容及提供专业帮助的专家或单位的姓名或名称，相关资格、职称或资质；

  2）当有本规范第 3.0.10 条规定的情形时，应提供相关专业意见复印件，并应说明出具相关专业意见的专业机构或专家的名称或姓名，相关资质或资格、职称；

  3）当没有专业帮助或未依据相关专业意见时，应说明没有专业帮助或未依据相关专业意见。

 8 估价所依据的其他文件资料。

 9 房地产估价机构营业执照和估价资质证书复印件。

 10 注册房地产估价师估价资格证书复印件。

7.0.20 估价对象变现能力分析与风险提示，应较详细分析、说明估价对象的通用性、独立使用性、可分割转让性、区位、开发程度、价值大小及房地产市场状况等影响估价对象变现能力的因素及其对变现能力的影响，假定估价对象在价值时点拍卖或变卖时最可能实现的价格与其市场价值或市场价格的差异程度，变现的时间长短及费用、税金的种类和清偿顺序；预期可能导致估价对象抵押价值或抵押净值下跌的因素及其对估价对象抵押价值或抵押净值的影响，未来可能产生的房地产信贷风险关注点等。当不是房地产抵押估价报告时，可不包括估价对象变现能力分析与风险提示。

7.0.21 当为成套住宅抵押估价或基于同一估价目的的大量相似的房地产批量估价时，估价报告可采取表格形式。

7.0.22 估价报告应做到图文并茂。纸质估价报告应装订成册，纸张大小宜采用尺寸为 210mm×297mm 的 A4 纸规格。

8 估价职业道德

8.0.1 房地产估价师和房地产估价机构应回避与自己、近亲属、关联方及其他利害关系人有利害关系或与估价对象有利益关系的估价业务。

8.0.2 房地产估价师和房地产估价机构不得承接超出自己专业胜任能力和本机构业务范围的估价业务，对部分超出自己专业胜任能力的工作，应聘请具有相应专业胜任能力的专家或单位提供专业帮助。

8.0.3 房地产估价师和房地产估价机构应正直诚实，不得作任何虚假的估价，不得按估价委托人或其他个人、单位的高估或低估要求进行估价，且不得按预先设定的价值或价格进行估价。

8.0.4 房地产估价师和房地产估价机构应勤勉尽责，应搜集合法、真实、准确、完整的估价所需资料，且应对搜集的估价所需资料进行检查，并应对估价对象进行实地查勘。

8.0.5 房地产估价师和房地产估价机构在估价假设等重大估价事项上，应向估价委托人清楚说明，使估价委托人了解估价的限制条件及估价报告、估价结果的使用限制。

8.0.6 房地产估价师和房地产估价机构应保守在执业活动中知悉的国家秘密、商业秘密，不得泄露个人隐私；应妥善保管估价委托人提供的资料，未经估价委托人同意，不得擅自将其提供给其他个人和单位。

8.0.7 房地产估价师和房地产估价机构应维护自己的良好社会形象及房地产估价行业声誉，不得采取迎合估价委托人或估价利害关系人不当要求、恶性压价、支付回扣、贬低同行、虚假宣传等不正当手段招揽估价业务，不得索贿、受贿或利用开展估价业务之便谋取不正当利益。

8.0.8 房地产估价师和房地产估价机构不得允许其他个人和单位以自己的名义从事估价业务，不得以估价者身份在非自己估价的估价报告上签名、盖章，不得以其他房地产估价师、房地产估价机构的名义从事估价业务。

本规范用词说明

1 为便于在执行本规范条文时区别对待，对要求严格程度不同的用词说明如下：
1) 表示很严格，非这样做不可的：
   正面词采用"必须"，反面词采用"严禁"；
2) 表示严格，在正常情况下均应这样做的：
   正面词采用"应"，反面词采用"不应"或"不得"；

3) 表示允许稍有选择，在条件许可时首先应这样做的：
正面词采用"宜"，反面词采用"不宜"；
4) 表示有选择，在一定条件下可以这样做的，采用"可"。

2 条文中指明应按其他有关标准执行时的写法为："应符合……的规定"或"应按……执行"。

建筑工程建筑面积计算规范
(GB/T 50353-2013)

(2013年12月19日中华人民共和国住房和城乡建设部公告第269号公布　自2014年7月1日起施行)

1 总 则

1.0.1 为规范工业与民用建筑工程建设全过程的建筑面积计算，统一计算方法，制定本规范。

1.0.2 本规范适用于新建、扩建、改建的工业与民用建筑工程建设全过程的建筑面积计算。

1.0.3 建筑工程的建筑面积计算，除应符合本规范外，尚应符合国家现行有关标准的规定。

2 术 语

2.0.1 建筑面积 construction area
建筑物（包括墙体）所形成的楼地面面积。

2.0.2 自然层 floor
按楼地面结构分层的楼层。

2.0.3 结构层高 structure story height
楼面或地面结构层上表面至上部结构层上表面之间的垂直距离。

2.0.4 围护结构 building enclosure
围合建筑空间的墙体、门、窗。

2.0.5 建筑空间 space
以建筑界面限定的、供人们生活和活动的场所。

2.0.6 结构净高 structure net height
楼面或地面结构层上表面至上部结构层下表面之间的垂直距离。

2.0.7 围护设施 enclosure facilities
为保障安全而设置的栏杆、栏板等围挡。

2.0.8 地下室 basement
室内地平面低于室外地平面的高度超过室内净高的1/2的房间。

2.0.9 半地下室 semi-basement
室内地平面低于室外地平面的高度超过室内净高的1/3，且不超过1/2的房间。

2.0.10 架空层 stilt floor
仅有结构支撑而无外围护结构的开敞空间层。

2.0.11 走廊 corridor
建筑物中的水平交通空间。

2.0.12 架空走廊 elevated corridor
专门设置在建筑物的二层或二层以上，作为不同建筑物之间水平交通的空间。

2.0.13 结构层 structure layer
整体结构体系中承重的楼板层。

2.0.14 落地橱窗 french window
突出外墙面且根基落地的橱窗。

2.0.15 凸窗（飘窗）bay window
凸出建筑物外墙面的窗户。

2.0.16 檐廊 eaves gallery
建筑物挑檐下的水平交通空间。

2.0.17 挑廊 overhanging corridor
挑出建筑物外墙的水平交通空间。

2.0.18 门斗 air lock
建筑物入口处两道门之间的空间。

2.0.19 雨篷 canopy
建筑出入口上方为遮挡雨水而设置的部件。

2.0.20 门廊 porch
建筑物入口前有顶棚的半围合空间。

2.0.21 楼梯 stairs
由连续行走的梯级、休息平台和维护安全的栏杆（或栏板）、扶手以及相应的支托结构组成的作为楼层之间垂直交通使用的建筑部件。

2.0.22 阳台 balcony
附设于建筑物外墙，设有栏杆或栏板，可供人活动的室外空间。

2.0.23 主体结构 major structure
接受、承担和传递建设工程所有上部荷载，维持上部结构整体性、稳定性和安全性的有机联系的构造。

2.0.24 变形缝 deformation joint
防止建筑物在某些因素作用下引起开裂甚至破坏而预留的构造缝。

2.0.25 骑楼 overhang
建筑底层沿街面后退且留出公共人行空间的建筑物。

2.0.26 过街楼 overhead building
跨越道路上空并与两边建筑相连接的建筑物。

2.0.27 建筑物通道 passage
为穿过建筑物而设置的空间。

2.0.28 露台 terrace
设置在屋面、首层地面或雨篷上的供人室外活动的有围护设施的平台。

2.0.29 勒脚 plinth
在房屋外墙接近地面部位设置的饰面保护构造。

2.0.30 台阶 step
联系室内外地坪或同楼层不同标高而设置的阶梯形踏步。

3 计算建筑面积的规定

3.0.1 建筑物的建筑面积应按自然层外墙结构外围水平面积之和计算。结构层高在2.20m及以上的，应计算全面积；结构层高在2.20m以下的，应计算1/2面积。

3.0.2 建筑物内设有局部楼层时，对于局部楼层的二层及以上楼层，有围护结构的应按其围护结构外围水平面积计算，无围护结构的应按其结构底板水平面积计算。结构层高在2.20m及以上的，应计算全面积；结构层高在2.20m以下的，应计算1/2面积。

3.0.3 形成建筑空间的坡屋顶，结构净高在2.10m及以上的部位应计算全面积；结构净高在1.20m及以上至2.10m以下的部位应计算1/2面积；结构净高在1.20m以下的部位不应计算建筑面积。

3.0.4 场馆看台下的建筑空间，结构净高在2.10m及以上的部位应计算全面积；结构净高在1.20m及以上至2.10m以下的部位应计算1/2面积；结构净高在1.20m以下的部位不应计算建筑面积。室内单独设置的有围护设施的悬挑看台，应按看台结构底板水平投影面积计算建筑面积。有顶盖无围护结构的场馆看台应按其顶盖水平投影面积的1/2计算面积。

3.0.5 地下室、半地下室应按其结构外围水平面积计算。结构层高在2.20m及以上的，应计算全面积；结构层高在2.20m以下的，应计算1/2面积。

3.0.6 出入口外墙外侧坡道有顶盖的部位，应按其外墙结构外围水平面积的1/2计算面积。

3.0.7 建筑物架空层及坡地建筑物吊脚架空层，应按其顶板水平投影计算建筑面积。结构层高在2.20m及以上的，应计算全面积；结构层高在2.20m以下的，应计算1/2面积。

3.0.8 建筑物的门厅、大厅应按一层计算建筑面积，门厅、大厅内设置的走廊应按走廊结构底板水平投影面积计算建筑面积。结构层高在2.20m及以上的，应计算全面积；结构层高在2.20m以下的，应计算1/2面积。

3.0.9 建筑物间的架空走廊，有顶盖和围护结构的，应按其围护结构外围水平面积计算全面积；无围护结构、有围护设施的，应按其结构底板水平投影面积计算1/2面积。

3.0.10 立体书库、立体仓库、立体车库，有围护结构的，应按其围护结构外围水平面积计算建筑面积；无围护结构、有围护设施的，应按其结构底板水平投影面积计算建筑面积。无结构层的应按一层计算，有结构层的应按其结构层面积分别计算。结构层高在2.20m及以上的，应计算全面积；结构层高在2.20m以下的，应计算1/2面积。

3.0.11 有围护结构的舞台灯光控制室，应按其围护结构外围水平面积计算。结构层高在2.20m及以上的，应计算全面积；结构层高在2.20m以下的，应计算1/2面积。

3.0.12 附属在建筑物外墙的落地橱窗，应按其围护结构外围水平面积计算。结构层高在2.20m及以上的，应计算全面积；结构层高在2.20m以下的，应计算1/2面积。

3.0.13 窗台与室内楼地面高差在0.45m以下且结构净高在2.10m及以上的凸（飘）窗，应按其围护结构外围水平面积计算1/2面积。

3.0.14 有围护设施的室外走廊（挑廊），应按其结构底板水平投影面积计算1/2面积；有围护设施（或柱）的檐廊，应按其围护设施（或柱）外围水平面积计算1/2面积。

3.0.15 门斗应按其围护结构外围水平面积计算建筑面积。结构层高在2.20m及以上的，应计算全面积；结构层高在2.20m以下的，应计算1/2面积。

3.0.16 门廊应按其顶板水平投影面积的1/2计算建筑面积；有柱雨篷应按其结构板水平投影面积的1/2计算建筑面积；无柱雨篷的结构外边线至外墙结构外边线的宽度在2.10m及以上的，应按雨篷结构板的水平投影面积的1/2计算建筑面积。

3.0.17 设在建筑物顶部的、有围护结构的楼梯间、水箱间、电梯机房等，结构层高在2.20m及以上的应计算全面积；结构层高在2.20m以下的，应计算1/2面积。

3.0.18 围护结构不垂直于水平面的楼层，应按其底板面的外墙外围水平面积计算。结构净高在2.10m及以上的部位，应计算全面积；结构净高在1.20m及以上至2.10m以下的部位，应计算1/2面积；结构净高在1.20m以下的部位，不应计算建筑面积。

3.0.19 建筑物的室内楼梯、电梯井、提物井、管道井、通风排气竖井、烟道，应并入建筑物的自然层计算建筑面积。有顶盖的采光井应按一层计算面积，结构净高在2.10m及以上的，应计算全面积，结构净高在2.10m以下的，应计算1/2面积。

3.0.20 室外楼梯应并入所依附建筑物自然层，并应按其水平投影面积的1/2计算建筑面积。

3.0.21 在主体结构内的阳台，应按其结构外围水平面积计算全面积；在主体结构外的阳台，应按其结构底板水平投影面积计算1/2面积。

3.0.22 有顶盖无围护结构的车棚、货棚、站台、加油站、收费站等，应按其顶盖水平投影面积的1/2计算建筑面积。

3.0.23 以幕墙作为围护结构的建筑物，应按幕墙外边线计算建筑面积。

3.0.24 建筑物的外墙外保温层，应按其保温材料的水平截面积计算，并计入自然层建筑面积。

3.0.25 与室内相通的变形缝，应按其自然层合并在建筑物建筑面积内计算。对于高低联跨的建筑物，当高低跨内部连通时，其变形缝应计算在低跨面积内。

3.0.26 对于建筑物内的设备层、管道层、避难层等有结构层的楼层，结构层高在2.20m及以上的，应计算全面积；结构层高在2.20m以下的，应计算1/2面积。

3.0.27 下列项目不应计算建筑面积：
1 与建筑物内不相连通的建筑部件；
2 骑楼、过街楼底层的开放公共空间和建筑物通道；

3 舞台及后台悬挂幕布和布景的天桥、挑台等；

4 露台、露天游泳池、花架、屋顶的水箱及装饰性结构构件；

5 建筑物内的操作平台、上料平台、安装箱和罐体的平台；

6 勒脚、附墙柱、垛、台阶、墙面抹灰、装饰面、镶贴块料面层、装饰性幕墙，主体结构外的空调室外机搁板（箱）、构件、配件，挑出宽度在 2.10m 以下的无柱雨篷和顶盖高度达到或超过两个楼层的无柱雨篷；

7 窗台与室内地面高差在 0.45m 以下且结构净高在 2.10m 以下的凸（飘）窗，窗台与室内地面高差在 0.45m 及以上的凸（飘）窗；

8 室外爬梯、室外专用消防钢楼梯；

9 无围护结构的观光电梯；

10 建筑物以外的地下人防通道，独立的烟囱、烟道、地沟、油（水）罐、气柜、水塔、贮油（水）池、贮仓、栈桥等构筑物。

本规范用词说明

1 为便于在执行本规范条文时区别对待，对要求严格程度不同的用词说明如下：

1）表示很严格，非这样做不可的：

正面词采用"必须"，反面词采用"严禁"；

2）表示严格，在正常情况下均应这样做的：

正面词采用"应"，反面词采用"不应"或"不得"；

3）表示允许稍有选择，在条件许可时首先应这样做的：

正面词采用"宜"，反面词采用"不宜"；

4）表示有选择，在一定条件下可以这样做的，采用"可"。

2 条文中指明应按其他有关标准执行的写法为："应符合……的规定"或"应按……执行"。

土地征收安置与补偿

中华人民共和国农村土地承包法

(2002年8月29日第九届全国人民代表大会常务委员会第二十九次会议通过 根据2009年8月27日第十一届全国人民代表大会常务委员会第十次会议《关于修改部分法律的决定》第一次修正 根据2018年12月29日第十三届全国人民代表大会常务委员会第七次会议《关于修改〈中华人民共和国农村土地承包法〉的决定》第二次修正)

第一章 总 则

第一条 【立法目的】为了巩固和完善以家庭承包经营为基础、统分结合的双层经营体制,保持农村土地承包关系稳定并长久不变,维护农村土地承包经营当事人的合法权益,促进农业、农村经济发展和农村社会和谐稳定,根据宪法,制定本法。

第二条 【农村土地范围】本法所称农村土地,是指农民集体所有和国家所有依法由农民集体使用的耕地、林地、草地,以及其他依法用于农业的土地。

注释 根据本条的规定,本法所称的农村土地,主要包括以下几种类型:

一是农民集体所有的耕地、林地、草地。农民集体所有的耕地、林地、草地是指所有权归集体的耕地、林地、草地。用于农业的土地中数量最多,涉及面最广。与每一个农民利益最密切的是耕地、林地和草地。这些农村土地,多采用人人有份的家庭承包方式,集体经济组织成员都有承包的权利。

二是国家所有依法由农民集体使用的耕地、林地、草地。国家所有依法由农民集体使用的耕地、林地、草地与农民集体所有的耕地、林地、草地的区别在于，前者的所有权属于国家，但依法由农民集体使用。

三是其他依法用于农业的土地。用于农业的土地，主要有耕地、林地和草地，还有一些其他依法用于农业的土地，如养殖水面、"四荒地"等。养殖水面主要是指用于养殖水产品的水面，养殖水面属于农村土地不可分割的一部分，也是用于农业生产的，所以也包括在本条所称的农村土地的范围之中。此外，还有荒山、荒丘、荒沟、荒滩等"四荒地"，"四荒地"依法是需要用于农业的，也属于本条所称的农村土地。

参见 《宪法》第9、10条；《民法典》第330、343条；《土地管理法》第2、4条；《草原法》第9、10条；《渔业法》第11条

第三条 【农村土地承包经营制度】国家实行农村土地承包经营制度。

农村土地承包采取农村集体经济组织内部的家庭承包方式，不宜采取家庭承包方式的荒山、荒沟、荒丘、荒滩等农村土地，可以采取招标、拍卖、公开协商等方式承包。

注释 本条规定的农村土地承包经营制度，包括两种承包方式，即家庭经营方式的承包和以招标、拍卖、公开协商等方式的承包。

农村土地承包采取农村集体经济组织内部的家庭承包方式。家庭承包方式是指以农村集体经济组织的每一个农户家庭全体成员为一个生产经营单位，作为承包人承包农民集体的耕地、林地、草地等农业用地，对于承包地按照本集体经济组织成员是人人平等地享有一份的方式进行承包。

农村集体经济组织内部的家庭承包方式的主要特点如下：一是集体经济组织的每个人，不论男女老少，都平均享有承包本农民集体的农村土地的权利，除非他自己放弃这个权利。二是以户为生产经营单位承包，也就是以一个农户家庭的全体成员作为承包方，与

本集体经济组织或者村委会订立一个承包合同，享有合同中约定的权利，承担合同中约定的义务。承包户家庭中的成员死亡，只要这个承包户还有其他人在，承包关系仍不变，由这个承包户中的其他成员继续承包。三是承包的农村土地对集体经济组织的每一个成员而言是人人有份的，这主要是指耕地、林地和草地，但不限于耕地、林地、草地和对于本集体经济组织的成员应当人人有份的农村土地，应当实行家庭承包的方式。

> **参见**　《民法典》第330、331条

第四条　【农村土地承包后土地所有权性质不变】农村土地承包后，土地的所有权性质不变。承包地不得买卖。

> **注释**　根据本条的规定，第一，农民对土地承包不是私有化，农民对所承包的土地不具有独立的土地所有权，土地所有权承包前属于农民集体所有的仍属于农民集体所有，承包前属于国家所有的仍属于国家所有，土地所有权的性质不会因为土地承包而发生改变。第二，农民对其所承包的土地不得买卖，只能依照本法的规定对其互换、转让土地承包经营权或者流转土地经营权。

> **参见**　《民法典》第331条

第五条　【承包权的主体及对承包权的保护】农村集体经济组织成员有权依法承包由本集体经济组织发包的农村土地。

任何组织和个人不得剥夺和非法限制农村集体经济组织成员承包土地的权利。

> **注释**　本条第1款规定，农村集体经济组织成员有权依法承包由本集体经济组织发包的农村土地。本款规定主要有以下几个含义：(1) 农村集体经济组织成员有权承包的土地是农村集体所有的土地以及国家所有依法由农民集体使用的农村土地。按照宪法和土地管理法等法律规定，农村和城市郊区的土地，除由法律规定属于国家所有的以外，属于农民集体所有；宅基地和自留地、自留山，属于农民集体所有。农民集体所有有三种主要形式：一是村农民集体所有；二是村内两个以上农村集体经济组织的农民集体所有；三

259

是乡（镇）农民集体所有。农村土地主要包括耕地、林地、草地、荒山、荒沟、荒丘、荒滩、养殖水面等。（2）有权承包本集体经济组织发包土地的是本集体经济组织的成员。（3）本农村集体经济组织成员是指本集体经济组织内的所有成员。

本条第2款规定，任何组织和个人不得剥夺和非法限制农村集体经济组织成员承包土地的权利。因此，任何组织和个人不得以民族、种族、性别、职业、家庭出身、宗教信仰、教育程度、财产状况、居住期限等理由，剥夺和非法限制农村集体经济组织成员的承包权利。

参见 《宪法》第6、8条；《行政诉讼法》第12条

第六条 【土地承包经营权男女平等】 农村土地承包，妇女与男子享有平等的权利。承包中应当保护妇女的合法权益，任何组织和个人不得剥夺、侵害妇女应当享有的土地承包经营权。

注释 农村妇女在农村土地承包中的权利，主要体现在以下几个方面：一是作为农村集体经济组织的成员，妇女同男子一样有权承包本集体经济组织发包的土地。不能因为是妇女而不许其承包土地，也不能因为是妇女而不分配给其应有的承包地份额。二是妇女结婚的，其承包土地的权利受法律保护。三是在妇女离婚或者丧偶的情况下，仍在原居住地生活，或者不在原居住地生活但在新居住地未取得承包地的，原集体经济组织不得收回该妇女已经取得的原承包地。

第七条 【公开、公平、公正原则】 农村土地承包应当坚持公开、公平、公正的原则，正确处理国家、集体、个人三者的利益关系。

注释 在进行农村土地家庭承包中，"公开"是指以下几个方面：一是进行承包活动的信息要公开。二是进行承包的程序要公开。三是承包方案和承包结果公开。

在进行农村土地家庭承包中，"公平"主要是指本集体经济组织成员依法平等地享有、行使承包本集体经济组织土地的权利。在

确定承包方案时,应当民主协商,公平合理地确定发包方、承包方权利义务。

在进行农村土地家庭承包中,"公正"主要是指在承包过程中,要严格按照法定的条件和程序办事,同等地对待每一个承包方,不得暗箱操作,也不得厚此薄彼,亲亲疏疏。

第八条　【集体土地所有者和承包方合法权益的保护】国家保护集体土地所有者的合法权益,保护承包方的土地承包经营权,任何组织和个人不得侵犯。

注释　国家保护集体土地所有者的合法权益主要表现在以下几个方面:(1)对集体所有的土地,依法确认所有权。(2)保护农村集体经济组织依法对土地的经营管理权。(3)对侵犯集体土地的行为,给予法律制裁。

国家保护承包方的土地承包经营权主要表现在以下几个方面:(1)本法明确规定,农村集体经济组织成员有权依法承包由本集体经济组织发包的土地。(2)承包期内,发包方不得收回承包地。(3)承包期内,发包方不得调整承包地。(4)承包期内,承包方可以自愿将承包地交回发包方。(5)承包方应得的承包收益,依照民法典继承编的规定继承。林地承包的承包方死亡,其继承人可以在承包期内继续承包。通过招标、拍卖、公开协商等方式取得土地经营权的,该承包人死亡,其应得的承包收益,依照民法典继承编的规定继承;在承包期内,其继承人可以继续承包。需要说明的是,土地承包是以农户家庭为单位,承包人是指承包土地的农户家庭,而不是指家庭中的某个成员。承包人死亡是指承包户家庭的人均已死亡的情况。承包耕地、草地的家庭中某一个人死亡,其他成员还在,不发生继承问题,仍由其他成员承包;家庭成员均已死亡的,其承包经营权终止,承包经营权不再由该承包户以外的其他亲属继承。由于林地的承包具有收益慢、周期长、风险大等特点,因此林地承包的承包人死亡,承包户以外的继承人可以在承包期内继续承包。(6)家庭承包中的承包方承包土地后,享有土地承包经营权,可以自己经营,也可以保留土地承包权,流转其承包地的土地经营权,由他人经营。(7)发包方违反承包合同,给承包方造成损失的,承包方有权要求发包方承担赔偿损失等违约责任。(8)任何组织和个人侵害土地承包经营权的,都应当承担法律责任。

第九条 【三权分置】承包方承包土地后,享有土地承包经营权,可以自己经营,也可以保留土地承包权,流转其承包地的土地经营权,由他人经营。

注释 "三权分置"是农村土地经营方式在改革过程中两次"两权"分离的结果:第一次"两权"分离,农户通过家庭承包的方式,从集体土地所有权中分离出土地承包经营权。第二次"两权"分离,承包方通过出租(转包)、入股等方式,将承包地流转给他人经营,从土地承包经营权中分离出土地经营权。

本条规定从法律上确认两次"两权"分离造成的经营方式的转变,并赋予受让方以土地经营权,实现法律上的平等保护:

(1)承包方享有土地承包经营权。土地承包经营权是一种用益物权。承包方享有的土地经营权的具体包括权利包括:依法享有直接支配和排他占有承包地的权利;依法享有承包地使用、收益的权利,有权自主组织生产经营和处置产品;依法互换、转让土地承包经营权;依法流转土地经营权;承包地被依法征收、征用、占用的,有权依法获得相应的补偿;承包期内,发包方不得调整承包地,因自然灾害严重毁损承包地等特殊情形需要个别调整的,应当依照法定程序进行;承包期内,发包方不得收回承包地;等等。

(2)承包方自己经营。自己经营就是承包户以家庭成员为主要劳动力,在自己所承包的农村土地上直接从事农业生产经营。这是农村土地的最主要的经营方式。

(3)承包方保留土地承包权,流转土地经营权。承包方除自己经营外,还可以通过与他人签订合同,将土地经营权流转给他人,由他人经营。土地经营权是从土地承包经营权中派生出来的新的权利。从法律性质上而言,土地承包经营权人流转土地经营权后,其所享有的土地承包经营权并未发生改变,只是承包方行使土地承包经营权的方式发生了改变而已,从直接行使转变为间接行使。2018

年12月29日农村土地承包法修改,对"流转"的法律性质进行了修改,流转的对象仅限于流转土地经营权,不再保留土地承包经营权;流转的方式限于转包(出租)、入股或者其他方式,而不再包括互换和转让。土地承包经营权仍可以在本集体经济组织内部互换或者转让。

(4)受让方享有土地经营权。土地经营权人有权在合同约定的期限内占有农村土地,自主开展农业生产经营并取得收益。具体包括:有权使用流转土地自主从事农业生产经营并获得相应收益;经承包方同意,可依法依规改良土壤、提升地力,建设农业生产、附属、配套设施,并按照合同约定获得合理补偿;经承包方书面同意,并向本集体经济组织备案,土地经营权人可以再流转土地经营权,或者以土地经营权向金融机构融资担保;等等。

第十条　【土地经营权流转的保护】国家保护承包方依法、自愿、有偿流转土地经营权,保护土地经营权人的合法权益,任何组织和个人不得侵犯。

注释　本条明确承包方流转土地经营权的权利受到法律保护,但只是做了原则性规定,对流转土地经营权的保护,其他条文还有配套的具体规定。主要有:本法第17条第3项规定,承包方的权利就包括依法流转土地经营权;第36条规定承包方可以自主决定流转方式;第60条、第61条、第65条等条文还规定了侵害流转土地经营权的法律后果。

保护土地经营权人的合法权益,可以从两个方面来理解:一方面,土地经营权流转的受让方与承包方签订了流转合同,作为合同当事人,土地经营权人的权利受到民法典等相关法律的保护。另一方面,受让方通过签订流转合同,合同生效后,即依法取得了土地经营权。

第十一条　【土地资源的保护】农村土地承包经营应当遵守法律、法规,保护土地资源的合理开发和可持续利用。未经依法批准不得将承包地用于非农建设。

国家鼓励增加对土地的投入,培肥地力,提高农业生产能力。

注释 根据本法和其他相关法律、法规规定，保护土地资源的合理开发和可持续利用，各级人民政府应当依法采取措施，全面规划，严格管理、保护、开发土地资源，制止非法占用土地的行为：(1) 依据国民经济和社会发展规划、国土整治和资源环境保护的要求、土地供给能力以及各项建设对土地的需求，组织编制国土空间规划。通过编制国土空间规划，将土地分为农用地、建设用地和未利用地。严格限制农用地转为建设用地，控制建设用地总量，对耕地实行特殊保护。确保本行政区域内耕地总量不减少。(2) 实行基本农田保护制度。各省、自治区、直辖市划定的基本农田应当占本行政区域内耕地的80%以上。征用基本农田必须经国务院批准，地方各级人民政府无权批准征用基本农田。(3) 按照国土空间规划，应当采取措施，改造中、低产田，整治闲散地和废弃地。(4) 应当采取有效措施鼓励增加对土地的投入，培肥地力，提高农业生产能力。

作为集体土地的所有人和土地承包的当事人，发包方应当：(1) 监督承包方依照承包合同约定的用途合理利用和保护土地，制止承包方损害承包地和农业资源的行为，如占用基本农田发展林果业和挖塘养鱼等。如果承包方给承包地造成永久损害的，发包方有权制止，并有权要求承包方赔偿由此造成的损失。同时，发包方还应当监督土地经营权人损害承包地和农业资源的行为，如果土地经营权人擅自改变土地的农业用途、弃耕抛荒连续两年以上、给土地造成严重损害或者严重破坏土地生态环境，承包方在合理期限内不解除土地经营权流转合同的，发包方有权要求终止土地经营权流转合同。(2) 执行县、乡（镇）国土空间规划，组织本集体经济组织内的农业基础设施建设，对田、水、路、林、村综合整治，提高耕地质量，增加有效耕地面积，改善农业生产条件和生态环境。维护排灌工程设施，改良土壤，提高地力，防止土地荒漠化、盐渍化、水土流失和污染土地。(3) 切实履行承包合同，保证承包方对土地的投入，培肥地力，提高农业生产能力的积极性。如耕地的承包期为30年，在承包期内，发包方不得违法收回、调整承包地；在承包期内，承包方交回承包地时，发包方对其在承包地上投入而提高土地生产能力的,发包方应当给予补偿。

承包方应当:(1)按照承包合同中确定的土地用途使用土地。承包土地的目的就是从事种植等农业生产,禁止改变农用土地的用途,不得将其用于非农业建设。如不得在耕地上建窑、建坟或者擅自在耕地上建房、挖砂、采石、采矿、取土等。从保护耕地的角度,承包方不得占有基本农田发展林果业和挖塘养鱼。承包方违法将承包地用于非农建设的,由县级以上人民政府有关部门予以处罚。(2)增加土地的投入,禁止掠夺性开发。承包方应当合理地增肥地力,这样一方面提高土地生产力,发挥土地最大效益,从而提高农作物的产量,增加自己的收入;另一方面,提高土地质量,保证农业生产的可持续发展,造福子孙后代。(3)合理利用土地,不得给土地造成永久性损害。如为了片面追求短期内的生产效益,有的承包方在承包地上大量施用化肥和农药,结果导致土壤污染,生产能力下降;有的承包方擅自改变农用地的用途,如在耕地上建房、窑等建筑物,对耕地造成难以恢复的损害。承包方给土地造成永久性损害的,应当承担赔偿损失等法律责任。

土地经营权人应当:(1)按照土地经营权流转合同中确定的土地用途使用土地。土地经营权人有权占有农村土地,自主开展农业生产经营并取得收益,但不得改变土地的农业用途。土地经营权人违法将承包地用于非农建设的,由县级以上地方人民政府有关主管部门依法予以处罚。(2)增加土地的投入,禁止掠夺性开发。土地经营权人可以依法投资改良土壤,增肥地力,建设农业生产附属、配套设施等,并按照合同约定对其投资部分获得合理补偿。(3)合理利用土地,不得破坏农业综合生产能力和农业生态环境。如果土地经营权人擅自改变土地的农业用途、弃耕抛荒连续两年以上、给土地造成严重损害或者严重破坏土地生态环境的,承包方可以解除土地经营权流转合同,承包方在合理期限内不解除土地经营权流转合同的,发包方有权要求终止土地经营权流转合同。土地经营权人对土地和土地生态环境造成的损害应当予以赔偿。

参见　《土地管理法》第3、4条;《土地管理法实施条例》第14条;《草原法》第3、4、6、7条

第十二条 【土地承包管理部门】国务院农业农村、林业和草原主管部门分别依照国务院规定的职责负责全国农村土地承包经营及承包经营合同管理的指导。

县级以上地方人民政府农业农村、林业和草原等主管部门分别依照各自职责，负责本行政区域内农村土地承包经营及承包经营合同管理。

乡（镇）人民政府负责本行政区域内农村土地承包经营及承包经营合同管理。

第二章 家庭承包

第一节 发包方和承包方的权利和义务

第十三条 【发包主体】农民集体所有的土地依法属于村农民集体所有的，由村集体经济组织或者村民委员会发包；已经分别属于村内两个以上农村集体经济组织的农民集体所有的，由村内各该农村集体经济组织或者村民小组发包。村集体经济组织或者村民委员会发包的，不得改变村内各集体经济组织农民集体所有的土地的所有权。

国家所有依法由农民集体使用的农村土地，由使用该土地的农村集体经济组织、村民委员会或者村民小组发包。

> **注释** 农民集体所有的土地发包方的确定有两种情况：
>
> （1）农民集体所有的土地，依法属于村农民集体所有的，由村集体经济组织或者村民委员会发包。这里的"村"指行政村，即设立村民委员会的村，而不是指自然村。农民集体所有的土地，依法属于村农民集体所有是指属于行政村农民集体所有。农民集体所有的土地，由村集体经济组织或者村民委员会发包。
>
> （2）已经分别属于村内两个以上农村集体经济组织的农民集体所有的，由村内各该农村集体经济组织或者村民小组发包。这里的村民小组是指行政村内由村民组成的组织，它是村民自治共

同体内部的一种组织形式，相当于原生产队的层次。本条规定"已经分别属于村内两个以上农村集体经济组织的农民集体所有的"土地是指，该土地原先分别属于两个以上的生产队，现在其土地仍然分别属于相当于原生产队的各该农村集体经济组织或者村民小组的农民集体所有。已经分别属于村内两个以上农村集体经济组织的农民集体所有的，由村内各该农村集体经济组织或者村民小组发包。

村集体经济组织或者村民委员会发包的，不得改变村内各集体经济组织农民集体所有的土地的所有权。这里的"村内各集体经济组织农民集体所有的土地"，指的是前面提到的"已经分别属于村内两个以上农村集体经济组织的农民集体所有的"土地。按照谁所有谁发包的原则，应当由村内各该农村集体经济组织或者村民小组发包。但是，许多村民小组也不具备发包的条件，或者由其发包不方便，实践中由村集体经济组织或者村民委员会代为发包。虽然由村集体经济组织或者村民委员会代为发包，但并不能因此改变所有权关系。

国家所有依法由农民集体使用的农村土地，由农村集体经济组织、村民委员会或者村民小组发包。具体由谁发包，应当根据该土地的具体使用情况而定。由村农民集体使用的，由村集体经济组织发包，村集体经济组织未设立的，由村民委员会发包。由村内两个以上集体经济组织的农民集体使用的，由村内各集体经济组织发包，村内各集体经济组织未设立的，由村民小组发包。村内各集体经济组织或者村民小组发包有困难或者不方便的，也可以由村集体经济组织或者村民委员会代为发包。

第十四条　【发包方的权利】发包方享有下列权利：

（一）发包本集体所有的或者国家所有依法由本集体使用的农村土地；

（二）监督承包方依照承包合同约定的用途合理利用和保护土地；

（三）制止承包方损害承包地和农业资源的行为；

（四）法律、行政法规规定的其他权利。

注释 本条规定的这几项权利分别说明如下：(1) 发包本集体所有的或者国家所有依法由本集体使用的农村土地的权利。这是发包方的发包权，是享有其他权利的前提。发包方可以发包的土地有两类：一类是本集体所有的农村土地，另一类是国家所有依法由本集体使用的农村土地。第二类土地发包人虽然不是所有人，也享有法律赋予的发包权。(2) 监督承包方依照承包合同约定的用途合理利用和保护土地的权利。(3) 制止承包方损害承包地和农业资源的行为的权利。(4) 法律、行政法规规定的其他权利。这是一项兜底的规定。例如，本法第45条第2款规定："工商企业等社会资本通过流转取得土地经营权的，本集体经济组织可以收取适量管理费用。"

第十五条 【发包方的义务】发包方承担下列义务：

（一）维护承包方的土地承包经营权，不得非法变更、解除承包合同；

（二）尊重承包方的生产经营自主权，不得干涉承包方依法进行正常的生产经营活动；

（三）依照承包合同约定为承包方提供生产、技术、信息等服务；

（四）执行县、乡（镇）土地利用总体规划，组织本集体经济组织内的农业基础设施建设；

（五）法律、行政法规规定的其他义务。

案例 某市人民政府与符某某等撤销土地承包经营权证纠纷上诉案（海南省高级人民法院〔2006〕琼行终字第066号）

案件适用要点：土地承包经营权是我国现行土地管理体制赋予农民长期而有保障的土地使用权制度。维护这一制度，既不能损害土地集体所有这个前提，也不能以各种借口或理由强迫承包方放弃或者变更承包经营权。就本案而言，某村村委会与符某某签订《荒地承包合同》的时间是1997年4月12日，上诉人某市人民政府将该争议地确权给某村委会下属村民小组的时间是2003年2月11日，在长达7年的时间里，各村民小组均未对该合同提出异议。在合同已实际履行，且未经依法解除前，对双方当事人具有法律效力。

参见 《民法典》第336、337条

第十六条 【承包主体和家庭成员平等享有权益】家庭承包的承包方是本集体经济组织的农户。

农户内家庭成员依法平等享有承包土地的各项权益。

注释 农村土地家庭承包的承包方是本集体经济组织的农户。需要说明的是：第一，农村集体经济组织的每一个成员都有承包土地的权利，家庭承包中，是按人人有份分配承包地，按户组成一个生产经营单位作为承包方。第二，强调承包方是本集体经济组织的农户主要是针对农村集体的耕地、草地和林地等适宜家庭承包的土地的承包。根据本法第三章规定，不宜采取家庭承包方式的荒山、荒沟、荒滩等农村土地可以通过招标、拍卖、公开协商等方式承包给农户，也可承包给单位或个人，这里的单位或个人可以来自本集体经济组织外。

案例 李维祥诉李格梅继承权纠纷案（《最高人民法院公报》2009年第12期）

案件适用要点：根据《农村土地承包法》第15条的规定，农村土地家庭承包的，承包方是本集体经济组织的农户，其本质特征是以本集体经济组织内部的农户家庭为单位实行农村土地承包经营。家庭承包方式的农村土地承包经营权属于农户家庭，而不属于某一个家庭成员。根据《继承法》第3条①的规定，遗产是公民死亡时遗留的个人合法财产。农村土地承包经营权不属于个人财产，故不发生继承问题。除林地外的家庭承包，当承包农地的农户家庭中的一人或几人死亡，承包经营仍然是以户为单位，承包地仍由该农户的其他家庭成员继续承包经营；当承包经营农户家庭的成员全部死亡，由于承包经营权的取得是以集体成员权为基础，该土地承包经营权归于消灭，不能由该农户家庭成员的继承人继续承包经营，更不能作为该农户家庭成员的遗产处理。

第十七条 【承包方的权利】承包方享有下列权利：

（一）依法享有承包地使用、收益的权利，有权自主组织生产经

---

① 对应于《民法典》第1122条。

营和处置产品；

（二）依法互换、转让土地承包经营权；

（三）依法流转土地经营权；

（四）承包地被依法征收、征用、占用的，有权依法获得相应的补偿；

（五）法律、行政法规规定的其他权利。

注释 根据本条的规定，承包方享有以下权利：

1. 依法享有承包地使用、收益的权利，有权自主组织生产经营和处置产品。

这项权利主要包括以下几个方面的内容：（1）依法对承包地享有使用的权利。对承包土地的使用不仅仅表现为进行传统意义上的耕作、种植等，因进行农业生产而修建的必要的附属设施，如建造沟渠、修建水井等构筑物，也应是对承包土地的一种使用。所修建的附属设施的所有权应当归承包人享有。（2）依法获取承包地收益的权利。收益权就是承包方有获取承包地上产生的收益的权利，这种收益主要是从承包地上种植的农作物以及养殖畜牧中所获得的利益，例如果树产生的果实，粮田里产出的粮食。（3）自主组织生产经营和处置产品的权利。自主组织生产经营是指农户可以在法律规定的范围内决定如何在土地上进行生产经营，如选择种植的时间、品种等；产品处置权是指农户可以自由决定农产品是否卖，如何卖，卖给谁等。

2. 依法互换、转让土地承包经营权。

承包方承包土地后，可以行使承包经营权自己经营；也可以将承包地依法互换、转让。

3. 依法流转土地经营权。

承包方对土地经营权依法进行流转有利于农村经济结构的调整，也有利于维护农村土地承包关系的长期稳定。"三权分置"改革的核心问题是家庭承包的承包户在经营方式上发生转变，即由农户自己经营，转变为保留土地承包权，将承包地流转给他人经营，实现土地承包经营权和土地经营权的分离。

4. 承包地被依法征收、征用、占用的，有权依法获得相应的补偿。

征收土地是国家为了社会公共利益的需要,将集体所有的土地转变为国有土地的一项制度。根据《民法典》第243条第2款的规定,征收集体所有的土地,应当依法及时足额支付土地补偿费、安置补助费以及农村村民住宅、其他地上附着物和青苗等的补偿费用,并安排被征地农民的社会保障费用,保障被征地农民的生活,维护被征地农民的合法权益。征用是国家强制使用单位、个人的财产。对于征用,根据《民法典》第245条规定,因抢险救灾、疫情防控等紧急需要,依照法律规定的权限和程序可以征用组织、个人的不动产或者动产。被征用的不动产或者动产使用后,应当返还被征用人。组织、个人的不动产或者动产被征用或者征用后毁损、灭失的,应当给予补偿。占用是指兴办乡镇企业和村民建设住宅经依法批准使用本集体经济组织农民集体所有的土地或者乡(镇)村公共设施和公益事业建设经依法批准使用农民集体所有土地的行为。

参见 《民法典》第331条;《土地管理法》第30-43条

第十八条 【承包方的义务】 承包方承担下列义务:
(一)维持土地的农业用途,未经依法批准不得用于非农建设;
(二)依法保护和合理利用土地,不得给土地造成永久性损害;
(三)法律、行政法规规定的其他义务。

注释 本条规定承包方应当承担以下义务:

(1)维持土地的农业用途,未经批准不得用于非农建设。这里的"农业用途"是指将土地直接用于农业生产,从事种植业、林业、畜牧业、渔业生产。"非农建设"是指将土地用于农业生产目的以外的建设活动,例如在土地上建造房屋、建造工厂等。需要强调的是,要求承包方维护土地的农业用途,不得用于非农建设,并不是对承包方土地承包经营权的不合理限制。承包方在农业用途的范围内可以自由决定种什么,怎么种,如承包方可以在承包土地上种蔬菜,种粮食,还可以种其他经济作物。

(2)依法保护和合理利用土地,不得给土地造成永久性损害。这里所讲的依法保护土地,是指作为土地使用人的承包方对土地生产能力进行保护,保证土地生态环境的良好性能和质量。合理利用土地是指承包方在使用土地的过程中，通过科学使用土地，使土地的利用与其自然的、社会的特性相适应，充分发挥土地要素在生产活动中的作用，以获得最佳的经济、生产、生态的综合效益。具体来说，要做到保护耕地、保护土地生态环境、提高土地利用率、防止水土流失和盐碱化。"永久性损害"是指使土地不再具有生产能力、不能再被利用的损害，例如在土地上过度使用化肥或向土地长期排污，使土地不能被利用。

> **参见** 《民法典》第334条；《土地管理法》第38条

第二节　承包的原则和程序

第十九条　【土地承包的原则】 土地承包应当遵循以下原则：

（一）按照规定统一组织承包时，本集体经济组织成员依法平等地行使承包土地的权利，也可以自愿放弃承包土地的权利；

（二）民主协商，公平合理；

（三）承包方案应当按照本法第十三条的规定，依法经本集体经济组织成员的村民会议三分之二以上成员或者三分之二以上村民代表的同意；

（四）承包程序合法。

> **注释**　根据本条的规定，土地承包应当遵循以下四个原则：

（1）按照规定统一组织承包时，本集体经济组织成员依法平等地行使承包土地的权利，也可以自愿放弃承包土地的权利。这里的"平等"主要体现在两个方面：一是本集体经济组织的成员都平等地享有承包本集体经济组织土地的权利，无论男女老少、体弱病残。二是本集体经济组织成员在承包过程中都平等地行使承包本集体经济组织土地的权利，发包方应当平等地对待每一个本集体经济组织成员承包土地的权利。这主要体现在承包过程中，发包方不能厚此薄彼、亲亲疏疏，不能对本集体经济组织成员实行差别对待。

本集体经济组织成员对土地承包的权利一方面体现在依法平等地享有和行使承包土地的权利，另一方面体现在自愿放弃承包土地的权利。

（2）民主协商，公平合理。"民主协商"要求在集思广益的基础上完成承包，发包方在发包过程中应当与作为承包方的本集体经济组织成员民主协商，应当充分听取和征求本集体经济组织成员的意见，不得搞"暗箱操作"，不得搞"一言堂"强迫本集体经济组织成员接受承包方案。这里的"公平合理"要求本集体经济组织成员之间所承包的土地在土质的好坏、离居住地距离的远近、离水源的远近等方面不能有太大的差别。

（3）承包方案应当按照本法第13条的规定，依法经本集体经济组织成员的村民会议三分之二以上成员或者三分之二以上村民代表的同意。"村民会议"是村民集体讨论决定涉及全村村民利益问题的一种组织形式。根据村民委员会组织法的规定，村民会议由本村十八周岁以上的村民组成。

（4）承包程序合法。承包中，承包程序应当符合法律的规定，违反法律规定的承包程序进行的承包是无效的。

第二十条 【土地承包的程序】 土地承包应当按照以下程序进行：

（一）本集体经济组织成员的村民会议选举产生承包工作小组；
（二）承包工作小组依照法律、法规的规定拟订并公布承包方案；
（三）依法召开本集体经济组织成员的村民会议，讨论通过承包方案；
（四）公开组织实施承包方案；
（五）签订承包合同。

注释 根据本条的规定，土地承包应当依照以下程序进行：

（1）本集体经济组织成员的村民会议选举产生承包工作小组。（2）承包工作小组依照法律、法规的规定拟订并公布承包方案。（3）依法召开本集体经济组织成员的村民会议，讨论通过承包方案。根据本法第19条第3项的规定，承包方案应当按照本法第13条的规定，依法经本集体经济组织的村民会议三分之二以上成员或者三分之二以上村民代表同意。（4）公开组织实施承包方案。（5）签订承包合同。

273

根据本法第22条的规定，承包合同一般包括以下条款：(1) 发包方、承包方的名称，发包方负责人和承包方代表的姓名、住所；(2) 承包土地的名称、坐落、面积、质量等级；(3) 承包期限和起止日期；(4) 承包土地的用途；(5) 发包方和承包方的权利义务；(6) 违约责任。承包合同自成立之日起生效，承包方自承包合同生效时取得土地承包经营权。

第三节 承包期限和承包合同

第二十一条 【承包期限】耕地的承包期为三十年。草地的承包期为三十年至五十年。林地的承包期为三十年至七十年。

前款规定的耕地承包期届满后再延长三十年，草地、林地承包期届满后依照前款规定相应延长。

注释 承包期限是指农村土地承包经营权存续的期间，在此期间内，承包方享有土地承包经营权，依照法律的规定和合同的约定，行使权利，承担义务。

我国对土地实行用途管理制度。土地管理法按照土地的用途，将土地划分为农用地、建设用地和未利用地，其中，农用地又包括耕地、林地、草地、农田水利用地和养殖水面等。本条第1款根据我国农村土地家庭承包的实际情况，对不同用途的土地的承包期做出规定。(1) 耕地。耕地是指种植农作物的土地，包括灌溉水田、望天田（又称天水田）、水浇地、旱地和菜地。我国农村实行土地承包经营制度的土地主要是耕地。(2) 草地、林地。草地是指以生长草本植物为主，用于畜牧业的土地，包括天然草地、改良草地和人工草地。草原是草地的主体。林地是指生长乔木、竹类、灌木、沿海红树林的土地，包括有林地、灌木林地、疏林地、未成林造林地以及迹地和苗圃等。

根据本条第2款的规定，草地、林地的承包期届满后，比照耕地承包期届满后再延长三十年的规定，作相应延长。例如，如果草地、林地的现承包期为四十年，该承包期届满后再延长四十年；如果草地、林地的现承包期为五十年，该承包期届满后再延长五十年。

第二十二条 【承包合同】 发包方应当与承包方签订书面承包合同。

承包合同一般包括以下条款:

(一) 发包方、承包方的名称,发包方负责人和承包方代表的姓名、住所;

(二) 承包土地的名称、坐落、面积、质量等级;

(三) 承包期限和起止日期;

(四) 承包土地的用途;

(五) 发包方和承包方的权利和义务;

(六) 违约责任。

注释 土地承包合同是发包方与承包方之间达成的,关于农村土地承包权利义务关系的协议。根据本法的规定,土地承包合同具有以下特征:

(1) 合同的主体是法定的。发包方是与农民集体所有土地范围相一致的农村集体经济组织、村委会或者村民小组。即土地依法属于村农民集体所有的,由村集体经济组织或者村民委员会发包;已经分别属于村内两个以上农村集体经济组织的农民集体所有的,由村内各该农村集体经济组织或者村民小组发包。国家所有依法由农民集体使用的农村土地,由使用该土地的农村集体经济组织、村民委员会或者村民小组发包。承包方是本集体经济组织的农户。

(2) 合同内容受到法律规定的约束,有些内容不允许当事人自由约定。例如,对于耕地的承包期,本法明确规定为三十年,并且耕地承包期届满后再延长三十年。再如,对于承包地的收回等,法律都有明确规定。这些内容都不允许当事人自由约定。

(3) 土地承包合同是双务合同。发包方应当尊重承包方的生产经营自主权,为承包方提供生产、技术、信息等服务,有权对承包方进行监督等;承包方对承包地享有占有、使用、收益和流转的权利,其应维持土地的农业用途,保护和合理利用土地等。

(4) 合同属于要式合同。双方当事人签订承包合同应当采用书面形式。

参见　《民法典》第333条第1款

案例　蔡某某等与佛山市三水区某村村委会农村土地承包合同纠纷上诉案（广东省佛山市中级人民法院〔2004〕佛中法民一终字第239号）

案件适用要点：本案当事人持有的《鱼塘使用证》是当时的乡人民政府对其投资投劳开挖的土名为"勒基坑"的鱼塘所享有的使用权的确认，符合当时国家有关政策的要求，但《鱼塘使用证》并不是承包合同，承包合同是发包方和承包方之间设立、变更、终止土地承包权利义务关系的协议，《鱼塘使用证》并不具有承包合同的法律特征。

第二十三条　【承包合同的生效】承包合同自成立之日起生效。承包方自承包合同生效时取得土地承包经营权。

注释　合同的成立是指订约当事人就合同的主要内容形成合意。合同的生效是指合同产生法律约束力。本条主要明确了承包合同的生效时间。同时，考虑到我国农村土地承包的实际情况，明确了承包经营权的取得以合同生效为前提，不以登记为生效的要件。

此外，本条主要是从承包合同生效时间的角度予以规定，但承包合同要实际产生法律约束力，还不能有法律规定的合同无效等事由。对此，民法典作出了明确规定。《民法典》第155条规定，无效的或者被撤销的民事法律行为自始没有法律约束力。对合同在哪些情形下可以认定无效或者可以被撤销，民法典作出了详细规定，这些规定也适用于土地承包合同。《民法典》第143条规定，具备下列条件的民事法律行为有效：（1）行为人具有相应的民事行为能力；（2）意思表示真实；（3）不违反法律、行政法规的强制性规定，不违背公序良俗。

第二十四条　【土地承包经营权登记】国家对耕地、林地和草地等实行统一登记，登记机构应当向承包方颁发土地承包经营权证或者林权证等证书，并登记造册，确认土地承包经营权。

土地承包经营权证或者林权证等证书应当将具有土地承包经营

权的全部家庭成员列入。

登记机构除按规定收取证书工本费外，不得收取其他费用。

注释 对于本条第1款需要从以下几个方面予以把握：一是关于土地承包经营权登记制度与土地承包经营权设立的关系。土地承包经营权的设立，没有采用登记生效主义，即不以登记为生效的要件。二是国家实行土地承包经营权统一登记制度，由统一的登记机构对耕地、林地、草地等进行登记。三是关于颁发证书、登记造册。土地承包经营权证书、林权证等证书，是承包方享有土地承包经营权的法律凭证。承包方签订承包合同，取得土地承包经营权后，登记机构应当颁发土地承包经营权证或者林权证等证书，并登记造册，将土地的使用权属、用途、面积等情况登记在专门的簿册上，以确认土地承包经营权。

参见 《民法典》第333条第2款

第二十五条 【承包合同的稳定性】承包合同生效后，发包方不得因承办人或者负责人的变动而变更或者解除，也不得因集体经济组织的分立或者合并而变更或者解除。

注释 发包方不得因承办人或者负责人的变动而变更或者解除承包合同。根据本法的规定，发包方是集体经济组织、村委会或者村民小组。承包合同是发包方与承包方签订的。承办人或者负责人只是发包方的法定代表人或者代理人，并不等同于发包方。承办人或者负责人的变动并不构成对合同的实质性变更，如果因此而变更或者解除合同，则损害了承包方的合法权益。

发包方不得因集体经济组织的分立或者合并而变更或者解除承包合同。分立是指一个集体经济组织被分为两个以上新的组织，原组织的权利义务由新的集体经济组织承担。合并一般是指两种情况，一是指两个以上组织合并成为一个新的组织，由新的组织承担被合并的组织的权利义务。另一种情况是指一个组织被撤销后，将其权利义务一并转让给另一个组织。在土地承包中，无论发包方分立或者合并是由于何种原因，其权利义务都应当按照法律的规定和合同的约定享有和承担。

第二十六条 【严禁国家机关及其工作人员利用职权干涉农村土地承包或者变更、解除承包合同】国家机关及其工作人员不得利用职权干涉农村土地承包或者变更、解除承包合同。

注释 本条规定的违法行为的主体是国家机关及其工作人员。国家机关是指国家的权力机关、监察机关、行政机关、司法机关以及军事机关。包括各级人大及其常委会，各级监察委员会、各级人民政府，各级法院、检察院等。国家机关工作人员是指在国家机关中从事公务的人员，即在国家机关中行使一定职权、履行一定职务的人员。

对于国家机关及其工作人员干涉土地承包，变更、解除承包合同应当承担的法律责任，依照本法"争议的解决和法律责任"一章第65条的规定，国家机关及其工作人员有利用职权干涉农村土地承包，变更、解除承包合同，给承包方造成损失的，应当承担损害赔偿等责任；情节严重的，由上级机关或者所在单位给予直接责任人员处分；构成犯罪的，依法追究刑事责任。

第四节 土地承包经营权的保护和互换、转让

第二十七条 【承包期内承包地的交回和收回】承包期内，发包方不得收回承包地。

国家保护进城农户的土地承包经营权。不得以退出土地承包经营权作为农户进城落户的条件。

承包期内，承包农户进城落户的，引导支持其按照自愿有偿原则依法在本集体经济组织内转让土地承包经营权或者将承包地交回发包方，也可以鼓励其流转土地经营权。

承包期内，承包方交回承包地或者发包方依法收回承包地时，承包方对其在承包地上投入而提高土地生产能力的，有权获得相应的补偿。

注释 根据本条第1款的规定，除法律对承包地的收回有特别规定外，在承包期内，无论承包方发生什么样的变化，只要作为承包方的家庭还存在，发包方都不得收回承包地。例如，承包方家

庭中的一人或者数人死亡的；子女升学、参军或者在城市就业的；妇女结婚，在新居住地未取得承包地的；承包方在农村从事各种非农产业的等，只要作为承包方的农户家庭没有消亡，发包方都不得收回其承包地。

根据本条第2、3款的规定，承包农户即使全家都进城落户，不管是否纳入城镇住房和社会保障体系，也不管是否丧失农村集体经济组织成员身份，其进城落户前所取得的农村土地承包经营权仍然受国家保护。农户进城落户后，其所取得的土地承包经营权不受任何影响。农户既可以根据自己的意愿，并按照农业生产季节回来耕作；也可以根据本法第34条的规定按照自愿有偿原则依法在本集体经济组织内转让土地承包经营权；还可以根据本法第二章第五节的规定向他人流转土地经营权；当然，如果农户自愿将承包地交回发包方，也是允许的。

本条第4款规定，承包期内，承包方交回承包地或者发包方依法收回承包地时，承包方对其在承包地上投入而提高土地生产能力的，有权获得相应的补偿。例如，承包方对盐碱度较高的土地或者荒漠化的土地进行治理，使其成为较为肥沃的土地，在交回承包地时，发包方应当对承包方因治理土地而付出的投入给予相应的经济补偿。

参见　《土地管理法》第38条

第二十八条　【承包期内承包地的调整】承包期内，发包方不得调整承包地。

承包期内，因自然灾害严重毁损承包地等特殊情形对个别农户之间承包的耕地和草地需要适当调整的，必须经本集体经济组织成员的村民会议三分之二以上成员或者三分之二以上村民代表的同意，并报乡（镇）人民政府和县级人民政府农业农村、林业和草原等主管部门批准。承包合同中约定不得调整的，按照其约定。

注释　关于本条第2款规定的"本集体经济组织成员的村民会议"，考虑到土地所有者和发包主体的不同，并根据本法第13条的规定，如果土地是由村集体经济组织或者村民委员会发包的，这里的"村民会议"应当指村集体范围内的村民会议，即由村集体经济组织成员组成的村民会议；如果土地是由村内各集体经济组织或者村民小组发包的，这里的"村民会议"应当指村民小组范围内的村民会议，即由村民小组成员组成的村民会议。"村民会议三分之二以上成员"应当指组成村民会议的全体成员的三分之二以上成员；"三分之二以上村民代表"应当指由村民代表组成的村民会议的全体代表的三分之二以上代表。

第二十九条 【用于调整承包土地或者承包给新增人口的土地】下列土地应当用于调整承包土地或者承包给新增人口：

（一）集体经济组织依法预留的机动地；

（二）通过依法开垦等方式增加的；

（三）发包方依法收回和承包方依法、自愿交回的。

注释 本条规定的应当用于调整承包土地或者承包给新增人口的土地包括：

（1）集体经济组织依法预留的机动地。机动地是发包方在发包土地时，预先留出的不作为承包地的少量土地，用于解决承包期内的人地矛盾问题。（2）通过依法开垦等方式增加的土地。主要指通过开垦未利用地，如开垦荒地而增加的土地。（3）发包方依法收回和承包方依法、自愿交回的土地。本法第27条、第30条、第31条等条文对发包方依法收回承包地和承包方依法、自愿交回承包地等作了明确规定。

第三十条 【承包期内承包方自愿将承包地交回发包方的处理】承包期内，承包方可以自愿将承包地交回发包方。承包方自愿交回承包地的，可以获得合理补偿，但是应当提前半年以书面形式通知发包方。承包方在承包期内交回承包地的，在承包期内不得再要求承包土地。

第三十一条 【妇女婚姻关系变动对土地承包的影响】承包期内，妇女结婚，在新居住地未取得承包地的，发包方不得收回其原承包地；妇女离婚或者丧偶，仍在原居住地生活或者不在原居住地生活但在新居住地未取得承包地的,发包方不得收回其原承包地。

注释 本条规定主要包括以下内容:(1)承包期内,妇女结婚的,妇女嫁入方所在村应当尽量解决其土地承包问题。如果当地既没有富余的土地,也不进行小调整,而是实行"增人不增地,减人不减地"的办法,则出嫁妇女原籍所在地的发包方不得收回其原承包地。(2)妇女离婚或者丧偶,仍在原居住地生活的,其已取得的承包地应当由离婚或者丧偶妇女继续承包,发包方不得收回;不在原居住地生活的,新居住地的集体经济组织应当尽量为其解决承包土地问题,如可以在依法进行小调整时分给离婚或者丧偶妇女一份承包地,离婚或者丧偶妇女在新居住地未取得承包地的,原居住地的发包方不得收回其原承包地。

案例 杨甲与杨乙等农村土地承包合同纠纷上诉案(云南省昆明市中级人民法院〔2008〕昆民一终字第423号)

案件适用要点:被上诉人作为争议土地家庭承包户的成员,因出嫁在新居住地未取得土地的情况下,对原有承包地继续承包,符合《农村土地承包法》第30条"承包期内,妇女结婚,在新居住地未取得承包地的,发包方不得收回其原承包地;妇女离婚或者丧偶,仍在原居住地生活或者不在原居住地生活但在新居住地未取得承包地的,发包方不得收回其原承包地"的规定,且该承包得到了发包人的同意,被上诉人有权继续承包该争议土地。因本案争议土地系以家庭承包的方式所取得,虽然部分承包人已经死亡,但其余承包人尚在,就争议土地的承包经营权并不发生继承。

第三十二条 【承包收益和林地承包权的继承】承包人应得的承包收益,依照继承法的规定继承。

林地承包的承包人死亡,其继承人可以在承包期内继续承包。

注释 关于土地承包经营权能否继承的问题,首先应当明确的是,家庭承包的承包方是本集体经济组织的农户。家庭中部分成员死亡的,由于作为承包方的户还存在,因此不发生继承的问题,由家庭中的其他成员继续承包。只有在因家庭成员全部死亡而导致承包方消亡的情况下,才存在是否允许继承的问题。对家庭成员全部死亡而导致承包方消亡的,其承包地不允许继承,应当由集体经济组织收回,并严格用于解决人地矛盾。

承包地虽然不允许继承,但承包人应得的承包收益,如已收获的粮食、未收割的农作物等,作为承包人的个人财产,则应当依照民法典继承编的规定继承。继承人可以是本集体经济组织的成员,也可以不是本集体经济组织的成员。承包人应得的承包收益,自承包人死亡时开始继承,而不必等到承包经营的家庭消亡时才开始继承。

上述继承的问题,主要指耕地和草地,关于林地能否继承的问题,本条第2款规定:"林地承包的承包人死亡,其继承人可以在承包期内继续承包"。

第三十三条 【土地承包经营权的互换】承包方之间为方便耕种或者各自需要,可以对属于同一集体经济组织的土地的土地承包经营权进行互换,并向发包方备案。

注释 土地承包经营权互换,是土地承包经营权人将自己的土地承包经营权交换给他人行使,自己行使从他人处换来的土地承包经营权。权利交换后,原有的发包方与承包方的关系,变为发包方与互换后的承包方的关系,双方的权利义务同时做出相应的调整。

需要注意的是:第一,土地承包经营权互换只是土地承包经营权人改变,不是土地用途及承包义务的改变,互换后的土地承包经营权人仍然要按照发包时确定的该土地的用途使用土地,履行该地块原来负担的义务。例如,发包时确定某地块用于种植粮食作物,承包经营权互换后不能用于开挖鱼塘。第二,家庭承包的土地,不仅涉及不同集体经济组织的土地权属,也关系农户的生存保障。因此,承包方只能与属于同一集体经济组织的农户互换土地承包经营权,不能与其他集体经济组织的农户互换土地承包经营权。

第三十四条 【土地承包经营权的转让】经发包方同意,承包方可以将全部或者部分的土地承包经营权转让给本集体经济组织的其他农户，由该农户同发包方确立新的承包关系，原承包方与发包方在该土地上的承包关系即行终止。

注释 土地承包经营权转让指土地承包经营权人将其拥有的未到期的土地承包经营权以一定的方式和条件移转给他人的行为。土地承包经营权的受让对象只能是本集体经济组织的成员。

土地承包经营权转让不同于土地承包经营权互换。互换土地承包经营权，承包方与发包方的关系虽有变化，但互换土地承包经营权的双方只不过是对土地承包经营权进行了置换，并未丧失该权利。而转让土地承包经营权，承包方与发包方的土地承包关系即行终止，转让方也不再享有土地承包经营权。

参见 《民法典》第334条

案例 杨甲等与周某某等农村土地承包经营权流转纠纷上诉案（重庆市第四中级人民法院〔2005〕渝四中法民一终字第252号）

案件适用要点：2003年团山村八组和团山村九组合并为渤海村六组前，杨甲、杨乙与周某某不属同一集体经济组织，该互换行为无效。但2003年合并为渤海村六组后，双方即属于同一集体经济组织，双方仍然互换耕种。此时，互换协议就并不违反法律的规定。按照农村土地承包法律的相关规定，互换应当报发包方备案，而备案的性质仅为公示，当事人之间的承包地互换事实，渤海村六组是知晓且认可的，故可视为双方的互换已为公示。而且，备案与否不是土地承包经营权流转合同是否有效的必要条件。因此，该承包地互换协议有效。

第三十五条 【土地承包经营权互换、转让的登记】土地承包经营权互换、转让的，当事人可以向登记机构申请登记。未经登记，不得对抗善意第三人。

注释 本条对于土地承包经营权的互换、转让采用登记对抗主义。也就是说，当事人签订土地承包经营权的互换、转让合同，并经发包方备案或者同意后，该合同即发生法律效力，不强制当事人登记。

未经登记，不能对抗善意第三人。也就是说，不登记将产生不利于土地承包经营权受让人的法律后果。例如，承包户A将某块土地的承包经营权转让给B，但没有办理变更登记。之后，A又将同一块地的承包经营权转让给C，同时办理了变更登记。如果B与C就该块土地的承包经营权发生纠纷，由于C取得土地承包经营权并进行了登记，他的权利将受到保护。B将不能取得该地块的土地承包经营权。

第五节　土地经营权

第三十六条　【土地经营权设立】承包方可以自主决定依法采取出租（转包）、入股或者其他方式向他人流转土地经营权，并向发包方备案。

注释　[土地经营权设立的主体]

设立土地经营权的主体就是承包方和受让方，双方经过协商一致以合同方式设立土地经营权。由于家庭承包是以户为单位的，绝大多数承包户的家庭成员都是有数人的。因此，土地经营权设立的出让方就是承包方，而不是承包农户的个别家庭成员。但在具体设立过程中，代表出让方的可能是承包家庭成员代表。

土地经营权流转的受让方范围很广泛，既可以是本集体经济组织的成员，也可以是非本集体经济组织的成员；既可以是个人，也可以是公司等组织；既可以是法人，也可以是非法人组织。

[土地经营权设立的客体]

土地经营权的客体就是农村土地。根据本法第2条的规定，农村土地是指农民集体所有和国家所有依法由农民集体使用的耕地、林地、草地，以及其他依法用于农业的土地。

[土地经营权设立的原则]

设立土地经营权的原则就是应当由承包方自主决定、依法设立。所谓自主决定，是指承包方是否设立土地经营权应当由其自己决定，自愿参与土地经营权的流转。所谓依法设立，就是承包方设立土地经营权应当根据本法和相关法律规定的程序、实体要求设立，不能违反法律的强制性要求。

[土地经营权设立的方式]

根据本条的规定,承包方可以采取出租(转包)、入股或者其他方式向他人流转土地经营权。具体而言,土地经营权设立的方式可以分为三类:

(1)出租(转包)。出租就是承包方以与非本集体经济组织成员的受让方签订租赁合同的方式设立土地经营权,由受让方在合同期限内占有、使用承包地,并按照约定向承包方支付租金。转包就是承包方向本集体经济组织成员签订转包合同设立土地经营权,受让方向承包方支付转包费。

(2)入股。入股就是承包方将土地经营权作为出资方式,投入农业公司等,并按照出资协议约定取得分红。承包方以土地经营权入股后,即成为公司的股东,享有法律规定的公司股东的权利,可以参与公司的经营管理,与其他成员、股东共担风险、共享收益。

(3)其他方式。其他方式就是出租、入股之外的方式,如根据本法第47条的规定,承包方可以用承包地的土地经营权向金融机构融资担保。这也是一种设立土地经营权的方式。在当事人以土地经营权设定担保物权时,一旦债务人未能偿还到期债务,担保物权人有权就土地经营权优先受偿。

[土地经营权设立的程序要求]

根据本条的规定,土地经营权的设立应当向发包方备案。所谓备案就是以书面形式告知集体经济组织土地经营权设立的事实。备案的义务主体是承包方,即设立土地经营权的农户,而不是受让方。接受备案的一方是发包方。根据本法第13条的规定,农民集体所有的土地依法属于村农民集体所有的,由村集体经济组织或者村民委员会发包;已经分别属于村内两个以上农村集体经济组织的农民集体所有的,由村内各该农村集体经济组织或者村民小组发包。因此,承包方应当根据承包时的实际情况,依法向相应的发包方备案:由本村集体经济组织发包的,就应当向本村集体经济组织备案;由本小组集体经济组织发包的,则应当向本小组集体经济组织备案;由村民委员会代为发包的,就应当报村民委员会备案。

第三十七条 【土地经营权人的基本权利】 土地经营权人有权在合同约定的期限内占有农村土地，自主开展农业生产经营并取得收益。

注释 土地经营权是受让方根据流转合同的约定对承包方承包的农村土地依法占有，并利用其开展农业生产经营并取得收益的权利。

（1）权利的主体。土地经营权的权利主体就是根据土地经营权流转合同取得土地经营权的自然人或者组织。（2）权利的客体。土地经营权的客体就是农村土地。（3）权利的取得。土地经营权是由承包方通过一定的民事法律行为设立的，这种民事法律行为就是与受让方签订土地经营权流转合同。（4）权利的期限。土地承包经营权是一种用益物权，而且是有期限物权。根据本法的规定，土地经营权流转的期限不得超过承包期的剩余期限。这里的不得超过就是当事人可以根据合同约定土地经营权的最长期限，可以是一年、二年、三年、五年或者十年等，只要不超过承包期的剩余期限即可。（5）权利的消灭。土地经营权是有期限的权利，因此一旦双方约定的流转期限届满，土地经营权人的权利自然因到期而消灭。土地经营权也可能因为土地经营权流转合同的解除、被撤销或者宣告无效等事由而解除。

第三十八条 【土地经营权流转的原则】 土地经营权流转应当遵循以下原则：

（一）依法、自愿、有偿，任何组织和个人不得强迫或者阻碍土地经营权流转；

（二）不得改变土地所有权的性质和土地的农业用途，不得破坏农业综合生产能力和农业生态环境；

（三）流转期限不得超过承包期的剩余期限；

（四）受让方须有农业经营能力或者资质；

（五）在同等条件下，本集体经济组织成员享有优先权。

注释 "土地经营权的流转不得改变土地所有权的性质"进一步明确了土地经营权流转的性质不是买卖土地，土地经营权人获得的仅仅是经营土地的权利，而非土地所有权。土地经营权人只能依法占有、使用承包地并获取收益,不得擅自处分承包地。

农业综合生产能力是指一定地区、一定时期和一定社会经济技术条件下,通过具体生产过程的组织和土地、劳力、资金、科技、管理等农业生产诸要素综合投入所形成的,并可以相对稳定地实现的农业综合产出水平,包括农业生产要素投入能力、农业生产产出能力、农田设施保障和抗御自然灾害能力等。不得破坏农业综合生产能力,就是在利用承包地开展农业生产经营获取收益时,必须确保土地、水等自然资源的可持续利用,确保农产品的实际产量不降低,确保农业设施能够抵抗自然灾害等。

案例 1. 何某某与关某某等土地承包经营权转包合同纠纷上诉案(黑龙江省齐齐哈尔市中级人民法院〔2010〕齐民一终字第302号)

案件适用要点:何某某与关某某、关某某与于某某之间签订土地承包合同所涉及土地,系何某某第二轮土地承包时分得的承包田,合同履行期限应为第二轮土地承包结束,而何某某与关某某、关某某与于某某之间签订土地承包合同约定履行期限为终生,故双方对合同履行期限约定无效,履行期限应至第二轮土地承包期结束时止。

2. 李某某与郭某等土地承包经营权纠纷上诉案(昆明市中级人民法院〔2009〕昆民一终字第188号)

案件适用要点:土地承包经营权流转不得改变土地所有权的性质和土地的农业用途,本案中,上诉人李某某与被上诉人郭某约定,由被上诉人郭某使用上诉人李某某家位于法块村地名"大板田"的承包责任田堆放原煤,但未约定使用期限。之后,被上诉人郭某向上诉人李某某支付了3000元作为使用该承包责任田的费用。由此,双方之间已形成合同关系,但由于该合同中关于承包责任田的用途约定用于非农业建设,故上诉人李某某与被上诉人郭某口头达成的土地承包经营权流转协议因违反法律的禁止性规定而系无效协议。

第三十九条 【土地经营权流转价款】土地经营权流转的价款,应当由当事人双方协商确定。流转的收益归承包方所有,任何组织和个人不得擅自截留、扣缴。

案例 某村村委会某村民小组与王某某土地承包侵权纠纷上诉案（海南省海南中级人民法院〔2006〕海南民三终字第207号）

案件适用要点：王某某对其承包的潭风坡6亩土地享有合法的使用、收益的权利。某村民小组未经王某某的同意，擅自将该承包地潭风坡6亩发包给某镇政府经营，侵犯了王某某的合法权益，理应承担民事责任。现王某某在案件审理中同意其在潭风坡的6亩承包地有偿租给某镇人民政府开发经营10年合法合理，但某镇人民政府在承包经营期限内的12000元承包金，按照有关法律规定应全部归属于王某某所得，某村民小组不得侵犯、不得擅自截留、扣缴承包金。故某村民小组应将租金6000元退还给王家年。该地在某镇政府承包期满后，按《农村集体土地承包经营权证书》上的承包期限约定，王某某可以再继续承包经营至期限届满。

第四十条 【土地经营权流转合同】 土地经营权流转，当事人双方应当签订书面流转合同。

土地经营权流转合同一般包括以下条款：

（一）双方当事人的姓名、住所；

（二）流转土地的名称、坐落、面积、质量等级；

（三）流转期限和起止日期；

（四）流转土地的用途；

（五）双方当事人的权利和义务；

（六）流转价款及支付方式；

（七）土地被依法征收、征用、占用时有关补偿费的归属；

（八）违约责任。

承包方将土地交由他人代耕不超过一年的，可以不签订书面合同。

注释 需要注意的是，本条第3款规定，承包方将土地交由他人代耕不超过一年的，可以不签订书面合同。代耕就是将承包方承包地交由自己的亲朋好友代为耕种。承包方这样做一般是为避免土地撂荒，而且不少是无偿的。但是，考虑到有的代耕期限较长，为了避免纠纷，明确双方的权利义务关系，代耕超过一年的，还是应当签订书面合同。

第四十一条 【土地经营权流转的登记】土地经营权流转期限为五年以上的,当事人可以向登记机构申请土地经营权登记。未经登记,不得对抗善意第三人。

> **注释** 本条规定,土地经营权未经登记不得对抗善意第三人。所谓善意第三人就是不知道也不应当知道承包地上设有土地经营权的人。登记后的土地经营权相对于债权而言同样具有优先效力。例如,甲将自己的承包地流转给乙后,乙未申请土地经营权登记。事后,甲又与丙签订土地经营权流转合同,并对于甲已经与乙签订流转合同并不知情,并申请土地经营权登记。之后,当事人之间因为土地使用发生纠纷。此时,丙的土地经营权因申请登记具有对抗效力,因此可以对抗乙的债权。从权利保护的角度而言,申请土地经营权登记对于土地经营权人具有更强的保护力。

第四十二条 【土地经营权流转合同单方解除权】承包方不得单方解除土地经营权流转合同,但受让方有下列情形之一的除外:

(一) 擅自改变土地的农业用途;
(二) 弃耕抛荒连续两年以上;
(三) 给土地造成严重损害或者严重破坏土地生态环境;
(四) 其他严重违约行为。

> **注释** 本条没有规定承包方行使单方解除权的具体方式和程序要求。因此,承包方要解除土地经营权流转合同,还应当遵守民法典合同编有关解除权的规定。一方面,解除权应当在法定或者约定的期限内行使。另一方面,行使解除权还应按照一定的方式。本条规定,当事人根据约定解除权和法定解除权主张解除合同的,应当通知对方。合同自通知到达对方时解除。
>
> 土地经营权流转合同解除后,尚未履行的,终止履行;已经履行的,根据履行情况和合同性质,当事人可以要求恢复原状、采取其他补救措施,并有权要求赔偿损失。

第四十三条 【土地经营权受让方依法投资并获得补偿】经承包方同意,受让方可以依法投资改良土壤,建设农业生产附属、配套设施,并按照合同约定对其投资部分获得合理补偿。

注释 理解本条规定,应把握以下几个方面:第一,受让方投资改良土壤以及建设农业生产附属、配套设施,必须经承包方同意。第二,受让方投资改良土壤,建设农业生产附属、配套设施必须依法进行。第三,受让方就改良土壤、建设农业生产附属、配套设施进行投资的,可与承包方约定合理补偿。关于合理补偿的标准,要综合考虑投资年限、有关设施的使用折旧程度等加以确定。

第四十四条 【承包方流转土地经营权后与发包方承包关系不变】承包方流转土地经营权的,其与发包方的承包关系不变。

注释 根据本条的规定,承包方流转土地经营权的,其与发包方的承包关系不变。理解这一规定,可以从以下三个方面予以把握:

(1) 承包方流转土地经营权可以采取出租(转包)、入股或者其他方式,但无论采取何种方式,其与受让方形成何种性质的法律关系,均不影响其与发包方之前形成的承包关系。承包方依然属于承包合同关系的一方当事人。

(2) 承包方与受让土地经营权的受让方形成的是土地经营权流转合同,承包方与发包方形成的是承包合同,两个合同关系虽然相互独立,但也有一定的联系,主要体现在,流转合同的期限不得超过承包合同的剩余期限、受让方从事经营同样应当遵循农地利用规划及保护生态等要求。

(3) 发包方尽管不是流转合同的当事人,但其作为土地发包的主体,在特定情形下,依然享有终止流转合同并要求受让方赔偿损害的权利。根据本法第64条的规定,土地经营权人擅自改变土地的农业用途、弃耕抛荒连续两年以上、给土地造成严重损害或者严重破坏土地生态环境,承包方在合理期限内不解除土地经营权流转合同的,发包方有权要求终止土地经营权流转合同。土地经营权人对土地和土地生态环境造成的损害应当予以赔偿。

案例 周全福不服溧阳市人民政府注销土地承包经营权证决定被驳回案(江苏省常州市中级人民法院〔2012〕常行终字第119号)

案件适用要点:土地使用权的流转并不改变承包方对集体土地

原始的承包权利。承包方在第一轮承包中享有的承包权在第二轮承包中继续保持稳定，在第二轮承包中需要对土地承包经营进行调整的，调整方案须经村民大会或村民代表三分之二以上成员同意，并报相关政府主管部门审批。以流转方式获得承包土地一定年限使用权的一方，仅属土地承包经营权的受让主体，颁证机关为其颁发土地承包经营权证，属发证对象错误，颁证机关有权进行自我纠正，注销该土地承包经营权证。

第四十五条　【建立社会资本取得土地经营权的资格审查等制度】县级以上地方人民政府应当建立工商企业等社会资本通过流转取得土地经营权的资格审查、项目审核和风险防范制度。

工商企业等社会资本通过流转取得土地经营权的，本集体经济组织可以收取适量管理费用。

具体办法由国务院农业农村、林业和草原主管部门规定。

> **注释**　根据本条第1款的规定，县级以上地方人民政府应当建立工商企业等社会资本通过流转取得土地经营权的资格审查、项目审核和风险防范制度。理解本款规定，需要掌握以下几点：
>
> （1）对工商企业等社会资本流转土地经营权进行风险控制的主体是县级以上地方人民政府。县级人民政府对其行政区域内工商企业等社会资本流转土地经营权建立统一的资格审查、项目审核和风险防范制度。
>
> （2）要准确理解资格审查、项目审核和风险防范制度的含义。"资格审查"是指对流转取得土地经营权的工商企业等社会资本是否具备农业经营能力或者相应资质进行审查，确保其在流转取得土地经营权后能够作为适格主体进行开发经营，实现土地利用效益的最大化。"项目审核"是指对工商企业流转土地经营权后的具体开发项目要予以把关审核，特别是要确保项目开发不得改变土地的农业用途，不得破坏农业综合生产能力和农业生态环境。"风险防范"是指在整个工商企业等社会资本通过流转取得土地经营权并用于实际开发的过程中，政府有关部门应当始终强调事前、事中、事后监管，切实防范因经营主体违约或者经营不善等损害农民权益的事项发生。

第四十六条 【土地经营权的再流转】 经承包方书面同意,并向本集体经济组织备案,受让方可以再流转土地经营权。

注释 根据本条的规定,通过流转取得土地经营权的受让方,如果再次流转土地经营权,需要注意把握:第一,土地经营权的再次流转需要经过"同意加备案"的程序。具体而言,受让方再次流转土地经营权,需要征得承包方的书面同意,同时还应向作为发包方的集体经济组织履行备案手续。第二,受让方再次流转土地经营权的方式。根据本法第36条的规定,承包方可以自主决定依法采取出租(转包)、入股或者其他方式向他人流转土地经营权。

第四十七条 【土地经营权融资担保】 承包方可以用承包地的土地经营权向金融机构融资担保,并向发包方备案。受让方通过流转取得的土地经营权,经承包方书面同意并向发包方备案,可以向金融机构融资担保。

担保物权自融资担保合同生效时设立。当事人可以向登记机构申请登记;未经登记,不得对抗善意第三人。

实现担保物权时,担保物权人有权就土地经营权优先受偿。

土地经营权融资担保办法由国务院有关部门规定。

注释 本条第1款规定,承包方可以用承包地的土地经营权向金融机构融资担保,并向发包方备案。本款包含两种情况:(1)承包方利用其所承包的承包地的土地经营权向金融机构融资担保。此种情况下,由于承包方并未将承包地的土地经营权向外流转,承包方的土地承包权与土地经营权没有分离,因此作为担保物的土地经营权实际上未现实存在,承包方是用将来的土地经营权融资担保,到需要实现担保物权时,土地经营权才从土地承包经营权中分离出来,作为优先受偿的财产出现。(2)承包方将承包地的土地经营权流转后,受让土地经营权的受让方利用土地经营权向金融机构融资担保。在这种情况下,承包方自己不实际经营土地,而是流转给受让方,受让方将流转取得的承包地的土地经营权向金融机构融资担保。

本条第 2 款规定了担保物权的成立及登记的效力。根据本款的规定，担保物权自融资担保合同生效时设立。当事人可以向登记机构申请登记；未经登记，不得对抗善意第三人。

第三章 其他方式的承包

第四十八条 【其他承包方式】不宜采取家庭承包方式的荒山、荒沟、荒丘、荒滩等农村土地，通过招标、拍卖、公开协商等方式承包的，适用本章规定。

> **注释** 招标投标多为大宗货物的买卖、工程建设项目的发包与承包、服务项目的采购与提供等所采用，但不局限于此，农村荒山、荒沟、荒丘、荒滩等土地资源的承包也可以采取招标投标的方式。拍卖是指以公开竞价的形式，将特定物的财产权利转让给最高应价的买卖方式。

第四十九条 【以其他方式承包农村土地时承包合同的签订】以其他方式承包农村土地的，应当签订承包合同，承包方取得土地经营权。当事人的权利和义务、承包期限等，由双方协商确定。以招标、拍卖方式承包的，承包费通过公开竞标、竞价确定；以公开协商等方式承包的，承包费由双方议定。

第五十条 【荒山、荒沟、荒丘、荒滩等的承包经营方式】荒山、荒沟、荒丘、荒滩等可以直接通过招标、拍卖、公开协商等方式实行承包经营，也可以将土地经营权折股分给本集体经济组织成员后，再实行承包经营或者股份合作经营。

承包荒山、荒沟、荒丘、荒滩的，应当遵守有关法律、行政法规的规定，防止水土流失，保护生态环境。

> **注释** 根据本条的规定，对荒山、荒沟、荒丘、荒滩等土地的承包经营方式灵活多样，既可以直接通过向社会公开招标、拍卖、公开协商等方式进行，也可以在本集体经济组织内部，将土地经营权折股分给本集体经济组织成员后，再实行承包经营或者股份合作经营。

第五十一条 【本集体经济组织成员有权优先承包】以其他方式承包农村土地，在同等条件下，本集体经济组织成员有权优先承包。

> **注释** 不能简单地认为在以其他方式承包土地的情况下，本集体经济组织内部成员一定有权优先承包，这里的优先是以"同等条件"为前提的。在与本集体经济组织外的单位或个人竞争土地承包时，本集体经济组织内部成员与外部竞争者具有同等的竞争条件的，发包方才可将土地优先承包给本集体经济组织内部成员。

第五十二条 【将农村土地发包给本集体经济组织以外的单位或者个人承包的程序】发包方将农村土地发包给本集体经济组织以外的单位或者个人承包，应当事先经本集体经济组织成员的村民会议三分之二以上成员或者三分之二以上村民代表的同意，并报乡（镇）人民政府批准。

由本集体经济组织以外的单位或者个人承包的，应当对承包方的资信情况和经营能力进行审查后，再签订承包合同。

> **注释** 根据本条的规定，本集体经济组织以外的单位和个人以其他方式承包农村土地的，应当事先经本集体经济组织成员的村民会议三分之二以上成员或者三分之二以上村民代表的同意。并且，由本集体经济组织以外的单位和个人承包经营的，发包方应当对承包方的资信情况和经营能力进行审查后，再签订承包合同。

第五十三条 【以其他方式承包农村土地后，土地经营权的流转】通过招标、拍卖、公开协商等方式承包农村土地，经依法登记取得权属证书的，可以依法采取出租、入股、抵押或者其他方式流转土地经营权。

> **注释** 依据本法第3条的规定，我国的农村土地承包制度包括"农村集体经济组织内部的家庭承包方式"和"其他方式的承包"。通过家庭方式的承包取得土地承包经营权后，登记机构应当向承包方颁发土地承包经营权证或者林权证等证书，并登记造册，确认土地承包经营权。承包方在此基础上，可以直接向他人流转土地经营权。

但是，以招标、拍卖、公开协商等方式取得的土地承包经营权，承包方有的与发包人是债权关系。要注意的是，通过其他方式的承包所取得的土地经营权是通过市场化的行为并支付一定的对价获得的，其流转无需向发包人备案或经发包人同意。流转对受让方也没有特别限制，接受流转的一方可以是本集体经济组织以外的个人、农业公司等。

参见 《民法典》第342条

第五十四条 【以其他方式取得的土地承包经营权的继承】 依照本章规定通过招标、拍卖、公开协商等方式取得土地经营权的，该承包人死亡，其应得的承包收益，依照继承法的规定继承；在承包期内，其继承人可以继续承包。

注释 关于家庭承包中的继承问题已在本法第32条做了规定，本条对以其他方式的承包的继承问题做出规定。家庭承包和其他方式的承包引发的继承问题共同之处在于，两种方式的承包中承包人死亡后其应得的承包收益，都可以依照民法典继承编的规定继承。差别主要体现在：

（1）在家庭承包的方式中，土地承包经营权是农村集体经济组织内部人人有份的，是农村集体经济组织成员的一项权利。而成为非农业人口的继承人能否继承土地承包经营权？应当说成为非农业人口的继承人已经不是农村集体经济组织的成员了，也不享有对土地承包经营权的继承权。而在其他方式的承包中，则不存在这个问题。例如，一个农户对本村荒山的承包，这个承包并不是在本村内人人有份的，而是通过招标、拍卖或者公开协商等方式进行承包取得的土地经营权。这种承包是有偿取得的，期限较长，投入很大，应当允许继承，而且允许成为非农业人口的继承人继承。

（2）在家庭承包的方式中，由于是以户为生产经营单位，因此部分家庭成员死亡的，不发生土地承包经营权本身的继承问题，而是由该承包户内的其他成员继续承包。如果全部承包人死亡，承包方的家庭消亡后，土地承包经营权由发包方收回，其他继承人只能继承土地承包的收益，并要求发包方对被继承人在土地上的投入做一定的补偿。而在其他方式的承包中，则有所不同。例如，承包本村荒山的承包人，在其死后，荒山可以由其继承人继续承包。如果所有的继承人都不愿意承包经营，还可以通过出租、入股、抵押或者其他方式流转土地经营权，将流转获得的收益作为遗产处理。

（3）在家庭承包方式中，林地承包的承包人死亡，其继承人可以在承包期内继续承包。本条规定的其他方式的承包的继承与林地承包是相似的，即以其他方式承包的承包人死亡后，其所承包的"四荒地"在承包期内由继承人继续承包。

第四章　争议的解决和法律责任

第五十五条　【土地承包经营纠纷的解决方式】因土地承包经营发生纠纷的，双方当事人可以通过协商解决，也可以请求村民委员会、乡（镇）人民政府等调解解决。

当事人不愿协商、调解或者协商、调解不成的，可以向农村土地承包仲裁机构申请仲裁，也可以直接向人民法院起诉。

注释　土地承包经营纠纷，主要是指在土地承包过程中发包方与承包方发生的纠纷，承包方与受让方发生的纠纷，也包括土地承包经营当事人与第三人发生的纠纷。

调解，是指在村民委员会、乡（镇）人民政府等第三方的主持下，在双方当事人自愿的基础上，通过宣传法律、法规、规章和政策，劝导当事人化解矛盾，自愿就争议事项达成协议，使农村土地承包经营纠纷及时得到解决的一种活动。当事人可以将纠纷通过调解解决，但调解不是仲裁或诉讼的必经程序。调解人可以是个人，也可以是人民政府及其有关部门，还可以是其他社会团体、组织。

本条规定了几种主要的调解单位。例如，对于村民小组或者村内的集体经济组织发包的，发生纠纷后，可以请求村民委员会调解；对于村集体经济组织或者村民委员会发包的，发生纠纷后，可以请求乡（镇）人民政府调解。其他调解部门可以是政府的农业农村、林业和草原等行政主管部门，也可以是政府设立的负责农业承包管理工作的农村集体经济管理部门,还可以是农村土地承包仲裁委员会。

第五十六条【侵害土地承包经营权、土地经营权应当承担民事责任】任何组织和个人侵害土地承包经营权、土地经营权的,应当承担民事责任。

> **注释** 根据《民法典》第179条的规定,承担民事责任的方式主要有:(1)停止侵害;(2)排除妨碍;(3)消除危险;(4)返还财产;(5)恢复原状;(6)修理、重作、更换;(7)继续履行;(8)赔偿损失;(9)支付违约金;(10)消除影响、恢复名誉;(11)赔礼道歉。
>
> 本条有一点需要明确,即对于国家机关及其工作人员利用职权干涉和侵害农村土地承包经营权的行为如何处理?本法第65条列举了相关侵权行为,如利用职权干涉农村土地承包经营,变更、解除承包经营合同,干涉承包经营当事人依法享有的生产经营自主权,强迫、阻碍承包经营当事人进行土地承包经营权互换、转让或者土地经营权流转等行为。根据《行政诉讼法》第12条第1款第7项之规定,如果承包人认为行政机关侵犯其经营自主权或者农村土地承包经营权、农村土地经营权,或者按照同款第12项之规定,认为行政机关侵犯其他人身权、财产权等合法权益的,其可以向人民法院提起行政诉讼。根据《国家赔偿法》第4条第4项的规定,受害人有权向造成损害的行政机关请求赔偿。
>
> **参见** 《农村土地承包经营纠纷调解仲裁法》

第五十七条【发包方的民事责任】发包方有下列行为之一的,应当承担停止侵害、排除妨碍、消除危险、返还财产、恢复原状、赔偿损失等民事责任:

(一)干涉承包方依法享有的生产经营自主权;

(二)违反本法规定收回、调整承包地;

(三)强迫或者阻碍承包方进行土地承包经营权的互换、转让或者土地经营权流转;

（四）假借少数服从多数强迫承包方放弃或者变更土地承包经营权；

（五）以划分"口粮田"和"责任田"等为由收回承包地搞招标承包；

（六）将承包地收回抵顶欠款；

（七）剥夺、侵害妇女依法享有的土地承包经营权；

（八）其他侵害土地承包经营权的行为。

注释 承担民事责任的方式，就发包方而言，是发包方因违法侵害承包方合法权益承担民事责任的形式。

（1）停止侵害。停止侵害是指发包方正在实施侵害承包方享有的土地承包经营权时，承包方为了维护自己的合法权益，防止损害后果的扩大，有权制止正在实施的不法行为，要求其停止侵害。

（2）排除妨碍。排除妨碍是指将妨害他人权利的障碍予以排除，如发包方在承包地边堆放建筑用沙石，妨害承包方收割机械的进入，影响其生产。

（3）消除危险。消除危险是指因行为人实施的行为或者设置的物件等有造成他人损害或再次造成他人损害的危险时，受害人有权请求行为人将危险排除。这里所说的危险是现实存在的，而不是一种潜在的可能。

（4）返还财产。返还财产从民法理论上来说是指一方当事人将非法占有的他人财产返还给对方当事人。被他人非法占有的可能是物，或者其他财产。所返还财产可能是原物，也可能不是原物。

（5）恢复原状。按字面意思理解，恢复原状是指将损坏的东西重新修复，引申下去，可以指回复权利至未被侵害时的状态。

（6）赔偿损失。赔偿损失是违法行为人对违法行为造成的损害所承担的补偿对方损失的民事法律责任方式，是适用范围最为广泛的一种责任形式。赔偿损失的方式包括实物赔偿和金钱赔偿两种。

第五十八条 【承包合同中无效的约定】承包合同中违背承包方意愿或者违反法律、行政法规有关不得收回、调整承包地等强制性规定的约定无效。

第五十九条　【违约责任】当事人一方不履行合同义务或者履行义务不符合约定的，应当依法承担违约责任。

第六十条　【无效的土地承包经营权互换、转让或土地经营权流转】任何组织和个人强迫进行土地承包经营权互换、转让或者土地经营权流转的，该互换、转让或者流转无效。

第六十一条　【擅自截留、扣缴土地承包经营权互换、转让或土地经营权流转收益的处理】任何组织和个人擅自截留、扣缴土地承包经营权互换、转让或者土地经营权流转收益的，应当退还。

第六十二条　【非法征收、征用、占用土地或者贪污、挪用土地征收、征用补偿费用的法律责任】违反土地管理法规，非法征收、征用、占用土地或者贪污、挪用土地征收、征用补偿费用，构成犯罪的，依法追究刑事责任；造成他人损害的，应当承担损害赔偿等责任。

第六十三条　【违法将承包地用于非农建设或者给承包地造成永久性损害的法律责任】承包方、土地经营权人违法将承包地用于非农建设的，由县级以上地方人民政府有关主管部门依法予以处罚。

承包方给承包地造成永久性损害的，发包方有权制止，并有权要求赔偿由此造成的损失。

第六十四条　【土地经营权人的民事责任】土地经营权人擅自改变土地的农业用途、弃耕抛荒连续两年以上、给土地造成严重损害或者严重破坏土地生态环境，承包方在合理期限内不解除土地经营权流转合同的，发包方有权要求终止土地经营权流转合同。土地经营权人对土地和土地生态环境造成的损害应当予以赔偿。

第六十五条【国家机关及其工作人员利用职权侵害土地承包经营权、土地经营权行为的法律责任】国家机关及其工作人员有利用职权干涉农村土地承包经营，变更、解除承包经营合同，干涉承包经营当事人依法享有的生产经营自主权，强迫、阻碍承包经营当事人进行土地承包经营权互换、转让或者土地经营权流转等侵害土地承包经营权、土地经营权的行为，给承包经营当事人造成损失的，应当承担损害赔偿等责任；情节严重的，由上级机关或者所在单位给予直接责任人员处分；构成犯罪的，依法追究刑事责任。

第五章 附 则

第六十六条 【本法实施前的农村土地承包继续有效】本法实施前已经按照国家有关农村土地承包的规定承包，包括承包期限长于本法规定的，本法实施后继续有效，不得重新承包土地。未向承包方颁发土地承包经营权证或者林权证等证书的，应当补发证书。

注释 已按国家有关规定完成的农村土地承包，包括承包期限长于本法规定土地承包，在本法实施后是否具有法律效力，受本法保护？本条对此明确地做出了肯定性规定，同时明确禁止以此为由重新承包土地。也就是说，本法实施前按照国家有关农村土地承包的规定形成的土地承包关系，依然合法有效；即使承包合同中确定的承包期限超出本法第21条规定的时限，如耕地承包期超过30年、草地承包期超过50年、林地承包期超过70年的，依然视同符合本法规定，本法予以保护。

第六十七条 【机动地的预留】本法实施前已经预留机动地的，机动地面积不得超过本集体经济组织耕地总面积的百分之五。不足百分之五的，不得再增加机动地。

本法实施前未留机动地的，本法实施后不得再留机动地。

第六十八条 【实施办法的制定】各省、自治区、直辖市人民代表大会常务委员会可以根据本法，结合本行政区域的实际情况，制定实施办法。

第六十九条 【农村集体经济组织成员身份的确认】确认农村集体经济组织成员身份的原则、程序等，由法律、法规规定。

第七十条 【施行时间】本法自2003年3月1日起施行。

中华人民共和国
农村集体经济组织法

（2024年6月28日第十四届全国人民代表大会常务委员会第十次会议通过 2024年6月28日中华人民共和国主席令第26号公布 自2025年5月1日起施行）

第一章 总 则

第一条 为了维护农村集体经济组织及其成员的合法权益，规范农村集体经济组织及其运行管理，促进新型农村集体经济高质量发展，巩固和完善农村基本经营制度和社会主义基本经济制度，推进乡村全面振兴，加快建设农业强国，促进共同富裕，根据宪法，制定本法。

第二条 本法所称农村集体经济组织，是指以土地集体所有为基础，依法代表成员集体行使所有权，实行家庭承包经营为基础、统分结合双层经营体制的区域性经济组织，包括乡镇级农村集体经济组织、村级农村集体经济组织、组级农村集体经济组织。

第三条 农村集体经济组织是发展壮大新型农村集体经济、巩固社会主义公有制、促进共同富裕的重要主体，是健全乡村治理体系、实现乡村善治的重要力量，是提升中国共产党农村基层组织凝聚力、巩固党在农村执政根基的重要保障。

第四条 农村集体经济组织应当坚持以下原则：

（一）坚持中国共产党的领导，在乡镇党委、街道党工委和村党组织的领导下依法履职；

（二）坚持社会主义集体所有制，维护集体及其成员的合法权益；

（三）坚持民主管理，农村集体经济组织成员依照法律法规和农村集体经济组织章程平等享有权利、承担义务；

（四）坚持按劳分配为主体、多种分配方式并存，促进农村共同富裕。

第五条 农村集体经济组织依法代表成员集体行使所有权，履行下列职能：

（一）发包农村土地；

（二）办理农村宅基地申请、使用事项；

（三）合理开发利用和保护耕地、林地、草地等土地资源并进行监督；

（四）使用集体经营性建设用地或者通过出让、出租等方式交由单位、个人使用；

（五）组织开展集体财产经营、管理；

（六）决定集体出资的企业所有权变动；

（七）分配、使用集体收益；

（八）分配、使用集体土地被征收征用的土地补偿费等；

（九）为成员的生产经营提供技术、信息等服务；

（十）支持和配合村民委员会在村党组织领导下开展村民自治；

（十一）支持农村其他经济组织、社会组织依法发挥作用；

（十二）法律法规和农村集体经济组织章程规定的其他职能。

第六条 农村集体经济组织依照本法登记，取得特别法人资格，依法从事与其履行职能相适应的民事活动。

农村集体经济组织不适用有关破产法律的规定。

农村集体经济组织可以依法出资设立或者参与设立公司、农民专业合作社等市场主体，以其出资为限对其设立或者参与设立的市场主体的债务承担责任。

第七条 农村集体经济组织从事经营管理和服务活动，应当遵守法律法规，遵守社会公德、商业道德，诚实守信，承担社会责任。

第八条 国家保护农村集体经济组织及其成员的合法权益，任何组织和个人不得侵犯。

农村集体经济组织成员集体所有的财产受法律保护，任何组织和个人不得侵占、挪用、截留、哄抢、私分、破坏。

妇女享有与男子平等的权利，不得以妇女未婚、结婚、离婚、丧偶、户无男性等为由，侵害妇女在农村集体经济组织中的各项权益。

第九条 国家通过财政、税收、金融、土地、人才以及产业政策等扶持措施，促进农村集体经济组织发展，壮大新型农村集体经济。

国家鼓励和支持机关、企事业单位、社会团体等组织和个人为农村集体经济组织提供帮助和服务。

对发展农村集体经济组织事业做出突出贡献的组织和个人，按照国家规定给予表彰和奖励。

第十条 国务院农业农村主管部门负责指导全国农村集体经济组织的建设和发展。国务院其他有关部门在各自职责范围内负责有关的工作。

县级以上地方人民政府农业农村主管部门负责本行政区域内农村集体经济组织的登记管理、运行监督指导以及承包地、宅基地等集体财产管理和产权流转交易等的监督指导。县级以上地方人民政府其他有关部门在各自职责范围内负责有关的工作。

乡镇人民政府、街道办事处负责本行政区域内农村集体经济组织的监督管理等。

县级以上人民政府农业农村主管部门应当会同有关部门加强对农村集体经济组织工作的综合协调，指导、协调、扶持、推动农村集体经济组织的建设和发展。

地方各级人民政府和县级以上人民政府农业农村主管部门应当采取措施，建立健全集体财产监督管理服务体系，加强基层队伍建设，配备与集体财产监督管理工作相适应的专业人员。

第二章 成　员

第十一条 户籍在或者曾经在农村集体经济组织并与农村集体经济组织形成稳定的权利义务关系，以农村集体经济组织成员集体所有的土地等财产为基本生活保障的居民，为农村集体经济组织成员。

第十二条 农村集体经济组织通过成员大会，依据前条规定确认农村集体经济组织成员。

对因成员生育而增加的人员，农村集体经济组织应当确认为农村集体经济组织成员。对因成员结婚、收养或者因政策性移民而增加的人员，农村集体经济组织一般应当确认为农村集体经济组织成员。

确认农村集体经济组织成员，不得违反本法和其他法律法规的规定。

农村集体经济组织应当制作或者变更成员名册。成员名册应当报乡镇人民政府、街道办事处和县级人民政府农业农村主管部门备案。

省、自治区、直辖市人民代表大会及其常务委员会可以根据本法，结合本行政区域实际情况，对农村集体经济组织的成员确认作出具体规定。

第十三条 农村集体经济组织成员享有下列权利：

（一）依照法律法规和农村集体经济组织章程选举和被选举为成员代表、理事会成员、监事会成员或者监事；

（二）依照法律法规和农村集体经济组织章程参加成员大会、成员代表大会，参与表决决定农村集体经济组织重大事项和重要事务；

（三）查阅、复制农村集体经济组织财务会计报告、会议记录等资料，了解有关情况；

（四）监督农村集体经济组织的生产经营管理活动和集体收益的分配、使用，并提出意见和建议；

（五）依法承包农村集体经济组织发包的农村土地；

（六）依法申请取得宅基地使用权；

（七）参与分配集体收益；

（八）集体土地被征收征用时参与分配土地补偿费等；

（九）享受农村集体经济组织提供的服务和福利；

（十）法律法规和农村集体经济组织章程规定的其他权利。

第十四条 农村集体经济组织成员履行下列义务：

（一）遵守法律法规和农村集体经济组织章程；

（二）执行农村集体经济组织依照法律法规和农村集体经济组织章程作出的决定；

（三）维护农村集体经济组织合法权益；

（四）合理利用和保护集体土地等资源；

（五）参与、支持农村集体经济组织的生产经营管理活动和公益活动；

（六）法律法规和农村集体经济组织章程规定的其他义务。

第十五条 非农村集体经济组织成员长期在农村集体经济组织工作，对集体做出贡献的，经农村集体经济组织成员大会全体成员四分之三以上同意，可以享有本法第十三条第七项、第九项、第十项规定的权利。

第十六条 农村集体经济组织成员提出书面申请并经农村集体经济组织同意的，可以自愿退出农村集体经济组织。

农村集体经济组织成员自愿退出的，可以与农村集体经济组织协商获得适当补偿或者在一定期限内保留其已经享有的财产权益，但是不得要求分割集体财产。

第十七条 有下列情形之一的，丧失农村集体经济组织成员身份：

（一）死亡；

（二）丧失中华人民共和国国籍；

（三）已经取得其他农村集体经济组织成员身份；

（四）已经成为公务员，但是聘任制公务员除外；

（五）法律法规和农村集体经济组织章程规定的其他情形。

因前款第三项、第四项情形而丧失农村集体经济组织成员身份的，依照法律法规、国家有关规定和农村集体经济组织章程，经与农村集体经济组织协商，可以在一定期限内保留其已经享有的相关权益。

第十八条 农村集体经济组织成员不因就学、服役、务工、经商、离婚、丧偶、服刑等原因而丧失农村集体经济组织成员身份。

农村集体经济组织成员结婚，未取得其他农村集体经济组织成员身份的，原农村集体经济组织不得取消其成员身份。

第三章 组织登记

第十九条 农村集体经济组织应当具备下列条件：

（一）有符合本法规定的成员；

（二）有符合本法规定的集体财产；

（三）有符合本法规定的农村集体经济组织章程；

（四）有符合本法规定的名称和住所；

（五）有符合本法规定的组织机构。

符合前款规定条件的村一般应当设立农村集体经济组织，村民小组可以根据情况设立农村集体经济组织；乡镇确有需要的，可以设立农村集体经济组织。

设立农村集体经济组织不得改变集体土地所有权。

第二十条 农村集体经济组织章程应当载明下列事项：

（一）农村集体经济组织的名称、法定代表人、住所和财产范围；

（二）农村集体经济组织成员确认规则和程序；

（三）农村集体经济组织的机构；

（四）集体财产经营和财务管理；

（五）集体经营性财产收益权的量化与分配；

（六）农村集体经济组织的变更和注销；

（七）需要载明的其他事项。

农村集体经济组织章程应当报乡镇人民政府、街道办事处和县级人民政府农业农村主管部门备案。

国务院农业农村主管部门根据本法和其他有关法律法规制定农村集体经济组织示范章程。

第二十一条 农村集体经济组织的名称中应当标明"集体经济组织"字样，以及所在县、不设区的市、市辖区、乡、民族乡、镇、村或者组的名称。

农村集体经济组织以其主要办事机构所在地为住所。

第二十二条 农村集体经济组织成员大会表决通过本农村集体

经济组织章程、确认本农村集体经济组织成员、选举本农村集体经济组织理事会成员、监事会成员或者监事后，应当及时向县级以上地方人民政府农业农村主管部门申请登记，取得农村集体经济组织登记证书。

农村集体经济组织登记办法由国务院农业农村主管部门制定。

第二十三条 农村集体经济组织合并的，应当在清产核资的基础上编制资产负债表和财产清单。

农村集体经济组织合并的，应当由各自的成员大会形成决定，经乡镇人民政府、街道办事处审核后，报县级以上地方人民政府批准。

农村集体经济组织应当在获得批准合并之日起十日内通知债权人，债权人可以要求农村集体经济组织清偿债务或者提供相应担保。

合并各方的债权债务由合并后的农村集体经济组织承继。

第二十四条 农村集体经济组织分立的，应当在清产核资的基础上分配财产、分解债权债务。

农村集体经济组织分立的，应当由成员大会形成决定，经乡镇人民政府、街道办事处审核后，报县级以上地方人民政府批准。

农村集体经济组织应当在获得批准分立之日起十日内通知债权人。

农村集体经济组织分立前的债权债务，由分立后的农村集体经济组织享有连带债权，承担连带债务，但是农村集体经济组织分立时已经与债权人或者债务人达成清偿债务的书面协议的，从其约定。

第二十五条 农村集体经济组织合并、分立或者登记事项变动的，应当办理变更登记。

农村集体经济组织因合并、分立等原因需要解散的，依法办理注销登记后终止。

第四章 组织机构

第二十六条 农村集体经济组织成员大会由具有完全民事行为能力的全体成员组成，是本农村集体经济组织的权力机构，依法行使下列职权：

（一）制定、修改农村集体经济组织章程；

（二）制定、修改农村集体经济组织内部管理制度；

（三）确认农村集体经济组织成员；

（四）选举、罢免农村集体经济组织理事会成员、监事会成员或者监事；

（五）审议农村集体经济组织理事会、监事会或者监事的工作报告；

（六）决定农村集体经济组织理事会成员、监事会成员或者监事的报酬及主要经营管理人员的聘任、解聘和报酬；

（七）批准农村集体经济组织的集体经济发展规划、业务经营计划、年度财务预决算、收益分配方案；

（八）对农村土地承包、宅基地使用和集体经营性财产收益权份额量化方案等事项作出决定；

（九）对集体经营性建设用地使用、出让、出租方案等事项作出决定；

（十）决定土地补偿费等的分配、使用办法；

（十一）决定投资等重大事项；

（十二）决定农村集体经济组织合并、分立等重大事项；

（十三）法律法规和农村集体经济组织章程规定的其他职权。

需由成员大会审议决定的重要事项，应当先经乡镇党委、街道党工委或者村党组织研究讨论。

第二十七条 农村集体经济组织召开成员大会，应当将会议召开的时间、地点和审议的事项于会议召开十日前通知全体成员，有三分之二以上具有完全民事行为能力的成员参加。成员无法在现场参加会议的，可以通过即时通讯工具在线参加会议，或者书面委托本农村集体经济组织同一户内具有完全民事行为能力的其他家庭成员代为参加会议。

成员大会每年至少召开一次，并由理事会召集，由理事长、副理事长或者理事长指定的成员主持。

成员大会实行一人一票的表决方式。成员大会作出决定，应当经本农村集体经济组织成员大会全体成员三分之二以上同意,本法或者其他法律法规、农村集体经济组织章程有更严格规定的,从其规定。

第二十八条　农村集体经济组织成员较多的,可以按照农村集体经济组织章程规定设立成员代表大会。

设立成员代表大会的,一般每五户至十五户选举代表一人,代表人数应当多于二十人,并且有适当数量的妇女代表。

成员代表的任期为五年,可以连选连任。

成员代表大会按照农村集体经济组织章程规定行使本法第二十六条第一款规定的成员大会部分职权,但是第一项、第三项、第八项、第十项、第十二项规定的职权除外。

成员代表大会实行一人一票的表决方式。成员代表大会作出决定,应当经全体成员代表三分之二以上同意。

第二十九条　农村集体经济组织设理事会,一般由三至七名单数成员组成。理事会设理事长一名,可以设副理事长。理事长、副理事长、理事的产生办法由农村集体经济组织章程规定。理事会成员之间应当实行近亲属回避。理事会成员的任期为五年,可以连选连任。

理事长是农村集体经济组织的法定代表人。

乡镇党委、街道党工委或者村党组织可以提名推荐农村集体经济组织理事会成员候选人,党组织负责人可以通过法定程序担任农村集体经济组织理事长。

第三十条　理事会对成员大会、成员代表大会负责,行使下列职权:

(一) 召集、主持成员大会、成员代表大会,并向其报告工作;

(二) 执行成员大会、成员代表大会的决定;

(三) 起草农村集体经济组织章程修改草案;

(四) 起草集体经济发展规划、业务经营计划、内部管理制度等;

(五) 起草农村土地承包、宅基地使用、集体经营性财产收益权份额量化,以及集体经营性建设用地使用、出让或者出租等方案;

（六）起草投资方案；

（七）起草年度财务预决算、收益分配方案等；

（八）提出聘任、解聘主要经营管理人员及决定其报酬的建议；

（九）依照法律法规和农村集体经济组织章程管理集体财产和财务，保障集体财产安全；

（十）代表农村集体经济组织签订承包、出租、入股等合同，监督、督促承包方、承租方、被投资方等履行合同；

（十一）接受、处理有关质询、建议并作出答复；

（十二）农村集体经济组织章程规定的其他职权。

第三十一条 理事会会议应当有三分之二以上的理事会成员出席。

理事会实行一人一票的表决方式。理事会作出决定，应当经全体理事的过半数同意。

理事会的议事方式和表决程序由农村集体经济组织章程具体规定。

第三十二条 农村集体经济组织设监事会，成员较少的可以设一至二名监事，行使监督理事会执行成员大会和成员代表大会决定、监督检查集体财产经营管理情况、审核监督本农村集体经济组织财务状况等内部监督职权。必要时，监事会或者监事可以组织对本农村集体经济组织的财务进行内部审计，审计结果应当向成员大会、成员代表大会报告。

监事会或者监事的产生办法、具体职权、议事方式和表决程序等，由农村集体经济组织章程规定。

第三十三条 农村集体经济组织成员大会、成员代表大会、理事会、监事会或者监事召开会议，应当按照规定制作、保存会议记录。

第三十四条 农村集体经济组织理事会成员、监事会成员或者监事与村党组织领导班子成员、村民委员会成员可以根据情况交叉任职。

农村集体经济组织理事会成员、财务人员、会计人员及其近亲属不得担任监事会成员或者监事。

第三十五条 农村集体经济组织理事会成员、监事会成员或者监事应当遵守法律法规和农村集体经济组织章程，履行诚实信用、勤勉谨慎的义务，为农村集体经济组织及其成员的利益管理集体财产，处理农村集体经济组织事务。

农村集体经济组织理事会成员、监事会成员或者监事、主要经营管理人员不得有下列行为：

（一）侵占、挪用、截留、哄抢、私分、破坏集体财产；

（二）直接或者间接向农村集体经济组织借款；

（三）以集体财产为本人或者他人债务提供担保；

（四）违反法律法规或者国家有关规定为地方政府举借债务；

（五）以农村集体经济组织名义开展非法集资等非法金融活动；

（六）将集体财产低价折股、转让、租赁；

（七）以集体财产加入合伙企业成为普通合伙人；

（八）接受他人与农村集体经济组织交易的佣金归为己有；

（九）泄露农村集体经济组织的商业秘密；

（十）其他损害农村集体经济组织合法权益的行为。

第五章　财产经营管理和收益分配

第三十六条　集体财产主要包括：

（一）集体所有的土地和森林、山岭、草原、荒地、滩涂；

（二）集体所有的建筑物、生产设施、农田水利设施；

（三）集体所有的教育、科技、文化、卫生、体育、交通等设施和农村人居环境基础设施；

（四）集体所有的资金；

（五）集体投资兴办的企业和集体持有的其他经济组织的股权及其他投资性权利；

（六）集体所有的无形资产；

（七）集体所有的接受国家扶持、社会捐赠、减免税费等形成的财产；

（八）集体所有的其他财产。

集体财产依法由农村集体经济组织成员集体所有，由农村集体经济组织依法代表成员集体行使所有权,不得分割到成员个人。

第三十七条 集体所有和国家所有依法由农民集体使用的耕地、林地、草地以及其他依法用于农业的土地,依照农村土地承包的法律实行承包经营。

集体所有的宅基地等建设用地,依照法律、行政法规和国家有关规定取得、使用、管理。

集体所有的建筑物、生产设施、农田水利设施,由农村集体经济组织按照国家有关规定和农村集体经济组织章程使用、管理。

集体所有的教育、科技、文化、卫生、体育、交通等设施和农村人居环境基础设施,依照法律法规、国家有关规定和农村集体经济组织章程使用、管理。

第三十八条 依法应当实行家庭承包的耕地、林地、草地以外的其他农村土地,农村集体经济组织可以直接组织经营或者依法实行承包经营,也可以依法采取土地经营权出租、入股等方式经营。

第三十九条 对符合国家规定的集体经营性建设用地,农村集体经济组织应当优先用于保障乡村产业发展和乡村建设,也可以依法通过出让、出租等方式交由单位或者个人有偿使用。

第四十条 农村集体经济组织可以将集体所有的经营性财产的收益权以份额形式量化到本农村集体经济组织成员,作为其参与集体收益分配的基本依据。

集体所有的经营性财产包括本法第三十六条第一款第一项中可以依法入市、流转的财产用益物权和第二项、第四项至第七项的财产。

国务院农业农村主管部门可以根据本法制定集体经营性财产收益权量化的具体办法。

第四十一条 农村集体经济组织可以探索通过资源发包、物业出租、居间服务、经营性财产参股等多样化途径发展新型农村集体经济。

第四十二条 农村集体经济组织当年收益应当按照农村集体经济组织章程规定提取公积公益金,用于弥补亏损、扩大生产经营等,剩余的可分配收益按照量化给农村集体经济组织成员的集体经营性财产收益权份额进行分配。

第四十三条 农村集体经济组织应当加强集体财产管理，建立集体财产清查、保管、使用、处置、公开等制度，促进集体财产保值增值。

省、自治区、直辖市可以根据实际情况，制定本行政区域农村集体财产管理具体办法，实现集体财产管理制度化、规范化和信息化。

第四十四条 农村集体经济组织应当按照国务院有关部门制定的农村集体经济组织财务会计制度进行财务管理和会计核算。

农村集体经济组织应当根据会计业务的需要，设置会计机构，或者设置会计人员并指定会计主管人员，也可以按照规定委托代理记账。

集体所有的资金不得存入以个人名义开立的账户。

第四十五条 农村集体经济组织应当定期将财务情况向农村集体经济组织成员公布。集体财产使用管理情况、涉及农村集体经济组织及其成员利益的重大事项应当及时公布。农村集体经济组织理事会应当保证所公布事项的真实性。

第四十六条 农村集体经济组织应当编制年度经营报告、年度财务会计报告和收益分配方案，并于成员大会、成员代表大会召开十日前，提供给农村集体经济组织成员查阅。

第四十七条 农村集体经济组织应当依法接受审计监督。

县级以上地方人民政府农业农村主管部门和乡镇人民政府、街道办事处根据情况对农村集体经济组织开展定期审计、专项审计。审计办法由国务院农业农村主管部门制定。

审计机关依法对农村集体经济组织接受、运用财政资金的真实、合法和效益情况进行审计监督。

第四十八条 农村集体经济组织应当自觉接受有关机关和组织对集体财产使用管理情况的监督。

第六章 扶持措施

第四十九条 县级以上人民政府应当合理安排资金,支持农村集体经济组织发展新型农村集体经济、服务集体成员。

各级财政支持的农业发展和农村建设项目,依法将适宜的项目优先交由符合条件的农村集体经济组织承担。国家对欠发达地区和革命老区、民族地区、边疆地区的农村集体经济组织给予优先扶助。

县级以上人民政府有关部门应当依法加强对财政补助资金使用情况的监督。

第五十条 农村集体经济组织依法履行纳税义务,依法享受税收优惠。

农村集体经济组织开展生产经营管理活动或者因开展农村集体产权制度改革办理土地、房屋权属变更,按照国家规定享受税收优惠。

第五十一条 农村集体经济组织用于集体公益和综合服务、保障村级组织和村务运转等支出,按照国家规定计入相应成本。

第五十二条 国家鼓励政策性金融机构立足职能定位,在业务范围内采取多种形式对农村集体经济组织发展新型农村集体经济提供多渠道资金支持。

国家鼓励商业性金融机构为农村集体经济组织及其成员提供多样化金融服务,优先支持符合条件的农村集体经济发展项目,支持农村集体经济组织开展集体经营性财产股权质押贷款;鼓励融资担保机构为农村集体经济组织提供融资担保服务;鼓励保险机构为农村集体经济组织提供保险服务。

第五十三条 乡镇人民政府编制村庄规划应当根据实际需要合理安排集体经济发展各项建设用地。

土地整理新增耕地形成土地指标交易的收益,应当保障农村集体经济组织和相关权利人的合法权益。

第五十四条 县级人民政府和乡镇人民政府、街道办事处应当加强农村集体经济组织经营管理队伍建设,制定农村集体经济组织人才培养计划，完善激励机制，支持和引导各类人才服务新型农村集体经济发展。

第五十五条 各级人民政府应当在用水、用电、用气以及网络、交通等公共设施和农村人居环境基础设施配置方面为农村集体经济组织建设发展提供支持。

第七章 争议的解决和法律责任

第五十六条 对确认农村集体经济组织成员身份有异议，或者农村集体经济组织因内部管理、运行、收益分配等发生纠纷的，当事人可以请求乡镇人民政府、街道办事处或者县级人民政府农业农村主管部门调解解决；不愿调解或者调解不成的，可以向农村土地承包仲裁机构申请仲裁，也可以直接向人民法院提起诉讼。

确认农村集体经济组织成员身份时侵害妇女合法权益，导致社会公共利益受损的，检察机关可以发出检察建议或者依法提起公益诉讼。

第五十七条 农村集体经济组织成员大会、成员代表大会、理事会或者农村集体经济组织负责人作出的决定侵害农村集体经济组织成员合法权益的，受侵害的农村集体经济组织成员可以请求人民法院予以撤销。但是，农村集体经济组织按照该决定与善意相对人形成的民事法律关系不受影响。

受侵害的农村集体经济组织成员自知道或者应当知道撤销事由之日起一年内或者自该决定作出之日起五年内未行使撤销权的，撤销权消灭。

第五十八条 农村集体经济组织理事会成员、监事会成员或者监事、主要经营管理人员有本法第三十五条第二款规定行为的，由乡镇人民政府、街道办事处或者县级人民政府农业农村主管部门责令限期改正；情节严重的，依法给予处分或者行政处罚；造成集体财产损失的，依法承担赔偿责任；构成犯罪的，依法追究刑事责任。

前款规定的人员违反本法规定，以集体财产为本人或者他人债务提供担保的,该担保无效。

第五十九条 对于侵害农村集体经济组织合法权益的行为,农村集体经济组织可以依法向人民法院提起诉讼。

第六十条 农村集体经济组织理事会成员、监事会成员或者监事、主要经营管理人员执行职务时违反法律法规或者农村集体经济组织章程的规定,给农村集体经济组织造成损失的,应当依法承担赔偿责任。

前款规定的人员有前款行为的,农村集体经济组织理事会、监事会或者监事应当向人民法院提起诉讼;未及时提起诉讼的,十名以上具有完全民事行为能力的农村集体经济组织成员可以书面请求监事会或者监事向人民法院提起诉讼。

监事会或者监事收到书面请求后拒绝提起诉讼或者自收到请求之日起十五日内未提起诉讼的,前款规定的提出书面请求的农村集体经济组织成员可以为农村集体经济组织的利益,以自己的名义向人民法院提起诉讼。

第六十一条 农村集体经济组织章程或者农村集体经济组织成员大会、成员代表大会所作的决定违反本法或者其他法律法规规定的,由乡镇人民政府、街道办事处或者县级人民政府农业农村主管部门责令限期改正。

第六十二条 地方人民政府及其有关部门非法干预农村集体经济组织经营管理和财产管理活动或者未依法履行相应监管职责的,由上级人民政府责令限期改正;情节严重的,依法追究相关责任人员的法律责任。

第六十三条 农村集体经济组织对行政机关的行政行为不服的,可以依法申请行政复议或者提起行政诉讼。

第八章 附 则

第六十四条 未设立农村集体经济组织的,村民委员会、村民小组可以依法代行农村集体经济组织的职能。

村民委员会、村民小组依法代行农村集体经济组织职能的，讨论决定有关集体财产和成员权益的事项参照适用本法的相关规定。

第六十五条　本法施行前已经按照国家规定登记的农村集体经济组织及其名称，本法施行后在法人登记证书有效期限内继续有效。

第六十六条　本法施行前农村集体经济组织开展农村集体产权制度改革时已经被确认的成员，本法施行后不需要重新确认。

第六十七条　本法自2025年5月1日起施行。

土地征收成片开发标准

(2023年10月31日　自然资规〔2023〕7号)

一、根据《土地管理法》第45条的规定，制定本标准。

本标准所称成片开发，是指在国土空间规划确定的城镇建设用地范围内，由县级以上地方人民政府组织的对一定范围的土地进行的综合性开发建设活动。

二、土地征收成片开发应当坚持新发展理念，以人民为中心，注重保护耕地，注重维护农民合法权益，注重节约集约用地，注重生态环境保护，促进当地经济社会可持续发展。

三、县级以上地方人民政府应当按照《土地管理法》第45条规定，依据当地国民经济和社会发展规划、国土空间规划，组织编制土地征收成片开发方案，纳入当地国民经济和社会发展年度计划，并报省级人民政府批准。

土地征收成片开发方案应当包括下列内容：

（一）成片开发的位置、面积、范围和基础设施条件等基本情况；

（二）成片开发的必要性、主要用途和实现的功能；

（三）成片开发拟安排的建设项目、开发时序和年度实施计划；

（四）依据国土空间规划确定的一个完整的土地征收成片开发范围内基础设施、公共服务设施以及其他公益性用地比例；

（五）成片开发的土地利用效益以及经济、社会、生态效益评估。

前款第（四）项规定的比例一般不低于40%，各市县的具体比例由省级人民政府根据各地情况差异确定。

县级以上地方人民政府编制土地征收成片开发方案时，应当充分听取人大代表、政协委员、社会公众和有关专家学者的意见。

四、土地征收成片开发方案应当充分征求成片开发范围内农村集体经济组织和农民的意见，并经集体经济组织成员的村民会议三分之二以上成员或者三分之二以上村民代表同意。未经集体经济组织的村民会议三分之二以上成员或者三分之二以上村民代表同意，不得申请土地征收成片开发。

五、省级人民政府应当组织人大代表、政协委员和土地、规划、经济、法律、环保、产业等方面的专家组成专家委员会，对土地征收成片开发方案的科学性、必要性进行论证。论证结论应当作为批准土地征收成片开发方案的重要依据。

国家自然资源督察机构、自然资源部、省级人民政府应当加强对土地征收成片开发工作的监管。

六、土地征收成片开发方案经批准后，应当严格按照方案确定的范围、时序安排组织实施。因国民经济和社会发展年度计划、国土空间规划调整或者不可抗力等因素导致无法实施的，可按规定调整土地征收成片开发方案。成片开发方案调整涉及地块变化的，调整方案应报省级人民政府批准；调整仅涉及实施进度安排的，调整方案应报省级自然资源主管部门备案。调整后公益性用地比例应当符合规定要求，已实施征收的地块不得调出。

七、有下列情形之一的，不得批准土地征收成片开发方案：

（一）涉及占用永久基本农田的；

（二）市县区域内存在大量批而未供或者闲置土地的；

（三）各类开发区、城市新区土地利用效率低下的；

（四）已批准实施的土地征收成片开发连续两年未完成方案安排的年度实施计划的。

八、本标准自2023年11月5日施行，有效期五年。

国土资源部办公厅关于加强省级征地信息公开平台建设的通知

(2016年12月12日 国土资厅发〔2016〕43号)

各省、自治区、直辖市国土资源主管部门，新疆生产建设兵团国土资源局：

推进政务公开是建设服务型政府，增强政府公信力执行力的重要举措。征地信息公开是政务公开的重要内容，也是征地工作的重要环节。为贯彻落实中共中央办公厅、国务院办公厅《关于全面推进政务公开工作的意见》（中办发〔2016〕8号）和国务院办公厅《印发〈关于全面推进政务公开工作的意见〉实施细则的通知》（国办发〔2016〕80号）要求，进一步做好征地信息公开工作，提升信息公开规范化水平，部决定加强省级征地信息公开平台建设，畅通公开渠道，规范公开内容，更好地维护被征地农民合法权益。现就有关问题通知如下：

一、充分认识加强省级征地信息公开平台建设的重要意义

近年来，部贯彻落实党中央、国务院关于政务公开工作的一系列部署要求，先后印发了《国土资源部办公厅关于做好征地信息公开工作的通知》（国土资厅发〔2013〕3号）和《国土资源部办公厅关于进一步做好市县征地信息公开工作有关问题的通知》（国土资厅发〔2014〕29号），明确信息公开的主体责任，畅通公开渠道，规范办理要求。各地建章立制，积极推进，征地信息公开工作取得了明显成效。但同时看到，一些地方在征地信息公开工作中，还存在公开不及时、栏目设置不规范、公开内容不清晰、查询获取不便捷等问题，需要不断改进完善。加强省级征地信息公开平台建设，在省域范围内就征地信息公开统一平台、统一规范、统一要求，省级统一组织发布省、市、县征地信息，有利于创新征地信息公开渠道，加大公开力度，保障征地信息依法、全面、及时、准确公开；有利于促进征地工作进一步规范有序，推动化解征地矛盾纠纷，维护好群众的合法权益；有利于发挥门户网站作为政务信息公开第一平台的重要作用，依靠省、市、县力量，共同做好政务信息公开工作。各地要充分认识做好这项工作的重要意义，从全面推进政务公开、建设法治国土要求出发，切实增强责任感和紧迫感。

二、统一规范建设省级征地信息公开平台

（一）明确建设主体。省级征地信息公开平台是由省级国土资源主管部门统一建设，由省、市、县国土资源主管部门分别填报，实现省域范围征地信息统一对外发布的网络平台。省级国土资源主管部门负责平台建设，省、市、县分工开展信息填报，并实现征地信息在省、市、县的国土资源门户网站统一公开和互通共享。

（二）规范公开内容。按照国土资厅发〔2014〕29号要求，应当主动公开的征地信息统一纳入省级征地信息公开平台，实现对省、市、县制作的应当主动公开征地信息的有效归集。

平台公开的内容应涵盖建设用地批复文件及转发文件、征地告知书、"一书四方案"（或"一书三方案"）、征地公告、征地补偿安置方案公告情况等。其中，用地面积、补偿标准、安置途径等批准情况与申报情况相比发生变化的，还要公开批准与申报情况变化信息。公开的各类信息要采用数字化格式，确保公开信息条目清晰、便于查询。各地可根据实际情况，增加公开的征地信息类别和内容。

（三）健全应用功能。省级征地信息公开平台应本着方便群众查询、充分利用已有信息、提高征地信息公开效率的原则进行建设。要优化信息组织。以建设用地批复文件为主线组织征地不同阶段的各类信息，全面反映征地批前、批准、批后全流程信息。信息上传功能应当按照省、市、县用户类别和信息产生的次序分别设置。要方便信息查询。省级征地信息公开平台应设置项目位置（按行政区具体到村）、项目名称、批复文号、批准时间等关键字查询功能，实现模糊查询和多关键字查询。要实现信息共享。平台应开发便捷的信息发布功能，提供征地信息公开页面链接，支撑省、市、县国土资源门户网站同步公开征地信息。要做好系统衔接。省级征地信息公开平台要开发与建设用地审批系统、征地实施系统等相关系统的接口，方便已有信息的快速上传和数据共享，预留与部综合信息监管平台的接口，实现征地信息的远程调阅和查询统计。

（四）强化分工协作。省、市、县三级国土资源主管部门按照分工协作，明确职责，强化协同，应用省级征地信息公开平台共同做好征地信息公开工作。

省级国土资源主管部门负责公开建设用地批复文件，包括国务院批准用地和省级政府批准用地文件，同时，填写项目位置（按行政区具体到村）、项目名称、批复文号、批准时间等数字化信息，作为查询和市、县征地信息公开的基础。其中，国务院批准的用地，省级国土资源主管部门应当在收到上级用地批复文件后，10个工作日内完成批复文件信息公开及相关信息数字化工作；省级政府批准的用地，省级国土资源主管部门应当在用地批复作出后，20个工作日内完成批复文件信息公开及相关信息数字化工作。

市、县国土资源主管部门根据省级公开的用地批复信息，填报公开征地告知书、"一书四方案"（或"一书三方案"）、征地公告、征地补偿安置方案公告和批准与申报情况变化等相关信息。其中，征地告知书、"一书四方案"（或"一书三方案"）、批准与申报情况变化等信息，市、县国土资源主管部门应当在省级公开用地批复文件后，10个工作日内在平台公开；征地公告、征地补偿安置方案公告等征地实施信息，市、县国土资源主管部门应当在有关信息批准或形成生效后10个工作日内在平台公开。

三、确保省级征地信息公开平台高效运行

（一）加强组织领导。省级国土资源主管部门要把征地信息公开平台建设当作加强征地管理和政务公开建设的一项重要任务，抓紧组织精干力量，研究制定落实方案，提供经费与必要保障，确保完成平台建设任务。要加强与市、县国土资源主管部门的沟通协调，整体联动，确保工作顺畅；要加强工作指导，强化监督检查，发现问题及时纠正,确保平台有效运行。

(二)注重公开质量。坚持"谁填报、谁负责"的原则,征地信息公开前,要严格信息核对,确保公开的信息与用地报批材料、批准情况及批后实施情况一致,做到公开信息全面、及时、准确。健全公开前保密审查机制,规范保密审查程序,防止泄露国家秘密。

(三)把握建设时限。省级征地信息公开平台应于2017年7月1日起正式运行。2017年7月1日以前批准用地信息,各地可根据情况逐步补充纳入省级征地信息公开平台。

(四)做好统筹衔接。省级征地信息公开平台运行后,市、县在该平台公开相关征地信息即可。省级征地信息公开平台向市、县提供征地信息公开页面链接,将征地信息公开信息同步到原市、县政府门户网站或国土资源主管部门网站设置的"征地信息"专栏。市、县要充分利用平台信息化成果,规范市、县"征地信息"专栏的栏目设置,确保公开的征地信息协调一致。

最高人民法院关于审理涉及农村土地承包纠纷案件适用法律问题的解释(节录)

(2005年3月29日最高人民法院审判委员会第1346次会议通过 根据2020年12月23日最高人民法院审判委员会第1823次会议通过的《最高人民法院关于修改〈最高人民法院关于在民事审判工作中适用《中华人民共和国工会法》若干问题的解释〉等二十七件民事类司法解释的决定》修正)

为正确审理农村土地承包纠纷案件,依法保护当事人的合法权益,根据《中华人民共和国民法典》《中华人民共和国农村土地承包法》《中华人民共和国土地管理法》《中华人民共和国民事诉讼法》等法律的规定，结合民事审判实践，制定本解释。

一、受理与诉讼主体

第一条 下列涉及农村土地承包民事纠纷，人民法院应当依法受理：

（一）承包合同纠纷；
（二）承包经营权侵权纠纷；
（三）土地经营权侵权纠纷；
（四）承包经营权互换、转让纠纷；
（五）土地经营权流转纠纷；
（六）承包地征收补偿费用分配纠纷；
（七）承包经营权继承纠纷；
（八）土地经营权继承纠纷。

农村集体经济组织成员因未实际取得土地承包经营权提起民事诉讼的，人民法院应当告知其向有关行政主管部门申请解决。

农村集体经济组织成员就用于分配的土地补偿费数额提起民事诉讼的，人民法院不予受理。

第二条 当事人自愿达成书面仲裁协议的，受诉人民法院应当参照《最高人民法院关于适用〈中华人民共和国民事诉讼法〉的解释》第二百一十五条、第二百一十六条的规定处理。

当事人未达成书面仲裁协议，一方当事人向农村土地承包仲裁机构申请仲裁，另一方当事人提起诉讼的，人民法院应予受理，并书面通知仲裁机构。但另一方当事人接受仲裁管辖后又起诉的，人民法院不予受理。

当事人对仲裁裁决不服并在收到裁决书之日起三十日内提起诉讼的，人民法院应予受理。

第三条 承包合同纠纷，以发包方和承包方为当事人。

前款所称承包方是指以家庭承包方式承包本集体经济组织农村

土地的农户,以及以其他方式承包农村土地的组织或者个人。

第四条 农户成员为多人的,由其代表人进行诉讼。

农户代表人按照下列情形确定:

(一)土地承包经营权证等证书上记载的人;

(二)未依法登记取得土地承包经营权证等证书的,为在承包合同上签名的人;

(三)前两项规定的人死亡、丧失民事行为能力或者因其他原因无法进行诉讼的,为农户成员推选的人。

……

三、其他方式承包纠纷的处理

第十八条 本集体经济组织成员在承包费、承包期限等主要内容相同的条件下主张优先承包的,应予支持。但在发包方将农村土地发包给本集体经济组织以外的组织或者个人,已经法律规定的民主议定程序通过,并由乡(镇)人民政府批准后主张优先承包的,不予支持。

第十九条 发包方就同一土地签订两个以上承包合同,承包方均主张取得土地经营权的,按照下列情形,分别处理:

(一)已经依法登记的承包方,取得土地经营权;

(二)均未依法登记的,生效在先合同的承包方取得土地经营权;

(三)依前两项规定无法确定的,已经根据承包合同合法占有使用承包地的人取得土地经营权,但争议发生后一方强行先占承包地的行为和事实,不得作为确定土地经营权的依据。

四、土地征收补偿费用分配及土地 承包经营权继承纠纷的处理

第二十条 承包地被依法征收,承包方请求发包方给付已经收到的地上附着物和青苗的补偿费的,应予支持。

承包方已将土地经营权以出租、入股或者其他方式流转给第三

人的，除当事人另有约定外，青苗补偿费归实际投入人所有，地上附着物补偿费归附着物所有人所有。

第二十一条 承包地被依法征收，放弃统一安置的家庭承包方，请求发包方给付已经收到的安置补助费的，应予支持。

第二十二条 农村集体经济组织或者村民委员会、村民小组，可以依照法律规定的民主议定程序，决定在本集体经济组织内部分配已经收到的土地补偿费。征地补偿安置方案确定时已经具有本集体经济组织成员资格的人，请求支付相应份额的，应予支持。但已报全国人大常委会、国务院备案的地方性法规、自治条例和单行条例、地方政府规章对土地补偿费在农村集体经济组织内部的分配办法另有规定的除外。

第二十三条 林地家庭承包中，承包方的继承人请求在承包期内继续承包的，应予支持。

其他方式承包中，承包方的继承人或者权利义务承受者请求在承包期内继续承包的，应予支持。

五、其他规定

第二十四条 人民法院在审理涉及本解释第五条、第六条第一款第（二）项及第二款、第十五条的纠纷案件时，应当着重进行调解。必要时可以委托人民调解组织进行调解。

第二十五条 本解释自2005年9月1日起施行。施行后受理的第一审案件，适用本解释的规定。

施行前已经生效的司法解释与本解释不一致的，以本解释为准。

最高人民法院关于审理涉及农村集体土地行政案件若干问题的规定

(2011年8月7日 法释〔2011〕20号公布)

为正确审理涉及农村集体土地的行政案件,根据《中华人民共和国物权法》、《中华人民共和国土地管理法》和《中华人民共和国行政诉讼法》等有关法律规定,结合行政审判实际,制定本规定。

第一条 农村集体土地的权利人或者利害关系人(以下简称土地权利人)认为行政机关作出的涉及农村集体土地的行政行为侵犯其合法权益,提起诉讼的,属于人民法院行政诉讼的受案范围。

第二条 土地登记机构根据人民法院生效裁判文书、协助执行通知书或者仲裁机构的法律文书办理的土地权属登记行为,土地权利人不服提起诉讼的,人民法院不予受理,但土地权利人认为登记内容与有关文书内容不一致的除外。

第三条 村民委员会或者农村集体经济组织对涉及农村集体土地的行政行为不起诉的,过半数的村民可以以集体经济组织名义提起诉讼。

农村集体经济组织成员全部转为城镇居民后,对涉及农村集体土地的行政行为不服的,过半数的原集体经济组织成员可以提起诉讼。

第四条 土地使用权人或者实际使用人对行政机关作出涉及其使用或实际使用的集体土地的行政行为不服的,可以以自己的名义提起诉讼。

第五条 土地权利人认为土地储备机构作出的行为侵犯其依法享有的农村集体土地所有权或使用权的,向人民法院提起诉讼的,应当以土地储备机构所隶属的土地管理部门为被告。

第六条 土地权利人认为乡级以上人民政府作出的土地确权决定侵犯其依法享有的农村集体土地所有权或者使用权，经复议后向人民法院提起诉讼的，人民法院应当依法受理。

法律、法规规定应当先申请行政复议的土地行政案件，复议机关作出不受理复议申请的决定或者以不符合受理条件为由驳回复议申请，复议申请人不服的，应当以复议机关为被告向人民法院提起诉讼。

第七条 土地权利人认为行政机关作出的行政处罚、行政强制措施等行政行为侵犯其依法享有的农村集体土地所有权或者使用权，直接向人民法院提起诉讼的，人民法院应当依法受理。

第八条 土地权属登记（包括土地权属证书）在生效裁判和仲裁裁决中作为定案证据，利害关系人对该登记行为提起诉讼的，人民法院应当依法受理。

第九条 涉及农村集体土地的行政决定以公告方式送达的，起诉期限自公告确定的期限届满之日起计算。

第十条 土地权利人对土地管理部门组织实施过程中确定的土地补偿有异议，直接向人民法院提起诉讼的，人民法院不予受理，但应当告知土地权利人先申请行政机关裁决。

第十一条 土地权利人以土地管理部门超过两年对非法占地行为进行处罚违法，向人民法院起诉的，人民法院应当按照行政处罚法第二十九条第二款的规定处理。

第十二条 征收农村集体土地时涉及被征收土地上的房屋及其他不动产，土地权利人可以请求依照物权法第四十二条第二款的规定给予补偿。

征收农村集体土地时未就被征收土地上的房屋及其他不动产进行安置补偿，补偿安置时房屋所在地已纳入城市规划区，土地权利人请求参照执行国有土地上房屋征收补偿标准的，人民法院一般应予支持，但应当扣除已经取得的土地补偿费。

第十三条 在审理土地行政案件中，人民法院经当事人同意进行协调的期间，不计算在审理期限内。当事人不同意继续协商的，人民法院应当及时审理,并恢复计算审理期限。

第十四条 县级以上人民政府土地管理部门根据土地管理法实施条例第四十五条的规定,申请人民法院执行其作出的责令交出土地决定的,应当符合下列条件:

(一) 征收土地方案已经有权机关依法批准;

(二) 市、县人民政府和土地管理部门已经依照土地管理法和土地管理法实施条例规定的程序实施征地行为;

(三) 被征收土地所有权人、使用人已经依法得到安置补偿或者无正当理由拒绝接受安置补偿,且拒不交出土地,已经影响到征收工作的正常进行;

(四) 符合《最高人民法院关于执行〈中华人民共和国行政诉讼法〉若干问题的解释》第八十六条规定的条件。

人民法院对符合条件的申请,应当予以受理,并通知申请人;对不符合条件的申请,应当裁定不予受理。

第十五条 最高人民法院以前所作的司法解释与本规定不一致的,以本规定为准。

大型工程建设项目征地安置补偿

大中型水利水电工程建设征地补偿和移民安置条例

(2006年7月7日中华人民共和国国务院令第471号公布 根据2013年7月18日《国务院关于废止和修改部分行政法规的决定》第一次修订 根据2013年12月7日《国务院关于修改部分行政法规的决定》第二次修订 根据2017年4月14日《国务院关于修改〈大中型水利水电工程建设征地补偿和移民安置条例〉的决定》第三次修订)

第一章 总 则

第一条 为了做好大中型水利水电工程建设征地补偿和移民安置工作，维护移民合法权益，保障工程建设的顺利进行，根据《中华人民共和国土地管理法》和《中华人民共和国水法》，制定本条例。

第二条 大中型水利水电工程的征地补偿和移民安置，适用本条例。

第三条 国家实行开发性移民方针，采取前期补偿、补助与后期扶持相结合的办法，使移民生活达到或者超过原有水平。

第四条 大中型水利水电工程建设征地补偿和移民安置应当遵循下列原则：

（一）以人为本，保障移民的合法权益，满足移民生存与发展的需求；

（二）顾全大局，服从国家整体安排，兼顾国家、集体、个人利益；

（三）节约利用土地，合理规划工程占地，控制移民规模；

（四）可持续发展，与资源综合开发利用、生态环境保护相协调；

（五）因地制宜，统筹规划。

第五条 移民安置工作实行政府领导、分级负责、县为基础、项目法人参与的管理体制。

国务院水利水电工程移民行政管理机构（以下简称国务院移民管理机构）负责全国大中型水利水电工程移民安置工作的管理和监督。

县级以上地方人民政府负责本行政区域内大中型水利水电工程移民安置工作的组织和领导；省、自治区、直辖市人民政府规定的移民管理机构，负责本行政区域内大中型水利水电工程移民安置工作的管理和监督。

第二章 移民安置规划

第六条 已经成立项目法人的大中型水利水电工程，由项目法人编制移民安置规划大纲，按照审批权限报省、自治区、直辖市人民政府或者国务院移民管理机构审批；省、自治区、直辖市人民政府或者国务院移民管理机构在审批前应当征求移民区和移民安置区县级以上地方人民政府的意见。

没有成立项目法人的大中型水利水电工程，项目主管部门应当会同移民区和移民安置区县级以上地方人民政府编制移民安置规划大纲，按照审批权限报省、自治区、直辖市人民政府或者国务院移民管理机构审批。

第七条 移民安置规划大纲应当根据工程占地和淹没区实物调查结果以及移民区、移民安置区经济社会情况和资源环境承载能力编制。

工程占地和淹没区实物调查，由项目主管部门或者项目法人会同工程占地和淹没区所在地的地方人民政府实施；实物调查应当全面准确，调查结果经调查者和被调查者签字认可并公示后，由有关地方人民政府签署意见。实物调查工作开始前，工程占地和淹没区所在地的省级人民政府应当发布通告，禁止在工程占地和淹没区新增建设项目和迁入人口，并对实物调查工作作出安排。

第八条 移民安置规划大纲应当主要包括移民安置的任务、去向、标准和农村移民生产安置方式以及移民生活水平评价和搬迁后生活水平预测、水库移民后期扶持政策、淹没线以上受影响范围的划定原则、移民安置规划编制原则等内容。

第九条 编制移民安置规划大纲应当广泛听取移民和移民安置区居民的意见；必要时，应当采取听证的方式。

经批准的移民安置规划大纲是编制移民安置规划的基本依据，应当严格执行，不得随意调整或者修改；确需调整或者修改的，应当报原批准机关批准。

第十条 已经成立项目法人的，由项目法人根据经批准的移民安置规划大纲编制移民安置规划；没有成立项目法人的，项目主管部门应当会同移民区和移民安置区县级以上地方人民政府，根据经批准的移民安置规划大纲编制移民安置规划。

大中型水利水电工程的移民安置规划，按照审批权限经省、自治区、直辖市人民政府移民管理机构或者国务院移民管理机构审核后，由项目法人或者项目主管部门报项目审批或者核准部门，与可行性研究报告或者项目申请报告一并审批或者核准。

省、自治区、直辖市人民政府移民管理机构或者国务院移民管理机构审核移民安置规划，应当征求本级人民政府有关部门以及移民区和移民安置区县级以上地方人民政府的意见。

第十一条 编制移民安置规划应当以资源环境承载能力为基础，遵循本地安置与异地安置、集中安置与分散安置、政府安置与移民自找门路安置相结合的原则。

编制移民安置规划应当尊重少数民族的生产、生活方式和风俗习惯。

移民安置规划应当与国民经济和社会发展规划以及土地利用总体规划、城市总体规划、村庄和集镇规划相衔接。

第十二条 移民安置规划应当对农村移民安置、城（集）镇迁建、工矿企业迁建、专项设施迁建或者复建、防护工程建设、水库水域开发利用、水库移民后期扶持措施、征地补偿和移民安置资金概（估）算等作出安排。

对淹没线以上受影响范围内因水库蓄水造成的居民生产、生活困难问题，应当纳入移民安置规划，按照经济合理的原则，妥善处理。

第十三条 对农村移民安置进行规划，应当坚持以农业生产安置为主，遵循因地制宜、有利生产、方便生活、保护生态的原则，合理规划农村移民安置点；有条件的地方，可以结合小城镇建设进行。

农村移民安置后，应当使移民拥有与移民安置区居民基本相当的土地等农业生产资料。

第十四条 对城（集）镇移民安置进行规划，应当以城（集）镇现状为基础，节约用地，合理布局。

工矿企业的迁建，应当符合国家的产业政策，结合技术改造和结构调整进行；对技术落后、浪费资源、产品质量低劣、污染严重、不具备安全生产条件的企业，应当依法关闭。

第十五条 编制移民安置规划应当广泛听取移民和移民安置区居民的意见；必要时，应当采取听证的方式。

经批准的移民安置规划是组织实施移民安置工作的基本依据，应当严格执行，不得随意调整或者修改；确需调整或者修改的，应当依照本条例第十条的规定重新报批。

未编制移民安置规划或者移民安置规划未经审核的大中型水利水电工程建设项目，有关部门不得批准或者核准其建设，不得为其办理用地等有关手续。

第十六条 征地补偿和移民安置资金、依法应当缴纳的耕地占用税和耕地开垦费以及依照国务院有关规定缴纳的森林植被恢复费等应当列入大中型水利水电工程概算。

征地补偿和移民安置资金包括土地补偿费、安置补助费，农村居民点迁建、城（集）镇迁建、工矿企业迁建以及专项设施迁建或者复建补偿费（含有关地上附着物补偿费），移民个人财产补偿费（含地上附着物和青苗补偿费）和搬迁费，库底清理费，淹没区文物保护费和国家规定的其他费用。

第十七条 农村移民集中安置的农村居民点、城（集）镇、工矿企业以及专项设施等基础设施的迁建或者复建选址，应当依法做好环境影响评价、水文地质与工程地质勘察、地质灾害防治和地质灾害危险性评估。

第十八条 对淹没区内的居民点、耕地等，具备防护条件的，应当在经济合理的前提下，采取修建防护工程等防护措施，减少淹没损失。

防护工程的建设费用由项目法人承担，运行管理费用由大中型水利水电工程管理单位负责。

第十九条 对工程占地和淹没区内的文物，应当查清分布，确认保护价值，坚持保护为主、抢救第一的方针，实行重点保护、重点发掘。

第三章 征地补偿

第二十条 依法批准的流域规划中确定的大中型水利水电工程建设项目的用地，应当纳入项目所在地的土地利用总体规划。

大中型水利水电工程建设项目核准或者可行性研究报告批准后，项目用地应当列入土地利用年度计划。

属于国家重点扶持的水利、能源基础设施的大中型水利水电工程建设项目，其用地可以以划拨方式取得。

第二十一条 大中型水利水电工程建设项目用地，应当依法申请并办理审批手续，实行一次报批、分期征收，按期支付征地补偿费。

对于应急的防洪、治涝等工程，经有批准权的人民政府决定，可以先行使用土地，事后补办用地手续。

第二十二条 大中型水利水电工程建设征收土地的土地补偿费和安置补助费，实行与铁路等基础设施项目用地同等补偿标准，按照被征收土地所在省、自治区、直辖市规定的标准执行。

被征收土地上的零星树木、青苗等补偿标准，按照被征收土地所在省、自治区、直辖市规定的标准执行。

被征收土地上的附着建筑物按照其原规模、原标准或者恢复原功能的原则补偿；对补偿费用不足以修建基本用房的贫困移民，应当给予适当补助。

使用其他单位或者个人依法使用的国有耕地，参照征收耕地的补偿标准给予补偿；使用未确定给单位或者个人使用的国有未利用地，不予补偿。

移民远迁后，在水库周边淹没线以上属于移民个人所有的零星树木、房屋等应当分别依照本条第二款、第三款规定的标准给予补偿。

第二十三条 大中型水利水电工程建设临时用地，由县级以上人民政府土地主管部门批准。

第二十四条 工矿企业和交通、电力、电信、广播电视等专项设施以及中小学的迁建或者复建，应当按照其原规模、原标准或者恢复原功能的原则补偿。

第二十五条 大中型水利水电工程建设占用耕地的，应当执行占补平衡的规定。为安置移民开垦的耕地、因大中型水利水电工程建设而进行土地整理新增的耕地、工程施工新造的耕地可以抵扣或者折抵建设占用耕地的数量。

大中型水利水电工程建设占用 25 度以上坡耕地的，不计入需要补充耕地的范围。

第四章 移民安置

第二十六条 移民区和移民安置区县级以上地方人民政府负责移民安置规划的组织实施。

第二十七条 大中型水利水电工程开工前，项目法人应当根据经批准的移民安置规划，与移民区和移民安置区所在的省、自治区、直辖市人民政府或者市、县人民政府签订移民安置协议；签订协议的省、自治区、直辖市人民政府或者市人民政府，可以与下一级有移民或者移民安置任务的人民政府签订移民安置协议。

第二十八条 项目法人应当根据大中型水利水电工程建设的要求和移民安置规划，在每年汛期结束后 60 日内，向与其签订移民安置协议的地方人民政府提出下年度移民安置计划建议；签订移民安置协议的地方人民政府，应当根据移民安置规划和项目法人的年度移民安置计划建议，在与项目法人充分协商的基础上，组织编制并下达本行政区域的下年度移民安置年度计划。

第二十九条 项目法人应当根据移民安置年度计划,按照移民安置实施进度将征地补偿和移民安置资金支付给与其签订移民安置协议的地方人民政府。

第三十条 农村移民在本县通过新开发土地或者调剂土地集中安置的,县级人民政府应当将土地补偿费、安置补助费和集体财产补偿费直接全额兑付给该村集体经济组织或者村民委员会。

农村移民分散安置到本县内其他村集体经济组织或者村民委员会的,应当由移民安置村集体经济组织或者村民委员会与县级人民政府签订协议,按照协议安排移民的生产和生活。

第三十一条 农村移民在本省行政区域内其他县安置的,与项目法人签订移民安置协议的地方人民政府,应当及时将相应的征地补偿和移民安置资金交给移民安置区县级人民政府,用于安排移民的生产和生活。

农村移民跨省安置的,项目法人应当及时将相应的征地补偿和移民安置资金交给移民安置区省、自治区、直辖市人民政府,用于安排移民的生产和生活。

第三十二条 搬迁费以及移民个人房屋和附属建筑物、个人所有的零星树木、青苗、农副业设施等个人财产补偿费,由移民区县级人民政府直接全额兑付给移民。

第三十三条 移民自愿投亲靠友的,应当由本人向移民区县级人民政府提出申请,并提交接收地县级人民政府出具的接收证明;移民区县级人民政府确认其具有土地等农业生产资料后,应当与接收地县级人民政府和移民共同签订协议,将土地补偿费、安置补助费交给接收地县级人民政府,统筹安排移民的生产和生活,将个人财产补偿费和搬迁费发给移民个人。

第三十四条 城(集)镇迁建、工矿企业迁建、专项设施迁建或者复建补偿费,由移民区县级以上地方人民政府交给当地人民政府或者有关单位。因扩大规模、提高标准增加的费用,由有关地方人民政府或者有关单位自行解决。

第三十五条 农村移民集中安置的农村居民点应当按照经批准的移民安置规划确定的规模和标准迁建。

农村移民集中安置的农村居民点的道路、供水、供电等基础设施,由乡(镇)、村统一组织建设。

农村移民住房,应当由移民自主建造。有关地方人民政府或者村民委员会应当统一规划宅基地,但不得强行规定建房标准。

第三十六条 农村移民安置用地应当依照《中华人民共和国土地管理法》和《中华人民共和国农村土地承包法》办理有关手续。

第三十七条 移民安置达到阶段性目标和移民安置工作完毕后,省、自治区、直辖市人民政府或者国务院移民管理机构应当组织有关单位进行验收;移民安置未经验收或者验收不合格的,不得对大中型水利水电工程进行阶段性验收和竣工验收。

第五章 后期扶持

第三十八条 移民安置区县级以上地方人民政府应当编制水库移民后期扶持规划,报上一级人民政府或者其移民管理机构批准后实施。

编制水库移民后期扶持规划应当广泛听取移民的意见;必要时,应当采取听证的方式。

经批准的水库移民后期扶持规划是水库移民后期扶持工作的基本依据,应当严格执行,不得随意调整或者修改;确需调整或者修改的,应当报原批准机关批准。

未编制水库移民后期扶持规划或者水库移民后期扶持规划未经批准,有关单位不得拨付水库移民后期扶持资金。

第三十九条 水库移民后期扶持规划应当包括后期扶持的范围、期限、具体措施和预期达到的目标等内容。水库移民安置区县级以上地方人民政府应当采取建立责任制等有效措施,做好后期扶持规划的落实工作。

第四十条 水库移民后期扶持资金应当按照水库移民后期扶持规划,主要作为生产生活补助发放给移民个人;必要时可以实行项目扶持，用于解决移民村生产生活中存在的突出问题，或者采取生产生活补助和项目扶持相结合的方式。具体扶持标准、期限和资金的筹集、使用管理依照国务院有关规定执行。

省、自治区、直辖市人民政府根据国家规定的原则，结合本行政区域实际情况，制定水库移民后期扶持具体实施办法，报国务院批准后执行。

第四十一条 各级人民政府应当加强移民安置区的交通、能源、水利、环保、通信、文化、教育、卫生、广播电视等基础设施建设，扶持移民安置区发展。

移民安置区地方人民政府应当将水库移民后期扶持纳入本级人民政府国民经济和社会发展规划。

第四十二条 国家在移民安置区和大中型水利水电工程受益地区兴办的生产建设项目，应当优先吸收符合条件的移民就业。

第四十三条 大中型水利水电工程建成后形成的水面和水库消落区土地属于国家所有，由该工程管理单位负责管理，并可以在服从水库统一调度和保证工程安全、符合水土保持和水质保护要求的前提下，通过当地县级人民政府优先安排给当地农村移民使用。

第四十四条 国家在安排基本农田和水利建设资金时，应当对移民安置区所在县优先予以扶持。

第四十五条 各级人民政府及其有关部门应当加强对移民的科学文化知识和实用技术的培训，加强法制宣传教育，提高移民素质，增强移民就业能力。

第四十六条 大中型水利水电工程受益地区的各级地方人民政府及其有关部门应当按照优势互补、互惠互利、长期合作、共同发展的原则，采取多种形式对移民安置区给予支持。

第六章 监督管理

第四十七条 国家对移民安置和水库移民后期扶持实行全过程监督。省、自治区、直辖市人民政府和国务院移民管理机构应当加强对移民安置和水库移民后期扶持的监督，发现问题应当及时采取措施。

第四十八条 国家对征地补偿和移民安置资金、水库移民后期扶持资金的拨付、使用和管理实行稽察制度，对拨付、使用和管理征地补偿和移民安置资金、水库移民后期扶持资金的有关地方人民政府及其有关部门的负责人依法实行任期经济责任审计。

第四十九条 县级以上人民政府应当加强对下级人民政府及其财政、发展改革、移民等有关部门或者机构拨付、使用和管理征地补偿和移民安置资金、水库移民后期扶持资金的监督。

县级以上地方人民政府或者其移民管理机构应当加强对征地补偿和移民安置资金、水库移民后期扶持资金的管理，定期向上一级人民政府或者其移民管理机构报告并向项目法人通报有关资金拨付、使用和管理情况。

第五十条 各级审计、监察机关应当依法加强对征地补偿和移民安置资金、水库移民后期扶持资金拨付、使用和管理情况的审计和监察。

县级以上人民政府财政部门应当加强对征地补偿和移民安置资金、水库移民后期扶持资金拨付、使用和管理情况的监督。

审计、监察机关和财政部门进行审计、监察和监督时，有关单位和个人应当予以配合，及时提供有关资料。

第五十一条 国家对移民安置实行全过程监督评估。签订移民安置协议的地方人民政府和项目法人应当采取招标的方式，共同委托移民安置监督评估单位对移民搬迁进度、移民安置质量、移民资金的拨付和使用情况以及移民生活水平的恢复情况进行监督评估；被委托方应当将监督评估的情况及时向委托方报告。

第五十二条 征地补偿和移民安置资金应当专户存储、专账核算，存储期间的孳息，应当纳入征地补偿和移民安置资金，不得挪作他用。

第五十三条 移民区和移民安置区县级人民政府，应当以村为单位将大中型水利水电工程征收的土地数量、土地种类和实物调查结果、补偿范围、补偿标准和金额以及安置方案等向群众公布。群众提出异议的，县级人民政府应当及时核查，并对统计调查结果不准确的事项进行改正；经核查无误的，应当及时向群众解释。

有移民安置任务的乡（镇）、村应当建立健全征地补偿和移民安置资金的财务管理制度，并将征地补偿和移民安置资金收支情况张榜公布，接受群众监督；土地补偿费和集体财产补偿费的使用方案应当经村民会议或者村民代表会议讨论通过。

移民安置区乡（镇）人民政府、村（居）民委员会应当采取有效措施帮助移民适应当地的生产、生活，及时调处矛盾纠纷。

第五十四条 县级以上地方人民政府或者其移民管理机构以及项目法人应当建立移民工作档案，并按照国家有关规定进行管理。

第五十五条 国家切实维护移民的合法权益。

在征地补偿和移民安置过程中，移民认为其合法权益受到侵害的，可以依法向县级以上人民政府或者其移民管理机构反映，县级以上人民政府或者其移民管理机构应当对移民反映的问题进行核实并妥善解决。移民也可以依法向人民法院提起诉讼。

移民安置后，移民与移民安置区当地居民享有同等的权利，承担同等的义务。

第五十六条 按照移民安置规划必须搬迁的移民，无正当理由不得拖延搬迁或者拒迁。已经安置的移民不得返迁。

第七章 法 律 责 任

第五十七条 违反本条例规定，有关地方人民政府、移民管理机构、项目审批部门及其他有关部门有下列行为之一的，对直接负责的主管人员和其他直接责任人员依法给予行政处分；造成严重后果，有关责任人员构成犯罪的，依法追究刑事责任：

（一）违反规定批准移民安置规划大纲、移民安置规划或者水库移民后期扶持规划的；

（二）违反规定批准或者核准未编制移民安置规划或者移民安置规划未经审核的大中型水利水电工程建设项目的；

（三）移民安置未经验收或者验收不合格而对大中型水利水电工

程进行阶段性验收或者竣工验收的；

（四）未编制水库移民后期扶持规划，有关单位拨付水库移民后期扶持资金的；

（五）移民安置管理、监督和组织实施过程中发现违法行为不予查处的；

（六）在移民安置过程中发现问题不及时处理，造成严重后果以及有其他滥用职权、玩忽职守等违法行为的。

第五十八条 违反本条例规定，项目主管部门或者有关地方人民政府及其有关部门调整或者修改移民安置规划大纲、移民安置规划或者水库移民后期扶持规划的，由批准该规划大纲、规划的有关人民政府或者其有关部门、机构责令改正，对直接负责的主管人员和其他直接责任人员依法给予行政处分；造成重大损失，有关责任人员构成犯罪的，依法追究刑事责任。

违反本条例规定，项目法人调整或者修改移民安置规划大纲、移民安置规划的，由批准该规划大纲、规划的有关人民政府或者其有关部门、机构责令改正，处10万元以上50万元以下的罚款；对直接负责的主管人员和其他直接责任人员处1万元以上5万元以下的罚款；造成重大损失，有关责任人员构成犯罪的，依法追究刑事责任。

第五十九条 违反本条例规定，在编制移民安置规划大纲、移民安置规划、水库移民后期扶持规划，或者进行实物调查、移民安置监督评估中弄虚作假的，由批准该规划大纲、规划的有关人民政府或者其有关部门、机构责令改正，对有关单位处10万元以上50万元以下的罚款；对直接负责的主管人员和其他直接责任人员处1万元以上5万元以下的罚款；给他人造成损失的，依法承担赔偿责任。

第六十条 违反本条例规定，侵占、截留、挪用征地补偿和移民安置资金、水库移民后期扶持资金的，责令退赔，并处侵占、截留、挪用资金额3倍以下的罚款，对直接负责的主管人员和其他责任人员依法给予行政处分；构成犯罪的，依法追究有关责任人员的刑事责任。

第六十一条 违反本条例规定，拖延搬迁或者拒迁的，当地人民政府或者其移民管理机构可以申请人民法院强制执行；违反治安管理法律、法规的，依法给予治安管理处罚；构成犯罪的，依法追究有关责任人员的刑事责任。

第八章 附 则

第六十二条 长江三峡工程的移民工作，依照《长江三峡工程建设移民条例》执行。

南水北调工程的征地补偿和移民安置工作，依照本条例执行。但是，南水北调工程中线、东线一期工程的移民安置规划的编制审批，依照国务院的规定执行。

第六十三条 本条例自 2006 年 9 月 1 日起施行。1991 年 2 月 15 日国务院发布的《大中型水利水电工程建设征地补偿和移民安置条例》同时废止。

南水北调工程建设征地补偿和移民安置暂行办法

(2005 年 1 月 27 日 国调委发〔2005〕1 号)

第一章 总 则

第一条 为了规范南水北调主体工程（以下简称南水北调工程）建设征地补偿和移民安置工作，维护移民合法权益，保障工程建设顺利进行，依据《中华人民共和国土地管理法》等有关法律法规，制定本办法。

第二条 贯彻开发性移民方针，坚持以人为本，按照前期补偿、补助与后期扶持相结合的原则妥善安置移民，确保移民安置后生活水平不降低。

第三条 南水北调工程建设征地补偿和移民安置，应遵循公开、公平和公正的原则，接受社会监督。

第四条 南水北调工程建设征地补偿和移民安置工作，实行国务院南水北调工程建设委员会领导、省级人民政府负责、县为基础、项目法人参与的管理体制。有关地方各级人民政府应确定相应的主管部门（以下简称主管部门）承担本行政区域内南水北调工程建设征地补偿和移民安置工作。

第二章 移民安置规划

第五条 南水北调工程建设征地方案一旦确定，当地人民政府应发布通告，严格控制在工程征地范围内迁入人口、新增建设项目、新建住房、新栽树木等。项目法人应会同省级主管部门对工程占地、淹没影响和各种经济损失情况进行调查，经调查者和被调查者共同签字认可并公示后，由县级人民政府签署确认意见。项目法人还应商有关部门对工程征地范围内的占压矿产、地质灾害和文物等进行调查评估，提出专项报告。

第六条 在工程初步设计阶段，项目法人应会同省级主管部门编制征地补偿和移民安置规划，报国务院有关部门审批。

第七条 受工程占地和淹没影响的村集体经济组织，所余土地不能保证该组织恢复原有生产水平的，由地方人民政府负责协调和规划，就近调剂土地或开垦新的耕地；如就近难以调剂土地或者开垦新的耕地，应规划移民外迁安置。

第八条 受工程占地和淹没影响的城（集）镇、企事业单位和专项设施的迁建，应符合当地社会经济发展及城乡规划，并对新址进行水文地质和工程地质勘察、文物调查评估和保护。

第九条 对工程占地和淹没区的文物，要按照保护为主、抢救第一、合理利用、加强管理的方针，制定保护方案，并纳入移民安置规划。

第三章 征地补偿

第十条 项目法人应在工程可行性研究报告报批之前申请用地

预审,在工程开工或库区蓄水前3个月向有关市、县土地主管部门提出用地申请,经省级土地主管部门汇总后由省级人民政府报国务院批准。移民安置用地由主管部门按照移民安置进度,在移民搬迁前6个月向有关市、县土地主管部门提出用地申请,依法报有批准权的人民政府批准。

第十一条 工程建设临时用地,耕地占补平衡等按有关法律法规和政策规定执行。

第十二条 通过新开发土地或调剂土地安置被占地农户或农村移民,有关地方人民政府应将土地补偿费、安置补助费兑付给提供土地的村或者迁入村的集体经济组织,村集体经济组织应将上述费用的收支和分配情况向本组织成员公布,接受监督,确保其用于被占地农户或农村移民的生产和安置。其他经济组织提供安置用地的,根据有关法律法规和政策规定兑付。

第十三条 自愿以投亲靠友方式安置的农村移民,应向迁出地县级人民政府提出申请,并由迁入地县级人民政府出具接收和提供土地的证明,在三方共同签订协议后,迁出地县级人民政府将土地补偿费、安置补助费拨付给迁入地县级人民政府。

第十四条 移民个人财产补偿费和搬迁费,由迁出地县级人民政府兑付给移民。省级人民政府应统一印制分户补偿兑现卡,由县级人民政府填写并发给移民户,供移民户核对。

第十五条 城(集)镇、企事业单位和专项设施的迁建,应按照原规模、原标准或恢复原功能所需投资补偿。城(集)镇迁建补偿费支付给有关地方人民政府。企事业单位和专项设施迁建补偿费,根据签订的迁建协议支付给企业法人或主管单位。因扩大规模、提高标准增加的迁建费用,由有关地方人民政府或有关单位自行解决。

第四章 实施管理

第十六条 国务院南水北调工程建设委员会办公室(以下简称国务院南水北调办)与有关省级人民政府签订征地补偿和移民安置

责任书。根据安置责任书和移民安置规划，项目法人与省级主管部门签订征地补偿、移民安置投资和任务包干协议。

第十七条 省级主管部门依据移民安置规划，会同县级人民政府和项目法人编制移民安置实施方案，经省级人民政府批准后实施，同时报国务院南水北调办备案。

第十八条 实施阶段的农村移民安置设计，由省级主管部门采取招标方式确定设计单位。城（集）镇、企事业单位、专项设施迁建、库区防护工程的设计，由组织实施单位负责；文物保护方案的设计，按照有关法律法规确定责任单位。上述设计应严格控制在批准的初步设计范围内。

第十九条 根据国家确定的投资规模和项目法人提出的工程建设和移民任务，省级主管部门商项目法人组织编制征地补偿和移民安置计划，项目法人编制中央和军队所属的工业企业、专项设施迁建的计划，报国务院南水北调办核定。

第二十条 项目法人按照下达的征地补偿和移民安置计划，根据工作进度及时将资金拨付给省级主管部门、中央和军队所属工业企业和专项设施迁建的实施单位。征地补偿和移民安置资金必须专账管理、专款专用。

第二十一条 农村征地补偿和移民安置计划，由县级人民政府负责组织实施。农村移民安置点的道路、供水、供电、文教、卫生等基础设施的建设和宅基地布置，应按照批准的村镇规划，由乡（镇）、村组织实施。农村移民住房可根据规划由移民自主建造，不得强行规定建房标准。要按照移民安置规划将被占地农户和农村移民的生产用地落实到位，并签订土地承包合同。

第二十二条 城（集）镇、企事业单位、专项设施的迁建和库区防护工程的建设应严格履行基本建设管理规定，并根据计划安排及相应行业规程、规范组织实施。城（集）镇迁建由县级人民政府组织实施。地方所属的企事业单位或专项设施的迁建，由省级或省级以下主管部门与企业法人或主管单位签订迁建协议；中央和军队所属的工业企业或专项设施的迁建，由项目法人与企业法人或主管单位签订迁建协议。库区防护工程由项目法人负责实施。

第二十三条 省级主管部门与省级文物主管部门签订工作协议，按照协议组织实施文物保护方案。省级文物主管部门组织编制文物保护计划并纳入征地补偿和移民安置计划。在工程建设过程中新发现的文物，按照有关法律规定处理。

第二十四条 省级以下各级主管部门应及时统计计划执行情况，逐级定期报送给上一级主管部门。省级主管部门负责汇总统计资料并报国务院南水北调办，同时抄送项目法人。

第二十五条 项目法人和各级主管部门应按照国家有关规定建立健全征地补偿和移民安置档案，确保档案资料的完整、准确和安全。县级主管部门按照一户一卡建立移民户卡档案。企业法人或主管单位应将迁建的企事业单位或专项设施的设计、实施、验收等报告及时提交给与其签订迁建协议的项目法人或主管部门存档。省级文物主管部门应组织建立考古发掘和文物迁建档案，并将有关资料整理公布。

第二十六条 县级以上地方人民政府要采取切实措施，使被征地农民生活水平不因征地而降低。农村移民按照规划搬迁安置后，生产生活水平低于搬迁前水平的，应通过后期扶持，使其达到搬迁前水平。

第五章 监督管理

第二十七条 国务院南水北调办负责征地补偿和移民安置的监督和稽察。有关地方各级人民政府应当加强对本行政区域内征地移民工作的管理。各级主管部门应当加强内部管理，定期向本级人民政府和上级主管部门报告工作。审计、监察和财政部门应当依照国家有关规定对征地补偿和移民安置资金的使用情况进行审计、监察和监督。

第二十八条 对征地移民的调查、补偿、安置、资金兑现等情况，应以村或居委会为单位及时张榜公示，接受群众监督。

第二十九条 项目法人会同省级主管部门通过招标方式确定中介机构，对移民安置及生产生活情况实施监理、监测。

第三十条 对征地补偿和移民安置过程中群众反映的问题，有关地方人民政府和单位要按照"谁组织实施，谁负责受理"的原则认真解决。

第三十一条 移民安置达到阶段性目标和移民安置工作完毕后，省级人民政府应当组织验收，国务院南水北调办组织总体验收。移民安置验收未通过的，不得进行主体工程竣工验收。

第三十二条 对征地补偿和移民安置中出现的问题，以及稽察、审计、监察、验收中发现的问题，责任单位必须及时整改。对违反有关法律法规的单位，要依法给予行政处罚；对直接负责的主管人员和其他直接责任人员，依法给予行政处分；构成犯罪的，依法追究刑事责任。

第六章 附 则

第三十三条 《南水北调工程总体规划》范围内的汉江中下游有关工程建设的征地补偿和移民安置办法，由有关省级人民政府参照本办法制定。

第三十四条 本办法自发布之日起施行。

长江三峡工程建设移民条例

（2001年2月21日中华人民共和国国务院令第299号公布 根据2011年1月8日《国务院关于废止和修改部分行政法规的决定》修订）

第一章 总 则

第一条 为了做好三峡工程建设移民工作，维护移民合法权益，保障三峡工程建设，促进三峡库区经济和社会发展，制定本条例。

第二条 三峡工程建设移民，适用本条例。

第三条 三峡工程建设，实行开发性移民方针，统筹使用移民资金，合理开发资源，保护生态环境，妥善安置移民，使移民的生产、生活达到或者超过原有水平，为三峡库区经济和社会发展创造条件。

第四条 三峡工程建设移民工作应当与三峡库区建设、沿江地区对外开放、水土保持和环境保护相结合。

第五条 三峡工程建设移民，实行国家扶持、各方支援与自力更生相结合的原则，采取前期补偿、补助与后期生产扶持相结合的方针，兼顾国家、集体和个人的利益。

三峡工程淹没区、移民安置区所在地的人民政府和群众应当顾全大局，服从国家统筹安排，正确处理移民搬迁和经济发展的关系。

第六条 三峡工程建设移民，实行移民任务和移民资金包干的原则。

第七条 国家对三峡工程建设移民依法给予补偿。具体补偿标准由国务院三峡工程建设委员会移民管理机构会同国务院有关部门组织测算、拟订，报国务院批准后执行。

第八条 三峡工程建设移民工作实行统一领导、分省（直辖市）负责、以县为基础的管理体制。

国务院三峡工程建设委员会是三峡工程建设移民工作的领导决策机构。

国务院三峡工程建设委员会移民管理机构负责三峡工程建设移民工作。

湖北省、重庆市人民政府负责本行政区域内三峡工程建设移民工作，并设立三峡工程建设移民管理机构。

三峡工程淹没区和移民安置区所在地的市、县、区人民政府负责本行政区域内三峡工程建设移民工作，并可以根据需要设立三峡工程建设移民管理机构。

第二章 移民安置

第九条 三峡工程建设移民安置，应当编制移民安置规划。移民安置规划应当与土地利用总体规划相衔接。

水利部长江水利委员会会同湖北省、重庆市人民政府，负责编制《长江三峡工程水库淹没处理及移民安置规划大纲》（以下简称《规划大纲》），报国务院三峡工程建设委员会审批。

湖北省、重庆市人民政府应当按照《规划大纲》，负责组织本行政区域内有关市、县、区人民政府编制并批准有关市、县、区的移民安置规划，并分别汇总编制本省、直辖市的移民安置规划，报国务院三峡工程建设委员会备案。

国务院三峡工程建设委员会移民管理机构应当加强对移民安置规划实施情况的监督。

第十条 经批准的移民安置规划应当严格执行，不得随意调整或者修改；确需调整或者修改的，应当按照原审批程序报批。

第十一条 三峡工程建设用地按照批准的规划，一次审批，分期划拨，并依法办理土地权属变更登记手续。

三峡工程建设移民迁建用地应当严格控制规模，并依据土地利用总体规划和土地利用年度计划，分批次逐级上报省级以上人民政府依法办理农用地转用和土地征收手续。移民迁建用地不得转让，不得用于非移民项目。

第十二条 因三峡工程建设和移民迁建，土地被全部征收并安置在第二产业、第三产业或者自谋职业的农村移民，经本人同意，由有关县、区人民政府批准，可以转为非农业户口。

第十三条 移民安置地的有关地方人民政府应当合理调整土地，鼓励移民在安置地发展优质、高效、高产农业和生态农业；有条件的地方，可以通过发展第二产业、第三产业安置移民。

第十四条 三峡工程建设移民安置实行就地安置与异地安置、集中安置与分散安置、政府安置与移民自找门路安置相结合。移民首先在本县、区安置；本县、区安置不了的，由湖北省、重庆市人民政府在本行政区域内其他市、县、区安置；湖北省、重庆市安置不了的，在其他省、自治区、直辖市安置。

第十五条 农村移民需要安置到本县、区其他农村集体经济组织的，由该农村集体经济组织与县、区人民政府移民管理机构或者负责移民管理工作的部门签订协议，并按照协议安排移民的生产、生活。

第十六条　移民在本县、区安置不了，需要在湖北省、重庆市行政区域内其他市、县、区安置的，由迁出地和安置地的市、县、区人民政府签订协议，办理有关手续。

移民需要在湖北省、重庆市以外的地区安置的，分别由湖北省、重庆市人民政府与安置地的省、自治区、直辖市人民政府签订协议，办理有关手续。

第十七条　三峡工程受益地区和有条件的省、自治区、直辖市及其市、县、区应当接收政府组织外迁和投亲靠友自主外迁的三峡库区农村移民，并及时办理有关手续，统一安排移民的生产、生活。

投亲靠友自主外迁的三峡库区农村移民，应当持有迁出地的县、区人民政府出具的证明。

第十八条　农村居民点迁建应当按照移民安置规划，依法编制新居民点建设规划。编制新居民点建设规划，应当因地制宜，有利生产，方便生活。

新建居民点的道路、供水、供电等基础设施，由乡（镇）、村统一组织施工。

房屋拆迁补偿资金按照农村房屋补偿标准包干到户，由移民用于住房建设。

移民建造住房，可以分户建造，也可以按照自愿原则统一建造。有关地方人民政府以及村民委员会不得强行规定建房标准。

第十九条　城镇迁建，应当按照移民安置规划，依法编制迁建区详细规划，并确定需要迁建的公共建筑和各项基础设施的具体位置。

城镇公共建筑和各项基础设施迁建补偿资金实行包干管理，其数额按照实际淹没损失和适当发展的原则核定。

城镇迁建中单位和居民搬迁的补偿资金实行包干管理，其数额按照实际淹没损失核定。

第二十条　需要迁建的城镇应当提前建设基础设施。

对自筹资金或者使用非移民资金提前搬迁的单位和居民，有关地方人民政府不得减少其应得的移民资金数额。

第二十一条　有关地方人民政府应当根据国家产业政策，结合技术改造，对需要搬迁的工矿企业进行统筹规划和结构调整。产品质量好、有市场的企业，可以通过对口支援，与名优企业合作、合资，把企业的搬迁与企业的重组结合起来；技术落后、浪费资源、产品质量低劣、污染严重的企业，应当依法实行兼并、破产或者关闭。

有关地方人民政府应当妥善安排破产、关闭企业职工和离退休人员的基本生活，做好再就业和社会养老保险工作。

工矿企业搬迁补偿资金实行包干管理，其数额按照实际淹没损失的重置价格核定。

第二十二条 因三峡工程蓄水被淹没的公路、桥梁、港口、码头、水利工程、电力设施、电信线路、广播电视等基础设施和文物古迹需要复建的，应当根据复建规划，按照经济合理的原则，预先在淹没线以上复建。复建补偿资金实行包干管理，其数额按照原规模、原标准或者为恢复原功能所需投资核定。

第二十三条 城镇迁建单位、工矿企业和居民的搬迁以及基础设施的复建，因扩大规模和提高标准超过包干资金的部分，分别由有关地方人民政府、有关单位、居民自行解决。

第二十四条 移民工程建设应当做好项目前期论证工作。城镇、农村居民点、工矿企业、基础设施的选址和迁建，应当做好水文地质、工程地质勘察、地质灾害防治勘查和地质灾害危险性评估。

第二十五条 移民工程建设应当履行基本建设程序，严格执行国务院2000年1月发布的《建设工程质量管理条例》规定的各项制度，确保建设工程质量。

移民工程建设施工，应当保护生态环境，防止植被破坏和水土流失。

第二十六条 安置移民生产，严禁开垦25度以上的坡地；已经开垦的，应当按照规划退耕还林还草。对已经开垦的25度以下的坡地，应当因地制宜，采取"坡改梯"措施，实行山水林田路综合规划治理。

第二十七条 三峡工程淹没区的林木，在淹没前已经达到采伐利用标准的，经依法批准后，林木所有者可以采伐、销售；不能采伐利用的，淹没后按照《规划大纲》的规定给予补偿。

第二十八条 三峡工程建设,应当按照"保护为主、抢救第一"和"重点保护、重点发掘"的原则,做好文物抢救、保护工作。

第三章 淹没区、安置区的管理

第二十九条 有关地方人民政府应当加强对三峡工程淹没区基本建设的管理。任何单位和个人不得在淹没线以下擅自新建、扩建和改建项目。违反《国务院办公厅关于严格控制三峡工程坝区和库区淹没线以下区域人口增长和基本建设的通知》的规定,在1992年4月4日后建设的项目,按照违章建筑处理。

第三十条 三峡库区有关公安机关应当加强对淹没区的户籍管理,严格控制非淹没区人口迁入淹没区。1992年4月4日后,按照《国务院办公厅关于严格控制三峡工程坝区和库区淹没线以下区域人口增长和基本建设的通知》的规定允许迁入的人口,经县级以上人民政府公安机关批准入户的,由国家负责搬迁安置;因其他原因擅自迁入的人口,国家不负责搬迁安置。

三峡库区各级地方人民政府和有关单位应当加强计划生育管理,控制人口增长,保证库区的人口出生率不超过湖北省、重庆市的规定。

本条第一款所称允许迁入的人口,是指因出生、婚嫁、工作调动、军人转业退伍和高等院校、中等专业技术学校毕业分配以及刑满释放等迁入的人口。

第三十一条 按照移民安置规划必须搬迁的单位和移民,不得拒绝搬迁或者拖延搬迁;已经搬迁并得到补偿和安置的,应当及时办理补偿销号手续,并不得返迁或者要求再次补偿。

按照移民安置规划已经搬迁的单位和移民,其搬迁前使用的土地及其附着物由当地县级人民政府依法处理。

第三十二条 三峡水库消落区的土地属于国家所有,由三峡水利枢纽管理单位负责管理,可以通过当地县级人民政府优先安排给当地农村移民使用;但是,不得影响水库安全、防洪、发电和生态环境保护。因蓄水给使用该土地的移民造成损失的,国家不予补偿。

第三十三条 有关地方人民政府应当对三峡工程移民档案加强管理，确保档案完整、准确和安全。

第四章 移民资金使用的管理和监督

第三十四条 移民资金实行静态控制，动态管理。除价格指数变动、国家政策调整和发生不可抗力外，不再增加移民资金。

第三十五条 移民资金年度计划应当纳入国家年度投资计划。

国务院三峡工程建设委员会移民管理机构根据经批准的三峡工程移民安置规划，组织编制移民资金年度计划，报国务院审批。

县级以上地方人民政府移民管理机构或者负责移民管理工作的部门组织编制本行政区域的移民资金年度项目计划，经本级人民政府审核同意后报上一级人民政府移民管理机构审批。

经批准的移民资金年度项目计划，不得擅自调整；确需调整的，应当报原审批机关批准。

第三十六条 移民资金安排应当突出重点，保证移民安置进度与枢纽工程建设进度相适应。

移民资金由有关地方人民政府按照移民安置规划安排使用。

有移民安置任务的省、自治区、直辖市人民政府应当根据国家移民资金投资包干方案，将移民资金拨付到县级人民政府和有关单位，由县级人民政府和有关单位将移民资金具体落实到各类移民投资项目。

第三十七条 移民资金应当在国务院三峡工程建设委员会移民管理机构或者省、自治区、直辖市人民政府移民管理机构指定的银行专户存储、专账核算。国务院或者省、自治区、直辖市人民政府确定的移民资金管理部门应当按照包干方案、移民资金年度项目计划和进度及时拨付移民资金。

第三十八条 移民资金应当用于下列项目：

（一）农村移民安置补偿；

（二）城镇迁建补偿；

（三）工矿企业迁建补偿；

（四）基础设施项目复建；

（五）环境保护；

（六）国务院三峡工程建设委员会移民管理机构规定的与移民有关的其他项目。

任何部门、单位和个人不得挤占、截留和挪用移民资金。

第三十九条 移民资金存储期间的孳息，应当纳入移民资金，不得挪作他用。

第四十条 有关地方人民政府设立的城镇迁建工程建设指挥部（管委会）不是一级财务核算单位，移民项目资金不得经其转拨。

第四十一条 国家对移民资金的管理、拨付和安排使用实行稽察制度，对管理、拨付和安排使用移民资金的有关地方人民政府及其有关部门、机构的负责人实行任期经济责任审计制度。

第四十二条 县级以上人民政府应当加强对下级人民政府及其有关部门管理、拨付和安排使用移民资金情况的监督。

各级人民政府移民管理机构或者负责移民管理工作的部门应当加强内部审计和监察，定期向本级人民政府、上级主管部门报告移民资金年度项目计划执行情况、移民资金拨付和使用情况。

第四十三条 有移民任务的乡（镇）、村应当建立健全财务管理制度，乡（镇）、村移民资金的使用情况应当张榜公布，接受群众监督。

第四十四条 各级审计机关和监察、财政部门应当加强对移民资金管理、拨付和安排使用的审计和监察、监督，依法履行国家有关法律、法规赋予的职责。

审计机关和监察、财政部门进行审计和监察、监督时，有关单位和个人应当予以配合，及时提供有关资料。

第五章 扶持措施

第四十五条 国家从三峡电站的电价收入中提取一定资金设立三峡库区移民后期扶持基金，分配给湖北省、重庆市和接收外迁移民的省、自治区、直辖市人民政府，用于移民的后期扶持。具体办法由财政部会同国务院有关部门制定，报国务院批准后执行。

第四十六条 三峡电站投产后缴纳的税款依法留给地方的部分，分配给湖北省、重庆市人民政府，用于支持三峡库区建设和生态环境保护。具体办法由财政部会同国务院有关部门制定，报国务院批准后执行。

第四十七条 农村移民建房占用耕地，免征耕地占用税。三峡工程坝区和淹没区建设占用耕地，按照应纳税额的40%征收耕地占用税；城镇、企业事业单位搬迁和基础设施复建占用耕地，按照国家有关规定缴纳耕地占用税。缴纳的耕地占用税全部用于三峡库区农村移民安置。

第四十八条 三峡电站投产后，应当优先安排三峡库区用电。

第四十九条 国家将三峡库区有水电资源条件的受淹县、区列为农村水电初级电气化县，予以扶持。

第五十条 国家将三峡库区具备一定条件的受淹县、区优先列入生态农业试点示范县，予以扶持，并优先安排基本农田及水利专项资金，用于移民安置区农田水利建设。

第五十一条 国务院有关部门和湖北省、重庆市人民政府及其有关部门在安排建设项目、分配资金时，对三峡库区有关县、区应当优先照顾。

第五十二条 国务院有关部门和有关省、自治区、直辖市应当按照优势互补、互惠互利、长期合作、共同发展的原则，采取多种形式鼓励名优企业到三峡库区投资建厂，并从教育、文化、科技、人才、管理、信息、资金、物资等方面对口支援三峡库区移民。

第五十三条 国家在三峡库区和三峡工程受益地区安排的建设项目，应当优先吸收符合条件的移民就业。

第五十四条 国家对专门为安置农村移民开发的土地和新办的企业，依法减免农业税、农业特产农业税、企业所得税。

第六章 罚　　则

第五十五条 违反本条例规定，未经批准，擅自调整、修改移民安置规划和移民资金年度项目计划的，由规划、计划的审批机关责令限期改正；逾期不改正的，对直接负责的主管人员和其他直接责任人员，依法给予行政处分。

第五十六条 违反本条例规定，擅自将移民迁建用地的使用权转让或者用于非移民项目的，由县级以上人民政府土地行政主管部门会同同级移民管理机构依据职责，责令限期改正，没收违法所得，并处违法所得1倍以上3倍以下的罚款。没收的违法所得和收缴的罚款，全部纳入移民资金，用于移民迁建。

第五十七条 违反本条例规定，在淹没线以下擅自新建、扩建和改建项目的，由县级以上人民政府移民管理机构依据职责，责令停止违法行为，限期恢复原状，可以处5万元以下的罚款；造成损失的，依法承担赔偿责任。

第五十八条 违反本条例规定，在移民搬迁和安置过程中，有下列行为之一的，由县级以上人民政府移民管理机构会同同级有关部门依据职责，责令限期改正，给予警告；构成违反治安管理行为的，由公安机关依法予以处罚：

（一）拒绝搬迁或者拖延搬迁的；

（二）按照规定标准已获得安置补偿，搬迁后又擅自返迁的；

（三）按照规定标准获得安置补偿后，无理要求再次补偿的。

第五十九条 违反本条例规定，有下列行为之一的，由有关审计机关、财政部门依照审计、财政法律、法规的规定予以处罚；对直接负责的主管人员和其他直接责任人员，依法给予行政处分；构成犯罪的，依法追究刑事责任：

（一）将移民资金用于非移民项目、偿还非移民债务和平衡地方财政预算的；

（二）利用移民资金进行融资、投资和提供担保的；

（三）购买股票、债券和其他有价证券的；

（四）利用其他方式挪用移民资金的。

第六十条 违反本条例规定，在国务院三峡工程建设委员会移民管理机构或者省、自治区、直辖市人民政府移民管理机构指定的银行之外的金融机构存储移民资金的,由县级以上人民政府移民管理机构按照职责分工,责令限期改正,给予警告;对直接负责的主管人员和其他直接责任人员,依法给予行政处分;有违法所得的,没收违法所得,并处违法所得1倍以上3倍以下的罚款。

第六十一条 违反本条例规定,挤占、截留移民资金的,由有关审计机关、财政部门依法予以追缴,可以处挤占、截留移民资金数额1倍以下的罚款;对直接负责的主管人员和其他直接责任人员,依法给予行政处分。

第六十二条 在移民工程建设中,破坏植被和生态环境,造成水土流失的,依照环境保护法和水土保持法的有关规定处罚。

第六十三条 国家机关工作人员在移民工作中玩忽职守、滥用职权、徇私舞弊,构成犯罪的,依法追究刑事责任;尚不构成犯罪的,依法给予行政处分。

第七章 附 则

第六十四条 本条例自2001年3月1日起施行。1993年8月19日国务院公布施行的《长江三峡工程建设移民条例》同时废止。

国务院关于完善大中型水库移民后期扶持政策的意见

(2006年5月17日 国发〔2006〕17号)

新中国成立以来,我国兴建了一大批大中型水库,在防洪、发电、灌溉、供水、生态等方面发挥了巨大效益,有力地促进了国民经济和社会发展,大中型水库移民为此作出了重大贡献。为了帮助移民改善生产生活条件,国家先后设立了库区维护基金、库区建设基金和库区后期扶持基金,努力解决水库移民遗留问题,对保护移民权益、维护库区社会稳定发挥了重要作用。但由于扶持政策不统一、扶持标准偏低、移民直接受益不够等多种原因，目前水库移民的生产生活条件依然普遍较差，有相当多的移民仍生活在贫困之中。当前，我国总体上已进入统筹城乡发展、以工促农、以城带乡的发展阶段，有必要也有能力加大对水库移民的后期扶持。为帮助水库移民脱贫致富，促进库区和移民安置区经济社会发展，保障新时期水利水电事业健康发展，构建社会主义和谐社会，现就完善大中型水库移民后期扶持政策（以下简称后期扶持政策）提出如下意见：

一、完善后期扶持政策的指导思想、目标和原则

（一）指导思想。以邓小平理论和"三个代表"重要思想为指导，坚持以人为本，全面贯彻落实科学发展观，做到工程建设、移民安置与生态保护并重，继续按照开发性移民的方针，完善扶持方式，加大扶持力度，改善移民生产生活条件，逐步建立促进库区经济发展、水库移民增收、生态环境改善、农村社会稳定的长效机制，使水库移民共享改革发展成果，实现库区和移民安置区经济社会可持续发展。

（二）目标。近期目标是，解决水库移民的温饱问题以及库区和移民安置区基础设施薄弱的突出问题；中长期目标是，加强库区和移民安置区基础设施和生态环境建设，改善移民生产生活条件，促进经济发展，增加移民收入，使移民生活水平不断提高，逐步达到当地农村平均水平。

（三）原则。

——坚持统筹兼顾水电和水利移民、新水库和老水库移民、中央水库和地方水库移民。

——坚持前期补偿补助与后期扶持相结合。

——坚持解决温饱问题与解决长远发展问题相结合。

——坚持国家帮扶与移民自力更生相结合。

——坚持中央统一制定政策，省级人民政府负总责。

二、完善政策，提高移民后期扶持标准

（四）扶持范围。后期扶持范围为大中型水库的农村移民。其中，2006年6月30日前搬迁的水库移民为现状人口，2006年7月1日以后搬迁的水库移民为原迁人口。在扶持期内，中央对各省、自治区、直辖市2006年6月30日前已搬迁的水库移民现状人口一次核定，不再调整；对移民人口的自然变化采取何种具体政策，由各省、自治区、直辖市自行决定，转为非农业户口的农村移民不再纳入后期扶持范围。

（五）扶持标准。对纳入扶持范围的移民每人每年补助600元。

（六）扶持期限。对2006年6月30日前搬迁的纳入扶持范围的移民，自2006年7月1日起再扶持20年；对2006年7月1日以后搬迁的纳入扶持范围的移民，从其完成搬迁之日起扶持20年。

（七）扶持方式。后期扶持资金能够直接发放给移民个人的应尽量发放到移民个人，用于移民生产生活补助；也可以实行项目扶持，用于解决移民村群众生产生活中存在的突出问题；还可以采取两者结合的方式。具体方式由地方各级人民政府在充分尊重移民意愿并听取移民村群众意见的基础上确定，并编制切实可行的水库移民后期扶持规划。采取直接发放给移民个人方式的，要核实到人、建立档案、设立账户，及时足额将后期扶持资金发放到户；采取项目扶持方式的，可以统筹使用资金，但项目的确定要经绝大多数移民同意，资金的使用与管理要公开透明，接受移民监督，严禁截留挪用。

（八）扶持资金筹集。要坚持全国统筹、分省（区、市）核算，企业、社会、中央与地方政府合理负担，工业反哺农业、城市支持农村，东部地区支持中西部地区的原则。

水库移民后期扶持资金由国家统一筹措：（1）提高省级电网公司在本省（区、市）区域内全部销售电量（扣除农业生产用电）的电价，提价收入专项用于水库移民后期扶持。为了减轻中西部地区的负担，移民人数较少的河北、山西、内蒙古、吉林、黑龙江、贵州、云南、西藏、甘肃、青海、宁夏、新疆12个省（区）的电价加价标准根据本省（区）的移民人数一次核定，原则上不再调整；如上述12个省（区）2006年7月1日以后搬迁的纳入扶持范围的水库移民所需后期扶持资金出现缺口，由中央统筹解决；其他19个省

（区、市）实行统一的电价加价。（2）提高电价形成的增值税增收部分专项用于水库移民后期扶持。（3）继续保留中央财政每年安排用于解决中央直属水库移民遗留问题的资金。（4）经营性大中型水库也应承担移民后期扶持资金，具体办法由发展改革委会同财政部、水利部另行制定。

（九）扶持资金管理。后期扶持资金作为政府性基金纳入中央财政预算管理。通过电价加价筹措的后期扶持资金由各省级电网公司随电费征收，全额上缴中央财政；应拨付给各省、自治区、直辖市的后期扶持资金由财政部会同国务院移民管理机构，按照发展改革委、财政部、水利部等部门核定的各省、自治区、直辖市移民人数和规定的标准据实拨付。后期扶持基金征收使用管理办法由财政部会同发展改革委、水利部和国务院移民管理机构等部门另行制定。

（十）现行水库移民扶持基金的处理。现行的库区建设基金并入完善后的水库移民后期扶持资金；现行的库区后期扶持基金并入库区维护基金，并相应调整和完善库区维护基金的征收、使用和管理，具体办法由财政部会同发展改革委、水利部另行制定。自完善后的水库移民后期扶持政策实施之日起，现行关于征收库区建设基金和后期扶持基金的政策即行废止，各地自行批准向水利、水电和电网企业征收的涉及水库移民的各种基金、资金一律停止收取。

三、统筹兼顾，安排好其他移民和征地拆迁人口的生产生活

（十一）做好大中型水库非农业安置移民工作。各省、自治区、直辖市要进一步完善城镇最低生活保障制度，把符合条件的大中型水库非农业安置移民中的困难家庭，纳入地方城镇最低生活保障范围，切实做到应保尽保；同时，要积极通过其他渠道进行帮扶，努力改善他们的生活条件。三峡工程的移民工作，依照《长江三峡工程建设移民条例》办理。

（十二）妥善解决小型水库移民的困难和现有后期扶持项目续建问题。各省、自治区、直辖市人民政府可通过提高本省（区、市）区域内全部销售电量（扣除农业生产用电）的电价筹集资金，统筹解决小型水库移民的困难，并保证对在建后期扶持项目的后续资金

投入，确保项目按期建成并发挥作用。提价标准为每千瓦时不超过0.5厘，具体方案报发展改革委、财政部审批后实施。

（十三）切实做好其他征地拆迁人口的工作。完善水库移民后期扶持政策可能对其他征地拆迁人口产生影响，地方各级人民政府要高度重视，密切关注，做好宣传解释工作，并采取多种措施，及时解决他们生产生活中遇到的实际困难，妥善化解矛盾，维护社会稳定。

四、加大投入，促进库区和移民安置区长远发展

（十四）明确扶持重点。在提高后期扶持标准帮助解决水库移民温饱问题的同时，要继续从其他渠道积极筹措资金，加大扶持力度，解决库区和移民安置区长远发展问题，重点加强基本口粮田及配套水利设施建设，加强交通、供电、通信和社会事业等方面的基础设施建设，加强生态建设、环境保护，加强移民劳动力就业技能培训和职业教育，通过贴息贷款、投资补助等方式对移民能够直接受益的生产开发项目给予支持。

（十五）落实扶持资金。一是现有政府性资金，包括预算内投资和国债资金、扶贫资金、农业综合开发资金以及政府部门安排的各类建设基金和专项资金，要向库区和移民安置区倾斜；二是从筹集的后期扶持资金结余中安排，用于对库区和移民安置区的扶持，具体办法由财政部、发展改革委会同水利部等部门另行制定；三是从调整和完善后的库区维护基金中筹集。同时，地方各级人民政府要加大资金投入，鼓励社会捐助和企业对口帮扶，努力拓宽资金渠道。

（十六）做好项目规划。要以水库移民村为基本单元，按照优先解决突出问题的原则，抓紧编制库区和移民安置区基础设施建设和经济发展规划，作为国家安排扶持资金和项目的前提与依据。项目的确定要坚持民主程序，尊重和维护移民群众的知情权、参与权和监督权。

五、加强领导，精心组织实施

（十七）提高认识，增强工作责任感。做好移民工作，妥善解决移民群众关心的问题，使他们的长久生活有保障，关系到党和政府的威信，关系到党群、干群关系，关系到改革发展稳定的大局。完善水库移民后期扶持政策,加大扶持力度,是坚持以人为本、体现执政为民思想的一项重要举措,具有十分重要的意义。各地区、各有关部门要充分认识做好水库移民工作的重要性、紧迫性和艰巨性,进一步统一思想,提高认识,加强领导,明确责任,把移民工作摆上重要的议事日程,周密部署,精心组织,稳步推进,确保移民政策落到实处。

(十八)落实责任,加强协调配合。移民工作实行属地管理,省级人民政府对本地区移民工作和社会稳定负总责,地方各级人民政府主要负责同志是第一责任人,要有一位负责同志分管移民工作,实行一级抓一级,逐级落实责任,做到责任到位、工作到位。国务院有关部门要按照职责分工,各负其责,密切配合,加强对水库移民工作的指导。要抓紧研究组建统一的国务院移民管理机构,在新机构组建之前,由发展改革委牵头,会同有关部门建立部际联席会议制度,及时协调解决水库移民后期扶持政策实施中出现的问题。省级人民政府也要整合现有移民工作力量,明确负责移民工作的管理机构,明确职能,充实人员,工作经费要纳入同级财政预算。省以下各级人民政府可结合本地实际,因地制宜地明确负责移民工作的机构。各级人民政府要建立水库移民后期扶持政策实施情况的监测评估机制。要切实加强移民乡村基层组织建设,充分发挥农村基层组织作用,配合做好移民工作。

(十九)制订方案,抓好干部培训。各省、自治区、直辖市人民政府要根据本意见抓紧制订本地区水库移民后期扶持政策实施方案,报国务院批准后组织实施。要细化实施办法,制定相关配套文件,选择若干不同类型的水库先行试点,取得经验后在全省范围内推开。各地要挑选一批思想素质好、政策水平高、业务能力强、群众工作经验丰富的干部组成移民工作组,深入库区开展工作。对参与移民工作的干部要分期分批进行培训,使移民工作干部深刻领会中央精神,准确把握政策界限,掌握正确的工作方法,提高依法办事能力。

(二十)强化监督,保证资金安全。地方各级人民政府要认真落实政策,严肃工作纪律。要审定移民人数,核实移民身份,并在乡村两级张榜公布，严禁弄虚作假。要认真执行水库移民后期扶持资金征收使用管理办法，严格资金支出管理，防止跑冒滴漏，严禁截留挪用。监察部要会同财政部制定有关责任追究办法。各级监察和审计部门要提前介入，加大工作力度，加强监督检查。对后期扶持资金使用中发现的问题，要限期整改。对违反法律法规和国家有关政策的，要依法依纪严肃处理；涉嫌犯罪的，要移送司法机关依法追究有关责任人员的刑事责任。

（二十一）加强宣传，维护社会稳定。各级宣传部门要坚持正确的舆论导向，为后期扶持政策的顺利实施营造良好的舆论氛围。要大力宣传国家的移民法规，配合移民部门做好后期扶持政策的有关宣传、解释工作，充分体现党和政府对水库移民的关心和照顾。要把握好宣传报道口径，严肃宣传纪律，防止炒作。地方各级人民政府要始终注意做好维护稳定的工作，认真排查各种不稳定因素，及时化解矛盾。要耐心细致地做好移民的思想政治工作，引导移民以合理合法的方式表达利益诉求，坚持依法办事、按政策办事，确保社会稳定。

发展改革委要会同财政部、水利部等有关部门，对各地实施水库移民后期扶持政策的情况进行监督检查，重大情况要及时向国务院报告。

实用附录

一、国有土地上房屋征收补偿标准及计算公式

1. 房屋被征收后被征收人能够获得货币补偿的金额

> 房屋征收货币补偿金额＝被征收房屋经由评估机构确定的市场价格（包括房屋装饰装修商定或者评估的补偿金额）＋搬迁费用＋临时安置费用＋营业性房屋的停产停业损失（非营业性房屋无此项补偿）

2. 采取房屋置换方式补偿的差价金额

> 房屋征收调换产权补偿差价金额＝被征收房屋的评估价格＋房屋装饰装修商定或者评估的补偿金额－获得的调换产权的房屋的评估价格

3. 搬迁费用

> 搬迁费用＝搬迁发生的实际费用或者双方约定的一定数额的搬迁补助费

4. 临时安置费用

> 临时安置费用＝没有提供周转房情况下的临时安置费＋超出过渡期限的临时安置费

5. 停产停业损失的计算方法

根据房屋被征收前的效益、停产停业的期限等因素确定，具体计算方法由各省、自治区、直辖市制定。主要方法有以下几种：

（1）根据被征收房屋的总体价值的一定比例计算，预先由双方协商约定；

（2）根据房屋的面积按照单位面积补偿一定金额来计算；

（3）根据营利性房屋的前几年的年平均经营收入和利润等指标，乘以停产停业的期限（年份）来计算；

（4）由评估机构对其进行评估确定；

（5）根据实际损失补偿计算，协商确定。

二、房屋征收补偿协议

(参考文本)

房屋征收部门（以下简称甲方）：
法定代表人：
委托代理人：
被征收人（以下简称乙方）：
委托代理人：

经某人民政府批准，因某地区改造及建设某工程需要，根据《民法典》、《城市房地产管理法》、《国有土地上房屋征收与补偿条例》等有关法律法规的规定，甲、乙双方本着平等自愿的原则，就乙方所有的房屋的征收补偿事宜协商一致达成如下协议：

第一条 乙方已搬迁房屋、附属物情况

根据乙方提供的产权书证材料，结合相关法律、法规及《补偿方案》所确定的标准，经甲、乙双方核对，对乙方房屋、附属物情况确认如下：

（一）房屋坐落：_____。

（二）房屋产权属_____所有（共有）。

（三）房屋用途：【住宅】【店面】【工业用房】。

（四）房屋的总楼层数____层（房屋所在的楼层数为第____层）

（五）房屋的附属物情况：（详见附件一）。

（六）已搬迁房屋【有】【无】设置抵押权。已搬迁房屋已被抵押给_____。现房屋所有权人与抵押权人按以下方式处理该房屋抵押权：_____。

（七）其他：_____。

第二条　房屋搬迁补偿安置方式

乙方自愿选择以下第＿＿＿种补偿安置方式。1. 货币补偿。2. 产权调换。3. 货币补偿、产权调换相结合。

乙方可选择产权调换，也可选择货币补偿，或者两种方式相结合。乙方选择的补偿方式一经确定，不得随意变更。乙方选择产权调换的部分，由甲方提供安置房，双方就拟调换房屋的地点、户型、套数、面积等相关事宜签订《产权调换意向书》。

根据双方签字确认的【《某工程征收区域内住宅情况及补偿认定表》】、【《某工程征收区域内店面情况及补偿认定表》】、【《某工程征收区域内工业用房情况及补偿认定表》】（附件二）所认定的补偿安置面积，其中乙方自愿选择＿＿＿平方米的住宅作产权调换，＿＿＿平方米的店面作产权调换，＿＿＿平方米的工业用房作产权调换（异地安置）。

第三条　房屋征收补偿金额

协议双方协商同意选择下列第＿＿＿种方式确定已搬迁房屋的货币补偿金额：

第一种：经当事人充分协商，双方自愿按《补偿方案》及其附表所列的标准，确定已搬迁房屋的补偿金额，具体如下：

（一）住宅。根据双方签字确认的《某工程征收区域内住宅情况及补偿认定表》（附件二）

1. 合法建筑面积＿＿＿平方米，补偿金额小计＿＿＿元。

2. 违法、违章部分，其中：（1）手续不完整部分建筑面积＿＿＿平方米，补偿金额小计＿＿＿元；（2）无手续部分建筑面积＿＿＿平方米，补偿金额小计＿＿＿元。

3. 经有权机关批准的住宅用地，尚未基建的，土地面积＿＿＿平方米，补偿金额小计＿＿＿元。

以上1、2、3三项合计补偿金额＿＿＿元。

（二）店面。根据双方签字确认的《某工程征收区域内店面情况及补偿认定表》（附件二）

1. 合法建筑面积＿＿＿平方米，补偿金额小计＿＿＿元；

2. 违章建筑面积_____平方米，补偿金额小计____元；

以上1、2两项合计补偿金额_____元。

（三）工业用房。根据双方签字确认的《某工程征收区域内工业用房情况及补偿认定表》（附件二）：

1. 经批准合法使用的土地面积_____平方米，扣除未缴纳土地规费_____元后，补偿金额小计_____元。

2. 未经批准的土地面积_____平方米，补偿金额小计_____元。

3. 合法建筑面积_____平方米，补偿金额小计_____元。

4. 使用未经批准土地违法基建房屋的建筑面积____平方米，补偿金额小计_____元。

5. 土地已批但未经规划建设部门批准违章基建房屋的建筑面积_____平方米，补偿金额小计____元。

6. 超层高部分的建筑面积_____平方米，补偿金额小计____元。

以上1-6项合计工业用房的搬迁补偿金额____元。

第二种：协议双方以_____房地产价格评估机构对房屋市场价格和安置房市场价格同时进行评估所出具的_____号《房地产估价报告》为依据，协商确定房屋的补偿金额，房屋的补偿金额（含房屋的装潢补偿、土地使用权补偿）具体如下：

（一）住宅补偿金额_____元（其中合法建筑面积____平方米）；

（二）店面补偿金额_____元（其中合法建筑面积____平方米）；

（三）工业用房补偿金额____元（其中合法建筑面积____平方米）。

特别说明：1. 以上补偿金额已含装潢补偿金额。

2.【住宅】【店面】的补偿金额已含土地使用补偿金。

第四条　房屋附属物项目的补偿金额

房屋附属物项目实行货币补偿，不作产权调换，依据双方签字确认的《房屋附属物登记表》，乙方房屋附属物的补偿金额小计____元（详见附件一）。

第五条　搬迁非住宅房屋停产、停业补偿费

1. 店面的停产、停业补偿费：根据认定的店面面积_____平方米，按_____元/平方米·月计算，甲方一次性给予乙方____个月的补偿费,小计____元。

2. 工业用房的停产、停业补偿费:根据认定的工业用房面积____平方米,按____元/平方米·月计算,甲方一次性给予乙方____个月的补偿费,小计____元。

3. 搬迁非住宅房屋为出租房的,按搬迁时房产租赁的租金标准____元/月,甲方一次性给予乙方____个月租金补偿,小计____元,租赁关系由乙方与承租人自行协商解决。

上述乙方非住宅房屋的停产、停业经济补偿金额,共计____元。

第六条 房屋搬迁补助费

(一)乙方选择货币补偿的部分

甲方根据《补偿方案》的标准,按经认定的补偿安置面积,一次性支付乙方搬迁补助费,具体面积及补偿金额如下:

1. 住宅面积____平方米,按____元/平方米·次乘以一次计算,小计____元;

2. 店面面积____平方米,按____元/平方米·次乘以一次计算,小计____元;

3. 工业用房面积____平方米,按____元/平方米·次乘以一次计算,小计____元;

4. 大型机械设备____台,按____元/台计算,小计____元。

(二)乙方选择产权调换的部分

甲方根据《补偿方案》的标准,按经认定的补偿安置面积,一次性支付乙方搬迁补助费,具体面积及补偿金额如下:

1. 住宅面积____平方米,按____元/平方米·次乘以两次计算,小计____元;

2. 店面面积____平方米,按____元/平方米·次乘以两次计算,小计____元;

3. 工业用房面积____平方米,按____元/平方米·次乘以两次计算,小计____元;

4. 大型机械设备____台,按____元/台计算,小计____元。

以上(一)、(二)两项搬迁补助费金额共计____元。

第七条　搬迁奖励措施

根据乙方对甲方房屋搬迁工作的配合情况，依据《补偿方案》优惠、奖励办法的规定，按经认定的补偿安置面积，甲方给予乙方如下优惠奖励措施：

（一）乙方同意按《补偿方案》附表所列价格补偿、按期搬迁腾空并签订协议的，对选择产权调换的部分：

1. 甲乙双方确认的私人住宅的补差价减免率为＿＿%，减免基数按《补偿方案》相关规定计算，应补差价待选房后，在签订搬迁安置协议书时另行计算。

2. 甲乙双方确认的店面补差价减免率为＿＿＿%，减免基数按《补偿方案》相关规定计算，应补差价待选房后，在签订搬迁安置协议书时另行计算。

3. 工业用房面积＿＿＿平方米，按＿＿＿元/平方米奖励，小计＿＿＿元。

（二）乙方同意按《补偿方案》附表所列价格补偿、按期搬迁腾空并签订协议的，对选择货币补偿的部分：

1. 私人住宅面积＿＿＿平方米，按＿＿＿元/平方米奖励，小计＿＿＿元。
2. 店面按补偿金额＿＿＿＿元的＿＿＿%奖励，小计＿＿＿元。
3. 工业用房面积＿＿＿平方米，按＿＿＿元/平方米奖励，小计＿＿＿元。
以上（一）、（二）两项合计奖励的金额为＿＿＿元。

第八条　拆迁补偿费用的总和及结算方式

（一）乙方选择产权调换部分的拆迁补偿费用总计金额＿＿＿＿＿＿元整（大写：人民币＿＿＿仟＿＿＿佰＿＿＿拾＿＿＿万＿＿＿仟＿＿＿佰＿＿＿拾＿＿＿元整）。

（二）乙方选择货币补偿部分的拆迁补偿费用总计金额＿＿＿＿＿＿元整（大写：人民币＿＿＿仟＿＿＿佰＿＿＿拾＿＿＿万＿＿＿仟＿＿＿佰＿＿＿拾＿＿＿元整）。

（三）双方同意按以下第＿＿＿种方式进行结算：

1. 乙方全部选择产权调换，在本协议书签订后，此拆迁补偿费用暂不发放给乙方，待乙方选房安置签订拆迁安置协议书时，结算差价，多退少补。

2. 乙方全部选择货币补偿，在本协议书签订后，乙方提供相关材料配合办理发放手续，一周内由甲方一次性付清。

3. 乙方选择货币补偿、产权调换相结合方式，按双方确定的乙方选择货币补偿部分的补偿金额，扣除乙方选择产权调换部分所应补差价款后的剩余部分进行结算，多退少补。属甲方应支付给乙方的部分，在本协议书签订，乙方提供相关材料配合办理发放手续后的一周内一次性付清；属乙方应支付给甲方的部分，待乙方选房安置签订拆迁安置协议书时一次性付清。

第九条　临时安置补助费

经充分协商，双方自愿选择以下第____种方式发放临时安置补助费，并承担相关责任。

（一）自行过渡的。

1. 发放标准：经认定的住宅补偿安置面积____平方米，按____元/平方米·月计价，小计____元/月。

2. 发放时间：自房屋搬迁腾空并经甲方验收合格之日起（即____年____月____日）开始计算，按季度发放，至甲方书面通知乙方入户安置时为止。如乙方在甲方发出书面选房通知____日内，按甲方要求办理入户安置手续的，按标准再发给乙方____个月的临时安置补助费；乙方未按要求办理入户安置手续的，从甲方发出选房通知第二个月起，甲方不再支付乙方临时安置补助费。

3. 违约责任。因甲方的责任，造成过渡期限超出__个月的，从逾期之月起，甲方应每月双倍向乙方支付临时安置补助费。因乙方的责任，未按要求办理入户安置手续的，从发出选房通知第二个月起，甲方不再付给乙方安置补助费。

（二）乙方使用甲方提供临时过渡周转用房的。

1. 乙方应与甲方就周转用房的管理使用另行签订协议。乙方使用的周转房的租金，应在临时安置补助费中扣除。

2. 违约责任。因甲方的责任，造成过渡期限超出__个月的，从逾期之月起，乙方使用周转房不需支付租金，甲方应按标准向乙方支付临时安置补助费。因乙方的责任，未按要求办理入户安置手续的,从逾期之月起,乙方应按月向甲方支付周转用房的市场租金。

第十条　房屋搬迁期限

乙方应于＿＿＿年＿＿＿月＿＿＿日前将房屋腾空、经甲方验收合格,并交由甲方拆除。

已搬迁房屋的水费、电费、物业管理费、电信、电视等相关费用,均由乙方负责缴纳清楚,与甲方无关。

第十一条　房屋权属保证

乙方就已搬迁房屋向甲方提供的相关产权书证材料及其他相关证明材料,由甲方另行出具"收件收据"。乙方承诺保证:就已搬迁房屋而向甲方所提供的所有产权书证材料及其他相关证明材料,均属客观、真实,否则,乙方愿承担一切法律责任。如已搬迁房屋因转让、继承、分割(析产)、抵押等原因产生纠纷的,乙方自愿承担由此产生的一切法律责任。

第十二条　违约责任

(一)因甲方的原因未按期全额向乙方支付货币补偿款的,甲方应当承担逾期支付的民事责任,按应支付总金额每日万分之一支付违约金。

(二)乙方未按期向甲方缴纳安置用房差价的,甲方有权暂缓向乙方交付安置用房,并停止向自行安排住处过渡的乙方支付临时安置补助费。

第十三条　争议处理

协议双方因履行本协议书发生争议的,应协商解决;如协商不成的,任何一方均有权向有管辖权的人民法院起诉。

第十四条　本协议书中所有选择条款,协议当事人均应作出明确选择。本协议书自甲、乙双方或授权代表签字盖章之日起生效,双方应共同遵守,如有一方违约造成对方损失者,必须承担赔偿责任。

第十五条　本协议书一式两份,甲方一份,乙方一份。两份具有同等法律效力。

第十六条　本协议书未尽事宜,按《补偿方案》相关规定执行。《补偿方案》未作出规定的,由甲、乙双方另行协商后签订补充协议，补充协议与本协议具有同等法律效力。

第十七条 本协议附件与本协议具有同等法律效力。本协议及其附件内容，空格部分填写的文字与印刷文字具有同等效力。

第十八条 本协议的有关数据，以附件为准。

甲方（签章）： 乙方（签章）：

委托代理人： 年 月 日 委托代理人： 年 月 日

附件一：《房屋附属物登记表》；

附件二：《某工程征收区域内住宅情况及补偿认定表》、《某工程征收区域内店面情况及补偿认定表》、《某工程征收区域内工业用房情况及补偿认定表》。

三、最高人民法院公布人民法院征收拆迁十大案例

一、杨瑞芬诉株洲市人民政府房屋征收决定案

(一) 基本案情

2007年10月16日,株洲市房产管理局向湖南冶金职业技术学院作出株房拆迁字〔2007〕第19号《房屋拆迁许可证》,杨瑞芬的部分房屋在拆迁范围内,在拆迁许可期内未能拆迁。2010年,株洲市人民政府启动神农大道建设项目。2010年7月25日,株洲市发展改革委员会批准立项。2011年7月14日,株洲市规划局颁发了株规用〔2011〕0066号《建设用地规划许可证》。杨瑞芬的房屋位于泰山路与规划的神农大道交汇处,占地面积418m^2,建筑面积582.12m^2,房屋地面高于神农大道地面10余米,部分房屋在神农大道建设项目用地红线范围内。2011年7月15日,株洲市人民政府经论证公布了《神农大道项目建设国有土地上房屋征收补偿方案》征求公众意见。2011年9月15日,经社会稳定风险评估为C级。2011年9月30日,株洲市人民政府发布了修改后的补偿方案,并作出了〔2011〕第1号《株洲市人民政府国有土地上房屋征收决定》(以下简称《征收决定》),征收杨瑞芬的整栋房屋,并给予合理补偿。

杨瑞芬不服,以"申请人的房屋在湖南冶金职业技术学院新校区项目建设拆迁许可范围内,被申请人作出征收决定征收申请人的房屋,该行为与原已生效的房屋拆迁许可证冲突"和"原项目拆迁方和被申

---

* 来源:中国法院网,载http://www.chinacourt.org/article/detail/2014/08/id/1429378.shtml。

请人均未能向申请人提供合理的安置补偿方案"为由向湖南省人民政府申请行政复议。复议机关认为，原拆迁人湖南冶金职业技术学院取得的《房屋拆迁许可证》已过期，被申请人依据《国有土地上房屋征收与补偿条例》的规定征收申请人的房屋并不违反法律规定。申请人的部分房屋在神农大道项目用地红线范围内，且房屋地平面高于神农大道地平面10余米，房屋不整体拆除将存在严重安全隐患，属于确需拆除的情形，《征收决定》内容适当，且作出前也履行了相关法律程序，故复议机关作出复议决定维持了《征收决定》。杨瑞芬其后以株洲市人民政府为被告提起行政诉讼，请求撤销《征收决定》。

（二）裁判结果

株洲市天元区人民法院一审认为，关于杨瑞芬提出株洲市人民政府作出的〔2011〕第1号《株洲市人民政府国有土地上房屋征收决定》与株洲市房产管理局作出的株房拆迁字〔2007〕第19号《房屋拆迁许可证》主体和内容均相冲突的诉讼理由，因〔2007〕第19号《房屋拆迁许可证》已失效，神农大道属于新启动项目，两份文件并不存在冲突。关于杨瑞芬提出征收其红线范围外的房屋违法之主张，因其部分房屋在神农大道项目用地红线范围内，征收系出于公共利益需要，且房屋地面高于神农大道地面10余米，不整体拆除将产生严重安全隐患，整体征收拆除符合实际。杨瑞芬认为神农大道建设项目没有取得建设用地批准书。2011年7月14日，株洲市规划局为神农大道建设项目颁发了株规用〔2011〕0066号《建设用地规划许可证》。杨瑞芬认为株洲市规划局在复议程序中出具的说明不能作为超范围征收的依据。株洲市规划局在复议程序中出具的说明系另一法律关系，非本案审理范围。株洲市人民政府作出的〔2011〕第1号《株洲市人民政府国有土地上房屋征收决定》事实清楚，程序合法，适用法律、法规正确，判决维持。

株洲市中级人民法院二审认为，本案争议焦点为株洲市人民政府作出的〔2011〕第1号《株洲市人民政府国有土地上房屋征收决定》是否合法。2010年，株洲市人民政府启动神农大道建设项目，株洲市规划局于2011年7月14日颁发了株规用〔2011〕0066号《建设用地规划许可证》。杨瑞芬的部分房屋在神农大道建设项目用地红线范围内，虽然征收杨瑞芬整栋房屋超出了神龙大道的专项规划，但征收其房屋系公共利益需要，且房屋地面高于神农大道地面10余米，如果只拆除规划红线范围内部分房屋，未拆除的规划红线范围外的部分房屋将人为变成危房，失去了房屋应有的价值和作用，整体征收杨瑞芬的房屋，并给予合理补偿符合实际情况，也是人民政府对人民群众生命财产安全担当责任的表现。判决驳回上诉，维持原判。

（三）典型意义

本案典型意义在于：在房屋征收过程中，如果因规划不合理，致使整幢建筑的一部分未纳入规划红线范围内，则政府出于实用性、居住安全性等因素考虑，将未纳入规划的部分一并征收，该行为体现了以人为本，有利于征收工作顺利推进。人民法院认可相关征收决定的合法性，不赞成过于片面、机械地理解法律。

二、孔庆丰诉泗水县人民政府房屋征收决定案

（一）基本案情

2011年4月6日，泗水县人民政府作出泗政发〔2011〕15号《泗水县人民政府关于对泗城泗河路东林业局片区和泗河路西古城路北片区实施房屋征收的决定》（以下简称《决定》），其征收补偿方案规定，选择货币补偿的，被征收主房按照该地块多层产权调换安置房的优惠价格补偿；选择产权调换的，安置房超出主房补偿面积的部分由被征收人出资，超出10平方米以内的按优惠价结算房价，超出10平方米以外的部分按市场价格结算房价；被征收主房面积大于安置房面积的部分，按照安置房优惠价增加300元/m^2标准给予货币补偿。原告孔庆丰的房屋在被征收范围内，其不服该《决定》，提起行政诉讼。

（二）裁判结果

济宁市中级人民法院经审理认为，根据《国有土地上房屋征收与补偿条例》（以下简称《条例》）第二条、第十九条规定，征收国有土地上单位、个人的房屋，应当对被征收房屋所有权人给予公平补偿。对被征收房屋价值的补偿，不得低于房屋征收决定公告之

日被征收房屋类似房地产的市场价格。根据立法精神,对被征收房屋的补偿,应参照就近区位新建商品房的价格,以被征收人在房屋被征收后居住条件、生活质量不降低为宜。本案中,优惠价格显然低于市场价格,对被征收房屋的补偿价格也明显低于被征收人的出资购买价格。该征收补偿方案的规定对被征收人显失公平,违反了《条例》的相关规定。故判决:撤销被告泗水县人民政府作出的《决定》。宣判后,各方当事人均未提出上诉。

(三) 典型意义

本案典型意义在于:《国有土地上房屋征收补偿条例》第二条规定的对被征收人给予公平补偿原则,应贯穿于房屋征收与补偿全过程。无论有关征收决定还是补偿决定的诉讼,人民法院都要坚持程序审查与实体审查相结合,一旦发现补偿方案确定的补偿标准明显低于法定的"类似房地产的市场价格",即便对于影响面大、涉及人数众多的征收决定,该确认违法的要坚决确认违法,该撤销的要坚决撤销,以有力地维护人民群众的根本权益。

三、何刚诉淮安市淮阴区人民政府房屋征收补偿决定案

(一) 基本案情

2011年10月29日,淮安市淮阴区人民政府(以下称淮阴区政府)发布《房屋征收决定公告》,决定对银川路东旧城改造项目规划红线范围内的房屋和附属物实施征收。同日,淮阴区政府发布《银川路东地块房屋征收补偿方案》,何刚位于淮安市淮阴区黄河路北侧3号楼205号的房屋在上述征收范围内。经评估,何刚被征收房屋住宅部分评估单价为3901元/平方米,经营性用房评估单价为15600元/平方米。在征收补偿商谈过程中,何刚向征收部门表示选择产权调换,但双方就产权调换的地点、面积未能达成协议。2012年6月14日,淮阴区政府依征收部门申请作出淮政房征补决字〔2012〕01号《房屋征收补偿决定书》,主要内容:何刚被征收房屋建筑面积59.04平方米,设计用途为商住。因征收双方未能在征收补偿方案确定的签约期限内达成补偿协议,淮阴区政府作出征收补偿决定:1. 被征

收人货币补偿款总计607027.15元；2.被征收人何刚在接到本决定之日起7日内搬迁完毕。何刚不服，向淮安市人民政府申请行政复议，后淮安市人民政府复议维持本案征收补偿决定。何刚仍不服，遂向法院提起行政诉讼，要求撤销淮阴区政府对其作出的征收补偿决定。

（二）裁判结果

淮安市淮阴区人民法院认为，本案争议焦点为被诉房屋征收补偿决定是否侵害了何刚的补偿方式选择权。根据《国有土地上房屋征收与补偿条例》（以下称《条例》）第二十一条第一款规定，被征收人可以选择货币补偿，也可以选择产权调换。通过对本案证据的分析，可以认定何刚选择的补偿方式为产权调换，但被诉补偿决定确定的是货币补偿方式，侵害了何刚的补偿选择权。据此，法院作出撤销被诉补偿决定的判决。一审判决后，双方均未提起上诉。

（三）典型意义

本案典型意义在于：在房屋补偿决定诉讼中，旗帜鲜明地维护了被征收人的补偿方式选择权。《国有土地上房屋征收补偿条例》第二十一条明确规定："被征收人可以选择货币补偿，也可以选择房屋产权调换"，而实践中不少"官"民矛盾的产生，源于市、县级政府在作出补偿决定时，没有给被征收人选择补偿方式的机会而径直加以确定。本案的撤销判决从根本上纠正了行政机关这一典型违法情形，为当事人提供了充分的司法救济。

四、艾正云、沙德芳诉马鞍山市雨山区人民政府房屋征收补偿决定案

（一）基本案情

2012年3月20日，雨山区人民政府发布雨城征〔2012〕2号《雨山区人民政府征收决定》及《采石古镇旧城改造项目房屋征收公告》。艾正云、沙德芳名下的马鞍山市雨山区采石九华街22号房屋位于征收范围内，其房产证证载房屋建筑面积774.59平方米；房屋产别：私产；设计用途：商业。土地证记载使用权面积1185.9平方米；地类（用途）：综合；使用权类型：出让。2012年12月，雨山区房屋征收部门在司法工作人员全程见证和监督下，抽签确定雨山区采石九华街22号房屋的房地产价格评估机构为安徽民生房地产评估有限公司。2012年12月12日，安徽民生房地产评估有限公司向雨山区房屋征收部门提交了对艾正云、沙德芳名下房屋作出的市场价值估价报告。2013年1月16日，雨山区人民政府对被征收人艾正云、沙德芳作出雨政征补〔2013〕21号《房屋征收补偿决定书》。艾正云、沙德芳认为，被告作出补偿决定前没有向原告送达房屋评估结果，剥夺了原告依法享有的权利，故提起行政诉讼，请求依法撤销该《房屋征收补偿决定书》。

（二）裁判结果

马鞍山市中级人民法院认为，根据《国有土地上房屋征收与补偿条例》第十九条的规定，被征收房屋的价值，由房地产价格评估机构按照房屋征收评估办法评估确定。对评估确定的被征收房屋价值有异议的，可以向房地产价格评估机构申请复核评估。对复核结果有异议的，可以向房地产价格评估专家委员会申请鉴定。根据住房和城乡建设部颁发的《国有土地上房屋征收评估办法》第十六条、第十七条、第二十条、第二十二条的规定，房屋征收部门应当将房屋分户初步评估结果在征收范围内向被征收人公示。公示期满后，房屋征收部门应当向被征收人转交分户评估报告。被征收人对评估结果有异议的，自收到评估报告10日内，向房地产价格评估机构申请复核评估。对复核结果有异议的，自收到复核结果10日内，向房地产价格评估专家委员会申请鉴定。从本案现有证据看，雨山区房屋征收部门在安徽民生房地产评估有限公司对采石九华街22号作出的商业房地产市场价值评估报告后，未将该报告内容及时送达艾正云、沙德芳并公告，致使艾正云、沙德芳对其房产评估价格申请复核评估和申请房地产价格评估专家委员会鉴定的权利丧失，属于违反法定程序。据此，判决撤销雨山区人民政府作出的雨政征补〔2013〕21号《房屋征收补偿决定书》。宣判后，各方当事人均未提出上诉。

（三）典型意义

本案典型意义在于：通过严格的程序审查，在评估报告是否送达这一细节上,彰显了司法对被征收人获得公平补偿权的全方位保护。房屋价值评估报告是行政机关作出补偿决定最重要的依据之一,如果评估报告未及时送达,会导致被征收人申请复估和申请鉴定的法定权利无法行使,进而使得补偿决定本身失去合法性基础。本案判决敏锐地把握住了程序问题与实体权益保障的重要关联性,果断撤销了补偿决定,保障是充分到位的。

五、文白安诉商城县人民政府房屋征收补偿决定案

(一)基本案情

商城县城关迎春台区域的房屋大多建于30年前,破损严重,基础设施落后。2012年12月8日,商城县房屋征收部门发布《关于迎春台棚户区房屋征收评估机构选择公告》,提供信阳市明宇房地产估价师事务所有限公司、安徽中安房地产评估咨询有限公司、商城县隆盛房地产评估事务所作为具有资质的评估机构,由被征收人选择。后因征收人与被征收人未能协商一致,商城县房屋征收部门于12月11日发布《关于迎春台棚户区房屋征收评估机构抽签公告》,并于12月14日组织被征收人和群众代表抽签,确定信阳市明宇房地产估价师事务所有限公司为该次房屋征收的价格评估机构。2012年12月24日,商城县人民政府作出商政〔2012〕24号《关于迎春台安置区改造建设房屋征收的决定》。原告文白安长期居住的迎春台132号房屋在征收范围内。2013年5月10日,房地产价格评估机构出具了房屋初评报告。商城县房屋征收部门与原告在征收补偿方案确定的签约期限内未能达成补偿协议,被告于2013年7月15日依据房屋评估报告作出商政补决字〔2013〕3号《商城县人民政府房屋征收补偿决定书》。原告不服该征收补偿决定,向人民法院提起诉讼。

(二)裁判结果

信阳市中级人民法院认为,本案被诉征收补偿决定的合法性存在以下问题:(一)评估机构选择程序不合法。商城县房屋征收部门于2012年12月8日发布《关于迎春台棚户区房屋征收评估机构选择公告》,但商城县人民政府直到2012年12月24日才作出《关于迎

春台安置区改造建设房屋征收的决定》，即先发布房屋征收评估机构选择公告，后作出房屋征收决定。这不符合《国有土地上房屋征收与补偿条例》第二十条第一款有关"房地产价格评估机构由被征收人协商选定；协商不成的，通过多数决定、随机选定等方式确定，具体办法由省、自治区、直辖市制定"的规定与《河南省实施〈国有土地上房屋征收与补偿条例〉的规定》第六条的规定，违反法定程序。（二）对原告文白安的房屋权属认定错误。被告在《关于文白安房屋产权主体不一致的情况说明》中称"文白安在评估过程中拒绝配合致使评估人员未能进入房屋勘察"，但在《迎春台安置区房地产权属情况调查认定报告》中称"此面积为县征收办入户丈量面积、房地产权属情况为权属无争议"。被告提供的证据相互矛盾，且没有充分证据证明系因原告的原因导致被告无法履行勘察程序。且该房屋所有权证及国有土地使用权证登记的权利人均为第三人文然而非文白安，被告对该被征收土地上房屋权属问题的认定确有错误。据此，一审法院判决撤销被诉房屋征收补偿决定。宣判后，各方当事人均未提出上诉。

（三）典型意义

本案典型意义在于：从程序合法性、实体合法性两个角度鲜明地指出补偿决定存在的硬伤。在程序合法性方面，依据有关规定突出强调了征收决定作出后才能正式确定评估机构的基本程序要求；在实体合法性方面，强调补偿决定认定的被征收人必须适格。本案因存在征收决定作出前已确定了评估机构，且补偿决定核定的被征收人不是合法权属登记人的问题，故判决撤销补偿决定，彰显了程序公正和实体公正价值的双重意义。

六、霍佩英诉上海市黄浦区人民政府房屋征收补偿决定案

（一）基本案情

上海市顺昌路281-283号283#二层统间系原告霍佩英租赁的公有房屋，房屋类型旧里，房屋用途为居住，居住面积11.9平方米，折合建筑面积18.33平方米。该户在册户口4人，即霍佩英、孙慰

萱、陈伟理、孙维强。因旧城区改建需要，2012年6月2日，被告上海市黄浦区人民政府作出黄府征〔2012〕2号房屋征收决定，原告户居住房屋位于征收范围内。因原告户认为其户经营公司，被告应当对其给予非居住房屋补偿，致征收双方未能在签约期限内达成征收补偿协议。2013年4月11日，房屋征收部门即第三人上海市黄浦区住房保障和房屋管理局向被告报请作出征收补偿决定。被告受理后于2013年4月16日召开审理协调会，因原告户自行离开会场致协调不成。被告经审查核实相关证据材料，于2013年4月23日作出沪黄府房征补〔2013〕010号房屋征收补偿决定，认定原告户被征收房屋为居住房屋，决定：一、房屋征收部门以房屋产权调换的方式补偿公有房屋承租人霍佩英户，用于产权调换房屋地址为上海市徐汇区东兰路121弄3号204室，霍佩英户支付房屋征收部门差价款476,706.84元；二、房屋征收部门给予霍佩英户各项补贴、奖励费等共计492,150元，家用设施移装费按实结算，签约搬迁奖励费按搬迁日期结算；三、霍佩英户应在收到房屋征收补偿决定书之日起15日内搬迁至上述产权调换房屋地址，将被征收房屋腾空。

原告不服该征收补偿决定，向上海市人民政府申请行政复议，上海市人民政府经复议维持该房屋征收补偿决定。原告仍不服，遂向上海市黄浦区人民法院提起行政诉讼，要求撤销被诉征收补偿决定。

（二）裁判结果

上海市黄浦区人民法院认为，被告具有作出被诉房屋征收补偿决定的行政职权，被诉房屋征收补偿决定行政程序合法，适用法律规范正确，未损害原告户的合法权益。本案的主要争议在于原告户的被征收房屋性质应认定为居住房屋还是非居住房屋。经查，孙慰萱为法定代表人的上海杨林基隆投资有限公司、上海基隆生态环保科技有限公司的住所地均为本市金山区，虽经营地址登记为本市顺昌路281号，但两公司的营业期限自2003年12月至2008年12月止，且原告承租公房的性质为居住。原告要求被告就孙慰萱经营公司给予补偿缺乏法律依据，征收补偿方案亦无此规定，被诉征收补偿决定对其以居住房屋进行补偿于法有据。据此，一审法院判决驳回原告的诉讼请求。宣判后，各方当事人均未提出上诉。

（三）典型意义

本案典型意义在于：对如何界定被征收房屋是否属于居住房屋、进而适用不同补偿标准具有积极的借鉴意义。实践中，老百姓最关注的"按什么标准补"的前提往往是"房屋属于什么性质和用途"，这方面争议很多。法院在实践中通常依据房产登记证件所载明的用途认定房屋性质，但如果载明用途与被征收人的主张不一致，需要其提供营业执照和其他相关证据佐证，才有可能酌定不同补偿标准。本案中原告未能提供充分证据证明涉案房屋系非居住房屋，故法院不支持其诉讼请求。

七、毛培荣诉永昌县人民政府房屋征收补偿决定案

（一）基本案情

2012年1月，永昌县人民政府拟定《永昌县北海子景区建设项目国有土地上房屋征收补偿方案》，向社会公众公开征求意见。期满后，作出《关于永昌县北海子景区建设项目涉及国有土地上房屋征收的决定》并予以公告。原告毛培荣、刘吉华、毛显峰（系夫妻、父子关系）共同共有的住宅房屋一处（面积276平方米）、工业用房一处（面积775.8平方米）均在被征收范围内。经房屋征收部门通知，毛培荣等人选定评估机构对被征收房屋进行评估。评估报告作出后，毛培荣等人以漏评为由申请复核，评估机构复核后重新作出评估报告，并对漏评项目进行了详细说明。同年12月26日，房屋征收部门就补偿事宜与毛培荣多次协商无果后，告知其对房屋估价复核结果有异议可依据《国有土地上房屋征收评估办法》，在接到通知之日起10日内向金昌市房地产价格评估专家委员会申请鉴定。毛培荣在规定的期限内未申请鉴定。2013年1月9日，县政府作出永政征补（2013）第1号《关于国有土地上毛培荣房屋征收补偿决定》，对涉案被征收范围内住宅房屋、房屋室内外装饰、工业用房及附属

物、停产停业损失等进行补偿，被征收人选择货币补偿，总补偿款合计人民币1842612元。毛培荣、刘吉华、毛显峰认为补偿不合理，补偿价格过低，向市政府提起行政复议。复议机关经审查维持了县政府作出的征收补偿决定。毛培荣、刘吉华、毛显峰不服，提起行政诉讼，请求撤销征收补偿决定。

（二）裁判结果

金昌市中级人民法院审理认为，县政府为公共事业的需要，组织实施县城北海子生态保护与景区规划建设，有权依照《国有土地上房屋征收与补偿条例》的规定，征收原告国有土地上的房屋。因房屋征收部门与被征收人在征收补偿方案确定的签约期限内未达成补偿协议，县政府具有依法按照征收补偿方案作出补偿决定的职权。在征收补偿过程中，评估机构系原告自己选定，该评估机构具有相应资质，复核评估报告对原告提出的漏评项目已作出明确说明。原告对评估复核结果虽有异议，但在规定的期限内并未向金昌市房地产价格评估专家委员会申请鉴定。因此，县政府对因征收行为给原告的住宅房屋及其装饰、工业用房及其附属物、停产停业损失等给予补偿，符合《甘肃省实施〈国有土地上房屋征收与补偿条例〉若干规定》的相关规定。被诉征收补偿决定认定事实清楚，适用法律、法规正确，程序合法。遂判决：驳回原告毛培荣、刘吉华、毛显峰的诉讼请求。宣判后，各方当事人均未提出上诉。

（三）典型意义

本案典型意义在于：人民法院通过发挥司法监督作用，对合乎法律法规的征收补偿行为给予有力支持。在本案征收补偿过程中，征收部门在听取被征收人对征收补偿方案的意见、评估机构选择、补偿范围确定等方面，比较充分到位，保障了当事人知情权、参与权，体现了公开、公平、公正原则。通过法官释法明理，原告逐步消除了内心疑虑和不合理的心理预期，不仅未上诉，其后不久又与征收部门达成补偿协议，公益建设项目得以顺利推进，案件处理取得了较好法律效果和社会效果。

八、廖明耀诉龙南县人民政府房屋强制拆迁案

（一）基本案情

原告廖明耀的房屋位于龙南县龙南镇龙洲村东胜围小组，2011年被告龙南县人民政府批复同意建设县第一人民医院，廖明耀的房屋被纳入该建设项目拆迁范围。就拆迁安置补偿事宜，龙南县人民政府工作人员多次与廖明耀进行协商，但因意见分歧较大未达成协议。2013年2月27日，龙南县国土及规划部门将廖明耀的部分房屋认定为违章建筑，并下达自行拆除违建房屋的通知。同年3月，龙南县人民政府在未按照《行政强制法》的相关规定进行催告、未作出强制执行决定、未告知当事人诉权的情况下，组织相关部门对廖明耀的违建房屋实施强制拆除，同时对拆迁范围内的合法房屋也进行了部分拆除，导致该房屋丧失正常使用功能。廖明耀认为龙南县人民政府强制拆除其房屋和毁坏财产的行为严重侵犯其合法权益，遂于2013年7月向赣州市中级人民法院提起了行政诉讼，请求法院确认龙南县人民政府拆除其房屋的行政行为违法。赣州市中级人民法院将该案移交安远县人民法院审理。安远县人民法院受理案件后，于法定期限内向龙南县人民政府送达了起诉状副本和举证通知书，但该府在法定期限内只向法院提供了对廖明耀违建房屋进行行政处罚的相关证据，没有提供强制拆除房屋行政行为的相关证据和依据。

（二）裁判结果

安远县人民法院认为，根据《中华人民共和国行政诉讼法》第三十二条、第四十三条及《最高人民法院关于执行〈中华人民共和国行政诉讼法〉若干问题的解释》第二十六条之规定，被告对作出的具体行政行为负有举证责任，应当在收到起诉状副本之日起10日内提供作出具体行政行为时的证据，未提供的，应当认定该具体行政行为没有证据。本案被告龙南县人民政府在收到起诉状副本和举证通知书后，始终没有提交强制拆除房屋行为的证据，应认定被告强制拆除原告房屋的行政行为没有证据，不具有合法性。据此，依照《最高人民法院关于执行〈中华人民共和国行政诉讼法〉若干问

题的解释》第五十七条第二款第（二）项之规定，确认龙南县人民政府拆除廖明耀房屋的行政行为违法。

该判决生效后，廖明耀于2014年5月向法院提起了行政赔偿诉讼。经安远县人民法院多次协调，最终促使廖明耀与龙南县人民政府就违法行政行为造成的损失及拆除其全部房屋达成和解协议。廖明耀撤回起诉，行政纠纷得以实质性解决。

（三）典型意义

本案的典型意义在于：凸显了行政诉讼中行政机关的举证责任和司法权威，对促进行政机关及其工作人员积极应诉，不断强化诉讼意识、证据意识和责任意识具有警示作用。法律和司法解释明确规定了行政机关在诉讼中的举证责任，不在法定期限提供证据，视为被诉行政行为没有证据，这是法院处理此类案件的法律底线。本案中，被告将原告的合法房屋在拆除违法建筑过程中一并拆除，在其后诉讼过程中又未能在法定期限内向法院提供据以证明其行为合法的证据，因此只能承担败诉后果。

九、叶呈胜、叶呈长、叶呈发诉仁化县人民政府房屋行政强制案

（一）基本案情

2009年间，仁化县人民政府（下称仁化县政府）规划建设仁化县有色金属循环经济产业基地，需要征收广东省仁化县周田镇新庄村民委员会新围村民小组的部分土地。叶呈胜、叶呈长、叶呈发（下称叶呈胜等三人）的房屋所占土地在被征收土地范围之内，属于未经乡镇规划批准和领取土地使用证的"两违"建筑物。2009年8月至2013年7月间，仁化县政府先后在被征收土地的村民委员会、村民小组张贴《关于禁止抢种抢建的通告》《征地通告》《征地预公告》《致广大村民的一封信》《关于责令停止一切违建行为的告知书》等文书，以调查笔录等形式告知叶呈胜等三人房屋所占土地是违法用地。2009年10月、2013年6月，仁化县国土资源局分别发出两份《通知》，要求叶呈发停止土地违法行为。2013年7月12日凌晨5时许，在未发强行拆除通知、未予公告的情况下，仁化县政府

组织人员对叶呈胜等三人的房屋实施强制拆除。叶呈胜等三人遂向广东省韶关市中级人民法院提起行政诉讼，请求确认仁化县政府强制拆除行为违法。

（二）裁判结果

广东省韶关市中级人民法院认为，虽然叶呈胜等三人使用农村集体土地建房未经政府批准属于违法建筑，但仁化县政府在2013年7月12日凌晨对叶呈胜等三人所建的房屋进行强制拆除，程序上存在严重瑕疵，即采取强制拆除前未向叶呈胜等三人发出强制拆除通知，未向强拆房屋所在地的村民委员会、村民小组张贴公告限期自行拆除，违反了《中华人民共和国行政强制法》第三十四条、第四十四的规定。而且，仁化县政府在夜间实施行政强制执行，不符合《中华人民共和国行政强制法》第四十三条第一款有关"行政机关不得在夜间或者法定节假日实行强制执行"的规定。据此，依照《最高人民法院关于执行〈中华人民共和国行政诉讼法〉若干问题的解释》第五十七条的规定，判决：确认仁化县政府于2013年7月12日对叶呈胜等三人房屋实施行政强制拆除的具体行政行为违法。宣判后，各方当事人均未提出上诉。

（三）典型意义

本案的典型意义在于：充分体现了行政审判监督政府依法行政、保障公民基本权益的重要职能。即使对于违法建筑的强制拆除，也要严格遵循《行政强制法》的程序性规定，拆除之前应当先通知相对人自行拆除，在当地张贴公告且不得在夜间拆除。本案被告未遵循这些程序要求，被人民法院判决确认违法。《行政强制法》自2012年1月1日起至今施行不久，本案判决有助于推动该法在行政审判中的正确适用。

十、叶汉祥诉湖南省株洲市规划局、株洲市石峰区人民政府不履行拆除违法建筑法定职责案

（一）基本案情

2010年7月，株洲市石峰区田心街道东门社区民主村小东门散户111号户主沈富湘，在未经被告株洲市规划局等有关单位批准的情况下，将其父沈汉如遗留旧房拆除，新建和扩建新房，严重影响了原告叶汉祥的通行和采光。原告于2010年7月9日向被告株洲市规划局举报。该局于2010年10月对沈富湘新建扩建房屋进行调查、勘验，于2010年10月23日，对沈富湘作出了株规罚告（石峰）字（2010）第（462）行政处罚告知书，告知其建房行为违反《中华人民共和国城乡规划法》第四十条，属违法建设。依据《中华人民共和国城乡规划法》第六十八条之规定，限接到告知书之日起，五天内自行无偿拆除，限期不拆除的，将由株洲市石峰区人民政府组织拆除。该告知书送达沈富湘本人，其未能拆除。原告叶汉祥于2010年至2013年通过向株洲市石峰区田心街道东门社区委员会、株洲市规划局、株洲市石峰区人民政府举报和请求依法履行强制拆除沈富湘违法建筑行政义务，采取申请书等请求形式未能及时解决。2013年3月8日，被告株洲市规划局以株规罚字（石2013）字第6021号对沈富湘作出行政处罚决定书。认定沈富湘的建房行为违反《中华人民共和国城乡规划法》第四十条和《湖南省实施〈中华人民共和国城乡规划法〉办法》第二十五条之规定，属违法建设。依据《中华人民共和国城乡规划法》第六十四条和《湖南省实施〈中华人民共和国城乡规划法〉办法》第五十一条之规定，限沈富湘接到决定书之日起，三日内自行无偿拆除。如限期不自行履行本决定，依据《中华人民共和国城乡规划法》第六十八条和《湖南省实施〈中华人民共和国城乡规划法〉办法》第五十四条及株政发（2008）36号文件规定，将由石峰区人民政府组织实施强制拆除。由于被告株洲市规划局、株洲市石峰区人民政府未能完全履行拆除违法建筑法定职责，原告于2013年6月5日向法院提起行政诉讼。

（二）裁判结果

株洲市荷塘区人民法院认为，被告株洲市石峰区人民政府于2010年12月接到株洲市规划局对沈富湘株规罚告字（2010）第004号行政处罚告知书和株规罚字（石2013）第0021号行政处罚决定书后，应按照株洲市规划局的授权积极履行法定职责，组织实施强制拆除违法建设。虽然被告株洲市石峰区人民政府在履行职责中对沈富湘违法建设进行协调等工作，但未积极采取措施，其拆除违法建设工作未到位，属于不完全履行拆除违法建筑的法定职责。根据《中华人民共和国城乡规划法》第六十八条、《中华人民共和国行政诉讼法》第五十四条第三款的规定，判决被告株洲市石峰区人民政府在三个月内履行拆除沈富湘违法建设法定职责的行政行为。宣判后，各方当事人均未提出上诉。

（三）典型意义

本案典型意义在于：以违法建设相邻权人提起的行政不作为诉讼为载体，有效发挥司法能动性，督促行政机关切实充分地履行拆除违建、保障民生的法定职责。针对各地违法建设数量庞大，局部地区有所蔓延的态势，虽然《城乡规划法》规定了县级以上人民政府对违反城市规划、乡镇人民政府对违反乡村规划的违法建设有权强制拆除，但实际情况不甚理想。违法建设侵犯相邻权人合法权益难以救济成为一种普遍现象和薄弱环节，本案判决在这一问题上表明法院应有态度：即使行政机关对违建采取过一定查处措施，但如果不到位仍构成不完全履行法定职责，法院有权要求行政机关进一步履行到位。这方面审判力度需要不断加强。

四、最高人民法院发布8起人民法院征收拆迁典型案例（第二批）

一、王风俊诉北京市房山区住房和城乡建设委员会拆迁补偿安置行政裁决案

（一）基本案情

2010年，北京市房山区因轨道交通房山线东羊庄站项目建设需要对部分集体土地实施征收拆迁，王风俊所居住的房屋被列入拆迁范围。该户院宅在册人口共7人，包括王风俊的儿媳和孙女。因第三人房山区土储分中心与王风俊未能达成拆迁补偿安置协议，第三人遂向北京市房山区住房和城乡建设委员会（以下简称房山区住建委）申请裁决。2014年3月6日，房山区住建委作出被诉行政裁决，以王风俊儿媳、孙女的户籍迁入时间均在拆迁户口冻结统计之后、不符合此次拆迁补偿和回迁安置方案中确认安置人口的规定为由，将王风俊户的在册人口认定为5人。王风俊不服诉至法院，请求撤销相应的行政裁决。

（二）裁判结果

北京市房山区人民法院一审认为，王风俊儿媳与孙女的户籍迁入时间均在拆迁户口冻结统计之后，被诉的行政裁决对在册人口为5人的认定并无不当，故判决驳回王风俊的诉讼请求。王风俊不服，提起上诉。北京市第二中级人民法院二审认为，依据《北京市集体土地房屋拆迁管理办法》第八条第一款第三项有关"用地单位取得征地或者占地批准文件后，可以向区、县国土房管局申请在用地范

---

* 来源：最高人民法院官网，载 https://www.court.gov.cn/fabu-xiangqing-95912.html。

围内暂停办理入户、分户,但因婚姻、出生、回国、军人退伍转业、经批准由外省市投靠直系亲属、刑满释放和解除劳动教养等原因必须入户、分户的除外"的规定,王风俊儿媳因婚姻原因入户,其孙女因出生原因入户,不属于上述条款中规定的暂停办理入户和分户的范围,不属于因擅自办理入户而在拆迁时不予认定的范围。据此,被诉的行政裁决将王风俊户的在册人口认定为5人,属于认定事实不清、证据不足,二审法院判决撤销一审判决及被诉的行政裁决,并责令房山区住建委重新作出处理。

(三) 典型意义

在集体土地征收拆迁当中,安置人口数量之认定关乎被拆迁农户财产权利的充分保护,准确认定乃是依法行政应有之义。实践中,有些地方出于行政效率等方面的考虑,简单以拆迁户口冻结统计的时间节点来确定安置人口数量,排除因婚姻、出生、回国、军人退伍转业等原因必须入户、分户的特殊情形,使得某些特殊人群尤其是弱势群体的合理需求得不到应有的尊重,合法权益得不到应有的保护。本案中,二审法院通过纠正错误的一审判决和被诉行政行为,正确贯彻征收补偿的法律规则,充分保护农民合法权益的同时,也体现了国家对婚嫁女、新生儿童等特殊群体的特别关爱。

二、孙德兴诉浙江省舟山市普陀区人民政府房屋征收补偿案

(一) 基本案情

2015年2月10日,浙江省舟山市普陀区人民政府(以下简称普陀区政府)作出普政房征决(2015)1号房屋征收决定,对包括孙德兴在内的国有土地上房屋及附属物进行征收。在完成公告房屋征收决定、选择评估机构、送达征收评估分户报告等法定程序之后,孙德兴未在签约期限内达成补偿协议、未在规定期限内选择征收补偿方式,且因孙德兴的原因,评估机构无法入户调查,完成被征收房屋的装饰装修及附属物的价值评估工作。2015年5月19日,普陀区政府作出被诉房屋征收补偿决定,并向其送达。该补偿决定明确了被征收房屋补偿费、搬迁费、临时安置费等数额,决定被征收房

屋的装饰装修及附属物经入户按实评估后，按规定予以补偿及其他事项。孙德兴不服，提起诉讼，请求撤销被诉房屋征收补偿决定。

（二）裁判结果

舟山市中级人民法院一审认为，本案房地产价格评估机构根据被征收房屋所有权证所载内容并结合前期调查的现场勘察结果，认定被征收房屋的性质、用途、面积、位置、建筑结构、建筑年代等，并据此作出涉案房屋的征收评估分户报告，确定了评估价值（不包括装修、附属设施及未经产权登记的建筑物）。因孙德兴的原因导致无法入户调查，评估被征收房屋的装饰装修及附属物的价值，故被诉房屋征收补偿决定载明对于被征收房屋的装饰装修及附属物经入户按实评估后按规定予以补偿。此符合《浙江省国有土地上房屋征收与补偿条例》第三十三条第三款的规定，并未损害孙德兴的合法权益，遂判决驳回了孙德兴的诉讼请求。孙德兴提起上诉，浙江省高级人民法院判决驳回上诉、维持原判。

（三）典型意义

评估报告只有准确反映被征收房屋的价值，被征收人才有可能获得充分合理的补偿。要做到这一点，不仅需要行政机关和评估机构依法依规实施评估，同时也离不开被征收人自身的配合与协助。如果被征收人拒绝履行配合与协助的义务导致无法评估，不利后果应由被征收人承担。本案即属此种情形，在孙德兴拒绝评估机构入户，导致装饰装修及房屋附属物无法评估的情况下，行政机关没有直接对上述财物确定补偿数额，而是在决定中载明经入户按实评估后按规定予以补偿，人民法院判决对这一做法予以认可。此案判决不仅体现了对被拆迁人合法权益的保护，更值得注意的是，以个案方式引导被征收人积极协助当地政府的依法征拆工作，依法维护自身的合法权益。

三、王江超等3人诉吉林省长春市九台区住房和城乡建设局紧急避险决定案

（一）基本案情

2010年，吉林省人民政府作出批复，同意对向阳村集体土地实

施征收，王江超等3人所有的房屋被列入征收范围。后王江超等3人与征收部门就房屋补偿安置问题未达成一致意见，2013年11月19日，长春市国土资源管理局作出责令交出土地决定。2015年4月7日，经当地街道办事处报告，吉林省建筑工程质量检测中心作出鉴定，认定涉案房屋属于"D级危险"房屋。同年4月23日，长春市九台区住房和城乡建设局（以下简称九台区住建局）对涉案房屋作出紧急避险决定。在催告、限期拆除未果的情况下，九台区住建局于2015年4月28日对涉案房屋实施了强制拆除行为。王江超等3人对上述紧急避险决定不服，提起行政诉讼，请求法院判决确认该紧急避险决定无效、责令被告在原地重建房屋等。

（二）裁判结果

长春市九台区人民法院一审认为，本案紧急避险决定所涉的房屋建筑位于农用地专用项目的房屋征收范围内，应按照征收补偿程序进行征收。九台区住建局作出紧急避险决定，对涉案房屋予以拆除的行为违反法定程序，属于程序违法。一审判决撤销被诉的紧急避险决定，但同时驳回王江超等3人要求原地重建的诉讼请求。王江超等人不服，提起上诉。长春市中级人民法院二审认为，涉案房屋应当由征收部门进行补偿后，按照征收程序予以拆除。根据《城市危险房屋管理规定》相关要求，提出危房鉴定的申请主体应当是房屋所有人和使用人，而本案系当地街道办事处申请，主体不适格；九台区住建局将紧急避险决定直接贴于无人居住的房屋外墙，送达方式违法；该局在征收部门未予补偿的情况下，对涉案房屋作出被诉的紧急避险决定，不符合正当程序，应予撤销。但王江超等3人要求对其被拆除的房屋原地重建的主张，不符合该区域的整体规划。二审法院遂判决驳回上诉、维持原判。

（三）典型意义

在行政执法活动尤其是不动产征收当中，程序违法是一种常见多发的违法形态。本案中，被告为了节省工期，对于已经启动征地程序的房屋，错误地采取危房鉴定和强制拆除的做法，刻意规避补偿程序，构成程序滥用，严重侵犯当事人合法权益。对于此种借紧急避险为由行违法强拆之实的情形，人民法院依法判决撤销被诉行为，彰显了行政诉讼保护公民产权的制度功能。此案的典型意义在于昭示了行政程序的价值，它不仅是规范行政权合法行使的重要方式，也是维护相对人合法权益的保障机制。在土地征收当中，行政机关只有遵循行政程序，才能做到"严格、规范、公正、文明"执法，才能体现以人为本，尊重群众主体地位，才能实现和谐拆迁，才能符合新时代中国特色社会主义法治精神的要求。

四、陆继尧诉江苏省泰兴市人民政府济川街道办事处强制拆除案

（一）基本案情

陆继尧在取得江苏省泰兴市泰兴镇（现济川街道）南郊村张堡二组138平方米的集体土地使用权并领取相关权证后，除了在该地块上出资建房外，还在房屋北侧未领取权证的空地上栽种树木，建设附着物。2015年12月9日上午，陆继尧后院内的树木被人铲除，道路、墩柱及围栏被人破坏，拆除物被运离现场。当时有济川街道办事处（以下简称街道办）的工作人员在场。此外，作为陆继尧持有权证地块上房屋的动迁主体，街道办曾多次与其商谈房屋的动迁情况，其间也涉及房屋后院的搬迁事宜。陆继尧认为，在无任何法律文书为依据、未征得其同意的情况下，街道办将后院拆除搬离的行为违法，故以街道办为被告诉至法院，请求判决确认拆除后院的行为违法，并恢复原状。

（二）裁判结果

泰州医药高新技术产业开发区人民法院一审认为，涉案附着物被拆除时，街道办有工作人员在场，尽管其辩称系因受托征收项目在附近，并未实际参与拆除活动，但未提交任何证据予以证明。经查，陆继尧房屋及地上附着物位于街道办的行政辖区内，街道办在强拆当日间对有主的地上附着物采取了有组织的拆除运离，且街道办亦实际经历了该次拆除活动。作为陆继尧所建房屋的动迁主体，街道办具有推进动迁工作，拆除非属动迁范围之涉案附着物的动因，故从常理来看，街道办称系单纯目击而非参与的理由难以成立。据此，在未有其他主体宣告实施拆除或承担责任的情况下，可以推定街道办系该次拆除行为的实施主体。一审法院遂认定街道办为被告，确认其拆除陆继尧房屋北侧地上附着物的行为违法。一审判决后，原、被告双方均未提起上诉。

（三）典型意义

不动产征收当中最容易出现的问题是，片面追求行政效率而牺牲正当程序，甚至不作书面决定就直接强拆房屋的事实行为也时有发生。强制拆除房屋以事实行为面目出现，往往会给相对人寻求救济造成困难。按照行政诉讼法的规定，起诉人证明被诉行为系行政机关而为是起诉条件之一，但是由于行政机关在强制拆除之前并未制作、送达任何书面法律文书，相对人要想获得行为主体的相关信息和证据往往很难。如何在起诉阶段证明被告为谁，有时成为制约公民、法人或者其他组织行使诉权的主要因素，寻求救济就会陷入僵局。如何破局？如何做到既合乎法律规定，又充分保护诉权，让人民群众感受到公平正义，就是人民法院必须回答的问题。本案中，人民法院注意到强拆行为系动迁的多个执法阶段之一，通过对动迁全过程和有关规定的分析，得出被告街道办具有推进动迁和强拆房屋的动因，为行为主体的推定奠定了事理和情理的基础，为案件处理创造了情理法结合的条件。此案有两点启示意义：一是在行政执法不规范造成相对人举证困难的情况下，人民法院不宜简单以原告举证不力为由拒之门外，在此类案件中要格外关注诉权保护。二是事实行为是否系行政机关而为，人民法院应当从基础事实出发，结合责任政府、诚信政府等法律理念和生活逻辑作出合理判断。

五、吉林省永吉县龙达物资经销处诉吉林省永吉县人民政府征收补偿案

（一）基本案情

2015年4月8日，吉林省永吉县人民政府（以下简称永吉县政府）作出房屋征收决定，决定对相关的棚户区实施改造，同日发布永政告字（2015）1号《房屋征收公告》并张贴于拆迁范围内的公告栏。永吉县龙达物资经销处（以下简称经销处）所在地段处于征收范围。2015年4月27日至29日，永吉县房屋征收经办中心作出选定评估机构的实施方案，并于4月30日召开选定大会，确定改造项目的评估机构。2015年9月15日，永吉县政府依据评估结果作出永政房征补（2015）3号房屋征收补偿决定。经销处认为，该征收补偿决定存在认定事实不清、程序违法，评估机构的选定程序和适用依据不合法，评估价格明显低于市场价格等诸多问题，故以永吉县政府为被告诉至法院，请求判决撤销上述房屋征收补偿决定。

（二）裁判结果

吉林市中级人民法院一审认为，被诉房屋征收补偿决定依据的评估报告从形式要件看，分别存在没有评估师签字，未附带设备、资产明细或者说明，未标注或者释明被征收人申请复核评估的权利等不符合法定要求的形式问题；从实体内容看，在对被征收的附属物评估和资产、设备评估上均存在评估漏项的问题。上述评估报告明显缺乏客观性、公正性，不能作为被诉房屋征收补偿决定的合法依据。遂判决撤销被诉房屋征收补偿决定，责令永吉县政府60日内重新作出行政行为。永吉县政府不服提起上诉，吉林省高级人民法院二审以与一审相同的理由判决驳回上诉、维持原判。

（三）典型意义

在征收拆迁案件当中，评估报告作为确定征收补偿价值的核心证据，人民法院能否依法对其进行有效审查，已经在很大程度上决定着案件能否得到实质解决，被拆迁人的合法权益能否得到充分保障。本案中，人民法院对评估报告的审查是严格的、到位的，因而效果也是好的。在认定涉案评估报告存在遗漏评估设备、没有评估师的签字盖章、未附带资产设备的明细说明、未告知申请复核的评估权利等系列问题之后，对这些问题的性质作出评估，得出了两个结论。一是评估报告不具备合法的证据形式，不能如实地反映被征收人的财产情况。二是据此认定评估报告缺乏客观公正性、不具备合法效力。在上述论理基础上撤销了被诉房屋征收补偿决定并判令行政机关限期重作。本案对评估报告所进行的适度审查，可以作为此类案件的一种标杆。

六、焦吉顺诉河南省新乡市卫滨区人民政府行政征收管理案

（一）基本案情

2014年6月27日，河南省新乡市卫滨区人民政府（以下简称卫滨区政府）作出卫政（2014）41号《关于调整京广铁路与中同街交汇处西北区域征收范围的决定》（以下简称《调整征收范围决定》），将房屋征收范围调整为京广铁路以西、卫河以南、中同大街以北（不包含中同大街166号住宅房）、立新巷以东。焦吉顺系中同大街166号住宅房的所有权人。焦吉顺认为卫滨区政府作出《调整征收范围决定》不应将其所有的房屋排除在外，且《调整征收范围决定》作出后未及时公告，对原房屋征收范围不产生调整的效力，请求人民法院判决撤销《调整征收范围决定》。

（二）裁判结果

新乡市中级人民法院一审认为，卫滨区政府作出的《调整征收范围决定》不涉及焦吉顺所有的房屋，对其财产权益不产生实际影响，焦吉顺与被诉行政行为之间没有利害关系，遂裁定驳回了焦吉顺的起诉。焦吉顺提起上诉，河南省高级人民法院二审驳回上诉、维持原裁定。

（三）典型意义

在行政诉讼中，公民权利意识特别是诉讼意识持续高涨是社会和法治进步的体现。但是公民、法人或者其他组织提起行政诉讼应当具有诉的利益及诉的必要性，即与被诉行政行为之间存在"利害关系"。人民法院要依法审查被诉行政行为是否对当事人权利义务造成影响？是否会导致当事人权利义务发生增减得失？既不能对于当事人合法权利的影响视而不见，损害当事人的合法诉权；也不得虚化、弱化利害关系的起诉条件，受理不符合行政诉讼法规定的受案范围条件的案件，造成当事人不必要的诉累。本案中，被告卫滨区政府决定不再征收焦吉顺所有的房屋，作出了《调整征收范围决

定》。由于《调整征收范围决定》对焦吉顺的财产权益不产生实际影响，其提起本案之诉不具有值得保护的实际权益。人民法院依法审查后，裁定驳回起诉，有利于引导当事人合理表达诉求，保护和规范当事人依法行使诉权。

七、王艳影诉辽宁省沈阳市浑南现代商贸区管理委员会履行补偿职责案

（一）基本案情

2011年12月5日，王艳影与辽宁省沈阳市东陵区（浑南新区）第二房屋征收管理办公室（以下简称房屋征收办）签订国有土地上房屋征收与补偿安置协议，选择实物安置的方式进行拆迁补偿，并约定房屋征收办于2014年3月15日前交付安置房屋，由王艳影自行解决过渡用房，临时安置补助费每月996.3元。然而，房屋征收办一直未履行交付安置房屋的约定义务。2016年5月5日，王艳影与房屋征收办重新签订相关协议，选择货币方式进行拆迁补偿。其实际收到补偿款316829元，并按每月996.3元的标准领取了至2016年5月的临时安置补助费。其后因政府发文调整征收职责，相关职责下发到各个功能区管理委员会负责。王艳影认为按照《沈阳市国有土地上房屋征收与补偿办法》第三十六条有关超期未回迁的双倍支付临时安置补助费的规定，沈阳市浑南现代商贸区管理委员会（以下简称浑南商贸区管委会）未履行足额支付其超期未回迁安置补助费的职责，遂以该管委会为被告诉至法院，请求判决被告支付其自2014年1月1日起至2016年5月止的超期未回迁安置补助费47822.4元（以每月1992.6元为标准）。

（二）裁判结果

沈阳市大东区人民法院一审认为，王艳影以实物安置方式签订的回迁安置协议已变更为以货币补偿方式进行拆迁补偿。合同变更后，以实物安置方式为标的的回迁安置协议已终止，遂判决驳回王艳影的诉讼请求。王艳影不服，提起上诉。沈阳市中级人民法院二审认为，本案焦点问题在于浑南商贸区管委会是否应当双倍支付临

时安置补助费。由于2016年5月王艳影与房屋征收办重新签订货币补偿协议时，双方关于是否双倍给付过渡期安置费问题正在民事诉讼过程中，未就该问题进行约定。根据《沈阳市国有土地上房屋征收与补偿办法》（2015年2月实施）第三十六条第三项有关"超期未回迁的，按照双倍支付临时安置补助费。选择货币补偿的，一次性支付4个月临时安置补助费"的规定，浑南商贸区管委会应当双倍支付王艳影2015年2月至2016年5月期间的临时安置补助费。虑及王艳影已经按照一倍标准领取了临时安置补助费，二审法院遂撤销一审判决，判令浑南商贸区管委会以每月996.3元为标准，支付王艳影2015年2月至2016年5月期间的另一倍的临时安置补助费15940.8元。

（三）典型意义

在依法治国的进程中，以更加柔和、富有弹性的行政协议方式代替以命令强制为特征的高权行为，是行政管理的一个发展趋势。如何通过行政协议的方式在约束行政权的随意性与维护行政权的机动性之间建立平衡，如何将行政协议置于依法行政理念支配之下是加强法治政府建设面临的重要课题之一。本案即为人民法院通过司法审查确保行政机关对行政协议权的行使符合法律要求，切实保障被征收人合法权益的典型案例。本案中，当事人通过合意，即签订国有土地上房屋征收与补偿安置协议的形式确定了各自行政法上具体的权利义务。行政协议约定的内容可能包罗万象，但依然会出现遗漏约定事项的情形。对于两个行政协议均未约定的"双倍支付"临时安置补助费的内容，二审法院依据2015年2月实施的《沈阳市国有土地上房屋征收与补偿办法》有关"超期未回迁的，按照双倍支付临时安置补助费"之规定，结合行政机关未能履行2011年协议承诺的交房义务以及2016年已协议改变补偿方式等事实，判令行政机关按照上述规定追加补偿原告2015年2月至2016年5月期间一倍的临时安置补助费。此案判决明确了人民法院可适用地方政府规章等规定对行政协议未约定事项依法"填漏补缺"的裁判规则，督促行政机关在房屋征收补偿工作中及时准确地适用各种惠及民生的新政策、新规定，对如何处理行政协议约定与既有法律规定之间的关系具有重要的指导意义。

八、谷玉梁、孟巧林诉江苏省盐城市亭湖区人民政府房屋征收补偿决定案

（一）基本案情

2015年4月3日，江苏省盐城市亭湖区人民政府（以下简称亭湖区政府）作出涉案青年路北侧地块建设项目房屋征收决定并予公告，同时公布了征收补偿实施方案，确定亭湖区住房和城乡建设局（以下简称亭湖区住建局）为房屋征收部门。谷玉梁、孟巧林两人的房屋位于征收范围内。其后，亭湖区住建局公示了4家评估机构，并按法定方式予以确定。2015年4月21日，该局公示了分户初步评估结果，并告知被征收人10日内可申请复估。后给两人留置送达了《房屋分户估价报告单》《装饰装潢评估明细表》《附属物评估明细表》，两人未书面申请复估。2016年7月26日，该局向两人发出告知书，要求其选择补偿方式，逾期将提请亭湖区政府作出征收补偿决定。两人未在告知书指定期限内选择，也未提交书面意见。2016年10月10日，亭湖区政府作出征收补偿决定书，经公证后向两人送达，且在征收范围内公示。两人不服，以亭湖区政府为被告提起行政诉讼，请求撤销上述征收补偿决定书。

（二）裁判结果

盐城市中级人民法院一审认为，亭湖区政府具有作出征收补偿决定的法定职权。在征收补偿过程中，亭湖区住建局在被征收人未协商选定评估机构的情况下，在公证机构的公证下于2015年4月15日通过抽签方式依法确定仁禾估价公司为评估机构。亭湖区政府根据谷玉梁、孟巧林的户籍证明、房屋登记信息表等权属证明材料，确定被征收房屋权属、性质、用途和面积等，并将调查结果予以公示。涉案评估报告送达给谷玉梁、孟巧林后，其未在法定期限内提出异议。亭湖区政府依据分户评估报告等材料，确定涉案房屋、装饰装潢、附属物的价值，并据此确定补偿金额，并无不当。征收部门其后书面告知两人有权选择补偿方式。在两人未在规定期限内选择的情形下,亭湖区政府为充分保障其居住权,根据亭湖区住建局的报请,按照征收补偿方案作出房屋征收补偿决定,确定产权调换的补偿方式进行安置,依法向其送达。被诉决定认定事实清楚,适用法律、法规正确,程序合法,故判决驳回原告诉讼请求。一审宣判后,双方均未上诉。

(三) 典型意义

"正义不仅要实现,而且要以看得见的方式实现"。科学合理的程序可以保障人民群众的知情权、参与权、陈述权和申辩权,促进实体公正。程序正当性在推进法治政府建设过程中具有独立的实践意义和理论价值,此既是党的十九大对加强权力监督与运行机制的基本要求,也是法治发展到一定阶段推进依法行政、建设法治政府的客观需要。《国有土地上房屋征收补偿条例》确立了征收补偿应当遵循决策民主、程序正当、结果公开原则,并对评估机构选择、评估过程运行、评估结果送达以及申请复估、申请鉴定等关键程序作了具有可操作性的明确规定。在房屋征收补偿过程中,行政机关不仅要做到实体合法,也必须做到程序正当。本案中,人民法院结合被诉征收补偿决定的形成过程,着重从评估机构的选定、评估事项的确定、评估报告的送达、评估异议以及补偿方式的选择等多个程序角度,分析了亭湖区政府征收全过程的程序正当性,进而肯定了安置补偿方式与结果的合法性。既强调被征收人享有的应受法律保障的程序与实体权利,也支持了本案行政机关采取的一系列正确做法,有力地发挥了司法监督作用,对于确立相关领域的审查范围和审查标准,维护公共利益具有示范意义。

图书在版编目（CIP）数据

征收拆迁补偿 / 中国法治出版社编. -- 8 版. -- 北京：中国法治出版社，2025.3. --（实用版法规专辑系列）. -- ISBN 978-7-5216-5083-9

Ⅰ. D922.309

中国国家版本馆 CIP 数据核字第 20252XH552 号

责任编辑：刘晓霞	封面设计：杨泽江

征收拆迁补偿（实用版法规专辑系列）

ZHENGSHOU CHAIQIAN BUCHANG（SHIYONGBAN FAGUI ZHUANJI XILIE）

经销/新华书店
印刷/保定市中画美凯印刷有限公司

开本/850 毫米×1168 毫米　32 开	印张/ 13　字数/ 324 千
版次/2025 年 3 月第 8 版	2025 年 3 月第 1 次印刷

中国法治出版社出版

书号 ISBN 978-7-5216-5083-9　　　　　　　　　　定价：32.00 元

北京市西城区西便门西里甲 16 号西便门办公区
邮政编码：100053　　　　　　　　　　传真：010-63141600
网址：http：//www.zgfzs.com　　　　**编辑部电话：010-63141664**
市场营销部电话：010-63141612　　　**印务部电话：010-63141606**

（如有印装质量问题，请与本社印务部联系。）